HISTOIRE

DE

LA MAISON DE MAILLY

Par l'abbé Ambroise LEDRU

TOME I

PARIS

Librairie Émile LECHEVALIER

39, quai des Grands-Augustins

LE MANS
Librairie PELLECHAT
Rue Saint-Jacques

LAVAL
Imprimerie MOREAU
2, rue du Lieutenant

1893

HISTOIRE

DE

LA MAISON DE MAILLY

$I_m{}^3$

Armes de la Maison de Mailly, d'après un ancien vitrail de Saint-Nicolas-sur-les-Fossés d'Arras. *D'or à trois maillets de sinople*. Supports : *deux lions*. Cimier : *un cerf issant d'une couronne fleurdelisée*. Devise : *Hogne qui vonra*.

HISTOIRE

DE

LA MAISON DE MAILLY

Par l'abbé Ambroise LEDRU

TOME I

PARIS

Librairie Émile LECHEVALIER

39, quai des Grands-Augustins

LE MANS
Librairie PELLECHAT
Rue Saint-Jacques

LAVAL
Imprimerie MOREAU
2, rue du Lieutenant

1893

INTRODUCTION

Le Père Anselme, Moréri et quelques autres généalogistes ont dressé les filiations des différentes branches de la maison de Mailly. Leur travail laisse à désirer dans maints endroits et appelle de nombreuses rectifications[1].

En 1755, la famille de Mailly forma le projet de « faire » travailler à l'histoire générale de sa Maison. » Le roi ayant bien voulu en accepter la dédicace, on réunit tous

---

1. L'*Histoire généalogique de la Maison royale de France des Pairs et des Grands officiers de la Couronne*, dit Potier de Courcy, « a occupé successivement la vie entière de trois savants religieux, aussi peu suspects de vouloir flatter du fonds de leur cloître les amours propres aux dépens de la vérité, que de rechercher, par des révélations malveillantes, un succès de scandale. Leur œuvre, *pure de tout alliage*, est restée la plus estimée du genre. » C'est le seul monument généalogique, ajoute Courcelles, « qui présente la noblesse d'une manière convenable et dont l'histoire n'ait pas révoqué *l'authenticité*. » Malgré ces éloges, il n'en reste pas moins acquis, pour ceux qui ont eu l'occasion d'étudier soigneusement l'œuvre du P. Anselme et de ses continuateurs, que certaines de leurs *Généalogies* ont été composées au moyen de notes fournies par les intéressés, sans contrôle et sans critique.

les documents nécessaires à l'exécution de l'entreprise. Mais, l'œuvre « n'ayant pas été remplie dans son étendue, » le comte de Mailly fit paraître « la partie d'histoire qui in- » téressait sa branche, précédée d'un simple extrait de la » Maison[1]. » Le volume fut publié en 1757, sous ce titre : *Extrait de la Généalogie de la Maison de Mailly, suivi de l'Histoire de la branche des comtes de Mailly, marquis d'Haucourt et de celle des marquis du Quesnoy, dressé sur les titres originaux sous les yeux de M. de Clairambault, généalogiste des ordres du roy, et pour l'Histoire, par M* (Père Simplicien).*

Le but de ce présent travail est de rectifier les généalogistes et d'exécuter dans son entier le projet formé en 1755.

Le nom de Mailly, plus que celui de beaucoup d'autres grandes familles féodales est inscrit en lettres de sang dans les annales de la France. Depuis Anselme de Mailly, chancelier de Richilde, comtesse de Flandre, tombé en 1070, sous les coups des Gantois révoltés, jusqu'à Anselme-Antoine-René de Mailly, comte de Châlon, mort en 1870[2] des blessures qu'il avait reçues au combat de Varize, les différentes branches de la Maison ont largement payé à leur pays ce qu'on a justement appelé l'Impôt du sang[3]. C'est Colard, sire de Mailly et de Beaufort-en-Santerre, membre du conseil de régence sous Charles VI, tombant glorieusement avec son

---

1. *Recueil de différentes pièces concernant l'Histoire généalogique de la branche des comtes de Mailly, marquis d'Haucourt et des marquis du Quesnoy en Flandres qui en sont issus. imprimé en 1757.* MDCCLXIII, p. 1.

2. Il est intéressant de faire remarquer la coïncidence de deux Anselme de Mailly tués par l'ennemi à 800 ans de distance.

3. L'*Impôt du sang* de J.-François d'Hozier, publié par Louis Paris, compte 33 membres de la famille de Mailly tués ou blessés sur les champs de bataille, et l'auteur de la *Notice abrégée sur la Maison de Mailly* dit « qu'à partir seulement du XIe siècle, on pourrait citer, l'histoire à la main, 47 Mailly tués ou blessés mortellement sur les champs de bataille. » Il est impossible de nier ou d'affirmer ces chiffres. Cependant, il paraît probable qu'ils sont au-dessous de la vérité.

fils aîné à la funeste journée d'Azincourt, « à la besogne de
» Picardie, » alors qu'il semblait appelé à de hautes destinées. D'autres membres de la famille, aînés ou cadets, spécialement le baron de Conty, le « grant compaignon et
» ami » de Bayart, sont moissonnés à la fleur de l'âge, sur
le chemin d'une fortune certaine. Un maréchal de France,
qui s'était prodigué dans maintes batailles, finit ses jours
sur l'échafaud révolutionnaire et paie de son sang son dé-
voûment à la monarchie.

On rencontre les Mailly à toutes les époques de notre
histoire. Ils sont chevaliers bannerets aux Croisades et l'un
d'eux, Nicolas, commande la flotte avec Jean de Nesle et
Thierry de Flandre.

Il est inutile d'insister ici sur les alliances et les dignités
militaires ou ecclésiastiques qui les ont honorés. Le lecteur
soucieux de suivre le développement d'une grande famille
féodale trouvera ces renseignements dans les neuf livres
qui renferment l'histoire des dix-sept branches ou sous-
branches de la Maison.

J'ai cru devoir, dans la rédaction de mon travail, modi-
fier le plan adopté par le P. Anselme. Celui-ci donne la liste
des aînés et établit ensuite les filiations des cadets en com-
mençant par les branches séparées en dernier lieu du tronc
principal. Cet ordre, le plus logique au point de vue de la
parenté, offre certains inconvénients pour les recherches
historiques. Aussi, ai-je voulu prendre une marche diffé-
rente. Après avoir suivi la branche aînée depuis son origine jusqu'à sa disparition au XVIIIe siècle, j'étudie les
branches cadettes dans l'ordre de leur ancienneté, ce qui
donne le résultat suivant :

Livre Ier. *Branche aînée.*

Livre II, 1re partie, *Mailly-L'Orsignol et Conty* ; 2e partie,
suite des Mailly-L'Orsignol.

Livre III, 1re partie, *Mailly-Authuille* ; 2e partie, *Mailly-Ruthère et Cambligneul*, issus des Mailly-Authuille.

Livre IV. *Mailly-Nédon.*

Livre V. *Mailly-Auvillers.*

Livre VI, 1re partie, *Mailly-Auchy* ; 2e partie, *Mailly-Rumaisnil*, issus des Mailly-Auchy ; 3e partie, *Mailly-La Houssaye*, issus des Mailly-Auchy ; 4e partie, *Mailly-L'Épine*, issus des Mailly-Auchy.

Livre VII. *Mailly-Mareuil.*

Livre VIII, 1re partie, *Mailly-Nesle* ; 2e partie, *Comtes de Mailly*, issus des Mailly-Nesle ; 3e partie, *Mailly-Rubempré*, issus des Mailly-Nesle.

Livre IX, 1re et 3e partie, *Mailly-Haucourt* ; 2e partie, *Mailly-du Quesnoy*, issus des Mailly-Haucourt.

Appendice. *Seigneurs de Saint-Eloy et d'Arsy, bâtards de Mailly* [1].

Les études généalogiques présentent de telles difficultés que je ne saurais prétendre à la perfection, même relative, de ce travail. Cependant, il m'a été possible d'éviter de nombreuses erreurs grâce au concours dévoué d'un érudit artésien, M. le comte de Brandt de Galametz, qui m'a signalé différents écueils et communiqué de nombreuses notes personnelles. Je ne saurais trop le remercier ainsi que M. P. de Farcy, le dessinateur de la plupart des sceaux qui ornent, avec d'autres gravures, le premier volume de l'*Histoire de la Maison de Mailly*, complété par un second volume entièrement consacré aux *Preuves*.

---

1. Les dates qui se trouvent en tête de tous les chapitres du tome Ier de l'*Histoire de la Maison de Mailly*, ne sont pas toujours les dates extrêmes de la vie des personnages. Souvent elles indiquent les époques auxquelles je rencontre ceux-ci pour la première ou pour la dernière fois.

PRÉLIMINAIRES

HISTOIRE
DE LA MAISON DE MAILLY

PRÉLIMINAIRES

CHAPITRE I

ORIGINES

§ I

Certains généalogistes, oubliant « *que la plus ancienne no-*
» *blesse qui soit au monde a eu son principe et que les pre-*
» *miers gentilshommes ne sont pas tombés du ciel*[1], » placent
le berceau des familles dont ils retracent l'histoire dans un lointain
inaccessible à tout œil humain. Comme ils ne peuvent prouver
leur dire, ils ont recours à des combinaisons ingénieuses et par-

---

1. Guichenon, *Histoire généalogique de la Bresse et du Bugey*, Lyon, 1650,
in-fol. tome I.

viennent ainsi à donner une apparence de solidité à des élucubrations fantaisistes. Pour eux, une famille féodale qui se respecte, quand elle ne trouve pas son berceau dans l'ancienne Rome ou même plus haut, ne doit avoir pour ancêtres que des princes mérovingiens et carolingiens, tout au moins quelque comte breton, poitevin ou bourguignon.

Il serait facile de citer d'innombrables exemples de ces conceptions aussi naïves que fabuleuses « dont la plupart des familles ont » la faiblesse vaniteuse de vouloir envelopper leur origine[1]. » Je n'entreprendrai pas cette tâche inutile et je me contenterai de poser en principe qu'on doit suspecter toute généalogie qui remonte au delà des XI° et XII° siècles. Encore est-il parfois très difficile, même pour des maisons de très bonne noblesse, d'établir des filiations incontestables avant le XIV° siècle. La nature et la rareté des documents authentiques de ces époques rend le travail laborieux.

Mon affirmation pourra paraître insuffisante à plusieurs qui conservent sur leurs ancêtres des illusions d'antan. A ceux-là, je livre en méditation cette remarque de Sainte-Marthe dans son *Histoire généalogique de la Maison de La Trémoille* :

« La maison de La Trémoille, laquelle on peut justement dire » estre l'une *des plus anciennes et considérables de ce royaume*, » a pour chef Pierre qui vivait dès l'an 1040, sous Henri I, roi » de France. *Il y a très peu de familles qui se puissent vanter* » *d'une plus grande antiquité, prouvée par titres* ; mesmes plu- » sieurs maisons souveraines qui règnent maintenant en Europe » n'ont pas cet advantage[2]. »

Au dire de Le Laboureur, de La Morlière et d'autres auteurs, la MAISON DE MAILLY ne le cède ni en grandeur ni en antiquité à aucune famille de Picardie. Lainé affirme même qu'elle peut être

---

1. Potier de Courcy, *Histoire généalogique et chronologique de la Maison royale de France*, t. IX, deuxième partie. Préface, p. VIII.
2. *Histoire généalogique de la Maison de La Trémoille,* par M. de Sainte-Marthe, historiographe de France. Paris. Siméon Piget, 1667, pp. 7 et 30.

comptée pour la première maison de la province, tant pour l'ancienneté que pour la splendeur[1]. Cependant, comme il n'est pas d'exemple d'une grande fondation qui n'ait une légende à son début, la maison de Mailly possède sur son origine des traditions qu'il est bon de faire connaître.

D'après une *Notice* imprimée pendant l'année 1845, les Mailly descendent des anciens comtes de Dijon qui provenaient des comtes d'Outre-Saône ou de Haute-Bourgogne, issus du célèbre Otte-Guillaume, beau-fils de Henri-le-Grand, frère de Hugues-Capet[2], mort en 1027.

Le chanoine d'Amiens, Adrien de La Morlière, rapporte que le « révérend père Estienne de Cypre, de la maison de Lusignan, en » ses généalogies, traitant des comte de Poictiers, sortis des » premiers ducs de Bourgogne et ensuite des vicomtes de San- » say, » affirme que « messire Guillaume, vicomte de Sansay, » environ l'an 800, » épousa « Marthe de la maison de Mailly[3]. »

M. l'abbé Gosselin, dans son livre intitulé : *Mailly et ses Seigneurs*, insère cette note du bénédictin dom Grenier : « La mai- » son de Mailly, sortie des premiers ducs de Bourgogne, remonte » à l'an 800[4]. »

Par ailleurs, un *Mémoire*, conservé à la bibliothèque nationale, raconte que Théodoric, comte de Mâcon et d'Autun, chambrier de France sous Louis-le-Bègue, eut deux fils, Manassès I et Aimar, comte de Dijon. Cet Aimar, tige des Mailly de Bourgogne, vivait en l'an 901, du temps de Charles-le-Simple. Il eut pour fils unique Wautier de Mailly qui se vit frustré du comté de Dijon par Manassès II de Vergy, son cousin germain. Wautier ou Gautier,

---

1. *Dictionnaire véridique des origines des Maisons nobles ou anoblies du royaume de France,* Paris, 1819, t. II, p. 208.

2. *Notice abrégée sur la Maison de Mailly.* Paris, imprimerie Lacour.

3. *Recueil de plusieurs nobles et illustres Maisons vivantes et esteintes en l'estendue du diocèse d'Amiens.* A Amiens, chez Jacques Hubault, imprimeur et libraire, demeurant devant le beau Puits. M DC XXX, p. 221.

4. *Mailly et ses Seigneurs, sires et Hauts-Bers de Mailly-le-Franc,* Péronne, 1876, p. 7,

mort en 970, laissa Humbert, sire de Mailly-sur-Saône et comte de Dijon en 1007. Humbert épousa Anne de Sombernon ; de cette union naquit Wédéric, père d'Anselme de Mailly[1].

Après avoir rappelé ces traditions, j'entre dans le domaine historique.

§ II

Les rois de France de la race carolingienne avaient cédé la propriété du comté de Dijon aux évêques de Langres. Ce fait est prouvé par les diplômes qui nous sont restés et particulièrement par celui de 889, dans lequel le roi Eudes dit qu'à l'exemple de Louis-le-Débonnaire, de Charles-le-Chauve, de Charles-le-Gros et des autres rois ses prédécesseurs, il confirme à Argrinus, évêque de Langres, la propriété de sa cité épiscopale et de la ville de Dijon.

Les évêques de Langres établirent à Dijon, pour leur servir de lieutenants, des comtes et ceux-ci des vicomtes. Aux IX° et X° siècles, les sires de Vergy furent titulaires de ces charges. Après la mort de Richard de Vergy, vers 946 ou 947, Hugues de Beaumont, qui était peut-être son gendre, lui succéda. Létalde de Beaumont, petit-fils de Hugues, mort en 1007, est le dernier comte de cette maison qui en ait exercé les fonctions, car Hugues II de Beaumont, oncle et héritier de Létalde, les sous-inféoda à HUMBERT DE MAILLY, l'un des grands barons de Bourgogne, et à son lieutenant ou vicomte, Guy Le Riche[2].

---

1. *Mémoire pour servir à l'origine de la Maison de Mailly, issue des anciens ducs de Bourgogne, le tout fondé sur l'histoire de l'église abbatiale et collégiale de Saint-Étienne de Dijon, imprimée en 1696.* (Bibl. nat., mss., *cahiers bleus*, 11106, *Mailly*, cotes 35 à 38).

2. Toutes ces données historiques sont résumées, d'après les meilleures sources, dans l'*Histoire des ducs de Bourgogne de la race capétienne*, par Ernest Petit, de Vausse, conseiller général de l'Yonne, t. I, p. 92. — Voir aussi : *Histoire de l'église abbatiale et collégiale de Saint-Estienne de Dijon*, par l'abbé Fyot. Dijon, 1697, in-fol.

Le duc de Bourgogne, Henri-le-Grand, frère de Hugues-Capet, mourut le 15 octobre 1002, sans postérité légitime de ses deux mariages avec Gersinde et Gerberge. Il avait adopté Otte-Guillaume, fils de sa seconde femme Gerberge, et l'avait fait reconnaître par les principaux seigneurs bourguignons. Le roi de France, Robert-le-Pieux, neveu de Henri-le-Grand, mécontent de cette adoption qui lui enlevait le duché de Bourgogne, réclama et voulut faire valoir ses droits. Après le siège d'Avallon, en 1005, il parcourut la Bourgogne avec ses troupes et y commit de grands ravages. Quand il se présenta devant Dijon, il trouva la ville en état de défense. Otte-Guillaume, qui en avait reçu le gouvernement de son beau-frère, Brunon, évêque de Langres, se préparait à la résistance aidé par les plus braves chevaliers de la province parmi lesquels on remarquait le comte *Humbert de Mailly* et le vicomte Guy Le Riche[1].

Une charte du *Cartulaire de Saint-Etienne de Dijon* s'exprime ainsi au sujet du comte de Dijon :

« Le seigneur Humbert de Mailly et sa vénérable femme, Anne,
» les premiers et les plus nobles de cette province (de Bourgo-
» gne), possédèrent le comté et gouvernement de Dijon après
» Hugues, comte de Beaumont, conjointement avec Guy, surnom-
» mé Le Riche, leur proche parent, vicomte de Dijon. Ils gouver-
» nèrent ce domaine avec une autorité si puissante qu'ils rendi-
» rent inutiles tous les efforts que fit Robert, roi de France, pour
» conquérir cette province[2]. »

Robert, en effet, se retira sans commettre de nouveaux ravages. Il crut prudent d'entreprendre par des négociations la conquête d'un pays que la guerre ne pouvait qu'appauvrir et irriter inuti-

---

1. E. Petit, *Histoire des ducs de Bourgogne*, t. I, p. 82.

2. Voir les *Preuves* de cette *Histoire de la Maison de Mailly*, n° 1, p. 1. — *Extrait de la généalogie de la Maison de Mailly, suivi de l'histoire de la branche des comtes de Mailly, marquis d'Haucourt, et de celle des marquis du Quesnoy, dressé sur les titres originaux sous les yeux de M. de Clairambault, généalogiste des ordres du Roy, et pour l'Histoire par M (le P. Simplicien)*. Paris, 1757, in-4°, p. 2, note A.

lement. Plus tard, l'évêque de Langres lui céda la propriété du comté de Dijon et il en prit possession au commencement de l'année 1016, au nom de son fils Henri[1] qui devait lui succéder sur le trône de France en 1031, époque à laquelle la Bourgogne tout entière passa à Robert-le-Vieux, tige des ducs de Bourgogne de la race capétienne.

Guy Le Riche, parent d'Humbert de Mailly, fit son testament vers 1055, en faveur de l'abbaye de Saint-Etienne de Dijon, avec l'approbation de Garnier, abbé de la dite abbaye, de Gauthier, proconsul ou vicomte, d'Hugues, ses fils, et de Guy, son neveu[2].

§ III

En réunissant les indications données de côté et d'autre[3], on est arrivé au sujet des premiers Mailly à ce résultat :

Du mariage d'*Humbert de Mailly*, comte de Dijon, et d'Anne de Sombernon, naquirent : 1° *Wédéric de Mailly*, tige de la maison de Mailly en Picardie ; 2° *Humbert II de Mailly* ; 3° le bienheureux *Garnier de Mailly*[4], abbé de Saint-Etienne de Dijon en 1032, ami de saint Odilon, abbé de Cluny, mort en 1050 ou 1051.

Humbert II, restitué comte de Dijon en 1068, par le roi Philippe Ier, aurait eu une postérité éteinte à la quatrième génération

---

1. E. Petit, *Histoire des ducs de Bourgogne*, t. I. pp. 82-95.
2. E. Petit, *Histoire des ducs de Bourgogne*, t. I, p. 381, n° 37 des *Pièces justificatives*.
3. Bibl. nat., *Pièces originales*, t. 1801, *Mailly-en-Bourgogne*, 41637, n° 1. *Généalogie moderne*. — *Cahiers bleus*, 11106, *Mailly*, cotes 35-38 *Généalogie*. — *Notice abrégée de la Maison de Mailly*. — Abbé Gosselin, *Mailly et ses Seigneurs*, p. 9.
4. *Vita Warnerii seu Garnerii de Malleio, filii Humberti, domini de Malleio et Fauverneio*, imprimée dans Pérard, p. 124 de son *Recueil de pièces servant à l'histoire de Bourgogne*, Paris, 1664, in-fol., et dans l'*Histoire de l'abbaye de Saint-Etienne de Dijon*, par Claude Fyot, p. 58. — Léopold Delisle, *Rouleaux des morts*, p. 134,

dans la personne de Garnier de Mailly, dit au Grand-Cerf, fils d'Etienne de Mailly[1].

Cette dernière affirmation me semble suspecte en plus d'un point. Je n'ai pas rencontré dans un document authentique les noms de Garnier et d'Etienne de Mailly aux XIIe et XIIIe siècles. Par ailleurs, les Mailly de Bourgogne se perpétuèrent dans la province et aux environs durant tout le moyen-âge et au delà. Je rencontre en 1095, Albéric de Mailly faisant un don à l'abbaye de Molesmes, diocèse de Langres, du consentement de sa femme, de son fils et de son neveu Albéric, en présence des hommes du château de Mailly. Albéric semble avoir eu pour héritier Hugues le Gros de Mailly, vivant en 1123. En 1200, on trouve Foulques de Mailly et Geoffroy prénommé Marcel de Mailly ; ensuite, 1237, feu Jean de Mailly et ses deux fils Vallet et Renaud ; 1253, Guillaume de Mailly et Alix, sa femme ; 1256, messire Marcel de Mailly, chevalier, seigneur de La Perrière et de Longeau, et Perreau ou Perrin, son fils ; 1272, dame Catherine de Froslois, femme de Perrin de Mailly ; 1272, Guyon de Mailly et son fils Estevenin de Mailly ; 1279, Jean de Mailly, seigneur de Palais ; 1290, Huguenin de Mailly, fils de feu Estevenin dit Chardon ; 1290, Geoffroy de Mailly, archidiacre de Beaune ; 1291, Guyot ou Guy de Mailly et Robert, son frère ; 1295, Jean de Mailly, seigneur de Longeau, et Marie, sa femme, lequel possède un sceau portant trois maillets ; 1298, Jeannin dit Griffon, fils de feu Girard de Mailly.

Tous ces personnages et beaucoup d'autres que je pourrais citer habitaient les pays de Dijon, Langres, Châlon-sur-Saône, Besançon, Mâcon et Troyes[2].

Le 4 février 1715, Charles d'Hozier certifia une « généalogie » de la maison de Mailly en Bourgogne, seigneurs de Mailly-sur-

1. *Notice abrégée sur la Maison de Mailly.* — Abbé Gosselin. *Mailly et ses Seigneurs*, p. 8.
2. Bibl. nat., *Trésor généalogique de dom Villevieille*, t. 54, fol. 33 et suivants,

» Saône, d'Arc-sur-Thil, d'Escots et Clinchamps, extraite des
» mémoires de feu Mre Pierre d'Hozier. » La filiation en commence
à Foulques, seigneur de Mailly-sur-Saône, en 1098, et prend fin
dans la personne de Charles de Mailly, baron de Clinchamps et
marquis de Conflans, mort sans enfants en 1653[1].

1. Arch. du château de La Roche-Mailly (Sarthe). *Pancarte* en papier du
XVIIIe siècle. Il va sans dire que j'accorde une confiance très limitée à cette
généalogie dressée par d'Hozier.

CHAPITRE II

§ I

Il existe en France de nombreuses localités portant le nom de Mailly dans les départements de l'Aisne, de l'Aube, de la Côte-d'Or, de l'Eure, d'Eure-et-Loir, de la Marne, de la Meurthe, de Saône-et-Loire et de l'Yonne. Je ne m'occuperai ici que de Mailly en Picardie, connu sous les noms de Mailly-Maillet, Mailly-au-Bois ou Mailly-le-Franc, actuellement du département de la Somme, du canton d'Acheux et de l'arrondissement de Doullens.

Quelques auteurs ont disserté sur les commencements du village de Mailly, lequel, paraît-il, était primitivement plus au nord, au bas de la côte vers la vallée Madame. M. l'abbé Paul de Cagny, dans son *Histoire de l'arrondissement de Péronne*[1], lui attribue une origine romaine et M. Dusevel[2] une origine féodale. L'auteur de *Mailly et ses Seigneurs*, M. l'abbé Gosselin[3], pense à tort que la famille de Mailly lui donna son nom.

Sans croire, comme M. P. de Cagny, à une station importante établie par les conquérants de la Gaule, on peut attribuer une

1. Péronne, 1844, p. 209.
2. *Le département de la Somme, Mailly*, p. 2.
3. P. 168.

origine gallo-romaine à l'ancien village de Mailly. C'était probablement une villa possédée par un homme riche et puissant. La
forme du nom[1] et la découverte d'antiquités romaines autorisent
cette hypothèse.

Non loin « du premier emplacement de Mailly, dit M. de Ca-
» gny, on a trouvé successivement et surtout en 1838, beaucoup
» d'antiquités romaines, comme des vases en terre noire et en
» verre d'une forme gracieuse, des médailles en or de Maximien
» et plusieurs anneaux massifs de même métal ornés de pierres
» gravées ; l'une d'elles représentait un esclave donnant à manger
» à un aigle éployé. On a cru même reconnaître les restes d'une
» chaise curule en ivoire au milieu des débris d'armes et d'autres
» objets trouvés dans cet endroit[2]. »

L'existence de Mailly est constatée dès le commencement du
VIIe siècle. A cette époque, il est nommé avec Branlers, Acheux
et beaucoup d'autres lieux, parmi les terres du pays de Corbie
cédées viagèrement par le roi au comte Golland[3].

---

1. *Mailliacus* ou *Malliacus* peut signifier *domaine de Mallius.* La dési-
nence *iacus* qui affecte une grande partie des noms les plus anciens, représente un suffixe celtique qui donnait aux noms propres un sens de propriété.
Cf. Quicherat, *De la formation française des noms de lieux*, Paris, 1867, in-
12, ch. II.

2. Paul de Cagny, *L'arrondissement de Péronne*, p. 209.

3. « . . . Item feodum Corbeyensis ecclesie quod fuit Gollandi, comitis
Corbeyensis, incipiebat a sidere que est Lestoille super Summam, Warlins,
Warluisians et medietas d'Araisnes, cum appendiciis earum et aliis sibi adjunctis, perante Ambianis et Brebières super Summam usque ad Corbeyen.,
et inde usque ad Branum et Sezane et usque ad Basentin. Item, de feodo
Gollandi, comitis, videlicet Naours cum appendiciis ediliciisque suis et aliis
sibi adjunctis et quicquid est super fluvium Naurde, ex utraque parte, Wa-
regnies, Canaples, Waunas, Hornas, Haurenas, Warlins, Halois, Vinacourt.
Thalemas, Vileris, Baretangle, Biaucaisnes, Kirriux, Ferchencours, Baconviller, Branleirs, cum appendiciis et edificiis earum ubicunque jaceant. Et
sciatur quod Branleirs, Festoval cum appendiciis de Baconviller, *Mallis*,
cum appendiciis sibi adjunctis, est de appendiciis de Baconviller de Aceu,
Aceuz cum appendiciis, Heudoville, Forcheville, Warlois, Wadencors,
Louvenencors, Bertramecours, Courceles, Heroguile, Sanlis, Encra, Aveluis.
Autuille, cum appendiciis, Auconvillers, cum appendiciis et edificiis earum
et aliis sibi adjunctis, *hoc totum est de feodo Gollandi, comitis Corbeyensis.* »
*Délimitation du comté d'Amiens situé entre le Ponthieu et le comté de Cor-
bie, en juin 1186.* Bibliothèque nationale, mss. Fonds latin. 17758 ; *Cartulaire noir de Corbie*, fol. 29 verso. — Bibl. de l'Arsenal, Mss. de du Cange,
n° 5258, fol. 10 et 11.

Principale entrée du château de Mailly, restituée d'après un dessin de 1738.

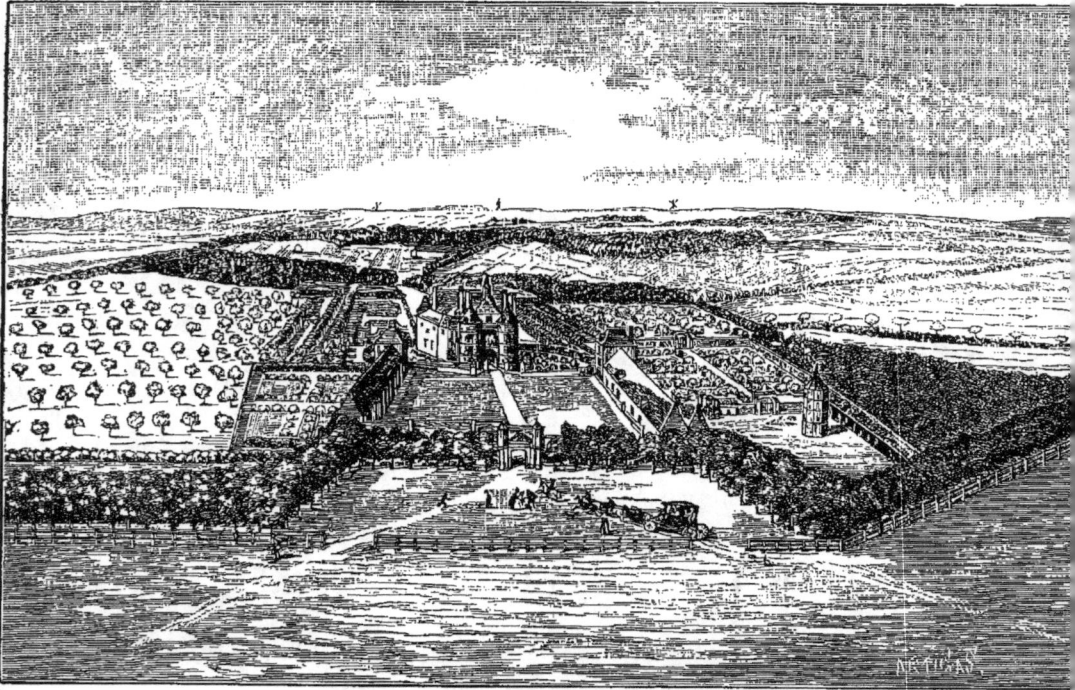

Vue cavalière du château de Mailly, d'après un dessin de 1738.

En 657, la reine Bathilde, veuve de Clovis II, fonda, du consentement de son fils Clotaire III, l'abbaye de Corbie qu'elle dota d'une partie de l'héritage de Golland[1]. Quelques uns des biens qui appartinrent dans la suite à la famille de Mailly étaient compris dans cette donation.

§ II

Le château de Mailly fut, croit-on, construit au XIe siècle, non loin de la frontière de l'Artois. Il avait l'aspect des autres forteresses de l'époque. Etabli sur un plateau élevé, il consistait primitivement en une enceinte de palissades entourée de fossés avec escarpe en terre, d'une forme ovale ou rectangulaire. Au milieu de cette enceinte, le seigneur avait fait amasser des terres prises aux dépens d'un large fossé circulaire, et, sur ce tertre factice ou motte, il avait construit un donjon.

Les ouvrages en terre et en bois de Mailly firent place à des constructions en pierre et l'on vit apparaître un vrai château, protégé par des fossés, avec une basse-cour également fortifiée renfermant les bâtiments nécessaires au service[2].

Les habitants de Mailly quittèrent probablement alors leur vallée et vinrent se mettre sous la protection de la demeure féodale. Dans ces temps reculés, les paysans avaient tout intérêt à rechercher le voisinage d'un lieu fort. Quand l'ennemi impitoyable

1. « Corbeia sita est ad ripam dextram Somenæ, leucis quatuor ab Ambiano. Guntlando, viro illustri, hanc olim villam dederat rex, ea lege ut post ejus mortem in fiscum rediret. Defuncti Guntlandi occasionem nacta regina Balthildis Clodovaei II relicta, annuente Chlotario filio, cujus adolescentuli regis sceptra moderabatur, hunc, condendo cænobio locum elegit anno 657, *quod multis villis ac prædiis dotavit, partim ex ipso Guntlando,* partim ex Frodino (de Ursino) quodam et ex ficto acceptis. » *Gallia Christiana,* t. X, col. 1263.

2. Voir, Viollet-le-Duc, *Dictionnaire de l'architecture française,* t. III, pp. 58 et suivantes.

2

battait le plat pays, ils se mettaient à l'abri derrière les remparts du castrum avec leurs familles et leurs bestiaux.

A l'origine, la mouvance de Mailly ne semble pas bien fixée. Un arrêt du Parlement du 12 mai 1258, condamne Gilles II de Mailly à payer le rachat de sa terre au roi de France dans le cas où celle-ci serait située dans la châtellenie de Péronne[1] et le 11 novembre 1261, Gilles ayant prouvé que cette même terre était un arrière-fief de Miraumont, il obtient gain de cause contre le bailli d'Amiens agissant au nom de saint Louis[2]. Cette sentence fut infirmée, car, dans la suite, Mailly releva toujours directement de Péronne[3].

La plus ancienne mention du château de Mailly se rencontre dans un arrêt du Parlement de 1289 ; il y est dit que son seigneur ayant levé des troupes malgré la défense de Philippe-le-Bel, les portes du château seraient brûlées et ne pourraient être refaites que d'épines jusqu'à ce qu'il plût au roi d'en ordonner autrement[4].

Gilles VI de Mailly rendit aveu à Charles V le 4 septembre 1374. Dans cet aveu, il parle de son « chastel de Mailli, le manoir » et gardins tenans au dit chastel, » le tout mouvant du roi à cause de son château de Péronne. Parmi les vassaux du sire de Mailly on remarque : Wautier de Bartrangles, chevalier, Jean d'Encre, écuyer, Jean d'Aveluis, Péronne, veuve de Baudouin d'Arras, pour son fils Drienet d'Arras[5].

En 1398, Colard, sire de Mailly, fournit à Charles VI un dénombrement de son fief. On apprend par ce document que le château est entouré de deux « paires de fossés, » et possède basse-cour, salles, granges, étables, jardin planté d'arbres et de belles

---

1. *Preuves*, n° XXXV.
2. *Ibid.*, n° XXXVIII.
3. *Ibid.*, n°ˢ CLXV, CCXVII.
4. *Ibid.,* n° XLIX.
5. *Ibid.*, n° CLXV.

Vue septentrionale du château de Mailly. Dessin fait par Voisin en 1738.

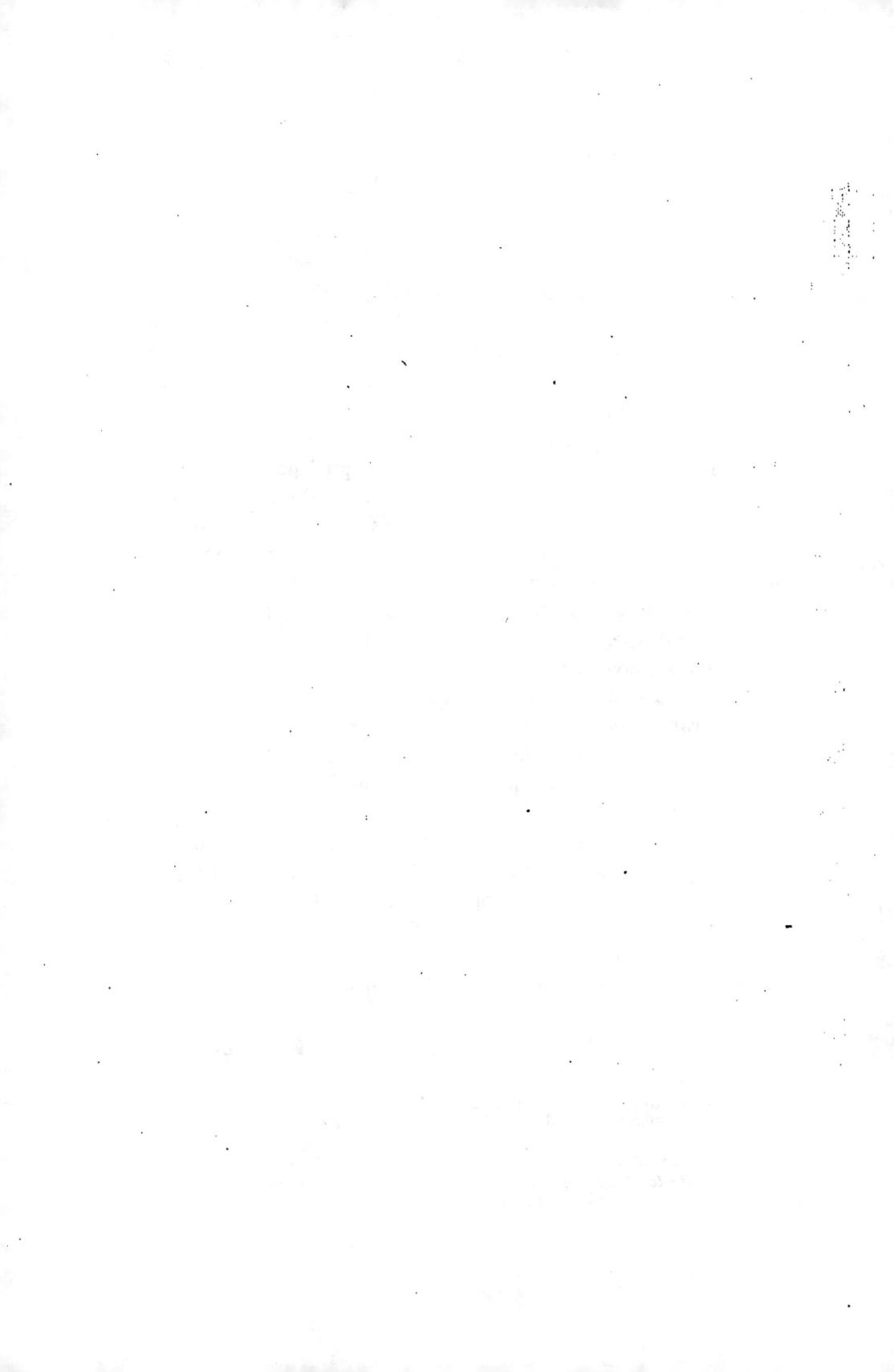

prairies, particulièrement « le pré Sévin[1] contenant sept quartiers
» de terre ou environ, tenant d'une part au gardin Pierre Cas-
» tellois et d'autre part au gardin Steunin Le Compte. » Colard
fait ensuite l'énumération de ses terres, déclare son moulin à vent
situé sur une motte « vers le quemin qui mainne de Mailli à Arras, »
ses deux fours à ban, les vingt fiefs qui relèvent de lui ainsi que
sa justice haute, moyenne et basse[2].

Pendant les guerres de Charles-le-Téméraire contre Louis XI,
le château de Mailly fut en 1470, surpris et pillé par Jacques de
Savoie, comte de Romont, partisan du duc de Bourgogne[3]. Les
dégâts résultant de cette occupation nécessitèrent probablement
des restaurations importantes qui modifièrent profondément son
aspect primitif. On peut expliquer ainsi la physionomie assez ba-
nale que présente une partie de ce monument dans de médiocres
dessins exécutés en 1738 (Voir les planches III, IV et V). Ces
dessins, seuls souvenirs du château de Mailly, ont permis à M.
l'abbé Gosselin la description suivante :

« Une grande place, fermée de barrières et plantée de très gros
» marronniers, formait le devant du château de Mailly. Le mur
» de droite était percé d'une porte donnant entrée dans les basses-
» cours ; à gauche, une autre porte, avec une tour servant de pri-
» son et de tribunal seigneurial, menait au parc. Le mur du fond
» fermait l'avant-cour. On entrait dans cette dernière par un por-
» tail flanqué de deux petites tourelles en encorbellement servant
» de corps-de-garde. Cette cour extérieure était elle-même fermée
» sur les côtés par deux bâtiments ayant chacun un pavillon, le
» *Point du jour* et le *Mont-Midy*. Là se trouvaient des remises,
» des écuries et certains autres logements.

» Au fond, un pont-levis dont les piles avaient été refaites pen-

---

1. Ce nom semble être dû à un Jean de Mailly, dit *Sévin*, prévôt de Beauquesne au commencement du XIVe siècle. Voir *Preuves*, n°s LXXV et
LXXXII.

2. *Preuves*, n[o] CCXVII.

3. *Extrait de la Généalogie de la Maison de Mailly*, 1757. *Preuves de
Jean de Mailly et d'Isabeau d'Ailly*, p. 19.

» dant les mois de juillet, août et septembre 1488, donnait entrée
» dans la cour intérieure. Un angle de cette dernière était occupé
» par un beau puits à charpente de fer. Il fallait, pour entrer dans
» cette cour, passer sous une voûte profonde, en ogive, placée en-
» tre deux grosses tours à toits aigus et sommée d'un campanile
» beaucoup plus élevé servant de tour du guet. Au haut de la
» porte et au-dessus d'un écusson aux armes de Mailly, supporté
» par deux anges, se trouvait un bas-relief fort curieux, compre-
» nant l'espace laissé libre entre les deux tours. Sous une arca-
» ture surbaissée, une femme à genoux à l'entrée d'une forteresse
» semblait supplier un guerrier à cheval et couvert d'une riche
» armure (Voir la IIᵉ planche). » Les uns voyaient un saint Georges dans ce chevalier, les autres, s'appuyant sur la tradition,
reconnaissaient dans « ce guerrier, accompagné de ses chiens, »
Philippe-le-Bel écoutant la dame de Mailly implorant le pardon de
son mari qui avait osé désobéir au roi de France.

« Un grand pont de bois, jeté sur le fossé sec, donnait passage
» du château aux jardins. Ces jardins se composaient d'un vaste
» parterre terminé par des bosquets, et flanqué de plusieurs allées
» de tilleuls. Des vergers considérables s'étendaient de droite et
» de gauche, et le bois, situé au bout du parterre, se trouvait
» séparé, au bas de la descente, de celui d'Ovillers qui remonte
» ensuite vers le sud[1]. »

Je n'ajouterai qu'un mot à cette description du château de
Mailly par M. l'abbé Gosselin. Le bas-relief encadré par les deux
grosses tours d'entrée pouvait représenter la dame de Mailly implorant à genoux de Philippe-le-Bel la grâce de son mari ; mais la
sculpture était une œuvre du XVIᵉ siècle remplaçant peut-être un
plus ancien monument. L'arc surbaissé et le costume du personnage à cheval lui assignent comme date le règne de François Iᵉʳ.

L'antique forteresse de Mailly, qui avait passé par nombre de
vicissitudes, eut l'honneur, en l'an 1667, de recevoir le grand roi

---

1. *Mailly et ses Seigneurs*, pp. 222-224.

Vue méridionale du château de Mailly. Dessin fait par Voisin en 1738.

et plusieurs personnages de sa cour. Le 21 juillet, dit dom Grenier, Louis XIV et la reine partirent d'Amiens pour dîner à Beaucourt d'où ils allèrent coucher au château de Mailly[1].

L'année suivante, 1668, la reine Marie-Thérèse d'Autriche, se rendant en Flandre, fit un nouveau séjour dans ce château. Henriette de Coligny, femme de Gaspard de Champagne, comte de La Suze, accompagnait la reine. Elle dépeint ainsi, dans ses *Pièces galantes*, le manoir de René de Mailly et de Marguerite de Monchy :

« Mailly est une espèce de château irrégulier, à cour obscure et
» estranglée, assez fort pour mettre le bestail circonvoisin hors
» d'insulte, mais peu propre à recevoir une cour entière. Tout le
» monde y était tellement entassé que madame de Montauzier
» coucha dans un cabinet sur un sac de farine, les filles de la reine
» dans le grenier sur un tas de bled, d'autres sur des sacs de
» charbon. Ajoutez à cela une douzaine d'horloges de village,
» appelées vulgairement des coqs, placées au chevet des lits, qui
» à la mode de Flandres, carillonnoient jusqu'aux demi-quarts
» d'heure de la nuit[2]. »

La description de Mlle de La Suze n'était pas nécessaire pour nous fixer sur le manque de confortable du château de Mailly. Comme toutes les autres forteresses du moyen-âge, cet édifice avait été construit au point de vue de la défense et non pour permettre aux gens trop policés du XVIIe siècle d'y parader à leur aise.

Pendant le XVIIIe siècle, le vieux château disparut pour faire place à une grande construction qui aurait convenu aux dames de la cour de Marie-Thérèse d'Autriche. Sa durée fut éphémère ; il n'en reste pas pierre sur pierre. Seule, une chapelle sépulcrale, dernier asile de plusieurs sires de Mailly, reste debout pour affirmer à tous le néant des grandeurs humaines.

---

1. Abbé Gosselin, *Mailly et ses Seigneurs*, p. 189. — *Mémoires de Daniel de Cosnac*, publiés par le comte Jules de Cosnac (Société de l'Histoire de France), t. I, p. 350.

2. *Recueil de pièces galantes*. Trévoux, 1725, t. I, p. 121.

CHAPITRE III

ARMES, DEVISE ET CRI DE GUERRE DES SIRES DE MAILLY

La famille de Mailly porte pour blason : *d'or à trois maillets de sinople*. Supports : *deux lions*. Cimier : *un cerf issant d'une couronne fleurdelisée*. Devise : *Hogne qui vonra*[1].

Il existe une tradition sur ces armes, de même que sur l'origine de la famille. On prétend que Gilles II, sire de Mailly, « ne pou-
» vant supporter l'idée qu'après sa mort ses fils briseraient leurs
» armoiries, varia, par son testament, l'émail de leurs maillets. Il
» ordonna que son fils aîné portât, comme de coutume, *d'or à*
» *trois maillets de synople ;* son second fils, *d'or à trois mail-*
» *lets de gueules ;* son troisième, *d'or à trois maillets d'azur,*
» et son quatrième, *d'or à trois maillets de sable*[2]. »

D'un autre côté, on lit sur une pancarte de 1640 : « Girard de
» Mailly, qui vivoit il y a environ six cens ans (vers 1040) eut
» treize fils et pour éviter qu'un jour la confusion ne fût en sa

1. *Grogne qui voudra.* Voir planche I.
2. Pagès, ms. t. I, cité par M. l'abbé Gosselin, *Mailly et ses Seigneurs*, pp. 26 et 27.

» maison pour le nom et les armes de Mailly, qui sont *d'or à*
» *trois maillets de sinople*, leur divisa ses terres en partage, at-
» tribuant à chacun d'eux noms selon leurs terres et trois maillets
» pour armes, mais de blazons différents, les fit bannerets de leur
» frère aîné, qui retint seul le nom et les armes Mailly dont il
» eut la baronnie[1]. »

La première version qu'on trouve reproduite dans une généalogie du XVIe siècle[2] ne supporte pas plus l'examen que la seconde avec laquelle elle est en contradiction formelle. Ni Gilles II,
qui vivait au XIIIe siècle, ni Girard, absolument inconnu au
XIe siècle[3], n'ont inséré dans leurs testaments des dispositions
héraldiques d'ailleurs démenties par les monuments sigillographi-
ques.

La plus ancienne représentation des armes de la maison de
Mailly en Picardie est le dessin d'un sceau de Baudouin de Mailly.
Ce sceau rond, où l'on voit un *écu chargé d'un seul maillet*, entouré de la légende : ✠ S. BALDUIN DE MAILLI, était appendu à
une charte datée du mois de novembre 1223, dont l'original, qui
semble perdu, appartenait en 1758, au comte de Mailly d'Haucourt[4].

---

1. Château de La Roche-Mailly. Pancarte enluminée, sur parchemin, de
1640. Au centre, l'écusson du fils aîné de Girard, *d'or à trois maillets de
sinople* avec cette légende : « *Constituit te Dominus in caput et accipiat
unusquisque arma.* » Tout autour sont les blasons de : « Monchy, *de gueules à 3 maillets d'or ;* L'Orsignol, *d'or à 3 maillets de gueules ;* Roullencourt, *de sable à 3 maillets de gueules* ; Hauteville, *d'or à 3 maillets de
sable ;* Franconville, *de gueules à 3 maillets de sable ;* Beaumet, *de sable à
3 maillets de sinople ;* Meuricourt, *d'azur à 3 maillets de sable* ; Maute, *de
sinople à 3 maillets de sable ;* Harnes, *de sable à 3 maillets d'azur ;* Auville,
de sable à 3 maillets d'or ;* Mamès, *d'argent à 3 maillets de sable ;* Nedon,
d'or à 3 maillets d'azur.* »

2. Bibl. d'Arras ; mss., no 919. *Essai de généalogie* sans valeur.

3. On rencontre un Girard de Mailly au XIIIe siècle. « Le samedi avant la
Chandeleur 1298 (v. s.), *Jeannin, dit Griffon,* fils de feu monseigneur *Girard
de Mailly,* chevalier, donna à l'abbaye de La Charité tout ce qu'il avoit en
un bois appelé les Lardelets, dans le fief de son seigneur Etienne d'Oiselet,
chevalier, sire de la Villeneuve. » (Bibl. nat., *Trésor généalogique de dom
Villevieille,* t. 54, fol. 35 verso). Ce Griffon, fils de Girard de Mailly, faisant
un don à une abbaye du diocèse de Besançon, n'avait peut-être aucun lien de
parenté avec les Mailly de Picardie.

4. Voir page 53 la reproduction du sceau de Baudouin de Mailly. —
Preuves, no XII.

En 1279, le doyen de Mailly possédait un sceau portant également un seul maillet[1] (figure 1).

Au mois de mars 1239 (v. s.), Gilles I de Mailly fit une déclaration d'hommage au comte d'Artois. Le sceau accompagnant cet acte porte *une croix pattée et pommetée*. Au contre-sceau, on

1. — Sceau de W. doyen de Mailly, 1279. (Arch. nat., S 5061, n° 20).

voit un *écu chargé de trois maillets* avec cette légende : S' GILLE : DE : MAILLI.

Il ne faut pas être étonné de la différence qui existe entre le sceau de Baudouin et le contre-sceau de Gilles I de Mailly. On sait que dans le XII° et même dans le XIII° siècle le nombre des pièces du blason était loin d'être fixé ; témoin les fleurs de lys sans nombre des anciennes armes de France.

Le sceau de Nicolas de Mailly, fils aîné de Gilles I, placé au bas d'une charte du mois de mai 1248, présente *trois maillets surmontés d'un lambel à cinq pendants*.

Suivant l'usage usité au moyen-àge, les cadets de la maison de Mailly employèrent dans les premiers temps des brisures pour distinguer leur blason de celui de leurs aînés. C'est ainsi que Jean de Mailly, seigneur de l'Orsignol à la fin du XII° siècle, brisait

1. 1279, samedi avant *Misericordiam Domini*. Don par Robert Waubert de certains biens sis à Corbie à la maison du temple de Belle-Eglise. Passé sous le sceau de « W., decanus de Mailliaco. » *Écu chargé d'un maillet*. Légende : .....US DE MA.... (Arch. nat., S 5061, n° 20. Orig. parch.).

d'un lambel à trois pendants, et, qu'au XIV⁰ siècle, Gilles, seigneur d'Autuille, plaçait *un croissant au milieu de ses trois
maillets*[1].

Jusqu'au XV⁰ siècle, la branche aînée de la famille de Mailly
avait les mêmes couleurs que celle de L'Orsignol. Elle portait :
d'or à trois maillets de gueules. J'en trouve la preuve dans trois
documents authentiques des XIV⁰ et XV⁰ siècles. Le premier est
un *Nobiliaire de Clermont-en-Beauvoisis*, exécuté vers 1374, qui
donne la bannière enluminée de Jean de Nesle, seigneur d'Offemont, et d'Ade de Mailly sa femme. A dextre sont les armes de
Nesle, et à senestre les armes d'Ade de Mailly : *d'or à trois
maillets de gueules superposés*[2]. Le second document est l'*Armorial* de Gilles-le-Bouvier, dit Berry, composé vers 1450. On y lit :
« Le sire de Maly, en Picardie, *d'or à trois maillets de gueules*[3]. »
Le troisième est un autre armorial de la même époque, annoté par
du Cange, où je relève ces mentions : « Gille de Mailly porte *d'or
» à trois mailles de gueules* ; Banerés. Jehan de Mailly (de l'Or-
» signol) porte *telles au lambel d'azur*. Colard de Mailly, sire
» d'Autuille, porte *d'or a trois maillés de sable au lambel de
» gueules*[4]. » Il faut remarquer que ce Colard de Mailly, sire
d'Autuille, ne brisait pas de la même manière que son prédéces-
seur Gilles dont j'ai parlé plus haut.

Colard, sire de Mailly, tué à la bataille d'Azincourt après avoir
épousé Marie de Mailly-L'Orsignol, fut probablement le premier

---

1. Voir plus loin la reproduction de ces sceaux.
2. Arch. nat., KK 1093, fol. 334 verso. Registre parchemin. — Voir plus
loin la reproduction de cette bannière.
3. *Armorial de France, Angleterre, Allemagne, Italie et autres puissan-
ces, composé vers 1450, par Gilles Le Bouvier, dit Berry, premier roi d'armes de Charles VII, roi de France*, publié par Vallet de Viriville ; Paris,
1866, p. 95.
4. Manuscrit en papier de la bibliothèque de La Roche-Mailly portant au
verso de son cartonnage : « Ex Biblioth. Car. du Fresnii D. du Cange Quaest.
Amb. 1637, » puis de la main de du Cange : « J'ai fait indiquer ce Mss. en la
nouvelle éd. de la Biblioth. hist. de France, t. 3, p. 312, n⁰ 34151. » Au dessous : « Ex libris Christophori-Joannis-Francisci Beaucousin, in curiâ
Patroni. »

à prendre *trois maillets de sinople* (verts), peut-être pour empêcher de confondre ses armes avec celles de sa femme qui portait
trois maillets de gueules[1].

Les sires de Mailly prenaient autrefois leur nom pour cri de
guerre. Ils suivaient en cela un très antique usage. « Conformé-
» ment à une ancienne coutume, dit Sainte-Marthe, les seigneurs
» de La Trémoille ont eu de tout temps leur nom pour cry de
» guerre dont ils se sont principalement servy aux batailles,
» ayant suivi l'exemple de plusieurs grandes familles ; l'on met en
» ce nombre *trois des premières de la province de Picardie*,
» desquelles l'on dit communément que *Mailly*, Créquy, Renty,
» ont telles armes et tel cry[2]. »

« Tous les gentilshommes et tous les nobles n'avaient pas le
» droit du cri d'armes ; c'était un privilège qui n'appartenait qu'à
» ceux qui étaient chefs et conducteurs de troupes et qui avaient
» bannière dans l'armée. C'est pourquoi ceux-là ont raison qui,
» entre les prérogatives du chevalier banneret, y mettent celle
» d'avoir cri d'armes : d'autant que le cri servait proprement à
» animer ceux qui étaient sous la conduite d'un chef et à les ral-
» lier dans le besoin. De sorte qu'il arrivait que, dans une armée,
» il y avait autant de cris comme il y avait de bannières, chaque
» cri étant pour le particulier de chaque compagnie, troupe ou
» brigade, ou, pour parler en termes du temps, de chaque route[3]. »

---

1. 1782. « Nous notaires royaux d'Artois...., nous nous sommes transpor-
tés en l'église paroissiale de Saint-Nicolas-sur-les-Fossés d'Arras, où étant
en la chapelle de Saint-Nicolas, en entrant à droite en la dite chapelle, nous
avons vu sur un carreau de vitrage placé au dessus de la trésorerie de la
dite église, dans la dite chapelle, la figure d'un ange soutenant un *écusson
my-parti, le tout font jaune*, représentant, sur la droite de l'ange, *trois maillets d'un verd* usé par vétusté (armes de Colard de Mailly) et sur la gauche
du dit ange, *trois maillets rouges* (armes de Marie de Mailly-L'Orsignol). »
(Arch. de La Roche-Mailly. Pièce papier. — Voir la reproduction de ce vitrail au chapitre de Colard et de Marie de Mailly).

2. *Histoire généalogique de la Maison de La Trémoille* ; Paris, Simon
Piget, 1667, p. 41.

3. Du Cange, *Glossarium mediæ et infimæ latinitatis* (Édition L. Favre),
t. X, *Dissertation sur l'histoire de Saint-Louis*, p. 44. *De l'usage du cry
d'armes.*

Voici, au sujet des armes et du cri de guerre des Mailly, quelques données extraites d'un ancien *Armorial* manuscrit[1].

« MARCHE DE CORBIE. CORBIOIS A BANNIÈRE.

» Le seigneur de Mailli-au-Bos (Bois) porte *d'or à trois mail-* » *lets de sinople* et crie : *Mailly-au-Bos.*

» Le seigneur Maillet de Mailly porte *d'or à trois maillets de* » *gueules....* »

« MARCHE DE VERMANDOIS. VERMANDOIS A BANNIÈRE.

» Le seigneur d'Auteville (sic) porte *d'or à trois maillets de* » *sable....* »

« MARCHE D'ARTOIS. ARTÉSIENS A BANNIÈRE.

» Le seigneur de Nedon porte *d'or à trois maillets d'azur* et » crie : *Mailly....* »

---

1. Armorial (venant de la famille de Boubers au comté de Ponthieu) intitulé : « *Recueil du blason d'armes de toute la chretienté, rangées selon leur ordre, tiltre et ancienneté en chaque royaume, pays et république.* » Paul Gélic, cambrésien, qui a composé ce manuscrit l'a daté de 1539. Passé en vente à Abbeville le 15 février 1892, il est actuellement la propriété d'un bibliophile d'Amiens. (Communication de M. le comte de Galametz).

LIVRE IER

BRANCHE AINÉE

LIVRE PREMIER

CHAPITRE Ier

WÉDÉRIC ET ANSELME DE MAILLY
1058 ET 1070

§ I

J'ai dit plus haut que, d'après certains généalogistes, WÉDÉRIC DE MAILLY, réputé fils d'Humbert et d'Anne de Sombernon, aurait été la tige de la maison de Mailly en Picardie[1].

En l'année 1058, Wédéric fut présent à une donation que le roi Henri Ier fit à l'abbaye d'Hasnon et en signa la charte avec un grand nombre d'autres nobles personnages[2].

---

1. Voir p. 8.
2. *Preuves*, n° II, p. 2. Cette pièce, sur laquelle s'est appuyé le P. Anselme pour constater l'existence de Wéderic de Mailly (t. VIII, p. 625 B), ne présente aucune garantie d'authenticité. Le nom de Le Carpentier ne doit inspirer qu'une confiance très relative. Natif d'Abscon, près de Douay, Jean Le Carpentier était religieux à l'abbaye de Saint-Aubert de Cambray lorsqu'il s'enfuit en Hollande avec une femme qu'il épousa ensuite. Il fut nommé historiographe de Leyde et mourut dans cette ville en 1670.

L'auteur de la *Notice abrégée sur la maison de Mailly* donne au sujet de Wédéric et de ses enfants les détails suivants qu'il m'a été impossible de contrôler.

« Le fils aîné du comte Humbert, c'est-à-dire WÉDÉRIC DE
» MAILLY, châtelain féodal de Lille, se trouve dans un acte obla-
» tif de l'an 1058, comme étant garant et caution du roi de Fran-
» ce ; il y paraît assisté de son oncle[1] Baudouin, comte de Flan-
» dres ; et, par une autre charte oblative, on voit qu'à la fin de
» l'année suivante, il avait été pourvu du comté d'Harlebeck, de
» la seigneurie de Saint-Pol et de l'advouerie d'Hasnon, dans les
» états de Flandres et d'Artois[2]. Le comte Gilles d'Harlebeck, fils
» aîné de Wédéric, ne laissa qu'un fils nommé Thierry, qui mou-
» rut en Palestine, et celui-ci n'avait eu qu'une fille appelée Ber-
» trude ou Bertrade qui fut abbesse de Sainte-Austrude et qui
» vendit son comté d'Harlebeck à l'empereur Beaudouin, en
» 1179. Le même comte Wédéric avait eu pour second fils de sa
» deuxième femme, Æliz de Guise, ANSELME DE MAILLY[3], qui fonda
» la baronnie de Mailly en Picardie.

» Il appert de toutes les chroniques du temps et des chartes du
» pays, qu'il (Anselme) était vicaire ou vicomte de Flandres et tuteur
» du comte Baudouin VI, appelé Baudouin de Mons, à cause du
» lieu de sa naissance. Le vicaire Anselme était aussi maréchal,
» amiral et stathouder des pays d'Artois, de Hainaut, de Brabant,
» des Ardennes et d'Ostrevant pour la princesse Richilde,
» héritière de ces provinces, et dont il était le plus proche pa-
» rent portent les nécrologes d'Arras et de Cambray. On y voit
» aussi qu'il avoit délégué le gouvernement de la ville de Mons et
» du pays de Hainaut à son neveu, Drogon, sire de Coucy, et

---

1. Cette parenté n'est pas établie.
2. L'Artois n'existait pas comme province en 1058.
3. Les chartes du XIe siècle ne sont pas d'une excessive rareté, mais il m'a été impossible d'en rencontrer une seule donnant au sire de Mailly le pré-nom d'Anselme.

» qu'ayant fait une sortie contre l'armée frisonne, il fut tué sous
» les murs de Lille en 1070. »

Il me faut revenir sur cet épisode de la mort du sire de Mailly.

Baudouin V, comte de Flandre, marié en 1026 à Adèle ou Alix
de France, fille de Robert II, roi de France, et de Constance de
Provence, mourut le 1er septembre 1067, laissant deux fils : Baudouin VI de Mons qui avait épousé en 1051, Richilde, comtesse
de Hainaut et de Mons, et Robert Ier le Frison. Celui-ci, après
diverses aventures en Espagne et en Orient, s'était uni en 1063,
à Gertrude de Saxe, fille de Bernard, duc de Saxe, et veuve de
Florent Ier, comte de Hollande.

En 1070, Beaudouin VI mourut et Richilde gouverna la Flandre sous le nom de son fils Arnoul qui n'avait encore que quinze
ans. Mais, la préférence que les Flamands lui reprochèrent de
montrer pour les Wallons, les impôts qu'elle voulait établir sur
eux par les conseils de son chancelier, le seigneur de Mailly, et
du seigneur de Coucy, le châtiment sévère qu'elle infligea aux
députés d'Ypres, la rendirent très impopulaire. Par ailleurs, Robert le Frison lui disputait la tutelle du jeune comte et excitait les
mécontents tandis que le roi de France Philippe Ier soutenait sa
cause.

Richilde avait toute confiance dans le seigneur de Mailly. D'a-
près son avis, elle manda aux villes de Gand, Bruges et Ypres,
d'envoyer des députés à Lille, afin qu'elle pût s'entendre
avec eux sur le gouvernement de la Flandre. C'était un prétexte pour attirer les plus notables personnages des cités fla-
mandes et leur faire subir le dernier supplice. Le châtelain de
Lille, Gérard de Buc, était au conseil où l'on avait traité cette
question. Il fit aussitôt informer Robert le Frison du sort qui attendait ses partisans si ceux-ci ne venaient pas en nombre et bien
armés.

L'avertissement de Gérard de Buc ne fut pas perdu. Les députés arrivèrent à Lille dans un appareil fait pour imposer le res-
pect. Le seigneur de Mailly alla au devant d'eux et les logea par

petits groupes dans différentes maisons de la ville, avec défense, sous peine de pendaison, de se présenter devant Richilde et son fils sans avoir été préalablement appelés.

Au coucher du soleil, le chancelier de Richilde, plein de confiance dans la réussite de sa ruse et accompagné de nombreux soldats, se dirigea vers la maison où se tenaient le plus grand nombre de Gantois. Il les salua par ces mots : « Maudits conspi-
» rateurs flamands, vous prenez le parti de Robert Le Frison,
» d'un voleur de troupeaux qui a envahi et pillé les terres du roi
» de France, et cela contre le comte, votre maître, et contre sa
» mère obligés de fuir ! Qu'on pende ces misérables aux fenêtres
» de la maison ! »

Les Gantois étaient sur leurs gardes. Ils se jetèrent sur le seigneur de Mailly, le tuèrent et gagnèrent le château, où les attendait Gérard de Buc, après avoir réuni tous leurs concitoyens au son de la trompette. Richilde espérait pouvoir s'emparer des révoltés le lendemain au moyen de ses troupes françaises. Mais, Robert le Frison apparut et délivra les Flamands en taillant en pièces l'armée de la comtesse qui s'enfuit à grand peine de Lille avec ses deux fils Arnoul et Baudouin.

Le roi Philippe voulut venger sa parente et la mort du seigneur de Mailly[1] ; il arma pour cette cause ses vassaux de France,

---

1. *Preuves* n° III. — « Oudergheest, parlant du mesme fait, dit que Richilde, trop rigoureuse à ses sujects, croyant les conseils des seigneurs de Couchy et *de Mailly*, fit trencher la teste aux députez d'Ypre venus vers elle à Messines, et depuis à un grand baron de Flandre, messire Jean de Gavre, et qu'elle en eut fait autant aux députez de Gand et Bruge estant chez elle à Lille, si messire Gérard de Buc, chastellain de Lille, ne les eut sauvez en son chastel. Et adjoute que peu après Robert le Frison s'empara de la ville de Lille (en laquelle estoit Richilde y venue de Lessines qui se sauva vers Amiens) par le moyen et faveur du susdit messire Gérard de Buc, chastelain, et qu'à ceste prinse mourut le *sieur de Mailly*. » *Les chastelains de Lille, leur ancien estat, office et famille, ensemble l'estat des anciens comtes de la République et Empire Romain, des Goths, Lombards, Bourguignons, François, et au règne d'iceux des Forestiers et Comtes anciens de Flandre*, par Floris vander Haer, thrésorier et chanoine de Saint-Pierre de Lille. A Lille, de l'imprimerie de Christofle Beys, imprimeur et libraire, rue de la Clef, à l'Image de Saint-Luc, MDCXI, p. 186. — Voir encore, Dom Devienne, *Histoire d'Artois*, 1785, t. II, p. 45.

d'Anjou, de Poitou et de Berry. Malheureusement, l'armée royale fut défaite à Bavinchove, près de Cassel, le 22 février 1071. Le jeune Arnoul, que l'histoire a surnommé le Malheureux, périt dans le combat.

Le P. Anselme, sur l'autorité duquel on s'appuie trop souvent, consacre à Anselme de Mailly un article conçu en ces termes :

« Anselme de Mailly, seigneur de Mailly, pouvait être fils ou » frère de Wédéric de Mailly. Il naquit vers l'an 1020, fut lieute- » nant de l'armée de Richilde, comtesse d'Artois (lire de Flandre), » et l'un de ses favoris vers l'an 1050. Il gouverna, sous elle, » ses états avec Dreux, sire de Coucy[1], et fut tué en 1070, au » siège de Lille. La Morlière et Malbrancq, parlant de ces deux » seigneurs, disent qu'ils étaient de la noblesse la plus distinguée » de Picardie : *Ambo Picardici sanguinis proceres....*[2] »

§ II

On donne à Anselme de Mailly trois fils nés d'une alliance qui est inconnue.

1° *Wautier* ou *Gautier* qui suit au chapitre II ;

2° *Arnoul de Mailly* mort en l'année 1100 et enterré dans l'é- glise de Saint-Géry-au-Mont-des-Bœufs à Cambray. C'est à lui qu'on applique cette épitaphe rapportée par Rosel :

---

1. « L'an 1034, vivoit Dreux de Boves, seigneur de Coucy, ou bien Dreux de Coucy, seigneur de Boves.... Il fut contemporain et grand amy d'*Ancelme de Mailly*, avec lequel il supporta (ou bien son fils Enguerran de Boves) la comtesse de Flandres, Richilde et Arnoult, son fils. » La Morlière, *Recueil de plusieurs nobles et illustres maisons vivantes et esteintes, en l'estendue du diocèse d'Amiens*. Amiens, Jacques Hubault, « imprimeur et libraire demeu- rant devant le beau Puits, » 1630, p. 235 ; Paris, Sébastien Cramoisy, 1642, p. 254.

2. Anselme, t. VIII, p. 625.

« *Chi gesit ong molte braf kevaliers*
« *Ki at glené meintes loriers*
« *Ens en Affrik, tojors couviers d'aciers ;*
« *Mailly ot nom de molte grants ligniers,*
« *O Diex, doenex guerduns as chils prous gouriers*[1] »

3° *Regnauld de Mailly* qui céda en 1119, du consentement de Bathilde de Roye, sa femme, à l'abbaye de Saint-Aubert tous les droits qu'il avait sur la terre de Barastre[2]. Certains auteurs prétendent que la maison de Barastre porte pour armes, *d'argent à trois maillets d'azur*, et qu'elle descend de Regnauld de Mailly[3].

Regnauld de Mailly ne peut pas être maintenu comme fils d'Anselme. D'après Le Carpentier *(Histoire de Cambray,* t. II, p. 745), il céda ses droits sur Barastre à l'abbaye de Saint-Aubert, en 1191 et non en 1119. Quant à la famille de Barastre, elle n'a jamais blasonné : *d'argent à trois maillets d'azur*. Les sceaux des membres de cette maison portent toujours *une fasce surmontée de trois coquilles*[4].

1. Jean Le Carpentier, *Histoire de Cambray et du Cambrésis* ; Leide, chez l'auteur, 1664, t. II, p. 745. — Anselme, t. VIII, p. 625. — Abbé Gosselin, *Mailly et ses Seigneurs*, p. 11.
2. Barastre, Pas-de-Calais, arrondissement d'Arras, canton de Bertincourt.
3. Anselme, VIII, p. 625. — *Dictionnaire historique et archéologique du Pas-de-Calais. Arrondissement d'Arras*, t. I, p. 258. Article *Barastre*, signé, N. Cavrois. — Abbé Gosselin, *Mailly et ses Seigneurs*, p. 11.
4. Chartes de l'abbaye de Saint-Aubert de Cambray, de 1270, 1282 et 1444. Demay, *Sceaux de Flandre*, n°s 496, 497 et 498.

CHAPITRE II

§ I

L'existence de Wautier ou Gautier de Mailly, chevalier, nous est affirmée par deux bulles du pape Alexandre III qui occupa le trône pontifical de 1159 à 1181. Dans ces documents, Gautier de Mailly est cité comme ayant donné autrefois à l'abbaye de Saint-Pierre de Corbie, le revenu de la terre de Branlers[1] afin de « retenir » la bibliothèque. Un vieux *Répertoire* analyse ainsi ces actes : « Alexandre tiers confirme à l'abbaye de Corbie trois muis » de blé et trois muis d'avoine à la mesure d'Encre que ceux de » Clerfay doivent à l'église de Corbie et les dismes de Branlers » que le seigneur de Mailly donna pour retenir la librairie de l'é-» glise[2]. »

---

1. Le bois de Branlers, non loin de Mailly, entre Colincamps et la route d'Amiens à Arras, existait encore vers 1856. Abbé Gosselin, *Mailly et ses Seigneurs*, p. 173.

2. *Preuves*, n^{os} V et VI. Il faut compléter le n° V des *Preuves* en ajoutant après Ad mensuram Encrensem, *quos a canonicis de Claro Faio recipitis annuatim*, et redditus terre de Brenlers quam ex dono Galteri de Mailli habere noscimini custodi librorum nichilominus deputatis. Unde quia constitutionem vestram, etc. — M. L. Delisle a publié ce document dans *Bibliothèque de l'école des Chartes*, t. XXI, p. 498.

Le P. Anselme prétend que le don de Gautier de Mailly avait été fait pour « rétablir l'église de l'abbaye brûlée en 1123, sous » Robert, disciple de Suger, abbé de Saint-Denis en France[1]. » D'après le *Gallia Christiana*, le monastère et la ville de Corbie ne furent la proie des flammes qu'en 1137 et le seul événement remarquable de l'année 1123 fut la nomination de l'abbé Robert qui accorda alors aux habitants de Corbie une charte communale[2].

Suivant l'auteur de *Mailly et ses Seigneurs*[3], Gautier « fut » surnommé Brisefer, à cause, sans doute, de sa force et de sa » valeur. Il acheva la construction de la forteresse de Mailly-le- » Franc, commencée par son père le vicomte Anselme. » M. Goze ajoute : « C'est également à Gautier qu'on attribue l'adoption des » maillets pour armes des Mailly ; ils auraient ainsi la même si- » gnification pour désigner les exploits de ces preux chevaliers » que le surnom de Martel donné à Charles, le vainqueur d'Ab- » dérame et des Sarrazins[4]. »

« Loin de blâmer cette sorte de blasons, comme font les igno- » rants, j'ose avancer, dit le P. Ménestrier, que ce sont les plus » anciens et les plus nobles, ceux qui les portoient ayant cru » que leurs noms étoient assez illustres pour estre connus à des » signes qui les représentoient. Comme ils crioient leurs noms » pour se faire reconnoître dans le combat et dans la mêlée, ils les » peignoient sur leurs cottes d'armes, sur leurs boucliers et sur » les housses de leurs chevaux, dans les tournois et les exercices » militaires. Les noms d'Ailly, de MAILLY, de Tanques, de Créquy, » sont les plus illustres du royaume qui soient exprimés dans » leurs armoiries[5]. »

---

1. T. VIII, p. 625.
2. *Ecclesia Ambianensis* ; *Corbeia*, t. X, col. 1265.
3. P. 12.
4. *Notice sur la maison de Mailly* dans les *Archives de Picardie*, t. I, p. 198. — Ces affirmations très précises de MM. Gosselin et Goze gagneraient à être appuyées sur quelques documents originaux.
5. *Origine des armoiries*, pp. 136 et 137.

§ II

On ignore le nom de la femme de Gautier de Mailly auquel les auteurs[1] donnent pour postérité :

1° *Nicolas*, dont je parlerai au chapitre suivant ;

2° *Élisabeth* ;

3° Et *Lucie*, mariée à un de Pernes, d'où Nicolas de Pernes.

S'il faut ajouter foi à une *Notice historique* publiée par Hector Josse[2], *Berthe de Mailly*, fille de *Raoul III, sire de Mailly*, mort en 1133, et de Florence de Sarcus, dame de Vauléon, aurait épousé, dans les premières années du XIᵉ siècle, Robert de Thésy, chevalier, seigneur dudit lieu et vicomte de Vers. Robert mourut en 1157, treize ans après sa femme, et fut enterré dans l'église de Thésy[3]. Il laissait de Berthe de Mailly, Foulques, Raoul et Mathilde, mariée à Jean, sire de Domart-sur-la-Luce[4].

Je fais cette citation sans chercher à en apprécier la valeur. Raoul et Berthe de Mailly me sont absolument inconnus.

Il n'en est pas de même d'un *Gobert* (ou plutôt *Robert*) *de Mailly*, chevalier, vivant à la fin du XIIᵉ siècle et au commencement du XIIIᵉ. Ce Robert de Mailly, fils d'Elisabeth de Makegny, qui me semble descendre d'Anselme, était peut-être proche parent de Gautier de Mailly. On peut le supposer son fils. Dans ce cas, la femme de Gauthier de Mailly aurait été Elisabeth de

---

1. Anselme, Moréri et autres.

2. *Notice historique sur les communes de Vers et d'Hébécourt, canton de Boves*, dans *Mémoires de la société des Antiquaires de Picardie*, IVᵉ série, t. I, p. 53.

3. Thésy-Glimont (Somme, arrondissement d'Amiens, canton de Sains) sur l'Avre et non loin de l'embouchure de la Luce.

4. Domart-sur-la-Luce, département de la Somme, arrondissement de Montdidier, canton de Moreuil.

Makegny. Robert eut deux fils, *Nicolas* et *Baudouin* qui vivaient en 1227[1].

En l'année 1232, un *Aubert*, dit *le jeune de Mailly*, fit un don à l'Hôtel-Dieu d'Amiens[2].

1. *Gobert de Mailly*, chevalier, souscrivit l'accord que Gautier, sire d'A-vesnes, et Marguerite, sa femme, firent avec l'abbaye de Saint-Médard de Soissons (Bibl. nat., *Trésor généalogique de dom Villevieille*, t. 54, fol. 33 v°). — 1210. « Walterus, dominus Guisiæ et de Avesnis, cum *Elisabeth de Makegny*, quondam mater *Goberti de Mally*, militis, assensu Clarembaldi de Makegni, militis, domini sui, etc. » — 1227. « Ego *Gobertus de Mailly*, mi-les, *Nicolaus*, primogenitus meus, *Balduinus*, alter filius, etc. » Bibl. de l'Arsenal ; ms. de du Cange (*Cartulaire* de l'abbaye de Notre-Dame-du-Mont-Saint-Martin, diocèse de Cambray), n° 5262, fol. 49 et 54. Dans le 2ᵉ *Cartulaire du Mont-Saint-Martin* (Bibl. nat., pp. 168 et 169), *Robert de Mailly* est cité sous l'année 1220, et à l'année 1227, il paraît avec son fils aîné *Nicolas*.

2. *Preuves*, n° XIX.

CHAPITRE III

Nicolas de Mailly et Amélie, sa femme
1146-1212 environ

§ I

Le P. Daniel rapporte dans son *Histoire de France*[1] que Nicolas de Mailly prit la croix avec le roi Louis VII, en 1146, à la suite des prédications de saint Bernard. En 1158, Nicolas signa comme témoin la charte communale de la ville d'Encre[2]. Au dire du P. Anselme, il fut caution pendant l'année 1188, de la cession que Hugues de Pernes, chevalier, fit des dîmes de Baconville à l'église d'Amiens, sous l'évêque Thomas[3]. Dans cet acte, il est qualifié *vir nobilis*[4].

Au cours de cette même année 1188, Nicolas de Mailly, du con-

---

1. Édition de 1713, t. I, col. 1177, d'après *Chronic. Mauriniac.*

2. *Preuves*, n° IV et page 387.

3. Selon La Morlière, l'évêque qui gouvernait l'église d'Amiens en 1188, avait nom Thibault (*Bref estat des antiquites et choses plus remarquables de la ville d'Amiens,* 2e édition, Amiens, 1622, p. 41). D'après *Gallia Christiana,* t. X, col. 1177, cet évêque était Thibault de Heilly.

4. *Histoire généalogique de la maison de France,* t. VIII, p. 626. — A défaut d'autres sources, je suivrai quelquefois le P. Anselme au cours de ce travail ; mais je laisse à ce généalogiste, très sujet à caution comme les autres généalogistes, et à tous les auteurs dont j'utiliserai les travaux, la responsabilité de leurs affirmations. La plupart des histoires généalogiques fourmillent d'erreurs voulues ou involontaires au milieu desquelles il est souvent difficile de distinguer la vérité.

sentement de sa femme *Amélie*[1], de ses sœurs Elisabeth et Lucie et de son neveu Nicolas, fils de la dite Lucie, concéda aux religieux de l'abbaye de Saint-Vaast d'Arras le droit de travers sur toute sa terre. L'acte en fut passé en présence de Daniel, abbé de Clairfaix, du prieur Hugues et sous les sceaux de Robert de Forceville, de *Remnelin de Mailly* et de plusieurs autres[2]. Quatorze ans plus tard, en 1202, on le rencontre cité dans une charte de Hugues, comte de Saint-Pol, relative aux droits de ce dernier dans la ville de Corbie, avec plusieurs autres chevaliers et nobles hommes tels qu'Enguerrand de Boves, Robert, son frère, Gautier de Heilly, Bernard de Moreuil, Bernard du Plessis, Pierre de Villers, Gautier du Hamel et Gautier de Guiencourt[3].

Au commencement du pontificat du pape Innocent III, 1198, Foulques, curé de Neuilly, parcourut la Normandie, la Champagne, la Bourgogne, la Flandre, prêchant partout la guerre sainte. Sa parole enflammée enthousiasma les cœurs et presque tous les grands seigneurs prirent la croix. Villehardouin en nomme un grand nombre parmi lesquels on remarque Baudouin de Flandre et sa femme la comtesse Marie, Henri d'Anjou, frère de Baudouin, le comte Hue de Saint-Pol, Dreux de Cressonsart, Jean de Nesle, Thierry de Flandre et *Nicolas de Mailly*[4]. Ces trois derniers personnages eurent un rôle particulièrement important à remplir ; ils commandèrent la flotte de Flandre en 1202.

« En une ille que l'on apele Saint-Nicholas (raconte Villehar-» douin) .... vint une estoires[5] de Flandres par mer où il ot moult

---

1. La Morlière (*Maisons illustres de Picardie*), le P. Anselme, Moréri, M. l'abbé Gosselin (*Mailly et ses Seigneurs*) et autres, nomment la femme de Nicolas de Mailly *Amélie de Beaumont*. Le P. Simplicien (*Extrait de la généalogie de la maison de Mailly*, page 18, note A), va plus loin ; il affirme qu'*Amélie de Beaumont* était issue des anciens comtes de Beaumont-sur-Oise.

2. *Preuves*, n° VII. On doit remarquer que dans cette pièce la femme de Nicolas de Mailly est simplement désignée sous le nom d'*Amélie*.

3. *Preuves*, n° VIII.

4. *De la conqueste de Constantinoble*, par Joffroi de Villehardouin et Henri de Valenciennes. Edition de la *Société de l'Histoire de France*, par M. Paulin Paris, Paris, 1838, p. 4, n° VII.

5. Estoire, flotte, armée navale.

» de bone gent armée. De cele estoire fu chevetains[1] Jehan de
» Neele, chastelains de Bruges, et Thierris qui fu fils le conte
» Phelippe, et *Nicholas de Mailli*[2]. »

La flotte de Flandre, s'il faut en croire l'historien du pape Innocent III, Frédéric Hurter, était composée de soixante-dix vaisseaux qui avaient été richement équipés et abondamment pourvus dans les ports des Pays-Bas[3]. Malheureusement des tempêtes qui durèrent presque tout l'été l'empêchèrent de traverser le détroit de Gibraltar et de rejoindre l'armée du comte Baudouin à Venise[4].

Nicolas de Mailly, Baudouin de Beauvoir, Anseau de Cayeu et autres étaient avec Henri d'Anjou lorsque celui-ci gagna la bataille d'Adramytium[5].

Peu de temps après, l'empereur Baudouin fut pris au combat d'Andrinople. Dans cette situation critique, son frère Henri s'adressa à celui qui gouvernait la chrétienté. Il envoya, en juin 1205, l'évêque de Soissons et les chevaliers *Nicolas de Mailly* et Jean Bliaut auprès du pape[6], en France et en Flandre, pour enrôler des troupes destinées à secourir la ville de Constantinople[7].

A la bataille de « Phinepople, » le commandement de l'avantgarde de l'armée fut confié à Pierre de Bracuel et à *Nicolas de Mailly*[8]. Celui-ci fut ensuite député en 1209 avec deux autres chevaliers vers le comte de Blandras, tuteur de Démétrius, roi de Thessalonique, pour le faire rentrer dans son devoir. Le voyage

---

1. Chevetain, capitaine.

2. Villhardouin, *De la conqueste de Constantinoble*, p. 15, n° XXX.

3. *Histoire du pape Innocent III*, traduite par A. de Saint-Chéron et J. B. Haiber, t. II, p. 41.

4. Villehardouin, *De la conqueste de Constantinoble*, pp. 16 et 32, n°s XXXI et LIV.

5. *Ibid.*, p. 106, n° CXXXII. P. Anselme, t. VIII, p. 626.

6. *Preuves*, n° IX. — Villehardouin, p. 128, n° CL.

7. *Histoire du pape Innocent III*, t. II, p. 295.

8. « Cele nuit devisèrent leur bataille, et ordenèrent qui poinderoit primerains, se che venoit à l'assembler. Si esgardèrent Pieron de Braiescuel et *Nicholon de Mailly*. A ces deus fu la chose commandée. » Henri de Valenciennes, *Continuation de la conqueste de Constantinople*. Edition de la Société de l'Histoire de France, par Paulin Paris, 1838, VI, pp. 176 et suiv.

se fit de nuit et par la neige. Aussi le chroniqueur remarque-t-il qu'à leur arrivée, les envoyés « bien eussent eu mestier à celui » point que sains Juliens les eust hébregiés[1]. »

Nicolas de Mailly vivait encore en mai 1212. A cette époque il accorda à Sara, femme de Robert Cousin, une reconnaissance de 70 livres de rente par laquelle il obligeait ses terres de Mailly et de Mézerolles[2].

§ II

Le P. Anselme et les auteurs qui l'ont plus ou moins pris comme guide donnent à Nicolas de Mailly et à sa femme Amélie de Beaumont les enfants qui suivent :

1° *Gilles*, 2° *Wautier* ou *Gautier*, 3° *Milon*, 4° *Guillaume*, 5° *Pierre*, 6° *Mathieu*, 7° *Beaudouin*, 8° *N[icolas[3]]*, 9° *Nicole* ou *Nicolette*, 10° *Mathilde*.

Mes recherches m'ont fourni les preuves de l'existence de quatre d'entre eux seulement : *Gilles, Mathieu, Guillaume* et *Pierre*, que je range ici dans l'ordre donné par un acte du mois de novembre 1232[4].

1° *Gilles de Mailly.* Je ne m'occupe pas ici de ce personnage qui fera l'objet du chapitre suivant.

2° *Wautier* ou *Gautier de Mailly.* Le P. Anselme s'exprime ainsi à son sujet d'après l'*Histoire du Cambrésis* de Le Carpentier. « *Wautier de Mailly*, sire de Démiecourt, épousa Iduberge de » Bailleul avec laquelle il fit en 1201 une donation à l'abbaïe de » Saint-Aubert de ce qui leur appartenoit dans la terre de Waen-

---

1. *Continuation de la conqueste de Constantinople*, pp. 195 et suiv., n° XVI.
2. J'indique cette pièce, dont je n'ai pas trouvé l'original, sur la foi d'une généalogie manuscrite du XVIII⁰ siècle, conservée dans les Archives de La Roche-Mailly.
3. Le P. Anselme dit *N.... de Mailly* et M. l'abbé Gosselin, *Mailly et ses Seigneurs*, p. 13, imprime sans hésiter *Nicolas de Mailly*.
4. *Preuves*, n° XX.

» cour, à condition que les religieux prieroient Dieu pour lui, pour
» sa femme et l'âme de *ses illustres progéniteurs*, sires de Mailly[1].»
Je n'ai rencontré aucun document concernant Wautier de Mailly.

3° *Milon de Mailly*, dit le P. Anselme, « fit en 1209, conjointe-
» ment avec Herimburge, sa femme, *Robert* et *Mathilde*, leurs
» fils et fille et en présence de Guolfred (sic), évêque de Senlis,
» une donation de trois arpens de terre à l'abbaye de Châlis. Il
» y est dit qu'il avoit un frère nommé *Gautier*[2]. »

Si l'on admet avec le P. Anselme l'existence de *Milon de Mailly*, on peut lui rattacher *Robert de Mailly* qui fut père de *Pierre
de Mailly*, lequel l'était lui-même de *Jean de Mailly*, prêtre, vivant en 1320[3]. Ce *Jean de Mailly*, prêtre, est peut-être le même
personnage que *Jean de Mailly*, chapelain du château de Beauquesne en 1350[4].

4° *Guillaume de Mailly* est nommé dans deux titres du cartulaire de l'Hôtel-Dieu d'Amiens, l'un du mois de novembre 1226
et l'autre du mois de mars 1236[5].

5° *Pierre de Mailly*, selon le P. Anselme, « est mentionné avec
» Guillaume, son frère, dans le testament de Philippe-Auguste et
» dans le registre des vassaux de ce prince. »

Philippe-Auguste fit deux testaments, le premier vers juin 1190,
avant de partir pour la Croisade[6], et le second en septembre
1222, à Saint-Germain-en-Laye[7]. Il n'y est question ni de *Pierre*[8]
ni de *Guillaume de Mailly*.

---

1. Et non : pour *leurs illustres progénitures*, comme on l'a imprimé dans
Extrait de la Généalogie de la maison de Mailly, Paris, 1757, p. 47.

2. Voir également : *Extrait de la Généalogie de la maison de Mailly*, p. 47.

3. Acte du 15 mars 1319 (v. s.) passé devant le bailli d'Amiens dans lequel
on trouve que *Jean de Mailly*, prêtre, était héritier de feu *P. de Mailly*, qui
l'était lui-même de *Robert de Mailly*, Arch. nat., X la5, fol. 21 verso.

4. *Preuves*, n° CXVIII.

5. *Preuves*, nos XIII et XXIII.

6. *Recueil des Historiens de France*, t. XVII, pp. 30 et 31.

7. Publié, d'après l'original conservé aux Archives nationales, J 403, n° 1,
dans *Layettes du trésor des chartes* par Alex. Teulet, t. I, p. 549.

8. On rencontre à cette époque un « *Petrus de Miliaco*, » *Pierre de Milly*,
qu'on a pu traduire faussement par *Pierre de Mailly*. *Recueil des Historiens
de France*, t. XVII, p. 105.

En avril 1203, Gilles, châtelain de Bapaume, seigneur de Beaumetz, déclare que Guillaume, avoué d'Arras et seigneur de Béthune, lui a permis de céder à quelques bourgeois d'Arras sa terre de Croisilles qu'il tenait dudit avoué. *Pierre de Mailly* se trouve au nombre des témoins [1]. Je présume que c'est ce même Pierre de Mailly qui est cité vers 1225 parmi les nobles des gouvernements de Péronne, Mondidier et Roye qui firent hommage au roi [2].

6° *Mathieu de Mailly*. L'auteur de l'*Histoire généalogique de la maison royale de France* s'exprime ainsi à son sujet :

« Mathieu de Mailly fut seigneur de Senlis près Clerfay et s'ac-
» quit une grande réputation dans les guerres de Philippe-Au-
» guste contre Richard, roi d'Angleterre. Il fit prisonnier Robert,
» comte de Leycestre (1194), et fut pris lui-même peu de temps
» après, proche de Gisors, en voulant défendre le roi Philippe-
» Auguste qui avoit donné dans une embuscade des Anglois,
» comme il se voit dans l'histoire de Normandie par Guyard. Il
» fut présent au mois de juin 1235 à l'accommodement qui se fit à
» Crépy-en-Valois en présence du roi et de Pierre, duc de Breta-
» gne, entre quelques seigneurs qui avoient des contestations
» ensemble, comme il se voit au *Trésor des chartes*, par la lettre
» du duc de Bretagne, par laquelle il ratifie, avec plusieurs sei-
» gneurs, ce traité. Il fit une donation en 1250 à l'abbaye de Cler-
» fay. Robert d'Artois donna au mois de février 1271 à Mathieu
» de Mailly cent livres parisis de rente sur le péage de Bapaume,
» et, en cas de mort du comte d'Artois, sur le tonlieu d'Arras,
» suivant l'extrait du *Trésor des chartes d'Artois*. L'on ne sçait pas
» le temps de sa mort qui arriva à Nicomédie, d'où son corps fut
» apporté en France et inhumé à Arras. Robert, comte d'Artois,
» et sa femme firent une fondation pour le repos de son âme, ainsi

---

1. Arch. dép. du Nord, B. 12, n° 257.

2. Bibl. nat., *Collection de Picardie*, t. 45 bis. *Mailly*, fol. 6. — Vers ce même temps, 1239, existait un Pierre de Marly, *de Marliaco* ou *de Malliaco*, qu'il faut se garder de confondre avec Pierre de Mailly. Arch. nat., JJ 26, fol. 252 verso ; JJ 31, fol. 98 verso.

» qu'on l'apprend du *Martyrologe* de la cathédrale de cette ville,
» fol. 207, qui porte qu'il mourut à Nicomédie, le 7 des calendes
» de novembre. »

Mathieu de Mailly a existé, mais il faut signaler ici la confusion dont il a été l'objet avec un de ses contemporains.

L'épisode du comte de Leicester en 1194 et la prise de Mathieu
à Courcelles-les-Gisors sont mis au compte de Mathieu I de Marly,
de la maison de Montmorency, par Guillaume Le Breton[1] et par le
P. Anselme lui-même, qui se contredit ainsi, à l'article Mathieu I
de Montmorency, seigneur de Marly[2].

Guyard, dans ses *Royaux Lignages*, fait de *Mahyeu de Mally*
le héros de l'affaire de Courcelles-lès-Gisors.

> « Pris i fu Mahyeu de Malli
> » Et maint autre de haut parage[3]. »

Par ailleurs, Gabriel du Moulin, curé de Maneval, raconte ainsi
l'évènement :

« Au mois de septembre 1197, Auguste et Cœur-de-Lyon se
» rencontrèrent entre Gamaches et Vernon. Richard tua un grand
» nombre de François et Auguste, en déroute, se sauva à Vernon
» puis à Mante. Ensuite Richard luy enleva de force Courcelles,
» Burris et Cirfontaines. Auguste, party de Mante avec quatre
» cents chevaux et quelques compagnies de piétons à dessein de
» venir asseurer Gisors, tomba dans des embuches que Richard
» luy avoit dressées et, pour n'avoir pas creu au conseil de Me-

---

1.   « In quo conflictu, Liecestricus ille Joannes (Robertus)
   » Inclytus, egregiis mundo notissimus actis,
   » *Matheo* totis *Marlite* viribus hastam
   » Impingit per utrumque femur....
   » *Marlicius* capitur *Mattheus* cumque Philippo
   » Nantholide Petrus cui Sus cognomen habetur. »
*Œuvres de Rigord et de Guillaume Le Breton, historiens de Philippe-Au-
guste.* Edition de la Société de l'Histoire de France, Paris, 1885, t. II, pp.
117 et 141.

2. Tome III, p. 655. Voir aussi André du Chesne, *Histoire de la maison
de Montmorency*, Paris, Sébastien Cramoisy, 1624, p. 661. Adrien Maquet,
Les seigneurs de Marly, Paris, 1882, p. 106.

3. Collection Buchon, t. VII, p. 118, vers 252 et 254.

» nessier de Mauvoisin et n'estre tenu pour un fuyard, *Mathieu de*
» *Mailly*, Mathieu de Montmorency, Alain de Roussy, Fouques
» de Gilerval, abbatu sous la lance de Richard, Philippe de Nan-
» teuil,.... et autres de qualité, jusques au nombre de quatre
» vingts douze, furent pris prisonniers[1]. »

L'accommodement dont parle le P. Anselme qui se fit à Crépy-
en-Valois en juin 1235, entre Raoul de Fougères et Guy Mauvoisin, est conservé aux *Archives nationales* ; il porte textuellement
le nom de Mathieu de *Mailli*[2].

Quant à la donation de 100 livres parisis de rente sur le péage
de Bapaume, du mois de février 1271, elle fut faite par Robert
d'Artois, non à Mathieu de Mailly, mais à Mathieu de Marly, chevalier, chambellan de France, qui mourut à Nicomédie et dont il
est question dans le *Martyrologe de l'église d'Arras*[3].

7° *Baudouin de Mailly*. Le P. Anselme dit que « Baudouin de
» Mailly accorda, suivant un titre de l'abbaye de Corbie, du mois
» de novembre 1223, un différend des religieux de cette abbaye
» avec Hélie (Alix) de Blangy, au sujet de la troisième partie de
» cette terre qu'ils réclamaient et qui leur fut abandonnée ; l'ac-
» cord fut fait par Baudouin de Mailly, chevalier, avec Gautier
» du Hamel et Jean de Gentelle, aussi chevaliers. »

L'existence de Baudouin de Mailly n'est pas contestable. Ce
personnage, comme l'affirme le P. Anselme, fut arbitre (novembre
1223) avec Gautier du Hamel et Jean de Gentelles, dans un différend survenu entre l'abbaye de Corbie et Alix de Blangy. L'acte
original d'arbitrage était scellé de trois sceaux. Celui de Baudouin

---

1. *Histoire générale de Normandie*, Rouen, chez Jean Osmont, dans la
cour du Palais, 1631, p. 488.

2. « Ansellum de Insula, *Mattheum de Mailli* et Guillelmum Malum Vici-
num. » Arch. nat., J 241. Bretagne. Coffre, n° 13, orig. scellé. — Teulet,
Layettes du Trésor des chartes, t. II, p. 295 A.

3. « VII Kal. novembris. Nichomediae. Natale sanctorum Martiani, Flori et
Luciani, etc. Obiit etiam *Matheus de Malli*, miles, cambellanus Francie,
etc. » — L'illustre du Cange, lui-même (*Glossaire*, art. *Cambellanus*) écrit
Maheu *de Mailly* au lieu de Maheu *de Marly*. — Le Nain de Tillemont (*Vie
de Saint Louis*, t. V, p. 35) affirme que *Mathieu de Mailli* fut fait chevalier
par Saint Louis le 5 juin 1267. Il faut lire *Mathieu de Marly*. — Dans les anciens textes *Marly* est souvent écrit *Mally*.

de Mailly portait un écu chargé *d'un seul maillet* avec cette légende : ✠ S. Balduin de Mailli[1] (figure 2).

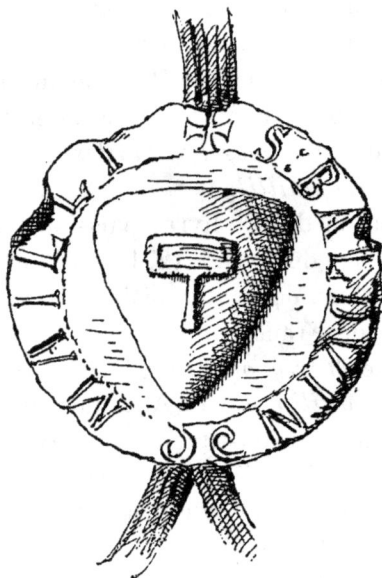

2. — Sceau de Baudouin de Mailly, novembre 1223. *Preuves*, n° XII.

En avril 1277 (v. s.), on trouve encore Baudouin de Mailly, chevalier, répondant, en même temps que Hue d'Aucoich, d'une somme de 1200 livres parisis pour Guy de Châtillon, comte de Saint-Pol, et Mahaut de Brabant, sa femme, envers Béatrix de Brabant. Le sceau de Baudouin de Mailly (figure 3), placé au bas de la pièce, consiste en un écu portant *trois maillets*, entouré de la légende : S. Baldeuini de M...co, militis, domini de Loveneu[2].

1. 1229, novembre ; 1232, mai. Baudouin de Mailly, chevalier. Bibl. nat., *Coll. de Picardie* (dom Grenier), t. 45 bis, non paginé.
2. *Preuves*, n° XLII. Godefroy a lu *Loucinol* dans la légende du sceau et Demay *Loveneu*. Après examen, la lecture de Demay me semble préférable à celle de Godefroy.

Ce Baudouin de Mailly de 1277 qui n'était pas mort en 1284[1], ne peut guère être le même que Baudouin de Mailly, arbitre en novembre 1223. D'ailleurs, ce dernier lui-même était peut-être fils, non de Nicolas de Mailly et d'Amélie de Beaumont, mais de Robert de Mailly[2].

3. — Sceau de Baudouin de Mailly, chevalier, 13 avril 1277 (v. s.). *Preuves*, n° XLII.

8° *N[icolas] de Mailly*, s'il faut en croire le P. Anselme[3], « fut » chevalier de Saint-Jean de Jérusalem, maréchal de son ordre, » grand prieur d'Auvergne, et fut tué au siège de Damiette en » 1218. »

Nous sommes peut-être ici en présence de Nicolas de Mailly, fils aîné de Robert de Mailly[4].

9° « *Nicole* ou *Nicolette de Mailly*, au rapport du P. Anselme, » fut femme en premières noces d'Hermand de Créquy[5], seigneur

1. *Preuves*, n° XLVI.
2. Voir sur Robert de Mailly et ses fils, p. 43.
3. D'après *Martyrologe des chevaliers de Saint-Jean de Jérusalem* par le P. de Gouffencourt, t. II, p. 298.
4. Voir plus haut, p. 43.
5. « Herman de Créquy, seigneur de Bierback, » épousa « Nicolette fille de Nicolas de Mailly et de Wermogie. » Anselme, t. VI, p. 805. — M. l'abbé Gosselin, *Mailly et ses Seigneurs*, pp. 16 et 17, fait vivre Nicolette de Mailly

» de Bierback, avec lequel elle est mentionnée dans un titre de l'ab-
» baye de Tongerlo en Brabant de l'an 1160. Elle épousa en se-
» condes noces Jean de Nouvion, chevalier, seigneur de Tiévre,
» avec lequel elle vendit, en 1195, à l'évêque d'Amiens, le fief qu'ils
» avaient à Pissy, pour le prix de sept cents livres tournois,
» suivant un titre qui est au cartulaire de cet évêché. »

10° *Mathilde de Mailly* est simplement mentionnée par le P. Anselme. Je n'ai rencontré son nom dans aucun document original.

D'après certains « *Mémoires de Me Jean Scohier, chanoine Beaumontois,* » qui me semblent erronés en ce point, Nicolas de Mailly et Amélie de Beaumont n'avaient, en 1188, que trois enfants, *Gilles, Jacques* et *Mathieu*. *Gilles*, l'aîné, aurait reçu en partage les terres de « Mailly, Collemcamp, Martinsart, Au-
» thuille, du Metz, Thiebeval, Vaudricourt, Carnoy et Beaufort-
» en-Santerre. » *Jacques,* deuxième fils, inconnu au P. Anselme, se serait vu doté de « Boulencourt, Berthencourt, Maiserolle, » et *Mathieu*, troisième fils, de « Maumez et de Senlis [1]. »

Pour plus de clarté, je résume ce paragraphe :

Nicolas de Mailly et *Amélie*, sa femme, eurent probablement quatre enfants, *Gilles I, Mathieu, Guillaume* et *Pierre de Mailly*.

---

en 1295 et en 1300, au lieu de 1160 et 1195 comme le P. Anselme. Ces divergences, qui résultent de causes très complexes, prouvent la légèreté avec laquelle certains auteurs établissent des filiations.

1. « Extrait d'un partage que Nicolas de Mailly, sire dudit lieu, et Amélie de Beaumont, sa chière compagne et épouse, font à leurs enfans, en présence de M. de Rumont, Bexelle et de Jean de Han. *Gilles*, le fils aîné, a pour sa part Mailly, etc., *Jacques,* deuxième fils, a pour sa part Boulencourt, etc., et *Mathieu de Mailly*, troisième fils, a pour sa part la terre de Mamez et de Senlis. Ce fut fait l'an 1188, sixième janvier. — Nota, les figures des trois sceaux sont représentées dans cet extrait, comme aussi il est écrit en tête du dit extrait que ce partage repose à Saint-Vaast d'Arras. — Plus bas est écrit : Cest présent extrait a été tiré hors des *Mémoires* de M. Jean Scohier, chanoine Beaumontois, par moy Me Laurent Leblond, résident en la ville de Valenciennes. Cette copie a été faite le 10 de may de l'an 1653, » Arch. de La Roche-Mailly. Cahier papier.

Gautier, *Milon*, *Nicolette* et *Mathilde* sont moins certainement issus de Nicolas et d'Amélie.

Il a dû exister deux *Baudouin de Mailly*. Le premier arbitre en 1223 et portant un seul maillet dans son sceau, semble être fils de *Robert de Mailly*. Le second, qu'on trouve en 1277 et en 1284 avec un sceau portant trois maillets, peut être fils de Nicolas de Mailly et d'Amélie de Beaumont.

Quant à *Nicolas de Mailly*, il paraît être enfant de *Robert*[1].

1. Voir pp. 43 et 44.

CHAPITRE IV

Gilles I de Mailly et Avicie de Heilly
première moitié du XIIIe siècle

§ I

Gilles Ier, seigneur de Mailly, épousa avant 1219, Avicie, fille de Gautier de Heilly[1]. Celle-ci est nommée avec ses frères et ses sœurs, Mathieu, chevalier, Thibauld, chanoine d'Amiens, Gérard, Robert, Raoul, Elisabeth, dame de Miraumont, Béatrix et Marguerite, dans une charte par laquelle Gautier de Heilly concède à l'évêque d'Amiens les autels, patronages, prébendes et dîmes des églises de Fouilloy, Heilly, Ribemont, Villers-Bretonneux et du Ploich[2].

M. l'abbé Gosselin[3], citant La Morlière, attribue à Gilles I de Mailly la possession des terres de « L'Orsignol, Authuille, Né-» don, Auvillers[4], Colincamps, Metz, Martinsart, Béthencourt, » Thiepval, Frieucourt, Waudricourt, Carnoy, Beaufort, Mézc-

---

1. Voir le sceau et le contre-sceau de Gautier de Heilly (figure 4 et 5), d'après un médiocre dessin du XVIIIe siècle.
2. *Preuves,* n° X.
3. *Mailly et ses Seigneurs,* p. 17.
4. On trouve en 1158, un Jean d'Auvillers. *Preuves,* n° IV.

4-5, — Sceau et contre-sceau de Gautier de Heilly, 1219, *Preuves*, n° X,

» rolles, Beaucourt, Bayencourt, Acheux, Essart, Collemont,
» Blangy-sur-Somme, Senlis, etc., etc. »

Cette énumération est un peu longue. Il faut certainement en retrancher différents noms, spécialement la terre de Thiebval qui semble appartenir alors à un seigneur du nom de Jean[1].

Gilles I de Mailly apparaît avec le titre de chevalier dans un grand nombre d'actes : 1228, vente de la dîme qu'il possédait à Senlis aux Templiers de Belle-Eglise ; 1231, accord avec l'abbaye de Corbie au sujet du moulin de Mailly et des habitants de Colincamps ; 1232, cession au chapitre d'Amiens de la dîme de Mailly qu'il tenait en fief de Jean de Suzanne, et de celle de Beaussart qu'il avait achetée de son vassal Robert de Forceville[2]. En avril 1239 (v. s.), on le trouve témoin dans une vendition faite par Baudouin, seigneur de Beauval, à Hugues, comte de Saint-Pol[3]. Plus tard, juin 1243, le même Baudouin fait savoir qu'il a cédé au comte d'Artois l'hommage « monseigneur Gillon de Mailli » pour Mézerolles moyennant 160 livres parisis[4].

Au mois de juillet 1246, « Hues de Chastillon, quens de Saint-Pol, » donna à « Gilon, chevalier, seigneur de Mailly, » la mense d'Acheux et une pièce de terre à Encre où il avait fait un moulin[5]. La possession de la terre d'Acheux devait faire naître entre le sire de Mailly et les religieux de Corbie des contestations qui amenèrent un accord au mois de mai 1248, accord qui fut ratifié par Nicolas de Mailly, chevalier, fils aîné dudit Gilles[6].

Le 28 août 1244, Gilles I de Mailly rendit hommage au roi pour la terre qu'il avait acquise de Jean de Suzanne, et, en juin 1248, il

---

1. Février 1235 (v. s.), Jean de Dours, chevalier, confirme la vente que « Jehan de Tiebval » a faite aux Templiers de Belle-Eglise. Arch. nat., S 5059, fol. 27 verso.

2. *Preuves,* nos XI, XIV-XVIII, XX-XXII.

3. *Recueil de documents inédits concernant la Picardie,* publiés (d'après les titres originaux conservés dans son cabinet) par Victor de Beauvillé ; Paris. 1867, 2e partie, p. 34.

4. *Preuves,* no XXV.

5. *Preuves,* no XXVIII.

6. *Preuves,* nos XXIX à XXXI.

avoua tenir en fief de Gérard, vidame d'Amiens, sire de Picquigny, six journaux de terre et un journal de bois acquis de Baudouin de Beauval[1].

Pendant l'année 1244, le roi Louis IX fut atteint d'une dysente-
rie et d'une fièvre violente qui le conduisirent aux portes du tombeau. On le crut perdu et la France entière fut remplie de tristesse.

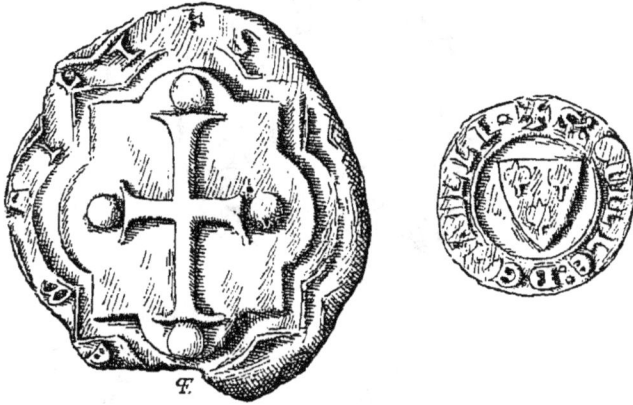

6-7. — Sceau et contre-sceau de Gilles I de Mailly, mars 1239. *Preuves*, n° XXIV.
Demay, *Sceaux de l'Artois*, n° 430.

Sauvé miraculeusement de la mort, le saint roi fit le vœu du voyage d'outre-mer et demanda la croix à Guillaume, évêque de Paris.
A la fin de juin 1245, au concile de Lyon, beaucoup de grands
seigneurs suivirent l'exemple du monarque et s'engagèrent à le
suivre en Terre-Sainte. Parmi ces derniers, on remarquait Gilles
de Mailly[2], l'avoué de Béthune[3] et l'évêque de Beauvais, Robert

1. *Preuves*, n°s XXVI et XXXII.

2. *Preuves*, n° XXVII. — Le Nain de Tillemont, *Vie de Saint-Louis*. Edition de la Société de l'Histoire de France, t. III, p. 88.

3. « L'avoué de Béthune était alors Robert VII, seigneur de Béthune et de
Tenremonde, avoué d'Arras. » Du Chesne, *Histoire de la maison de Béthune*, p. 213.

de Cressonsart[1], fils de ce Dreux de Cressonsart qui avait pris la croix en 1198 en même temps que Nicolas de Mailly[2].

Il nous reste un sceau de Gilles I de Mailly placé au bas d'une charte[3] du mois de mars 1239. D'un côté, est *une croix pattée et pommeté*, avec ce reste de légende : ... E MAILI. Au contre-sceau

8. — Sceau de Gilles I de Mailly, chevalier, mai 1248. Bibl. de l'Arsenal, ms. 4652, fol. 111 v°.

se trouvent un écu portant *trois maillets* et la légende : S' GUILLE : DE MAILLI (figures 6 et 7).

Le P. Anselme place la mort de Gilles I de Mailly au mois de juillet 1255. Il m'est impossible de savoir sur quelle pièce il s'est appuyé pour affirmer cette date.

§ II

Gilles I avait eu de son union avec Avicie de Heilly neuf enfants au moins.

1. *Gallia Christiana*, t. IX. *Ecclesia Bellovacensis*, col. 743.
2. Voir p. 46.
3. *Preuves*, n° XXIV.

1° *Nicolas*, fils aîné, cité dans les documents de 1232 et de 1248[1], mort, paraît-il, sans postérité[2]. Le manuscrit 4652 de la bibliothèque de l'Arsenal, fol. 111 verso, contient un dessin sommaire des sceaux de Gilles I et de Nicolas de Mailly qui scellaient les chartes originales de mai 1248, indiquées aux *Preuves* sous les nos XXX et XXXI. Le sceau de Gilles I a les armes plei-

9. — Sceau de Nicolas de Mailly, chevalier, fils aîné de Gilles I, mai 1248.
Bibl. de l'Arsenal, ms. 4652, fol. 111 verso.

nes de Mailly entourées de la légende : ✠ S. Gilonis de Mailliaco (figure 8). Celui de Nicolas se distingue par un lambel à cinq pendants surmontant les trois maillets et par cette légende : ✠ S. Nicolai de Mailliaco (figure 9).

2° *Hugues de Mailly* est mentionné comme second fils de Gilles I en 1232[3]. Un certain *Hugues de Mailly*, chevalier, qui n'a peut-être aucun rapport avec le deuxième fils de Gilles I, fut témoin, en juin 1245, dans une charte de l'évêque d'Auxerre au sujet d'un désaccord entre Philippe de Courtenay et Raoul, son

1. *Preuves*, nos XX, XXI, XXXI.
2. P. Anselme, t. VIII, pp. 627, 628.
3. *Preuves*, nos XX et XXI.

frère[1]. Le P. Anselme prétend que Hugues de Mailly mourut sans enfants. M. l'abbé Gosselin affirme gratuitement qu'il décéda jeune[2].

3° *Gilles II de Mailly* dont je parlerai au chapitre suivant.

4° *Sohier de Mailly*, vivant en 1232[3]. Sohier de Mailly mourut jeune selon M. l'abbé Gosselin[4]. Cependant, je crois pouvoir lui attribuer un fils, *Esgare de Mailly*, écuyer, qui, en 1280, assista au contrat de mariage de Philippe d'Artois avec Blanche de Bretagne, en même temps que ses deux cousins germains, *Gilles III* et *Jean de Mailly*. Cet *Esgare de Mailly* laissa deux fils : 1° *Robert de Mailly*, né vers 1259, abbé de Sainte-Marie-au-Bois, dans le diocèse de Thérouanne, et *Guiot de Mailly*, écuyer, né vers 1279[5]. J'aurai l'occasion de reparler de ces derniers personnages au chapitre de Gilles III de Mailly.

5° *Elisabeth de Mailly* vivant en 1232[6].

6° *Ælidis de Mailly*, qui vivait également en 1232[7], semble pouvoir s'identifier avec demoiselle *Ælidis*, femme d'Eustache de Neuville, écuyer, en octobre 1263[8]. Un document du 8 juin 1399 parle de feue *Jeanne de Mailly*, « au temps de sa vie femme de » monsieur Euxtasse, jadis seigneur de Noefville[9]. » *Ælidis* et *Jeanne de Mailly* ne sont peut-être qu'une seule personne. Par

1. Arch. du dép. du Nord. *Premier cartulaire d'Artois*, B 1593, fol. 71, v°.

2. *Mailly et ses Seigneurs*, p. 20.

3. *Preuves*, nos XX et XXI.

4. *Mailly et ses Seigneurs*, p. 21.

5. *Preuves*, n° LXXXIII. En mai 1291, un « *Guyot de Mailly*, damoiseau, reçut de l'évêque de Châlon plusieurs choses en fief dans la paroisse de Saint-Germain-au-Bois, et en récompense il fit hommage audit évêque de tout ce qu'il tenait à Juilly, du consentement de *Robert de Mailly*, son frère. *Cartulaire de l'évêché de Châlon-sur-Saône.* » Bibl. nat., *Trésor généalogique de dom Villevieille*, t. 54, fol. 35 verso.

6. *Preuves*, nos XX et XXI.

7. *Preuves*, nos XX et XXI.

8. 1263, octobre. « Universis.... Officialis Ambianensis salutem. Noveritis quod Eustachius de Novavilla, armiger, domicella *Ælidis*, ejus uxor.... » Arch. de la Somme. *Cartulaire II de l'église d'Amiens*, fol. 319.

9. *Preuves*, n° CCXIX.

ailleurs une *Ælys de Mailly* est citée dans une pièce du 4 janvier 1324 (v. s.) comme femme de Pierre de Fouilloy duquel elle eut une fille, Ælys de Fouilloy, qui épousa Guillaume de Goumeniez, chevalier [1]. Il me semble difficile de voir dans cette dernière Ælys de Mailly la fille de Gille Ier. Elle aurait eu alors environ cent ans et une telle longévité sans être impossible paraît peu probable.

7° *Pavie de Mailly* ⎫
8° *Eustache de Mailly* ⎬ vivant en 1232 [2].
9° *Mathilde de Mailly* ⎭

Le P. Anselme [3] et M. l'abbé Gosselin [4] rangent sans hésitation parmi les enfants de Gilles Ier et d'Avicie de Heilly, *Jacques de Mailly*, chevalier de Saint-Jean de Jérusalem, surnommé par les infidèles, contre qui il combattait, le Saint-Georges des Chrétiens. Dom Grenier, qui l'appelle Jean, place sa mort en 1202.

Voici comment le Père Anselme s'exprime à son sujet : « Jac-
» ques de Mailly fut chevalier de Saint-Jean-de-Jérusalem. Les
» infidèles le nommaient le Saint-Georges des Chrétiens, ainsi
» qu'il est rapporté au martyrologe des chevaliers de cet ordre et
» aux preuves d'Antoine de Mailly, chevalier de Malte. »

---

1. *Preuves,* n° LXXVIII.
2. *Preuves,* n°s XX et XXI.
3. Tome VIII, p. 628.
4. *Mailly et ses Seigneurs,* p. 21.

§ III

A l'extrémité sud-ouest du canton d'Acheux, entre Raincheval et Toutencourt, s'élève le village de Puchevillers, qui avait probablement pour seigneur un cadet de la famille de Mailly.

10. — Sceau d'Adam de Puchevillers, mai 1240. Arch. nat., S 5061, n° 1.

En 1239 et 1240, époque à laquelle vivait Gilles Ier de Mailly, le seigneur de Puchevillers portait le nom d'Adam. Pendant le mois de mai 1240, Adam, seigneur de Puchevillers, reconnut avoir vendu, du consentement de Mabile, sa femme, et de ses hoirs, aux frères du Temple de Sériel, dix-neuf journaux de terre dans la paroisse de Puchevillers, pour la somme de 95 livres parisis. Cet acte est scellé de son sceau (figure 10) : Ecu portant *trois maillets surmontés d'un lambel à cinq pendants.* Légende : ✠ S' ADE : DOMINI : DE PUCHEVILLER[1]. En septembre de la même an-

1. Archives nationales, S 5061, n° 1. Orig. parch.

née, il confirma comme seigneur de fief la vente faite par Marie Doudeline, aux mêmes frères du Temple de Sériel, de sept journaux de terre situés au territoire de Vicogne[1], pour 35 livres parisis[2].

1. 1239. « Adam, dominus de Pucheuvileir, » confirme une vente faite aux frères du Temple de Sériel par *Hugues, seigneur de Vicogne.* » (Arch. nat., S 5061, n° 2. Orig. parch.).

2. Arch. nat., S 5061, n° 70. Orig. parch., scellé comme la pièce de mai 1240. — E. Mannier, *Les Commanderies du Grand-Prieuré de France ; Commanderie de Fieffes*, p. 647.

CHAPITRE V

§ I

Selon toute apparence, Gilles II de Mailly prit femme dans la maison d'Amiens. Les généalogistes nomment celle-ci Jeanne, fille de Thibault d'Amiens, chevalier, seigneur de Canaples, et la qualifient dame de Talmas, l'Orsignol, Buire-aux-Bois[1]. La famille d'Amiens, dont il reste plusieurs sceaux, portait : *de gueules à trois chevrons de vair*[2].

Le P. Anselme fait mourir Gilles Ier de Mailly en 1255 ; il attribue cependant à Gilles II l'acte de féauté qui fut rendu au roi le 18 janvier 1251 (v. s.)[3]. En avril de l'année précédente, Gilles de Mailly, chevalier, se constitua caution envers Thomas Somillon, bourgeois d'Arras, pour Werric dit Truite de Bertramecourt qui

---

1. Père Anselme, t. VIII, p. 628. — Moréri, t. VII, p. 76. — Abbé Gosselin, *Mailly et ses Seigneurs*, p. 28. — Le P. Anselme prétend que Gilles de Mailly et sa femme Jeanne d'Amiens sont nommés « dans un titre des regis- » tres d'Amiens de l'année 1260. »

2. Bibl. nat., *Pièces originales*, t. 53, *Amiens*, 1107, cotes 36, 37, 40. Voir, dans *Titres scellés de Clairambault*, un sceau de Guiot d'Amiens en 1302.

3. *Preuves*, n° XXXIV.

devait audit Somillon trente-deux livres parisis[1]. Le 15 septembre 1258, il obtint du Parlement un arrêt contre Etienne de Beauval[2]. Le 13 juin 1259, il fut consulté sur la coutume du pays relativement à un héritage fait par la comtesse Mahaut[3], et, pendant les années 1282 et 1283, il est encore cité dans des actes concernant le seigneur de Beauval et la cession du comté de Guines au roi Philippe III le Hardi par Arnoul, comte de Guines[4].

La mouvance de la terre de Mailly occasionna quelques ennuis à Gilles II. Le bailli d'Amiens prétendait au nom du roi que, Mailly relevant de Péronne, son seigneur devait payer pour droit de rachat le revenu d'une année de sa terre. Gilles II soutenait, au contraire, qu'à l'exemple de ses prédécesseurs, il devait simplement soixante sous parisis. Le Parlement donna gain de cause au bailli d'Amiens par arrêt du 12 mai 1258[5]. La même difficulté se représenta en 1261, mais cette fois, le sire de Mailly ayant ajouté à ses moyens que sa terre faisait partie des arrière-fiefs de Miraumont, il fit admettre sa prétention de ne payer que soixante sous parisis au lieu de ses revenus d'une année[6].

Une affaire d'un autre genre met en relief le caractère batailleur de Gilles II. Le bailli d'Amiens s'était rendu à Corbie sur l'ordre de saint Louis pour procéder à une enquête (1266). Le sire de Mailly s'y trouvait également avec plusieurs autres chevaliers qui, comme le remarque M. l'abbé Gosselin[7], devaient probablement servir de témoins. Une violente dispute s'éleva bientôt entre tous ces hommes d'armes et on en vint aux mains sous les yeux du bailli impuissant à réprimer le désordre.

1. *Preuves*, n° XXXIII.
2. *Ibid.*, n° XXXVI.
3. *Ibid.*, n° XXXVII.
4. *Ibid.*, n° XLV.
5. *Ibid.*, n° XXXV. D'après l'art. 37 de la coutume de Péronne, le revenu d'une année était dû pour succession en ligne collatérale. On s'explique mal l'arrêt du Parlement, car Gilles II de Mailly semble bien l'héritier direct de Gilles Ier.
6. *Ibid.*, n° XXXVIII.
7. *Mailly et ses Seigneurs*, p. 24.

Le mandataire du roi exigea des délinquants une amende au profit du monarque ; mais l'abbé de Corbie s'y opposa et prétendit
qu'au cas où les chevaliers auraient mérité une amende, cette
amende devait lui être attribuée en sa qualité de seigneur de Corbie où il possédait toute justice, le roi n'en ayant que le ressort.
Après maints débats, il fut convenu que l'amende, fixée à cent
livres parisis, serait dévolue au roi sans préjudice de celle que
pourrait exiger l'abbé, parce que la rixe avait eu lieu en présence
du bailli et que la ville de Corbie faisait partie du bailliage
d'Amiens[1].

Nicolas et Gilles Ier de Mailly s'étaient croisés. Gilles II voulut
suivre l'exemple de ses prédécesseurs.

Saint Louis, toujours dominé par l'ardeur de sa foi, avait résolu, malgré l'avis contraire du pape, d'entreprendre une nouvelle
croisade. L'an 1267, les prélats et les barons du royaume furent
convoqués à de grandes fêtes et à un grand parlement pour le 25
mai. Le roi donna la chevalerie à son fils aîné Philippe et à son
neveu Robert d'Artois. Lui-même se présenta au milieu des seigneurs portant sur les épaules la croix qu'il n'avait pas voulu
quitter depuis son retour de la Terre-Sainte et entre ses mains la
couronne d'épines. Il annonça sa résolution de recommencer à
combattre les infidèles et fit prêter à ses plus proches parents,
ainsi qu'à une foule de seigneurs, le serment de l'accompagner en
Orient.

Gilles II de Mailly fut du nombre de ceux qui eurent à cœur
d'imiter le pieux monarque. Il est mentionné ainsi sur une liste
de chevaliers croisés :

« Cy sont les chevaliers qui deurent aler avec sainct Loys oul-
» tre mer, et les convenances qui furent entre eulx et le roy, l'an
» mil CCLXIX.... Monsieur *Gilles de Mailly*, soy dixiesme de

1. *Preuves*, n° XXXIX.

» chevaliers, trois mil livres, et passage et retour des chevaulx,
» et mangera à court[1]. »

Une autre liste de 1270 donne cette variante :

« Mi sires *Gilles de Mailli*, lui cuinsième, VI mille libres, lui
» tiers de bannerés[2]. »

Le rôle des chevaliers de l'hôtel du roi « pour la voye de Thu-
» nes » porte également le nom de « messire *Gilles de Mailly*[3]. »

Parmi les tableaux admis au Salon de 1842, figurait une toile
d'assez grande dimension, œuvre de M. Storelli. Elle représentait le sire de Mailly partant pour la croisade de 1269, « accom-
» pagné de quatorze chevaliers bannerets[4]. »

L'expédition de Tunis qui, selon Joinville, fut *de petit exploit*,
devait être célèbre et par ses touchants souvenirs et par ses dé-
sastres. Faible et malade en quittant la France, saint Louis ne
put résister aux fatigues du voyage et au climat meurtrier de
l'Afrique. Le 25 août 1270 il se fit coucher sur un lit de cendres
et expira pieusement au milieu des princes et des princesses de
sa famille après avoir murmuré la nuit précédente : « *Jérusalem,
nous irons à Jérusalem.* » C'était dans la Jérusalem céleste qu'il
devait aller, laissant à la France l'exemple de toutes les vertus
politiques et privées.

Le sire de Mailly était tenu en singulière estime par Robert II,

---

1. *Recueil des Historiens de France*, t. XX, p. 306. — La Morlière, dans
ses *Maisons illustres de Picardie,* et après lui M. l'abbé Gosselin, *Mailly et
ses Seigneurs*, assignent par erreur à ce document la date de 1248 et appliquent l'extrait que je donne ici à Gilles Ier de Mailly.

2. *Preuves*, n° XL. — André du Chesne, *Histoire de la maison de Montmorency*, Paris, 1624, p. 169. — Le P. Anselme, t. VIII, p. 627, date cette
liste de l'année 1248 et remplace Gilles II de Mailly par Gilles Ier.

3. *Recueil des Historiens de France*, t. XX, p. 308.

4. Abbé Gosselin, *Mailly et ses Seigneurs*, page 22. Il faut signaler ici
une exagération assez considérable. D'après la liste de 1269, Gilles II de
Mailly avait avec lui neuf chevaliers, qui ne sont pas dit bannerets, et dans
celle de 1270 on lui donne quatorze chevaliers dont deux bannerets ; les
douze autres devaient être des chevaliers bacheliers ou même des écuyers.
Malgré la puissance des sires de Mailly, on ne saurait prétendre comme
M. l'abbé Gosselin (p. 21) que leurs *bannières équivalaient aux enseignes
royales* !

comte d'Artois. Le 6 décembre 1273, le petit-fils de Louis VIII et
de Blanche de Castille écrivit une lettre datée de Conches à « ses
» féauz *le seigneur de Malli*, le seigneur de Hachecourt, messire
» Gile de Neuville et monseigneur Jehan de Balues » pour leur
faire savoir qu'il désirait leur compagnie « seur tous autres[1]. »

Pendant l'année 1286, des malfaiteurs enlevèrent *la fiertre*
(châsse) de Notre-Dame, qui était sous la garde des échevins d'Arras, s'emparèrent des clefs et des portes de la ville, prirent les
bannières chez *le maieur* et coururent contre les échevins en
criant : « A mort ! » Plusieurs de ces misérables furent pendus ou
eurent la tête coupée, d'autres furent emprisonnés et quelques-
uns parvinrent à s'échapper. A la suite du récit de ces excès, ra-
contés dans un ancien document, on lit que « *le sire de Mailli*, le
» sire de Biaumetz, le sire de Hacicourt » et autres se trouvèrent
au conseil du comte d'Artois, à Arras, et « jugèrent que le procu-
» reur du comte devoit avoir jour de veue contre ceux de Boulo-
» gne[2]. »

Philippe-le-Bel succéda à son père sur le trône de France en
1285. Il rencontra peu d'opposition pendant les premières années,
car, dit Dareste[3], de toutes les époques de notre histoire, la seconde moitié du XIIIe siècle paraît celle où la subordination fut la
plus complète. Il ne faudrait pas croire cependant que tout levain
de rébellion fut étouffé, surtout du côté de la Flandre. Pour un
motif qui échappe, le sire de Mailly leva des troupes sinon contre
le roi du moins malgré sa défense. La répression fut sévère ; le
Parlement, par arrêt du 11 novembre 1289, ordonna que les portes du château de Mailly seraient brûlées et qu'elles ne pourraient
être refaites que d'épines jusqu'à ce que le roi en eût ordonné

1. *Preuves*, n° XLI. Il est difficile de savoir précisément si, dans cet acte
du 6 décembre 1273, il s'agit du seigneur de Mailly ou du seigneur de Marly.
J'incline cependant à croire que nous sommes ici en présence de Gilles II de
Mailly.

2. Arch. du Pas-de-Calais, *Inventaire des archives des comtes d'Artois* par
M. Godefroy, t. I, p. 590.

3. *Histoire de France*, t. II, p. 319.

autrement ; de plus, la cour condamna le coupable à 1500 livres tournois d'amende[1].

L'ancien château de Mailly, détruit au XVIIIᵉ siècle, possédait un bas-relief placé entre deux tours, au dessus de la porte d'entrée, représentant une femme à genoux devant un guerrier à cheval. On a voulu voir dans cette scène la femme du châtelain révolté implorant du roi la grâce de son mari, grâce qui, sans doute, n'aurait été accordée qu'à la condition de perpétuer, sur la partie autrefois démantelée du vieux manoir, le souvenir de la désobéissance du sire de Mailly[2]. Je l'ai dit plus haut[3], ce bas-relief exécuté au XVIᵉ siècle, était peut-être la reproduction d'un monument plus ancien disparu.

L'époque de la mort de Gilles II de Mailly nous est inconnue. Mais je ne crois pas, avec le P. Anselme, qu'on puisse prolonger sa vie jusqu'en 1299[4].

§ II

Tous les généalogistes sans exception ont fait naître de Gilles II et de Jeanne d'Amiens les quatre enfants suivants :

1. M. l'abbé Gosselin, *Mailly et ses Seigneurs,* p. 24, me semble exagérer la note en disant que Gilles de Mailly « leva l'étendard de la révolte con- » tre son souverain et osa se déclarer indépendant du pouvoir royal. » Le document sur lequel s'appuie l'estimable auteur ne contient rien de semblable. Il nous apprend simplement que le sire de Mailly fut puni pour une chevauchée faite malgré la défense du roi. Cette chevauchée était peut-être entreprise contre un seigneur voisin. L'arrêt du Parlement (*Preuves,* nᵒ XLIX) sur lequel repose l'histoire de la rébellion du sire de Mailly, s'applique-t-il bien au seigneur de Mailly en Picardie ? Le texte de cet arrêt est trop vague pour qu'on puisse le soutenir. Par ailleurs, le P. Anselme, avec la légèreté qui s'affirme presque partout dans son *Histoire généalogique,* substitue dans cette affaire (t. VIII, p. 629) Jean de Mailly à Gilles II.

2. Abbé Gosselin, *Mailly et ses Seigneurs,* p. 25.

3. Page 22.

4. Je trouve en août 1291, « *Mathieu de Mailly,* chevalier, et demoiselle » *Flourain de Talesac,* sa femme, » échangeant, du consentement de leur fils aîné « *Pierron de Mailly,* » un fief qu'ils possédaient à Acheux. *Preuves,* nᵒ LI. Ce Mathieu de Mailly était certainement un parent de Gilles II.

1º *Jean de Mailly*, continuateur de la branche aînée, marié à Jeanne de Coucy, fille d'Enguerrand de Coucy et de Marie de Montmirel.

2º *Antoine de Mailly*, auteur de la branche Mailly L'Orsignol et de Conty, uni à Jeanne d'Antoing.

3º *Gilles de Mailly*, seigneur d'Authuille, qui épousa Blanche de Ham, fille d'Eudes, seigneur de Ham en Vermandois.

4º *Jean de Mailly*, seigneur de Nedon, fondateur des Mailly-Nedon, époux d'Isabeau de Beuvry.

Les documents détruisent ces affirmations. *Jean de Mailly* n'a jamais existé comme mari de Jeanne de Coucy[1] et seigneur de Mailly ; le successeur de Gilles II de Mailly fut Gilles III. *Antoine de Mailly*, seigneur de L'Orsignol, doit être transformé en *Jean de Mailly*, premier seigneur de L'Orsignol connu. Quant à *Gilles, seigneur d'Authuille*, et à *Jean, seigneur de Nedon,* on ne peut que supposer leur descendance de *Gilles II de Mailly* et de *Jeanne d'Amiens*.

J'étudierai dans les livres suivants les branches fondées par Jean de Mailly, seigneur de L'Orsignol[2], Gilles, seigneur d'Authuille, et Jean, seigneur de Nedon.

---

1. Jeanne de Coucy, femme d'un prétendu Jean, seigneur de Mailly, est absolument inconnue à André du Chesne. Les seuls enfants d'Enguerrand III de Coucy et de Marie de Montmirel cités par lui sont : Raoul II ; Enguerrand IV ; Jean ; Marie, mariée 1º à Alexandre, roi d'Ecosse, 2º à Jean de Brienne ; et Alix, unie à Arnoul III, comte de Guines. *Histoire des Maisons de Guines et de Coucy*, Paris, 1631, pp. 231 et 232.

2. Orsignol, Oursignot, formes picardes du mot Rossignol. « Rossignol, » en Picardie, nom d'un château à quelques lieues de la ville d'Albert. » Expilly, *Dictionnaire topographique de la France*.

CHAPITRE VI

GILLES III DE MAILLY. ALLIANCE INCONNUE
PREMIER QUART DU XIVᵉ SIÈCLE

§ I

Les auteurs qui ont dressé la filiation de la maison de Mailly ont bouleversé comme à plaisir les degrés qui remplissent le XIVᵉ siècle. On doit dire à leur décharge que cette époque est une des plus difficiles à éclairer. Il me faut donc faire abstraction de tout ce qui a été écrit par les généalogistes et m'appuyer exclusivement sur les documents pour ne pas rester en dehors de la vérité[1].

GILLES III DE MAILLY semble avoir succédé à Gilles II comme seigneur de Mailly dans les dernières années du XIIIᵉ siècle. C'est

---

1. Entre autres confusions extraordinaires, on trouve, dans le P. Anselme, des membres de la famille de Mailly qui possèdent deux pères et deux mères. Colard de Mailly, seigneur de Maizerolles, sénéchal de Ponthieu, qui épousa Aliénor d'Argies, est dit au tome VIII (p. 629), fils de Jean de Mailly et de Jeanne de Coucy ; ailleurs (p. 652) il a pour père Antoine de Mailly et pour mère Jeanne d'Antoing. Simon de Mailly est fils de Gilles III et de Péronne de Rayneval (p. 629), en même temps que de Gilles II de Mailly d'Authuille et de Jeanne de Rély. Dans ces conditions, les érudits qui annotent leurs ouvrages au moyen du P. Anselme choisissent au hasard leurs renseignements. C'est ainsi que M. Siméon Luce (*Chroniques de Froissart*, t. VIII,

probablement lui qui assista en 1280, avant la mort de Gilles II, avec Jean de Mailly, chevalier, que je crois son frère, et Esgare de Mailly, écuyer, son cousin germain, au contrat de mariage de Philippe d'Artois, fils de Robert II, avec Blanche de Bretagne[1], fille de Jean II, duc de Bretagne, et de Béatrix d'Angleterre. Philippe d'Artois, mort le 11 septembre 1298, était arrière petit-fils de Louis VIII, roi de France, et de Blanche de Castille.

Le même Gilles III fit partie, en même temps qu'Ansel de Cressonsart, de l'expédition d'Aragon[2] conduite en 1285 par Philippe-le-Hardi, à la suite de laquelle le successeur de saint Louis mourut à Perpignan. Quatorze ans plus tard, 1299, sous Philippe-le-Bel, on le trouve « à l'establie de Bruges » où il emprunte vingt-quatre livres parisis au bourgeois Gilles Hubrest, quelques jours avant de recevoir 5271 livres[3], 19 sous, 7 deniers tournois pour une année de gages, outre 149 livres tournois pour dédommagement de cinq chevaux perdus[4]. Le sceau de Gilles III de Mailly[5], placé au bas

---

1re partie, p. XII, note 3) dit, d'après le P. Anselme (t. VIII, p. 653), que Louis de Mailly était le quatrième fils de Jean de Mailly, seigneur de Talmas, et de Jeanne de Picquigny. Le savant académicien aurait aussi bien pu affirmer avec le même auteur (p. 657), que ledit Louis de Mailly avait pour père et mère Gilles II et Jeanne de Rély.

1. Voir plus haut p. 63.

2. *Preuves*, n° XLVII. — « Ce sont les choses baillies à monseigneur *Ansel de Cressonessart* par Jehan d'Ays et par son commandement (pendant l'expédition d'Aragon). » *Recueil des Historiens de France*, t. XXII, p. 697. On trouve en 1263, *Ansel de Cressonsacq*, chevalier, et *Colaye*, sa femme. Le sceau d'Ansel consiste en un *écu vairé au lion couronné*. Demay, *Sceaux de Picardie*, n° 272.

3. *L'extrait de la généalogie de la Maison de Mailly* du P. Simplicien, dit, p. 6, que « Gilles I de Mailly fut à la guerre de Terre-Sainte dans le XIII° siècle avec neuf chevaliers de sa bannière, ayant lui seul 5271 livres de pension, comme on peut le voir par une quittance de même valeur donnée par lui-même au roi de France le 1er novembre (lire octobre) 1299. » Le P. Simplicien confond ici, avec son inexactitude habituelle, Gilles I de Mailly, mort en 1255, avec Gilles III, et la guerre de Terre-Sainte avec la campagne de Flandre. M. l'abbé Gosselin (*Mailly et ses Seigneurs*, pp. 25 et 26), qui cependant n'a pu travailler sur les pièces originales, a remarqué cette confusion.

4. *Preuves*, n°s LV, LVI, LVII.

5. Ce sceau a été gravé très inexactement dans l'*Extrait de la généalogie de la Maison de Mailly* avec cette légende de fantaisie « GILLE, SIRE DE MAILLY. »

de sa quittance du 28 octobre 1299, présente, dans un encadrement trilobé, un *écu chargé de trois maillets*, entouré de la légende : ✠ BULETE GILLON, SIRE DE MALGI, CHEVAL' (figure 11).
Jean de Mailly, seigneur de L'Orsignol, chevalier, fit également
la campagne de Flandre, en même temps que Gilles III[1].

11. — Bullete de Gilles III de Mailly, chevalier, 28 octobre 1299. *Preuves*, n° LVII.

La Flandre avait été occupée presque sans coup férir par les
Français et la guerre interrompue à la fin de septembre 1302, après
le désastre de Courtrai, fut poussée assez mollement en 1303,
époque à laquelle Gilles III de Mailly fut convoqué à Arras « pour
» l'ost de Flandre[2]. » Tout porte à croire que Gilles prit part
aux batailles de Courtrai (1302) et de Mons-en-Puelle (1304). Il
est nommé par Guiart parmi ceux qui combattaient alors sous la
bannière royale[3].

   « Jouste les Bretons, coste à coste
   » (Desqueix nombrer li mien cuer s'oste
   » Car jà n'esteut que g'en contance)
   » Se met li preuz Lois de France ;
   » Aveuc li garny d'armeures
   » (Si comme pluseurs créatures

1. *Preuves*, n°s LIII, LIV.
2. *Ibid.*, n° LVIII.
3. « *La branche des royaus lingnages que Guillaume Guiart d'Orliens
compila l'an de grâce M CCC et VI, à l'onneur de Philippe-le-Quart, roy de
France....* » *Recueil des Historiens de France*, t. XXII, p. 290.

» Tesmoignié au deviser m'ont)
» Son cousin Loïs de Clermont,
» Qui moult très volentiers feist
» (Ja soit ce que riens n'en deïst)
» Flamens chanter d'autre Martin.
» Si fu li quens de Dammartin
» Qui de joie porte le pois,
» Chanteilli, MAILLI, Mirepois
» Gui Le Bouteillier et Crespin,
» Qui d'eus ombraier après pin
» N'ont pas, ce dist-on, tel courage
» Comme d'estre de guerre sage. »

L'année même du supplice de Jacques de Molay, 1314, Philippe-
le-Bel réunit les Etats généraux à Paris afin d'obtenir une aide
pour la guerre de Flandre. La perception du nouvel impôt excita
un soulèvement unanime dans tout le royaume. La noblesse s'ap-
puya sur le clergé et le tiers-état pour résister au roi. On forma
des ligues et des associations, d'abord dans chaque province, puis
entre les différentes provinces de France. La résistance semble
être née en Picardie d'où elle s'étendit ensuite à la Champagne,
à la Bourgogne, au Forez, à la Normandie, et se continua même
après la mort de Philippe-le-Bel. On conservait autrefois au *Trésor des Chartes* les actes originaux de plusieurs de ces ligues,
au nombre de dix ; il n'en reste plus que deux[1], celle des nobles
de Champagne et celle qui fut faite le 1er décembre 1314 par « li
» noble et li communs des païs de Vermendois, de Biauvoisis,
» d'Artois, de Pontieu et de la terre de Corbye. » Le sire de
Mailly, qui était alors Gilles III, et Jean de Mailly, signèrent cette
dernière avec une multitude d'autres nobles[2]. Trente-cinq sceaux

1. *Musée des archives de l'Empire*, 1867, p. 187.
2. *Preuves*, n° LX. — Le P. Anselme, M. l'abbé Gosselin (p. 28) et autres
se sont appuyé sur cette pièce afin de prouver qu'en 1314 le seigneur de
Mailly était *Jean de Mailly*. Or, le document porte textuellement : « Li sires
de Longueval, *li sires de Mailly ; messire Jehan de Mailly ;* li sires de
Soyecourt, etc... » Le sire de Mailly n'était donc pas Jean de Mailly, mais
bien *Gillon* ou *Gilles* de Mailly.

étaient appendus primitivement à ce curieux document. Il n'en reste plus que vingt-sept, en particulier celui du sire de Mailly qui dut emprunter le sceau de Robert de Rollaincourt, mais qui scella de son contre-sceau. Le sceau de Robert de Rollaincourt représente :

Un seigneur à cheval tenant de la main droite une épée retenue par une chaîne et ayant au bras gauche un bouclier ou targe chargé de trois maillets ainsi que l'ailette. Le cheval est couvert

12-13. — Sceau de Robert, sire de Rollaincourt. Bullete de Gillon, sire de Mailly, chevalier, 1ᵉʳ décembre 1314. *Preuves*, nº LX.

d'une housse semée de maillets. Légende : S. Ro.... DE ROL-LAINCO....[1].

Contre-sceau : Dans un encadrement trilobé, *écu portant trois maillets.* Légende : ✠ BULETE GILLON, SIRE DE MALGI, CHEVAL'. (Figures 12 et 13).

---

1. La famille de Rollaincourt, qui paraît être une branche de celle de Mailly, portait, au dire d'André du Chesne (*Hist. de la Maison de Chastillon*, p. 379), *d'argent à trois maillets de gueules*. La pancarte de 1640 au château de La Roche-Mailly dit : *Roullencourt* porte *de sable à trois maillets de gueules*. Voir dans Demay, *Sceaux de la Picardie*, nº 591, et de l'*Artois*, nº 595, deux sceaux de 1308, 1311, de Robert, sire de Rollaincourt, chevalier : *Type équestre : le bouclier, l'ailette et la housse portant trois maillets.*

Philippe-le-Bel mourut (29 novembre 1314) en se reprochant d'a-
voir accablé le peuple d'impôts, au moment où les nobles de Picardie et de l'Artois signaient leur ligue.

Le sire de Mailly se trouve nommé dans une liste de personnes
convoquées par le roi Philippe-le-Long à Paris pour l'octave de la
Chandeleur 1319[1].

Aussitôt après la mort de Philippe-le-Bel, Robert III d'Artois
revendiqua de nouveau le comté d'Artois qui avait été adjugé à
sa tante Mahaut. Il excita aux mesures violentes les sujets de la
comtesse et écrivit à celle-ci une lettre insolente pour lui notifier
qu'il allait s'efforcer de recouvrer le plus tôt possible l'héritage
qu'elle retenait contre tout droit[2]. Ce fut vraisemblablement dans
ce temps que Robert envoya l'archidiacre d'Avranches, le seigneur de Fosseux, Thomas Paste et *messire Gilles de Mailly* en
Artois « porter lettres aux bonnes villes » pour les prier « qui le
» volsissent tenir pour leur seigneur, car de raison il le devoit
» mieux estre que nul autre[3]. » De son côté, Jean de Mailly, seigneur de L'Orsignol, ravageait les terres de Mahaut et s'empa-
rait à main armée de Gennes-Yvergny qui lui appartenait[4].

Devenu roi, Philippe-le-Long consentit à examiner les droits
de Robert au comté d'Artois. Après une longue procédure, le Parlement, par arrêt rendu en mai 1318, confirma Mahaut dans
sa possession et commanda aux parties « que toutes rancunes et
» toutes félonies, se aucunes en avoient eu entre eaus et leurs
» gens, cessassent du tout, et que le dit Robert amast la dite
» comtesse comme sa chière tante, et la dite contesse le dit Ro-
» bert comme son bon neveu. » Tous les deux jurèrent de respecter ce jugement auquel souscrivirent Jean de Bretagne, comte
de Richemont, les comtes de Namur, de Valois, d'Evreux, de La
Marche, de Clermont, Philippe et Charles de Valois[5].

1. *Recueil des Historiens de France*, t. XXIII, p. 818.
2. J.-M. Richard, *Mahaut, comtesse d'Artois et de Bourgogne*, p. 21.
3. *Preuves*, n° LXXXIII, pp. 61 et 62.
4. *Ibid.*, n° LXI.
5. J.-M. Richard, *Mahaut, comtesse d'Artois*, p. 22.

En octobre 1322, le sire de Mailly, Jean de Mailly, seigneur de L'Orsignol, Jean, sire de Nedon, Gilles, sire d'Authuille, chevaliers, se trouvèrent au service de la comtesse Mahaut et se rendirent à Arras, suivis de nombreux hommes d'armes, en la compagnie de Louis II de Flandre[1] qui venait de succéder à son père Louis I, mort le 22 juillet précédent.

Cependant, la question d'Artois n'était qu'assoupie. Après la mort de l'évêque d'Arras, Thierry d'Hireçon, conseiller de Mahaut, une intrigante nommée Jeanne de Division se chargea de fournir à Robert d'Artois et à sa femme Jeanne de Valois des pièces qui devaient établir leurs droits sur la province contestée. Le 7 juin 1329, le roi Philippe VI ordonna une nouvelle enquête à ce sujet. Gilles III et Jean de Mailly étaient morts depuis quelque temps, mais leurs cousins, *Robert* et *Guyot*, fils d'*Esgare de Mailly*[2], furent appelés comme témoins. *Robert de Mailly*, abbé de Sainte-Marie-au-Bois, au diocèse de Thérouanne[3], âgé d'environ soixante-dix ans, décéda peu après, avant 1331, accusé de faux témoignage. *Guyot de Mailly*[4], écuyer, de vingt ans plus jeune que son frère l'abbé Robert, demeurait à Ruisseauville[5] ; il dut s'enfuir pour éviter la vengeance des partisans de Mahaut. La Division avait, paraît-il, fabriqué un testament apocryphe de Robert II d'Artois et tous ceux qui avaient déposé dans le sens de cet acte étaient poursuivis. Quelques-uns même furent exécutés, particulièrement « Jehanne de Division, l'une des plus fausses créatures

---

1. *Preuves*, nᵒˢ LXVI, LXVII, LXVIII et p. 388.
2. Voir p. 63.
3. Robert de Mailly n'est pas cité parmi les abbés de Sainte-Marie-au-Bois ou Ruisseauville dans le *Gallia Christiana*, t. X, col. 1609. Les auteurs de cet ouvrage n'ont connu que Robert *Madidus*, natif de Boulogne, mort vers 1302, et son successeur Jean II de Chauny qui mourut en 1359. Ne faut-il point identifier Robert *Madidus* avec Robert de Mailly ?
4. Je rencontre en 1303 et 1304 un Guyot ou Guillot de Mailly, bouteiller des enfants du roi (Guillotus de Mailliaco, buticularius liberorum regis). Ce bouteiller est peut-être le frère de l'abbé Robert. *Recueil des Historiens de France*, t. XXII, p. 539.
5. *Preuves*, nᵒ LXXXIII, pp. 58 à 62.

» qui oncques fust, et fu arse pour les faussetéz des lettres, son
» faux tesmoignage et corruptions de tesmoings que elle fist[1]. »

§ II

Gilles de Mailly, le jeune, chevalier, seigneur de Brucamps,
est cité en décembre 1289, dans deux documents dont les originaux appartenaient autrefois à un « avocat archiviste » nommé Le

14. — Armes de Gilles de Mailly, le jeune, chevalier, décembre 1289. *Preuves*, nᵒ L.

Moine. Gilles avait alors pour armes (figure 14) un *écu portant
trois maillets brisé d'un chevron*. En 1319, on retrouve le même
personnage en procès au parlement de Paris revendiquant contre
Jean de Tanques, chevalier, la possession de Brucamps comme
héritier de Colaie, veuve de Jean de Nouvion[2]. Gilles de Mailly,
qualifié en 1289 seigneur de Brucamps, n'est peut-être autre que
Gilles III, sire de Mailly.

1. Voir la « confession de la damoiselle de Divion, faite le VIᵉ jour d'octobre l'an M CCC XXXI, ouquel jour la dite damoiselle fut justiciée à
Paris.... » Arch. nat., JJ 20, fol. 49 vᵒ et suivants.
2. *Preuves*, nᵒˢ LXIII et LXIV. Cette *Colaie* est vraisemblablement la
même personne que *Nicole* ou *Nicolette de Mailly* rangée par le P. Anselme,
(VIII, p. 627), au rang des filles de Nicolas de Mailly et d'Amélie de Beaumont, veuve d'Hermand de Créquy, vivant et à la fin du XIIᵉ siècle et au
commencement du XIIIᵉ avec son second mari Jean de Nouvion. Sœur de
Gilles I de Mailly, elle était donc grand'tante de Gilles III.

6

A cette époque, 1310-1328, une *Jeanne de Mailly*, dame de Boisleux[1], donna en son nom et au nom de son fils Jean, différentes quittances pour 50 livres parisis qui leur étaient dues sur le péage de Bapaume par la comtesse d'Artois et de Bourgogne[2]. Une de ces quittances, datée du mois de mai 1314, conserve encore le sceau de Jeanne de Mailly. C'est un losange sur lequel est représentée une *Dame debout, en robe et en manteau vairé, coiffée en voile, gantée, un oiseau sur le poing ; à dextre un écu fruste*

15. — Sceau de Jeanne de Mailly, dame de Boisleux, mai 1314. Arch. du Pas-de-Calais, A 324 22. Demay, *Sceaux de l'Artois*, n° 432.

portant probablement *une fasce ; à senestre un autre écu chargé de trois maillets*. Légende : S' JEHANNE : DE M..... AME DE BAILLEUS[3] (figure 15).

Il faut bien se garder de confondre Jeanne de Mailly, dame de Boisleux, avec Jeanne, dame de Mally, de Mailly ou de Marly, qui vivait également dans les premières années du XIV° siècle. Cette

1. Il existe deux communes de Boisleux dans le département du Pas-de-Calais, Boisleux-au-Mont et Boisleux-Saint-Marc, toutes deux du canton de Croisilles, arrondissement d'Arras. Il s'agit ici de Boisleux-au-Mont.

2. Arch. du Pas-de-Calais, A 275 14, 324 22, 407 57, 471.

3. 1314, mai. « Nous Jehane de Mailli, dame de Bailoes et Jehans, escuiers, sires de Bailoes, fix de le dicte dame, etc. » Arch. du Pas-de-Calais, A 324 22. Orig. parch. scellé.

dernière qui, comme la dame de Boisleux, avait droit à 50 livres de rente sur le péage de Bapaume, n'était autre que Jeanne de Lille, femme de Mathieu III de Marly, de la maison de Montmorency[1].

Le 18 juin 1312, on rencontre *Pierre de Mailly*, doyen de la collégiale de Saint-Géry de Cambrai[2]. Un sceau ogival le représente *de profil, la tête mitrée et nimbée, à genoux devant un autel, accompagné d'une main tenant une crosse derrière lui, sur un champ fretté ; au-dessous, un écu à trois maillets.* Légende :

16-17. — Sceau et contre-sceau de Pierre de Mailly, doyen de la collégiale de Saint-Géry de Cambrai, 18 juin 1312. Demay, *Sceaux de Flandre*, n° 6161.

.... Petri : de : Mailli : de.. i : Sci : Gaugerici : Ca... (Sigillum Petri de Mailli, decani Sancti Gaugerici Cameracensis). Contre-sceau : *Ecu à trois maillets* dans un encadrement trilobé. Légende : ✠ Secretum Petri de Mailliaco, presbyteri (figures 16 et 17).

Jeanne de Mailly, dame de Boisleux, et Pierre de Mailly, doyen

1. Les arch. du Pas-de-Calais possèdent plusieurs quittances scellées du sceau de Jeanne de Lille, dame de Marly : *Une dame debout ayant à sa dextre l'écu des Marly, une croix cantonnée de quatre alérions, et à sa gauche un écu chargé d'une fasce et de six merlettes, 3 en chef et 3 en pointe.* Voir aux dites archives, A 255[37] et 312[24].

2. 18 juin 1312. Sentence au sujet des novales dans les paroisses de Haut-Escaut et de Beaurevoir-en-Arouaise. Demay, *Sceaux de Flandre*, n° 6161.

de Saint-Géry de Cambrai, me semblent être membres de la famille de Mailly. Il n'en est pas de même de *Jean Sévin de Mailly*
(ou Jean de Mailly dit Sévin), de « *Hues Maaillie*, escuiers[1], » et
de *Huart de Mailly*, sergent du roi. Jean Sévin de Mailly et
Huart de Mailly paraissent originaires de la localité dont ils portent le nom. *Jean Sévin*, qui fut prévôt de Montreuil et de Beauquesne[2], 1324-1335, avait un sceau chargé d'un *écu avec trois
maillets, à la bordure engrelée, dans un quadrilobe.* Légende :
S'.... DE MAILLI DIT SEUVIN[3] (figure 18). *Huart de Mailly* scel-

18. — Sceau de Jean Sévin de Mailly, 23 novembre 1335. Demay, *Sceaux d'Artois*, n° 431.

lait en 1333 d'un sceau rond à *l'écu fretté sous un chef* chargé de
deux maillets séparés par une étoile, dans un quadrilobe. Légende : S'. HUART DE MALI[4] (figure 19).

19. — Sceau de Huart de Mailly, sergent du roi, 31 mars 1333.
Demay, *Sceaux de Flandre*, n° 5433.

1. *Preuves*, n° LXXIV.
2. *Ibid.*, n°⁸ LXX, LXXV, LXXXII.
3. 1335, 23 novembre. Arras. Quittance de pension. Demay, *Sceaux de
l'Artois*, n° 431. Voir, *Preuves* LXXV, la description d'un autre sceau de Jean
Sévin de Mailly, en 1324.
4. 1333, 31 mars. Quittance fournie à la dame de Cassel. Arch. du Nord,
série B, et Demay, *Sceaux de Flandre*, n° 5433.

Le 23 décembre 1322, un « *Guillaume de Maylli,* » mari de Jacquette, fille de Pierre de Dicy, chevalier, soutint un procès en Parlement contre Guiart Tygier, bourgeois de Paris[1].

1. *Preuves,* n° LXIX. — Un autre *Guillaume de Mailly* et sa femme Catherine, fille de Nicolas Tuillier, bourgeois de Paris, étaient en procès au Parlement de Paris en l'année 1306. Arch. nat., X^{la} 4, fol. 82.

CHAPITRE VII

§ I

Gilles III de Mailly dut mourir vers 1325. *Gilles IV* apparaît pour la première fois comme son successeur en 1333 ; il était alors *écuyer* s'il faut en croire une analyse de document faite par dom Villevieille[1]. Je ne suis pas éloigné de croire ici à une erreur du savant bénédictin qui aura écrit par inadvertance *écuyer* au lieu de *chevalier*. Il me semble qu'il faut identifier Gilles IV de Mailly, époux de Marguerite de Frieucourt, avec *Gilles de Mailly*, *chevalier*, seigneur d'Acheux et de Fricourt (ou Frieucourt) qui obtint le 22 juin 1322, des lettres de Charles-le-Bel mandant aux baillis de Vermandois et d'Amiens d'arrêter, hors lieu saint, Fauvel de Frieucourt et ses complices, coupables d'avoir enlevé demoiselle Agnès de Méricourt-sur-Somme, mineure, fiancée à Jaquin du Mainil[2].

---

1. *Preuves*, n° LXXXV.
2. *Ibid.*, n° LXV.

En 1337, Gilles IV, chevalier, seigneur de Mailly et d'Acheux, se trouve mentionné parmi les « pers du chastel d'Encre » avec messire Gillon, seigneur d'Authuille et d'Andifer, chevalier, Jehan de Toutencourt, Wautier de Morlencourt, *Mahieu de Mailly*, escuiers, messire Huon de Sappegnies, seigneur de Sappegnies, messire Jean de Beaumont, seigneur du Maisnil, chevaliers...[1]. » Le 6 février 1340 (v. s.), il fut présent, comme homme lige de l'abbaye de Corbie, à l'hommage que Hue de Fricans, écuyer, fit à la dite abbaye pour raison du fief d'Estineham[2], et le 25 novembre 1341, il souscrivit un accord passé entre l'abbé de Corbie et Mathieu, chevalier, sire de Heilly[3].

On était à l'époque des luttes de Philippe de Valois contre les Flamands conduits par Jacques Arteveld, doyen des métiers de Gand, et contre Edouard III, roi d'Angleterre.

« Il paroît, dit le P. Anselme, par le Compte du trésorier des » guerres du roi et de l'*ost de Bovines*, fini le 27 septembre » 1340, des *Establies en suivant l'ost de Buirenfosse* l'an 1339, » et des *Establies* après l'ost de *Bovines* jusqu'au 10 septembre » 1341, que *Gilles de Mailly* servit en qualité de chevalier ban- » neret avec cinq écuyers[4] et *Gilles*, son fils, en qualité de cheva- » lier bachelier avec six écuyers[5]. *Colart de Mailly* y est compris » avec trois écuyers[6]; *Jean de Mailly* en qualité de chevalier » banneret avec cinq chevaliers bacheliers et vingt-un écuyers[7];

---

1. *Preuves*, n° XCV.

2. *Ibid.*, n° CIV.

3. *Ibid.*, n° CVI.

4. Le P. Anselme, t. VIII, p. 629, attribue ce service à Gilles III de Mailly, mari de Péronne de Rayneval, père de Gilles IV, qui aurait épousé Marguerite de Frieucourt. Il faut le restituer à Gilles IV de Mailly, mari de Marguerite de Frieucourt, qui eut pour fils Gilles V, dit Maillet, marié à Péronne de Rayneval.

5. Je n'ai retrouvé ni les montres ni les quittances de ces deux Gilles de Mailly.

6. Colart de Mailly, chevalier, donne quittance de gages le 21 août 1340, pour lui et 10 écuyers de sa compagnie. *Preuves*, n° C.

7. 1340, 4 juin. Quittance donnée à Cambrai. *Preuves*, n° XCVIII.

» autre *Jean de Mailly*[1] et *Renaut de Mailly* en qualité de che-
» valiers bacheliers avec deux écuyers[2] ; *Jean de Mailly* en qua-
» lité de chevalier banneret avec quatre chevaliers bacheliers et
» vingt-quatre écuyers ; *Hue de Mailly* et *Nicole de Mailly*[3] en
» qualité de chevaliers bacheliers, le premier avec quatre
» écuyers[4]. »

Un *Jean de Mailly*, dit *Maillart*, chevalier, qu'il faut probablement identifier avec un des trois *Jean de Mailly* cités plus haut
par le P. Anselme, servait dans les guerres du Cambrésis ainsi

20. — Sceau de Maillart de Mailly, chevalier, 9 juin 1340. *Preuves.* n° XCIX.
Demay, *Sceaux Clairambault*, n° 5537.

qu'à la chevauchée de Calais en 1340 et en 1342. Ses quittances,
la première datée de Cambrai le 9 juin 1340 et la seconde donnée à Calais le 30 juillet 1342, possèdent leurs sceaux[5]. Celle du
9 juin 1340 conserve un *écu avec trois maillets dans une rose
gothique ornée de six têtes humaines.* Légende : S. Jeh. de
Mailli [cheval]ier (figure 20).

---

1. Ce Jean de Mailly est probablement le même que le précédent.
2. 1340, 7 mai. Saint-Quentin. Renaut de Mailly, chevalier, donne quittance de gages pour lui et deux écuyers. Bibl. nat., *Coll. de Picardie*, t. 45.
3. Ce Nicole ou Nicolas de Mailly semble être le même que Colard dont
il a été parlé plus haut. Il donna quittance le 4 octobre 1340. *Preuves,* n° CI.
4. P. Anselme, t. VIII, p. 629.
5. *Preuves,* nᵒˢ XCIX et CVIII. — Le 23 janvier 1347 (v. s.) Jean de
Mailly dit Rifflart, sergent du roi, soutient un procès au Parlement de Paris
contre Girard des Auteux (de Altaribus). Ils l'avaient commencé devant le
bailli d'Amiens. Arch. nat., X¹ᵃ 12, fol. 171 v°.

Gilles IV de Mailly mourut probablement avant 1350, ayant eu de sa femme *Marguerite de Frieucourt*, décédée vers 1370 seulement[1], deux enfants au moins :

1° *Gilles V de Mailly* qui suit au chapitre VIII.

2° *Guillaume de Mailly*, écuyer, sire de Mailly-le-Franc, ou plutôt de Franc-Mailly[2].

Le P. Anselme ajoute à tort, *Ade de Mailly* et sans preuve aucune *Nicolas ; Jean*, marié vers 1350 à Marguerite de Fiennes et *Hardouin de Mailly* qui me paraît être Hardouin de Maillé.

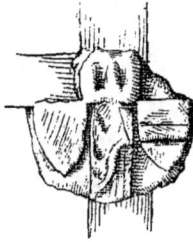

21. — Sceau de Marguerite de Frieucourt, mère de Guillaume de Mailly, 8 mai 1365.
Preuves, n° CXXXIX.

Un acte du 8 mai 1365[3] est scellé des sceaux de Marguerite de Frieucourt, dame douairière de Mailly, et de son fils Guillaume de Mailly, écuyer.

Sceau de Marguerite de Frieucourt : *Une dame debout mutilée ; à dextre, écu fruste ne gardant plus trace des trois maillets ; à senestre, écu avec une fasce*[4]. Légende disparue (fig. 21).

1. *Preuves*, p. 95, note 3.
2. *Ibid.*, n°s CXXXIII, CXLI et CXLII.
3. *Ibid.*, n° CXXXIX.
4. 1261, décembre. Acquisition de la dîme de « Contalmaison. » Sceau de Jean de Frieucourt, chevalier : *Ecu portant une fasce à la bordure endentée.* Demay, *Sceaux de la Picardie*, n° 344. — 1272, janvier. Autre sceau de Jean de Frieucourt, chevalier : *Ecu portant une fasce à la bordure denchée.* Demay, *Sceaux de l'Artois*, n° 316. — Le 20 mai 1338, un Ansel de Frieucourt, qui sert avec deux écuyers au voyage de Flandre, porte un sceau avec six losanges ainsi que Jean, sire de Frieucourt, en 1356 et 1370. Bibl. nat., V c Colbert, 138, fol. 255, et Demay, *Sceaux de Clairambault*, n°s 3855 et 3856.

Sceau de Guillaume de Mailly : *Ecu portant trois maillets.* Légende : .... ALLY (figure 22).

22. — Sceau de Guillaume de Mailly, écuyer, 8 mai 1365. *Preuves*, n° CXXXIX.

Le 14 février 1370 (v. s.), Guillaume de Mailly fit un accord avec sa belle-sœur, Péronne de Rayneval, dame de Montigny, veuve de Gilles V. On y voit qu'en 1368, Guillaume habitait « au chastel d'Offemont avec sa nièce Ade de Mailly, femme de » Jean de Néelle[1]. »

1. Arch. nat., X^{1c} 21.

CHAPITRE VIII

GILLES V DE MAILLY ET PÉRONNE DE RAYNEVAL
VERS 1346

§ I

· Gilles V de Mailly, dit Maillet, chevalier, étant mort avant son père[1] Gilles IV, vers 1346, ne fut jamais seigneur de Mailly.

Il épousa Péronne de Rayneval qui était vraisemblablement fille de Jean de Rayneval et tante de Raoul de Rayneval, grand pannetier de France[2]. La famille de Rayneval portait pour armes une *croix chargée de cinq coquilles*. Par son contrat de mariage, Gilles V avait eu de ses parents « douze cents livrées de terre au » parisis » sur Acheux et Frieucourt[3].

L'époque du décès de Gilles V ne nous est pas connue d'une manière précise. On sait seulement qu'il mourut vers 1346, peut-être à la « dolente bataille de Crécy, » où, selon l'expression des *Grandes chroniques de France*[4], « chéi la fleur de la chevalerie » françoise. »

---

1. *Preuves,* n° CXLIII.
2. P. Anselme, t. VIII, p. 615.
3. *Preuves,* n° CXLIII.
4. Edition Paulin, Paris, t. V, p. 462.

§ II

Gilles V de Mailly laissa de son mariage avec Péronne de Rayneval :

1° *Ade de Mailly*, et probablement :

2° *Gilles VI de Mailly*, dont je parlerai au chapitre suivant ;

3° *Marie de Mailly*, dame de Béthencourt,

4° Et *N. de Mailly* unie à N. de Cressonsart.

Dès 1346 et 1347, Péronne de Rayneval, veuve de Gilles V, dame douairière d'Acheux, releva au nom d'Ade de Mailly, sa fille mineure, les terres d'Acheux et de Fricucourt[1]. Péronne se remaria avec Waast, seigneur de Montigny[2].

Ade de Mailly épousa vers 1359, *Aubert de Hangest*, chevalier, seigneur de Genlis. Le 31 août de la même année, celui-ci fournit à l'abbé de Corbie, comme mari d'Ade de Mailly, un dénombrement « du château d'Acheu.... avec les trois quarts de la ville et » terre d'Acheu[3]. » S'il faut en croire le P. Anselme[4], Aubert de Hangest mourut à la bataille de Brignais, près de Lyon, en 1361, sans laisser d'enfants de sa femme. Celle-ci prit peu de temps après en secondes noces *Jean de Néelle*, seigneur d'Offemont, fils de Guy de Néelle, maréchal de France, et de sa première femme Jeanne de Bruyère[5].

---

1. *Preuves,* nᵒˢ CXV, CXVI.

2. 1365. « Madame Péronne de Rainneval (veuve de Gilles de Mailly), à présent dame de Montigny. » *Preuves,* nᵒ CXLIII. Tous les généalogistes affirment que Péronne de Rayneval épousa en premières noces Waast, seigneur de Montigny, et en secondes Gilles de Mailly. C'est le contraire qui eut lieu.

3. *Preuves,* nᵒ CXXVIII.

4. Tome VI, p. 745.

5. Voir sur les filiations de la famille de Néelle au XIVᵉ siècle, un procès en Parlement (28 mai 1379) entre Jean de Néelle, seigneur d'Offemont, chevalier, et Jean de Tournebut (de Tournebuto), seigneur de Marbuef, aussi chevalier. Arch. nat., X¹ᵃ 28, fol. 294 verso.

Les seigneurs d'Offemont, sortis de Guy de Clermont, Ier du nom, dit de Néelle, et de Marguerite de Thorote, dame d'Offemont et de Thorote, étaient issus de l'illustre maison des comtes de Clermont en Beauvaisis[1].

23. — Sceau d'Ade de Mailly, femme de Jean de Néelle, 2 décembre 1365. *Preuves*, n° CXLII.

Le 13 août 1363, Jean de Néelle fit hommage à l'abbé de Corbie au nom de sa femme, Ade de Mailly, pour les trois quarts de la terre d'Acheux[2] ; le dernier quart appartenait à Guillaume de Mailly leur oncle[3]. En 1364, Jean de Néelle n'était encore que simple écuyer[4] ; le 27 juin 1365, il est qualifié chevalier dans la vente qu'il fit avec « noble et puissante dame Ade de Mailly, dame » d'Offemont, sa femme, » d'un hôtel situé à Léves, aux doyen, chanoines et chapitre de l'église de Chartres[5].

Une procuration du 2 décembre 1365 conserve les sceaux de Jean de Néelle et d'Ade de Mailly[6]. Celui d'Ade porte *deux écus sous un arbre* ; à dextre l'écu de Jean de Néelle : *deux bars adossés sur un champ semé de tréfles* ; à senestre l'écu d'Ade de Mailly *avec trois maillets*. Légende fruste (fig. 23).

Pendant les années suivantes, le seigneur d'Offemont et sa

1. P. Anselme, t. VI, p. 45 et suivantes.
2. *Preuves*, n° CXXXV.
3. *Ibid.*, n° CXXXIII.
4. *Ibid.*, n° CXXXVI.
5. *Ibid.*, n° CXL.
6. *Ibid.*, n° CXLII.

femme conclurent des accords avec Marguerite de Fricucourt et Guillaume de Mailly, son fils, au sujet de la succession de Gilles V et du douaire de Péronne de Rayneval[1], ainsi qu'avec Ma-

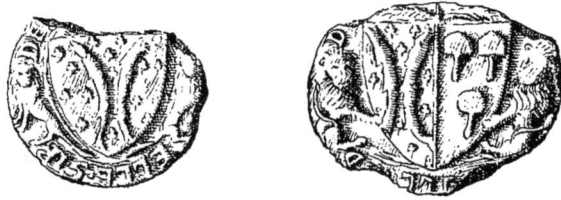

24-25. — Sceaux de Jean de Néelle, chevalier, et d'Ade de Mailly, sa femme, 10 décembre 1367.
Preuves, n° CLVI.

thieu de Hangest, beau-frère d'Ade de Mailly, à cause du douaire de celle-ci assis sur le château de Genlis[2]. Le 10 décembre 1367, ils établirent « Guillaume de Foulloy, escuier, maistre Jehan Cros-» lebois et Guyard de Saint-Crespin » leurs procureurs généraux pour comparaître devant le Parlement à Paris « pour cause dou » chastel de Genly et de plusieurs héritaiges qui appartenoient à » la dite Ade de Mailly.... escheus par la succession et trespas de » deffunct mons[r] Aubert de Hangest, en son vivant, seigneur dou » dit Genly et jadis » son « très chier seigneur et mary, dont » Diex ait l'âme. » Cet acte est scellé de deux sceaux[3].

Sceau de Jean de Néelle : Ecu portant *deux bars adossés sur un champ semé de trèfles*. Deux lions qui empiètent sur la légende accompagnent l'écu. Légende : .... EELLE : SIR : DE ....

Sceau d'Ade de Mailly : Ecu parti ; à dextre les armes de Jean de Néelle et à senestre les *trois maillets* de la maison de Mailly. Supports : deux lions empiétant sur la légende disparue (figures 24 et 25).

1. *Preuves*, n°s CXLI, CXLII.
2. *Ibid.*, n° CLIV.
3. *Ibid.*, n° CLVI.

Le *Nobiliaire de Clermont en Beauvoisis* exécuté à la fin du XIVe siècle et conservé aux Archives nationales contient, en regard des bannières enluminées de Jean de Neelle et d'Ade de Mailly (figures 26 et 27[1]), les passages suivants :

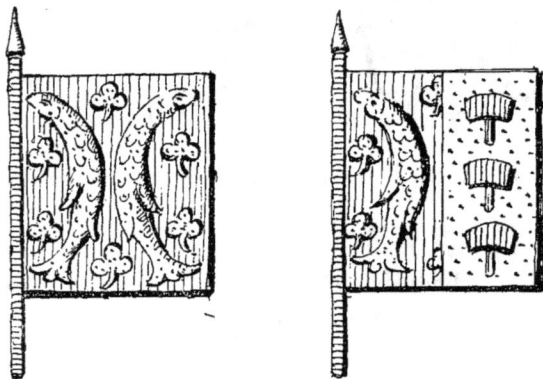

26-27. — Bannières enluminées de Jean de Néelle et de sa femme Ade de Mailly, XIVe siècle. Arch. nat., KK 1093, fol. 334 verso.

« Le seigneur d'Offemont doit pranre à cause de son hommaige » cent livres parisis héritablement chacun an sur le prevosté de » Clermont qui paiez li sont par le main du seigneur. »

« Madame d'Auffemont prant chacun an à. Clermont de son hé- » ritage XL muys de vin par la main du receveur de Clermont sur » les toloisonz de vin que on nomme les toloisonz de Mailly, et » en est homme du dit seigneur à cause du chastel de Cler- » mont[2]. »

Jean de Néelle, qui avait pris une part active aux guerres de

---

1. Dans ces dessins j'ai remplacé les couleurs par les lignes et les points héraldiques. Les points remplacent l'or, les lignes verticales la couleur rouge et les lignes horizontales de la hampe le bleu.

2. Arch. nat., KK 1093, fol. 334 verso.

son temps, rendit aveu au roi, seigneur de Péronne, le 16 août 1374, pour Bray-sur-Somme[1]. Il mourut en 1388, laissant plusieurs enfants de son mariage, particulièrement Jeanne et Blanche de Néelle, en faveur desquelles leur mère se dessaisit le 13 juin 1391 de tous les droits qu'elle pouvait avoir en toute la terre d'Acheux[2].

Ade de Mailly convola en troisièmes noces avec Guy II de Laval, chevalier, seigneur d'Attichy, veuf d'Isabeau de Châtillon.

André du Chesne[3] et le P. Anselme[4] font mourir Ade de Mailly en l'année 1410. Je retrouve une quittance de celle-ci, du 16 mars 1411 (v. s.), dans laquelle elle est qualifiée « dame d'Offemont et » dame d'onneur de madame la duchesse de Guyenne » et reconnaît avoir reçu à ce dernier titre la somme de 90 francs pour lui « aidier à avoir une robe[5]. » Morte pendant cette année 1412, peut-être, elle fut enterrée à l'abbaye d'Ourscamp, au diocèse de Noyon, dans le tombeau de son deuxième mari, Jean de Néelle. On y lisait sur une pierre scellée au mur les inscriptions gothiques suivantes :

« Cy gist monseigneur Jehan de Neelle, segneur d'Offemont et de Neelle (sic pour *Mello*), *fix de feu monseigneur Guy de Neelle, jadis mareschal de France et segneur des dis lieux, qui*

---

1. Arch. nat., P 135, fol. 34 verso.

2. *Preuves*, n° CCVI. — *Jeanne de Néelle* se maria 1° à Guy III de Laval, seigneur d'Attichy ; 2° à Mathieu d'Arly ou d'Ailly, dit Sarrazin, sénéchal de Ponthieu ; 3° à Jean de Donquerre, écuyer ; 4° à Jehan de Humières, chevalier. *Blanche de Néelle* épousa 1° Raoul de Flavy ; 2° Guy de Beaumont, seigneur de Brétigny ; 3° Hector de Chartres. — Le 15 septembre 1397, Raoul, sire de Flavy, releva la moitié de la terre d'Acheux à cause de Blanche de Néelle, son épouse. Le 4 janvier 1419 (v. s.) « Mathieu d'Ailly, dit Sarrazin, sénéchal de Ponthieu, seigneur de la moitié d'Acheux comme mari de madame d'Athechy. » Le 12 décembre 1435, Jean de Humières, chevalier, est seigneur de la moitié d'Acheux, l'autre moitié appartient à Jean de Flavy. Arch. nat., LL 1004, *Inventaire*, pp. 3 et 4 de la deuxième partie.

3. *Histoire de la Maison de Montmorency*, p. 657.

4. Tome III, p. 654 ; t. VI, p. 51 ; t. VIII, p. 630. — Dans son tome VI, p. 51, le P. Anselme dit justement qu'Ade de Mailly était fille de Gilles de Mailly et de Péronne de Rayneval. Mais, par contre, au t. VIII, p. 630, il en fait une fille de Gilles de Mailly et de Marguerite de Frieucourt.

5. *Preuves*, n° CCXLIX.

Tombeau de JEAN DE NÉELLE, seigneur d'OFFEMONT et de MELLO † 1388, et d'ADE DE MAILLY, sa femme, † 14.., dans la chapelle de St-Nicolas en l'église de N.-D. d'Ourscamp. (Bibl. nat. Estampes. *Coll. de Gaignières. Artois-Picardie*, P⁰ 3, fol. 24).

trespassa en l'an de grace M CCC IIII^{XX} et VIII[1], *le premier du moy de novembre. Pries pour s'âme.* »

« *Cy gist madame Ade de Mailly, jadis fame du dit feu monsigneur Jehan de Neelle et d'Offemont, dame des dits lieux, qui trespassa l'an de grace M CCCC .....* »

Le dessin du tombeau de Jean de Neelle et d'Ade de Mailly nous est conservé dans la collection de Gaignières aux Estampes de la Bibliothèque nationale (Voir planche VI).

Guy de Néelle, fils aîné de Jean et d'Ade de Mailly, épousa par contrat du 2 août 1389, Marguerite de Coucy, fille de Raoul de Coucy et de Jeanne de Harcourt[2]. Il fut tué à la bataille d'Azincourt en même temps que son cousin Colard, successeur de Gilles VI dans la seigneurie de Mailly.

Marie de Mailly, troisième enfant de Gilles V de Mailly et de Péronne de Rayneval épousa un seigneur de Béthencourt, peutêtre Jean, sire de Béthencourt, chevalier, dont il reste plusieurs quittances scellées de l'année 1328[3]. Elle en eut au moins deux filles, *Jeanne* et *Gillette*, nommées dans un accord qu'elle fit en 1389, avec Colard, écuyer, seigneur de Mailly, son neveu, au sujet de la succession de Gilles VI[4].

N. de Mailly, autre fille de Gilles V et de Péronne de Rayneval, fut unie à un Cressonsart. Mes recherches m'ayant fait découvrir des documents sur la famille féodale de Cressonsart, *alliée* à celle de Mailly, je crois qu'il est intéressant d'en dire ici quelques mots.

---

1. Peigné-Delacourt, *Histoire de l'abbaye de Notre-Dame d'Ourscamp*, Amiens, 1876, p. 51, a imprimé M CCC IIII^{XX} XVIII au lieu de MCCCIIII^{XX} et VIII.

2. A. du Chesne, *H. des Maisons de Guines et de Coucy*, Paris, 1631, p. 280.

3. Bibl. nat., *Tit. scellés de Clair.*, t. 14, p. 913. — En 1372, *Jean seigneur de Béthencourt*, soutenait un procès en Parlement contre Charles de Trie, comte de Dampmartin, seigneur de Néelle à cause de Jeanne d'Amboise, sa femme, fille d'Ingerger d'Amboise et de Marie de Flandre. Ce procès avait été commencé par Ingerger d'Amboise, alors seigneur de Néelle, et feu *Jean, seigneur de Béthencourt*, chevalier. Arch. nat., X la 23, fol. 29.

4. *Preuves*. n° CC.

La famille de Cressonsart (Cressonessart, Cressunessart, Kersonessart) empruntait son nom au village de Cressonsart, actuellement Cressonsacq, dans le Beauvaisis[1].

A. — Ruines du château de Cressonsacq (Oise).

Cressonsacq était au moyen-âge une forteresse importante[2],
carrée, flanquée de tours rondes aux angles, et entourée de larges
fossés. Les Anglais ruinèrent ce vieux château en 1422[3]. Res-

---

1. Oise, arrondissement de Clermont, canton de Saint-Just-en-Chaussée.
2. « Thiébaut de Cressonessart tient de monsr le comte de Clermont et des
seigneurs de Bullez *le grand manoir et toute le fortresche de Cressonessart*
et les mesons, vergiez et gardins dessous, excepté le grant manoir et fortresche qui est tenuz singullièrement de monseigneur le conte..,. Item, toute
la justiche et seignourie haute, basse.... » Bibliothèque nationale, *Cartulaire de Clermont-en-Beauvaisis*, manuscrit du XIVe siècle, fol. 34 verso.
3. *Chronique de Monstrelet* (édition de la Société de l'Histoire de France),
t. IV, p. 120.

·tauré en 1429, il n'en reste plus aujourd'hui qu'une seule tour
.(Voir les dessins A et B) entourée de fossés secs[1].

Le plus ancien sujet connu de la famille de Cressonsart est *Her-*

B. — Ruines du château et église de Cressonsacq (Oise).

·sende, dame du dit lieu, qui vivait en 1145, 1146[2]. Son fils, *Dreux I*
de Cressonsart, marié à Emeline[3], est qualifié *homme illustre*
·dans un document de 1165. A cette époque, étant sur le point
·d'entreprendre le voyage de Jérusalem, il fit ainsi que son frère

1. *Précis statistique sur le canton de Saint-Just-en-Chaussée. Arrondisse-*
·*ment de Clermont.* (Extrait de l'annuaire de l'Oise de 1835, pp. 51, 52). —
Emmanuel Woillez, *Répertoire archéologique du département de l'Oise.*
·(*Arrondissement de Clermont, canton de Saint-Just-en-Chaussée*, col. 105).

2. *Cartulaire de l'abbaye de N.-D. d'Ourscamp, de l'ordre de Citeaux,*
·*fondée en 1129, au diocèse de Noyon*, publié par M. Peigné-Delacourt,
·Amiens, 1865, pp. 322. 383.

3. Le P. Anselme, t. II, p. 263, dit qu'elle était sœur d'Eudes de Ronche-
·rolles.

Raoul un accord au sujet de certains biens avec les religieux de l'abbaye de Saint-Denis, en présence du roi Louis VII[1].

. *Dreux I* eut plusieurs enfants : *Dreux II ; Hersende*, mariée par sa grand'mère et par sa mère à Anselme surnommé *le Veau*[2], et *Mathilde*.

Dreux II de Cressonsart, qui se croisa en 1199 en même temps que Nicolas de Mailly, épousa Agnès, sœur de Robert Mauvoisin[3]

1. 1165. « Regnante rege Ludovico minore.... Bartholomeus, Belvacensis episcopus.... notum facimus.... quod *Drogo de Kersonessart, vir illustris*, cum proposuisset ire Jherosolimam (etc). » Arch. nat., S 2222 B. Vidimus parchemin du 28 avril 1405.

2. 1177. « Drogone. domino de Cressunessart, defuncto, Hersendis mater, et Emelina uxor ejusdem, Hersendem, Drogonis filiam, *Anselmo cognomento Vitulo* matrimonio conjunxerunt...... » *Cartulaire de l'abbaye de N.-D. d'Ourscamp*, p. 161, n° CCLXVIII. Le P. Anselme, t. II. p. 263, dit qu'Hersende se maria avec Anselme du Plessis, surnommé *de Vitulo*.

3. 1206. « Agnès de Cressunessart » fait un don à l'abbaye de Saint-Antoine, près de Paris, du consentement de son fils Dreux et de Robert Mau-

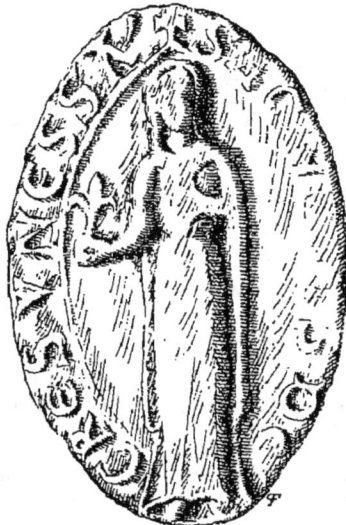

28. — Sceau d'Agnès, femme de Dreux II de Cressonsart. 1206. Arch. nat., H 3859 I, dossier 6.

voisin, son frère « Roberti Malivicini, fratris sui. » Arch. nat., H 3859 I Orig. parch. scellé des sceaux d'Agnès (figure 28) et de Robert Mauvoisin. Le

et veuve de Guillaume de Gerberri[1]. De leur mariage vinrent : *Dreux III*, *Robert*, évêque de Beauvais[2] vers 1237, *Thibault I*, *Béatrix* et *Adeline*. L'évêque de Beauvais accompagna saint Louis en Terre Sainte après avoir pris la croix en 1245.

29. — Sceau de Thibault I, seigneur de Cressonsart, avril 1223 (v. s.). Arch. nat., S 2222, n° 41.

Thibault I fut seigneur de Cressonsart, probablement à défaut de son frère *Dreux III*. En avril 1223, Thibault, chevalier, seigneur de « Cressonessart, » transigea avec l'abbaye de Saint-Denis au sujet d'un désaccord qui s'était élevé entre Pierre, abbé de ladite abbaye, et Guillaume de « Cressonessart, » chevalier. Au mois de novembre 1226, le même Thibault confessa avoir

sceau de Robert Mauvoisin est chargé de *deux fasces*. Isabelle, fille de Robert Mauvoisin et de Cécile, épousa Adam de Beaumont, chevalier, qui, en octobre 1211, approuva le don fait à Saint-Antoine de Paris par Agnès « de Cressun assardi. » Arch. nat., S 4366 a, n° 27. Orig. parch. scellé du sceau d'Adam de Beaumont, *écu gironné*..

1. 1212, avril. « Domina Agnès de Cressunessart.... pro anine sue remedio et Willelmi de Gerberri et Droconis de Cressunessart, maritorum suorum, necnon et Droconis, filii sui.... » Arch. nat., S 4366 a, n° 31. Original parchemin.

2. 1247. Robert de Cressonsart, évêque de Beauvais, frère de Thibault, seigneur de Cressonsart. Arch. de l'Oise, G 266.

donné à la susdite abbaye 40 sous parisis pour l'entretien d'une lampe. Ces deux actes[1] sont scellés d'un sceau à *l'écu échiqueté avec un chef de vair de deux traits.* Légende : S. TEOBALDI DE CRESONESSART (figure 29).

Sur le point de partir pour la croisade contre les Albigeois, Thibault abandonna (avril 1226), du consentement de sa femme Isabelle, à l'abbaye d'Ourscamp, certains droits de dîmes contestés[2].

Il laissa au moins deux enfants : *Thibault II* et *Robert*, évêque de Senlis en 1260 que certains auteurs ont confondu avec son oncle l'évêque de Beauvais. Le P. Anselme[3] ajoute : *Dreux*, vivant en 1231, *Mathilde* et *Marie* nommées avec leurs frères au testament de leur père.

Thibault II, seigneur de Cressonsart, est qualifié chevalier en 1251, dans un acte où sont nommés défunt Thibault, seigneur de Cressonsart, chevalier, son père, Isabelle, sa mère encore vivante, et Agnès, sa femme[4]. C'est peut-être Thibault II qu'on trouve encore en 1287 avouant une rente de trois muids de blé aux religieux d'Ourscamp[5].

La filiation des Cressonsart n'a pas été faite depuis Thibault II ; on ne trouve plus que les noms isolés qui suivent.

Avril 1263. Confirmation par Gace de Poissy de la vente faite au roi saint Louis, moyennant 1900 livres par *Ansel de Cressonsart* et Colaie, sa femme, d'une rente de 108 livres à percevoir sur le « travers » de Maisons-sur-Seine. Le sceau d'Ancel présente un *écu vairé au lion couronné* (figure 30); sur celui de sa femme on voit une *dame debout en robe et manteau vairé, un*

---

1. Arch. nat., S 2222, n° 41 ; S 2318, n° 41. Originaux parchemin.
2. « Ego Theobaldus, dominus de Cressonessart.... notum facio quod ego profecturus *in terram Albigentium*, de assensu.... uxoris mee Isabel (etc). » *Cartulaire de N.-D. d'Ourscamp*, p. 383, n° DCXXII.
3. Tome II, p. 264.
4. Arch. nat., S 4386, fol. 8.
5. *Cartulaire de N.-D. d'Ourscamp*, p. 387, n° DCXXX.

faucon sur le poing. Légende : .... ORIS DNI ANSELLI DE CRE-
SON.... [1] (figure 31).

Août 1283. « Robert, fieus dou roy des Frans, contez de Cler-
» mont, » baille à « *Simon de Cresonessart* et à ses hoirs et
» successeurs.... une masure assize en » la « ville de Clermont,
» laquelle fut jadis Jehan Deulin[2]. »

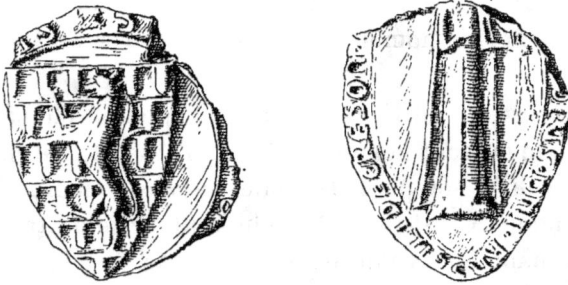

30-31. — Sceaux d'Ancel de Cressonsart et de Colaie, sa femme, avril 1263. Arch. de l'Oise,
II. 910. Demay, *Sceaux de la Picardie*, n°s 272 et 273.

1285. « Monseigneur *Ansel de Cressonessart* » prend part à
l'expédition d'Aragon[3] en même temps que Gilles III, seigneur de
Mailly[4].

En 1310, un pseudo-prophète nommé *Guiard de Cressonesssart*,
qui se donnait pour l'ange de Philadelphie, fut condamné à la

1. Arch. de l'Oise, H 910. Demay, *Sceaux de la Picardie*, n°s 272 et 273.
2. Bibl. nat., *Cartulaire de Clermont en Beauvaisis*, XIVe siècle, fol. 109.
3. Fragment d'un Compte de Jehan d'Ays, en matières et en deniers, pendant l'expédition d'Aragon, en M CC LXXV. .. « Ce sont les choses baillies
à monseigneur *Ansel de Cressonessart* par Jehan d'Ays et par son commandement.... » *Recueil des Historiens de France*, t. XXII, p. 697.
4. Voir p. 75.

réclusion perpétuelle[1]. Ce Guiard de Cressonsart ainsi que Simon de Cressonsart paraissent être des individus originaires du village de Cressonsart, absolument étrangers à la famille féodale de ce nom.

Le 17 décembre 1334 « *Ansel de Cressonessart*, escuier, » fit un accord avec les procureurs de l'évêque de Beauvais et du curé de Liancourt « pour cause de la saisine de sa justice de la maison » du presbytère, » de Liancourt[2].

En 1340, on trouve *Thibault de Cressonsac*, écuyer, seigneur du dit lieu[3].

En 1348, Guillaume, seigneur de Léglantiers, et « *Ansault de* » *Cressonsacq*, » écuyer, seigneur de Liancourt, mari de Jeanne de Léglantiers, consentent à l'amortissement d'une pièce de terre contenant 5 mines 16 verges, sise au lieu dit « le Mont-de-Susoy » appartenant aux religieux de Saint-Martin-aux-Bois par suite d'un échange avec les Trinitaires du couvent de Saint-André de Clermont[4].

Un acte du 15 novembre 1370 nous apprend que « noble hom- » me mons[r] Gile de Nedonchel, chevalier, sire de Cressonsart, » gouverneur de Clermont-en-Beauvaisis, » représentait alors défunts *Thibault et Dreux de Cressonsart*, écuyers, ainsi que « mons[r] *Saucet de Cressonsart*, chevalier, seigneur à son temps » de la ville de Cressonsart[5]. »

---

1. « Circa diem 7 junii 1310 — Pseudo quidam *Guiardus de Cressonessart*, qui Angelum Philadelphiæ a Deo immediate missum ad consolandum adhærentes Christo se nominans, dicebat quod nec cingulum pelliceum quo erat præcinctus, nec habitum quo indutus erat, ad mandatum papæ deponere tenebatur, imo papa præcipiendo peccaret, tandem incendii metu cingulum cum habitu deponens, erroremque suum recognoscens, adjudicatus est perpetua muri inclusione præcingi. » *Continuatio Chronici Girardi de Fracheto*, dans *Recueil des Historiens des Gaules et de la France*, t. XXI, p. 34. Montfaucon dans ses *Monuments de la monarchie française*, t. II, p. 207, et Moréri, *Dictionnaire historique*, t. V, p. 437, consacrent quelques lignes au fanatique Guiard.

2. Arch. nat., X[1C] 1[B], cote 316. Orig. parch.

3. Arch. nat., S 4373, n° 1.

4. Arch. de l'Oise, H 269

5. Arch. nat., S 4373, n° 6. Orig. parch.

La famille de Cressonsart, éteinte depuis longtemps, semble avoir formé deux branches principales, celle des sires de Cressonsart qui avait pour armes : *un échiqueté avec un chef de vair de deux traits*, et celle des seigneurs de Liancourt qui portait *un écu vairé au lion couronné.* La troisième fille de Gilles V de Mailly et de Péronne de Rayneval, mère de *Colard* et d'*Agnès de Cressonsart*, parait s'être alliée dans cette dernière branche.

CHAPITRE IX

Gilles VI de Mailly, Jeanne de Moreuïl, Jeanne de
Donquerre et Marie de Coucy
1350 a 1386 environ

§ 1

Gilles VI, successeur de Gilles IV dans la seigneurie de Mailly vers 1350, doit être ce Gilles de Mailly, chevalier, sire de
Mailly et de Martinsart, qu'on rencontre, au milieu du XIVe siècle, rendant aveu en même temps que sa femme « Jeanne de Mo-
» reuil » à Jacques de Saint-Pol, seigneur d'Encre[1]. Jeanne de
Moreuil était fille de Bernard de Moreuil, maréchal de France[2], et
de Mahaut de Clermont.

Le 20 septembre 1354, « Gilles, chevalier, sire de Mailly et

---

1. « Gilles de Mailly, chevalier, sire de Mailly et de Martinsart, et Jeanne
de Morreil, dame des dites villes, sa femme, avouent tenir de Jacques de
Saint-Pol, seigneur d'Encre et de Warloy, la terre de Martinsart. Il vivoit
l'an 1350. » Bibl. de l'Arsenal. Ms. de du Cange, n° 5258, fol. 4. Bibl. nat.,
Coll. de Picardie (dom Grenier), t. 45 bis. — D'après le P. Anselme (t. VIII,
p. 630) Jeanne de Moreuil aurait épousé Gilles V, dit Gillon de Mailly. vers
1340. Il importe de remarquer que le même auteur, qui a confondu tous les
Mailly du XIVe siècle, la marie (t. VI, p. 717) à un mythe du nom de *Jean,
baron de Mailly*, et au tome VIII, p. 653, à *Jean de Mailly*, seigneur de
Talmas et de Buires-au-Bois.

2. Sur la famille de Bernard de Moreuil, maréchel de France, voir, Arch.
nat., X²a 12, fol. 159 verso et 242.

» d'Acheu, amortit un mur assis dans son fief à Foulloy que le
» chapitre dudit Foulloy avait acquis pour la maison de la fabri-
» que[1]. » Le 10 décembre 1359, il confessa devoir certaines rentes à l'abbaye de Corbie[2] et le 22 novembre 1361, il vendit à la
dite abbaye le fief qu'il possédait à Hédauville, moins un tiers
appartenant à « Ysabel, femme de feu Brongnard de Hédauville, »
pour la somme de 1.000 florins d'or[3].

Gilles VI de Mailly prit en secondes noces, par contrat passé à
Clermont en Beauvaisis le 16 janvier 1366 (v. s.), Jeanne de Donquerre, fille de feu messire Bernard de Donquerre, chevalier, et
de Jeanne de Lambersart. Les conventions matrimoniales furent
traitées par Jeanne de Lambersart et son second mari, Gilles,
seigneur de Nedonchel, chevalier[4], lesquels promirent, entre autres choses, d'héberger dans leur hôtel les nouveaux époux avec
deux valets et trois chevaux pendant six mois après l'accomplissement du mariage[5]. Peu après, le 2 septembre 1367, Gilles VI,
s'engagea à convertir en héritage tout l'argent qu'il avait retiré
de la vente des terres de sa femme[6] et le 8 juillet 1368, il était

1. *Preuves*, nº CXXIII.
2. *Ibid.*, nᵒˢ CXXIX, CXXX et CXXXI.
3. *Ibid.*, nº CXXXII.
4. « Gilles, sire de Nedonchel et d'Auchel, chevalier, » surnommé *Coquart*
avait épousé Jeanne de Lambersart avant 1353, époque à laquelle Jeanne de
Donquerre était, comme mineure, sous la tutelle de sa mère. — 1352 (v. s.),
7 février. « ..... Causa nuper pendens in Parlamento inter priorem de Bien-
curia, ex una parte, et defunctum *Bernardum de Donqueurre*, militem, tem-
pore quo vivebat, ex altera, et nunc pendens inter dictum priorem, ex una
parte, et *Johannam de Lambersart*, relictam dicti defuncti Bernardi, ac
Coquardum de Nedonchel, militem, nunc ejus maritum, tam nomine suo
quam habentem ballium seu gardiam *Johanne*, filie dicti defuncti Bernardi,
ex altera.... » — 1353, 10 décembre. « Gilles, sires de Nedonchel et d'Auchel,
chevaliers, et Jehanne de Lambersart, dame de Leures, et à présent femme
dudit chevalier...., baus de demoiselle *Jehane de Donquerre*, menre d'ans,
jadis fille de feu monsʳ *Bernart de Donquerre* et de ladite *Jeanne de Lambersart....*, » Arch. nat., X¹ᶜ8, cotes 46 et 48. — Vers 1374 « messire Gilles,
sire de Nedonchel, d'Auchel et de Cressonsac » avoue tenir « du chastel de
Clermont, son chastel de Cressonsart. » Arch. nat., KK 1093, fol. 315. *Nobiliaire de Clermont-en-Beauvaisis*. Au dit folio 315, est peinte la bannière de
Gilles de Nedonchel : *D'azur à une bande d'argent bordée de gueules.*
5. *Preuves*, nᵒˢ CXLVIII, CXLIX.
6. *Ibid.*, nº CLV.

en procès au Parlement de Paris contre Jeanne de Lambersart et Gilles de Nedonchel au sujet de la succession de feu Bernard de Donquerre, père de sa femme[1].

Jusque vers 1370, Gilles VI est toujours qualifié dans les actes *sire de Mailly et d'Acheux.* A partir de 1372, il est dit sire de Mailly et de Beaufort-en-Santerre.

En juillet 1372, « Gilles, sire de Mailly et de Beauffort, cheva- » lier, avoue tenir en fief du duc de Lorraine, à cause de sa châ- » tellenie de Bove, sa terre et seigneurie de Beauffort avec les » vingt-cinq hommages qui en dépendent[2]. » Le 26 mars 1372 (v. s.), il obtient un arrêt du Parlement contre Gérard de Thorote chevalier, au sujet du château de Beaufort, provenant de l'hérita- ge de feu Michel de Ligne, chevalier, leur parent[3]. Déjà, le 15 mars 1353, *Jeanne de Mailly*, damoiselle, disputait au même Gérard de Thorote[4] le bail du dit Michel de Ligne.

Le 11 mars 1373 (v. s.), le sire de Mailly soutient un procès en Parlement avec Renault, seigneur de Beaufort, Pierre Milon, Jean

---

1. *Preuves*, n° CLIX.
2. *Ibid.*, n° CLXI.
3. *Ibid.*, n° CLXII.
4. Gérard ou Guérard de Thorote était fils de Jean de Thorote lequel l'é- tait probablement lui-même de Gaucher, châtelain de Noyon et de Thorote, marié 1° à Béatrix de Honnecourt, 2° à Marie Vervin (*Cartulaire d'Ours- camp*, p. 132, années 1272 et 1281). Le 18 avril 1385 (v. s.), Gérard de Thoro- te, chevalier, était en procès au Parlement de Paris avec Guy de Cramailles, chevalier, seigneur de Sappigny, son petit neveu, pour la possession de la terre de Honnecourt. Ce procès donne les filiations suivantes :

Jean de Thorote avait eu deux fils :

1° Gérard ou Guérard de Thorote, chevalier, qui plaide contre Guy de Cramailles.	2° Jean de Thorote, chevalier, seigneur de Hon- necourt, mari d'Agnès « dicta de Loisy, do- mina de Cuyso, » d'où
Gaucher de Thorote, che- valier, marié à Mathilde dite de Bouliers, d'où	Roberte de Thorote, mariée à Pierre de Cramailles, sei- gneurs de Sappigny, d'où
Jeanne de Thorote qui épousa le vidame de Char- tres, « que uxor fuerat vi- cedomini cernotensis. »	Guy de Cramailles, cheva- lier, qui plaide contre son grand oncle Gérard de Tho- rote.

Arch. nat., X la 34, fol. 147 verso à 149.

de Mariaucourt, tous exécuteurs testamentaires de feu Mathieu de Bours, chevalier, contre l'écuyer Guillaume de Bours. *Jeanne de Mailly* apparaît dans ce débat comme bail de son fils Jean de Bours[1]. Six mois après, 4 septembre 1374, Gilles VI avoue tenir du roi de France, à cause de son château de Péronne, « le fief et » tenement, terroir et appartenances de Mailli, en plain hom- » mage. » Parmi les vassaux du sire « de Mailli et de Biaffort, » on distingue Jacques de Morlaincourt, écuyer, Wautier de Ber- trangles, chevalier, Jean d'Encre, écuyer, Jean d'Aveluis, écuyer, et demoiselle Péronne, veuve de Baudouin d'Arras, bail de son fils Drienet d'Arras[2].

Charles V était à peine monté sur le trône de France que du Guesclin battait les Navarrais à Cocherel. La nouvelle de cette heureuse victoire, remportée le 16 mai 1364, arriva à Reims, le 19 mai, veille du sacre du roi. Le sire de Mailly accompagnait le monarque, « sous le gouvernement de mons[r] d'Aubigny, capitaine » de quatre vingt hommes d'armes. » Il avait fait sa montre à Amiens le 12 mai ayant en sa compagnie les trois écuyers Colard de Mailly, Jean de Francqueville et Jean Cardon[3]. Le 4 juillet[4] et le 7 septembre de la même année, il donna quittance de gages au receveur des aides à Vernon « pour ses services au sacre[5]. »

Le roi avait donné l'épée de connétable à Bertrand du Gues- clin. Celui-ci se mit à la poursuite de l'anglais Robert Knolles qui venait de parcourir la Picardie, le Vermandois, la Champagne et l'Ile-de-France, rançonnant les campagnes et défiant les gar- nisons des villes. Après avoir ravagé les environs de Paris à la fin de septembre 1370, le gros de l'armée de Robert Knolles s'é- tait avancé dans la direction de Vendôme, par Chartres et Châ- teaudun. Au commencement du mois de novembre les Anglais

1. *Preuves*, n° CLXIV. Jeanne de Mailly semble appartenir à la branche des Mailly L'Orsignol.
2. *Ibid.*, n° CLXV.
3. *Ibid.*, CXXXVII.
4. Bibl. nat., V[c] Colbert, 138, fol. 261 verso.
5. *Preuves*, n° CXXXVIII.

étaient arrivés dans le Vendômois, d'où Knolles se dirigea vers
la Bretagne pour s'enfermer dans son château de Derval tandis
que son lieutenant Thomas de Granson, à la tête de l'arrière-
garde, s'établissait au sud de la ville du Mans, du côté de Pontvallain[1].

Ayant quitté Caen où le 1er décembre fut faite la montre de sa
compagnie composée de 23 chevaliers bacheliers et de 270 écuyers,
du Guesclin vint loger au château de Juillé[2]. Dans les troupes du
connétable on remarquait, outre des Bretons, des Manceaux et des
Angevins, des chevaliers picards et artésiens, particulièrement le
sire de Mailly et son cousin Raoul de Rayneval accompagné de
ses deux fils Raoulequin et Galeran[3]. D'après le récit du « *Livre*
» *hystorial des fais de feu messire Bertrand du Guesclin,* » le
héraut d'armes, envoyé par Thomas de Granson pour provoquer
les Français à la bataille, trouva « Bertrand du Guesclin en la
» court du chastel de Vire (Juillé), accompagné de plusieurs che-
» valiers entre lesquelx estoient le conte de Saint-Pol et son filz
» qui fut fait chevalier devant Huissol, *le seigneur de Rayneval*
» *et Roulequin, son filz, qui moult estoit hardi, lequel fu fait*

1. Voir particulièrement, *Chroniques de Froissart* annotées par Siméon
Luce, t. VIII; première partie, pp. 111 et suivantes.

2. Juillé (dép. de la Sarthe, arr. de Mamers, cant. de Beaumont) possède
encore les restes d'un curieux château du moyen-âge construit sur des subs-
tructions romaines. Pour des raisons que j'exposerai dans une future étude
consacrée à la bataille de Pontvallain, je crois que du Guesclin était, non à
Viré ou à Fillé comme l'affirment les auteurs, mais à Juillé, quand le héraut
anglais vint le provoquer de la part de Thomas de Granson.

3. Le petit tableau suivant fera comprendre la parenté de Gilles VI de
Mailly et des Rayneval.

Gilles V de Mailly épouse Péronne de Rayneval, d'où Gilles VI de Mailly, mari de Jeanne de Donquerre.

Guillaume de Rayneval, frère de Péronne, est père de Raoul de Rayneval qui se trouve à Pontvallain avec ses deux fils, Raoulequin et Galeran ou Walleran. — Une fille de Raoul de Rayneval, nommée Ade, épousa Jacques de Heilly. Le 10 avril 1391, avant Pâques, il est fait mention d'un procès entre Jacques, seigneur de Heilly et de Pas, chevalier, mari d'Ade de Rayneval, et Walleran de Rayneval, chevalier, seigneur de Fouilloy. Arch. nat., X1a 39, fol. 300 verso.

» *chevalier en un pré devant le chastel de Vaux*[1], et son autre
» filz *Galeren.* » Le connétable accepta le défi des Anglais ; il
quitta Juillé avec ses troupes dans la soirée sous une pluie bat-
tante et arriva le matin en vue de l'ennemi après avoir chevauché
pendant douze lieues au moins à travers des chemins défoncés. La
bataille s'engagea le 4 décembre auprès du vieux château de La
Faigne[2] ; elle se poursuivit au-dessous de Pontvallain et se termina par la défaite des Anglais dans les landes de Rigalet. « Le
» conte de Saint-Pol et son filz aussi ne se faignoient pas (dans la
» bataille), *et moult si portèrent puissamment le sire de Rayne-*
» *val et ses deux enffans, c'est assavoir messire Galleran et*
» *messire Raoulequin*[3]. »

Une partie des Anglais échappés à la défaite de Pontvallain se
réfugièrent dans l'abbaye fortifiée de Vaas[4] sur la rivière du Loir.
Du Guesclin les y suivit et les força de se rendre. Au rapport de
Hay du Chastelet, Raoulequin de Rayneval reçut la chevalerie de
la main du connétable au siège de Vaas, après quoi il « planta son
» échelle, monta hardiment jusques au haut de la muraille » et fut
renversé dans les fossés « au moyen d'une grosse pierre qui rom-
» pit son échelle[5]. »

La *Chronique du bon duc Loys de Bourbon*[6] attribue la gloire
de la prise de Vaas à Louis de Sancerre. D'après l'auteur de cette
Chronique, Sancerre était arrivé aux environs de l'abbaye de

---

1. Il faut lire Vaas, actuellement commune du département de la Sarthe,
arrondissement de La Flèche, canton de Mayet.

2. La Faigne, située dans la paroisse de Pontvallain, appartient maintenant à M. le marquis de Mailly-Nesle, descendant de Gilles VI de Mailly. Il
ne reste plus rien du vieux château si ce n'est quelques fossés qui indiquent
son ancien emplacement. Le 1er janvier 1407 (v. s.), Jean des Roches, seigneur de La Faigne, rendit aveu au duc d'Anjou, baron de Château-du-Loir,
pour son « chasteau et forteresse de La Faigne. » Arch. nat., P 344[1].

3. Bibl. nat., f. fr. 23982 ; manuscrit du XIVe siècle.

4. L'abbaye de Vaas avait été fortifiée par les religieux « par congé et
licence » de Pierre d'Avoir, lieutenant du duc d'Anjou. Arch. nat., JJ 100,
fol. 252, n° 853.

5. *Histoire de Bertrand du Guesclin*, p. 194.

6. Publiée pour la Société de l'Histoire de France par A. M. Chazaud, pp.
25 et 26.

8

Vaas au moment où les Anglais, battus à Pontvallain, prenaient la fuite. « Messire Fitz Watier, mareschal d'Angleterre, » qui avait dessein de se retirer à Saint-Maur-sur-Loire, ayant rencontré les gens du duc de Bourbon, se renferma dans l'abbaye et y fut assiégé par Sancerre. La place fut prise et le maréchal d'Angleterre tomba aux mains de messire Jean d'Azay[1], sénéchal de Toulouse. Le connétable arriva à Vaas « environ trois heures, sur le vespre, » et fut très mécontent de ne s'être pas trouvé à l'attaque. Informé de la capture du maréchal d'Angleterre, il l'envoya demander par le seigneur de Mailly sous prétexte qu'il lui appartenait à cause de son office de connétable.

Le maréchal d'Angleterre est prisonnier d'un très gentil chevalier auquel je ne ferai point de tort, répondit Louis de Sancerre.

Mailly répliqua fièrement « que le connétable auroit le prison-
» nier et courrouceroit cellui qui l'avoit prins. »

Ce n'est pas ainsi qu'on récompense un bon chevalier riposta Sancerre « et prestement il dit à messire Jehan d'Azay, présent
» le sire de Mailly, qu'il enmenast son prisonnier. »

Ce petit différend jeta un certain froid entre du Guesclin et Louis de Sancerre.

Au printemps de 1380, le duc de Buckingham, un des oncles du jeune Richard II, sortit de Calais avec une nombreuse armée et fit une chevauchée jusqu'au cœur de la France. Il passa la Seine à Troyes, tourna autour de Paris, pilla tout sur son passage et gagna la Bretagne avec une partie de ses troupes pour y joindre les partisans de Jean de Montfort pendant que l'autre partie atteignait la Guyenne.

La noblesse de France se leva pour résister à l'envahisseur. Gilles VI de Mailly servit sous le duc de Bourgogne, ayant avec lui un chevalier bachelier et huit écuyers dont il fit montre à Cor-

1. Un Jean d'Azay, chevalier bachelier, donna quittance le 20 août 1380 à Chartres et fit sa montre le 1ᵉʳ janvier 1380 (v. s.) à Angers. Bibl. nat., *Titres scellés de Clairambault*, t. VIII, pp. 478, 479.

bie le 2 août 1380[1]. A cette époque, du Guesclin venait de descendre dans la tombe qui s'ouvrit également pour Charles V peu de temps après.

Charles VI n'avait que onze ans quand il monta sur le trône le 16 septembre. Des émeutes ne tardèrent pas à éclater et la ville

32. — Sceau de Gilles, seigneur de Mailly, chevalier, 2 novembre 1381.
Preuves, n° CLXXXII. Demay, *Sceaux Clairambault*, n° 5528.

de Gand se révolta contre le comte de Flandre, Louis de Mâle. Pendant que les Gantois subissaient le joug de fer de Pierre Dubois et de Philippe Arteveld, fils de Jacques, Gilles VI de Mailly prenait les armes et servait sous le gouvernement d'Enguerran, sire de Coucy, lieutenant-général pour le roi en Picardie. Il fit la montre de sa compagnie, composée de deux chevaliers et de neuf écuyers, dans la ville de Thérouanne, le 30 octobre 1381[2]. Sa quittance, du 2 novembre de la même année, est scellée de son sceau (figure 32) : *Ecu portant trois maillets, penché, timbré d'un heaume et supporté par deux griffons*. Légende détruite[3].

Le 14 mars 1381 (v. s.), le sire de Mailly dut se rendre au Bois de Vincennes par mandement du roi. La quittance qu'il donna à l'occasion de ce voyage était scellée d'un *sceau chargé de trois maillets surmonté d'une tête de cerf pour cimier*, avec deux lions ou léopards comme supports[4].

1. *Preuves*, n° CLXXVI.
2. *Ibid.*, n° CLXXX.
3. *Ibid.*, n° CLXXXII.
4. Bibl. nat., *r* Colbert, 138, fol. 241. P. Anselme, t. VIII, p. 631.

La journée du 27 novembre 1382 devait éclairer la défaite des Gantois à Rosebecque et la mort d'Arteveld. Gilles VI de Mailly se trouva à cette fameuse bataille dans les rangs de la chevalerie française et après la reddition de Bourbourg il fut député, en compagnie du seigneur de la Houssaye, vers le roi d'Angleterre pour négocier la paix[1].

33. — Sceau de Gilles de Mailly, chevalier bachelier, 29 août 1383. *Preuves*, n° CLXXXVIII.

On trouve encore le sire de Mailly le 12 juin 1383 à Hesdin, et le 29 août à Béthune, servant « ès parties de Picardie et de Flan- » dres » avec un chevalier et huit écuyers de sa compagnie sous le gouvernement de Jean de Vienne, amiral de France. Ses quittances sont scellées (figure 33) d'un *écu portant trois maillets, penché, timbré d'un heaume et supporté par deux lions*[2].

Louis de Mâle, comte de Flandre, mourut le 28 janvier 1384 et fut enterré dans l'église Saint-Pierre de Lille. Gilles VI de Mailly fut choisi avec le seigneur de Villers pour présenter aux obsèques le premier heaume de guerre du défunt[3]. A ce moment, il

1. Froissart (Edition Kervyn de Lettenhove) t. X, pp. 127 et 274.
2. *Preuves*, nos CLXXXVI et CLXXXVIII. — *Jean de Vienne, amiral de France*, par le Mis Terrier de Loray, p. CCX. — Le P. Anselme, t. VIII, p. 631, dit par inadvertance que Gilles VI de Mailly servit en 1383 sous M. l'amiral « ès guerres de *Piedmont* et de Flandres. »
3. « Item, s'ensieuwent cil qui offrirent les hiaumes de la gherre ; pour premier, le seigneur de Villers et dalès (avec) lui *le seigneur de Mailli* ; pour le second, messire Guillaume de Hornes et messire Ansiel de Salins ; pour le tierch, messire Jehan d'Ophem et le castelain de Saint-Omer, et pour le quart messire Gui de Ghistelle et le Galois d'Aulnoy. » Froissart (édition Kervyn de Lettenhove), t. X, p. 283.

touchait lui-même au terme de sa carrière. On le rencontre encore
en procès au parlement de Paris pendant l'année 1384 au sujet de
l'infraction d'une sauvegarde qu'il avait accordée autrefois à Robert Monsignart et à sa femme Jeanne[1].

La date précise de la mort de Gilles VI de Mailly nous est inconnue. Son décès doit se placer entre le 23 décembre 1384 et le
7 juin 1386, époque à laquelle ses héritiers se partageaient ses
biens[2]. Il avait épousé en troisièmes noces *Marie de Coucy*, fille
d'Aubert de Coucy et de Jeanne de Villesavoir, dame de Tronay[3].
Marie de Coucy se remaria à Gaucher de Chastillon, seigneur du
Buisson et avant 1400 à Jean de Lisac, huissier d'armes du roi[4].

Le P. Anselme attribue à Gilles VI certains faits qui ne peuvent être appliqués qu'à son successeur Colard, sire de Mailly[5].

§ II

Je dois signaler différents personnages vivant pendant la seconde moitié du XIV° siècle qui semblent faire partie de la maison
de Mailly en Picardie mais sans lien certain avec les sujets connus de cette famille.

Jacques de Mailly, chevalier, mort à la croisade de Pierre I
de Lusignan, 1365-1367[6].

---

1. *Preuves,* n° CLXX. — 1384, 23 décembre. « Lite mota in... Parlamenti
curia inter *Egidium, dominum de Mailliaco, militem*, et Johannetam, relictam defuncti Roberti Monsignardi et Johannem, ejus filium, ex una parte, et
Johannem de Santi, scutiferum et ejus uxorem, ex altera, etc. » Arch. nat.,
X¹ª 34, fol. 11.

2. *Preuves.* n° CXCIV.

3. *Ibid.,* n° CXCIV.

4. *Ibid.,* n° CCXXVI. P. Anselme, t. VIII, p. 545 et 630.

5. Tome VIII, p. 629.

6. Delaville Le Roulx. *La France en Orient au XII° siècle,* t. II (*Pièces
justificatives*), p. 13.

Raoul de Mailly vivant en 1377 dans le pays de Beauvais[1].

Pierre de Mailly, écuyer, qui obtint le 2 avril 1385 (v. s.) une rémission du roi Charles VI parce qu'il avait aidé Huet de Hargicourt, frère de Hector de Hargicourt, chevalier, à mutiler un paysan nommé Pasquier[2].

34. — Sceau de Jeanne de Mailly « religieuse et revestiaire de » N.-D. de Soissons, 12 novembre 1394. *Preuves*, n° CCXI.

Jeanne de Mailly, abbesse « de l'église de Notre-Dame de » Bertaucourt » en 1389[3] : On rencontre encore une autre *Jeanne de Mailly*, abbesse du même monastère en 1414, 1428 et 1445[4]. Le P. Anselme (t. VIII, p. 631) fait de la première Jeanne de Mailly une fille de Gilles V de Mailly et de Jeanne de Moreuil. C'est une erreur évidente puisque Jeanne de Moreuil fut probablement la première femme de Gilles VI de Mailly. Tout au plus peut-on faire naître cette Jeanne de Gilles V et de Péronne de Rayneval.

1. Bibl. nat., *Trésor généalogique de dom Villevieille*, t. 54, fol. 38.
2. *Preuves,* n° CXCIII.
3. *Ibid.,* n° CCI. « Johanna II de Mailly subscripsit quibusdam litteris 18 julii 1389. » *Gallia Christiana* (Ecclesia Ambianensis) t. X, col. 1323.
4. *Ibid.,* n° CCCXLI. « Johanna III de Mailly, 1414, bellis ac peste urgentibus, Abbatis-Villam cum conventu se recepit. Occurrit adhuc 8 julii 1428. » *Gallia Christiana*, t. X, col. 1323.

Une troisième *Jeanne de Mailly* fut « religieuse et revestiaire » de l'églize Nostre-Dame de Soissons » pendant les années 1393[1], 1394 et 1395. Elle scellait ses actes d'un sceau oblong dont il reste un spécimen (fig. 34). C'est un sceau en cire verte représentant une Vierge assise, tenant de la main droite un sceptre fleurdelisé et au bras gauche l'enfant Jésus. A droite de la Vierge se trouve un *écu portant trois maillets* et à gauche un autre *écu entièrement fruste*. Au-dessous de la Vierge est une religieuse en prière. Légende : JEHANNE DE MAILLI......[2].

Eustache de Mailly mort dans l'expédition de Barbarie en 1390[3]. Le P. Anselme (t. VIII, p. 631), qui le fait naître faussement de Gilles V et de Jeanne de Moreuil, s'exprime ainsi sur son compte d'après Le Laboureur : « Eustache de Mailly fut l'un des » seigneurs que le roy envoya au secours des Génois contre les » barbares d'Afrique et fut tué en 1390, au siège de la ville de » Cartage, après le combat que les François gagnèrent contre le » roi de Tunïs. »

Plusieurs documents du XIVe et du XVe siècle nous donnent des renseignements sur quelques Mailly des environs de Lens[4]. Grâce à ces documents, on apprend que *Jean de Mailly*, mort avant 1379, avait eu deux fils *Mikelet* ou *Michel* et *Pierre*, héritier de son frère en 1402. A son tour, *Pierre de Mailly* engendra *Nicaise*, qui en 1425, après la mort de son père, releva un fief du château de Lens, situé à Vrémelle[5].

---

1. *Preuves*, n° CCX.

2. *Ibid.*, n° CCXI.

3, Delaville Le Roulx. *La France en Orient au XIVe siècle*, t. II. *(Pièces justificatives)* p. 16.

4. Chef-lieu de canton de l'arrondissement de Béthune, département du Pas-de-Calais.

5. Bibl. nat., *Trésor généalogique de dom Villevieille*, t. 54, fol. 38, 39 v° et 42.

CHAPITRE X

§ I

Le P. Anselme et Moréri donnent Colard comme fils de Gilles VI de Mailly et de Marie de Coucy. Colard hérita de la terre de Mailly vers 1386, alors qu'il était encore mineur. Il est qualifié d'écuyer dans un accord passé en 1389, où l'on voit apparaître Marie de Mailly, dame de Béthencourt, Payen de Mailly et son fils Gilles de Mailly, de la branche de L'Orsignol[1]. L'original de cet accord conserve encore ses deux sceaux. Celui de Marie de Mailly n'est pas en entier ; on n'y voit plus que la partie dextre *chargée d'un lion* avec ce fragment de légende : S. M.... DE BETE... Le sceau de Colard, également incomplet, consiste en un *écu à trois maillets* dans un reste d'encadrement gothique quadrilobé (fig. 35 et 36).

Le jeune sire de Mailly n'eut pas été de son temps s'il ne s'était laissé aller à la fougue de son caractère. Un de ses valets ayant été condamné à une amende envers l'évêque d'Amiens, il

---

1. *Preuves*, n° CC.

alla trouver ce dernier afin d'obtenir la grâce du coupable. L'évêque, Jean de Boissy, acquiesça à la requête de Colard et envoya
son écuyer Jean Desvignes « à la chambrette et au scelleur pour
» faire tenir quitte le dit vallet. » A la suite d'un malentendu,
Colard dut retourner chez l'évêque qu'il ne put rencontrer. Guichard de La Grange, familier du prélat, conduisit alors le sire de
Mailly chez l'official. Celui-ci répondit aux visiteurs qu'il ne pouvait rien faire en dehors de Jean de Boissy. Ainsi éconduit, Colard
ne se contint plus ; ce n'était pas de la sorte qu'on traitait un che-

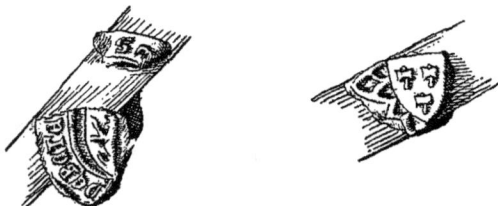

35-36. — Sceaux de Marie de Mailly, dame de Béthencourt, et de son neveu Colard,
sire de Mailly, écuyer, 1389. *Preuves*, n° CC.

valier. « Il se répandit en invectives et en imprécations contre la
» personne de l'évêque et contre le dit Guichard qui avoit pris la
» deffense » de son maître. « Enfin, toujours dominé par sa colère,
» il alla rassembler » une dizaine de chevaliers, écuyers ou valets
« et revint aussitôt chercher le dit Guichard au palais épiscopal
» où il le trouva avec Colart Plantehaye, Jean de Bazay et Jean
» des Vingnes, et le provocqua en le voulant battre, et luy disant
» des choses méprisantes, tira son épée contre luy, dont il l'auroit
» frappé, » si messire Bazin de Beauval ne l'eût pris « par la
» manche » et ne l'eût calmé par de justes remontrances[1]. Cette
scène, qui se passait en 1396, valut au sire de Mailly et de Beau-

1. *Preuves*, n° CCXIII.

fort-en-Santerre une amende de 300 livres qu'il remplaça par l'hommage lige envers l'évêque d'Amiens jusqu'à ce qu'il pût payer la dite somme[1].

Le 24 mai 1398, Colard remplit un devoir féodal important. Il rendit aveu au roi de France Charles VI pour sa terre de Mailly mouvant de Péronne. Les vingt fiefs qui relevaient alors directement de Mailly étaient possédés par Pierre de Longueval, Pierre Rouelle et sa fille Jeanne, Wautier de Bertrangle, Jean Le Maire, Colard Le Maire, Colard de Rainnechon, Pierre Le Compte, Tassart Regnault, Pierre Tiéche, Hue Warin, Jehannin Guilbert, Jean de Quevaussart, écuyer, Raoul de La Hestroye, Jean Cardon, Ferry d'Englebelmer et Jean d'Aveluis[2]. Par lettres datées de Maubuisson, le 2 août 1399, le roi fit savoir que son « amé et féal » chevalier Colart, seigneur de Mailly et de Beaufort, » lui avait fait « foy et hommage de la dite terre de Mailly et de ses appar- » tenances[3]. »

La première année du XVe siècle s'ouvrit pour Colard par un arrêt du Parlement de Paris qui le condamnait, comme héritier de Gilles VI de Mailly, à payer une partie de l'indemnité accordée à Pierre de La Trémoille, seigneur de Dours[4], au sujet de biens vendus pendant la minorité de Jeanne de Hondescote[5]. Dans ce temps, il était déjà marié avec Marie de Mailly, fille de Gilles de Mailly, chevalier, seigneur de L'Orsignol, Bouillancourt, Bours, Coullemont, etc., et de Jeanne de Builly ou de Billy[6].

Ce fut comme époux de Marie de Mailly que Colard, sire de

1. Preuves, nº CCXV. — Abbé Gosselin, Mailly et ses Seigneurs, p. 37.

2. Ibid., nº CCXVII.

3. Ibid., nº CCXX.

4. Pierre de la Trémoille, seigneur de Dours, troisième fils de Guy V, sire de La Trémoille, et de Radegonde Guénant, marié à Jeanne de Longvilliers, était frère de Guy VI, sire de La Trémoille, qui avait épousé Marie de Sully, dame de Sully et de Craon.

5. Preuves, nº CCXXVI.

6. Le P. Anselme dit (t. VIII, p. 632) que Marie de Mailly était fille de Colart de Mailly, IIe du nom. Dans le même volume (p. 656), il la fait naître de Gilles de Mailly et de Jeanne de Billy. C'est cette dernière affirmation qui est la vérité. Preuves, nºs CCXXXV à CCXXXVII.

Mailly et de Beaufort-en-Santerre, chevalier, rendit aveu au roi, le 26 juillet 1403, pour sa terre de Beaussart, et en 1413, pour « Auchy, Coullemont et les Alighues » venant de la succession de son beau-frère, Regnault de Mailly, seigneur de L'Orsignol[1]. Le 23 décembre 1405, il avait obtenu un arrêt du Parlement de Paris contre Jean du Bruille, sergent de la prévôté de Péronne, au sujet de la juridiction à Mailly[2] et le 27 septembre 1407, il avait fait dénombrement à son « très redouté seigneur » Ferry de Lorraine, comte de Waudemont et seigneur de Bove, » pour sa terre et château de « Beaufort-en-Santers, » relevant de « la terre et chastellerie de Bove[3]. » Peu de temps avant sa mort, il dut accepter un arrêt du Parlement (17 août 1415) rendu contre lui en faveur des habitants de Gratibus[4].

Les chroniqueurs rangent le sire de Mailly au nombre de ceux qui, en 1396, prirent part à la campagne de Frise[5] et en 1408 à l'expédition du duc de Bourgogne contre les Liégeois[6]. La *Chronique* de Jean de Stavelot dit que « monsangneur Johans de Ver- » gier fut là fais noveal chevaliers et oussi lez dois (deux) enfans » de Malli[7]. » Il est impossible d'appliquer ce dernier passage aux deux premiers fils du sire de Mailly, dont l'aîné, Colard, fut créé chevalier en 1415 à la bataille d'Azincourt.

La folie de Charles VI survenu au malheureux prince pendant le mois d'août 1392, dans les landes qui s'étendaient entre Le Mans et Pontvallain, avait ouvert un champ facile aux compéti-

---

1. *Preuves,* nos CCXXXII, CCLIII, CCLIV, CCLV.

2. *Ibid.,* no CCXXXVIII.

3. *Ibid.,* no CCXL.

4. *Ibid.,* no CCLVII.

5. Froissart. Edition Kervyn de Lettenhove, t. XV, p. 402, d'après un *Armorial* manuscrit de la bibl. de Vienne.

6. 1408. « Si furent en cest exercite avecques le duc de Bourgongne plusieurs grans seigneurs de ses pays ; c'est assavoir.... des marches de Picardie...... messire Guichard de Bours, *le seigneur de Mailli*, le seigneur de Chièvres et le seigneur d'Azincourt.... » *Chronique d'Enguerran de Monstrelet* (Edition de la Société de l'Histoire de France) t. I, p. 372.

7. *Chronique de Jean de Stavelot* publiée par Ad. Borgnet. Bruxelles, 1861, p. 141.

tions des princes pour qui le royaume était devenu une proie. Bourguignons et Armagnacs étaient en présence prêts à déchaîner le fléau de la guerre civile. Des hommes de bonne volonté essayèrent d'enrayer le mal ; ils entamèrent des négociations pendant que les prédicateurs commentaient ce texte : « Tout royaume divisé est condamné à périr. » Après de longs débats, les princes acceptèrent les propositions qui leur étaient faites par le duc de Bourgogne. On signa le 10 décembre 1410, au château de Bicêtre, propriété du duc de Berry, un accord provisoire en vertu duquel les troupes devaient être licenciées de part et d'autre. Le conseil royal, dont tous les princes étaient également éloignés, demeurait composé de quatre prélats, douze chevaliers et quatre membres du Parlement. *Colard, sire de Mailly*, jouissait d'une grande réputation de bravoure et d'habileté ; *il fut choisi pour faire partie du conseil royal* avec les seigneurs d'Offemont, de Rambures, de Blaru et neuf autres chevaliers[1]. Le roi donna à ces « personnes d'honneur et de probité » une pleine et entière autorité sur tout le royaume, le droit de commander à tous les officiers, grands et petits, en temps de paix et en temps de guerre, au dedans et au dehors, et tout pouvoir d'instituer ou de restituer les exacteurs royaux. Le premier acte de leur autorité fut de déposer le prévôt de Paris, messire Pierre des Essarts, qui était haï du duc de Berry et de ses alliés ; ils nommèrent à sa place messire Bruneau de Saint-Clair[2].

L'auteur de l'*Extrait de la généalogie de la Maison de Mailly*[3] appelle Colard *l'honneur de sa race* et affirme que, depuis le traité de Bicêtre, toute la maison de Mailly ajouta à ses armes une

---

1. « *De hiis qui ad gubernandum regnum electi sunt. — Quod conclusum* fuerat in tractatu rex cupiens adimplere, id quibusdam viris injunxit circumspectis, qui ex viris ecclesiasticis Remensem archiepiscopum, Sancti que Flori et Novionensem episcopos, cum dominis eciam de Offemonte, *de Malliaco*, de Rambure, de Blaru, novem alios milites elegerunt, quorum industria regnum prudencius solito regeretur. » *Chronique du religieux de Saint-Denys*, t. IV, pp. 384-385.

2. *Chronique du religieux de Saint-Denys*, pp. 384-385.

3. Page 10.

couronne fleurdelisée « par une faveur que les rois de France ont
» crû devoir lui continuer, en reconnaissance des services » rendus
par Colard.

L'abdication des princes, dit un historien moderne[1], n'était
pas sérieuse, car on n'avait constitué qu'un gouvernement impuissant et le champ demeurait libre aux intrigues. Les Armagnacs et
les Bourguignons continuèrent à s'agiter, si bien qu'au bout de
quelque temps la guerre civile désola la France.

37. — Sceau de Colard, seigneur de Mailly, chevalier bachelier, 18 mai 1412.
Preuves, nᵒ CCLI.

Au mois de mai 1412, Charles VI manda dans tout son royaume
« gens d'armes et gens de traict à venir devers lui vers Paris et
» Meleun. » Le 5, le roi quitta Paris et alla au bois de Vincennes
rejoindre la reine ; de là il se rendit par Corbeil à Melun « où il
» séjourna par aucuns jours en actendant ses gens. » Le samedi,
14, il partit de Melun, accompagné des ducs d'Aquitaine, de Bourgogne, de Bar, des comtes de Mortagne et de Nevers, avec plusieurs autres grands seigneurs, chevaliers et gentilshommes, pour
réduire en son obéissance les ducs de Berry, d'Orléans et de
Bourbon[2]. Le sire de Mailly faisait partie de l'armée royale. Le
jour même du départ de Charles VI, il fit sa montre à Melun
comme chevalier bachelier commandant, sous le gouvernement du
duc de Bar, chevalier banneret, *à deux autres chevaliers bache-*

1. Dareste, *Hist. de France*, t. III, p. 27.
2. Monstrelet (Edition de la Société de l'Histoire de France), t. II, pp. 258,
259.

liers, à trente six écuyers et à sept archers[1] *; sa* quittance[2], datée
du 18 mai 1412, conserve son sceau : *Ecu portant trois maillets,*
penché, timbré d'un heaume, cimé d'un vol, supporté par deux
lions. Légende : S. Colart segn... de Mailly ch.... (figure 37).

Un autre sceau de Colard, donné par Demay (*Sceaux de la*
Picardie nᵒ 441), diffère un peu du précédent. Il consiste en un
écu portant trois maillets, penché, timbré d'un heaume cimé
d'un vol avec un maillet, sans supports[3] *; dans le champ deux*
branches. Légende : Colart : s : de Mailly (figure 38).

38. — Sceau de Colard, sire de Mailly, avant 1415. (Demay, *Sceaux de la Picardie*,
nᵒ 441. Abbé Gosselin, *Mailly et ses Seigneurs*, planche I).

Pendant que la France se reposait de la guerre civile après la
conclusion du traité d'Arras, le nouveau roi d'Angleterre, Henri V,
se préparait à descendre sur le continent. Au mois d'août 1415,
les Anglais parurent à l'embouchure de la Seine, vinrent devant
Harfleur et en firent le siège. Après la prise d'Harfleur, Henri V
résolut de gagner Calais. Les chefs des Armagnacs, qui tenaient
alors le gouvernement, se mirent à sa poursuite et l'atteignirent
en Artois, à Azincourt. La bataille se livra le 25 octobre. Les
Français étaient les plus nombreux ; certains historiens leur donnent cinquante mille hommes. Jamais peut-être on n'avait réuni

1. *Preuves*, nᵒ CCL.
2. *Ibid.*, nᵒ CCLI.
3. Il faut remarquer qu'aucun de ces deux sceaux de Colard ne porte la
couronne fleurdelisée qui, selon la tradition, lui avait été concédée par
Charles VI en 1410.

Héliog. Dujardin

COLARD, SIRE DE MAILLY
tué avec son fils aîné à la bataille d'Azincourt, en 1415.

plus de chevaliers avec leurs suivants d'armes. La chevalerie de la Normandie, de la Picardie et de l'Ile-de-France s'y trouvait tout entière. Quelques vassaux de Jean-sans-Peur, particulièrement ses deux frères les ducs de Nevers et de Brabant, étaient venus malgré sa défense.

Une vive impatience régnait dans le camp où l'on arma un grand nombre de nouveaux chevaliers, entre autres *Colard, fils aîné du sire de Mailly*, qui avait suivi son père probablement sous la bannière du duc de Bar.

Malgré leur valeur ordinaire, les Français, ne pouvant engager leurs forces que successivement, ne tirèrent aucun profit de leur supériorité numérique. Ils se firent tuer sans pouvoir gagner du terrain. Ce fut un désastre épouvantable qui dépassait ceux de Poitiers et de Crécy. Le champ d'Azincourt fut pour la noblesse un véritable tombeau où de nombreuses familles disparurent à tout jamais. Le duc d'Alençon, cinq autres princes du sang, le connétable, plus de cinq cents chevaliers, près de dix mille hommes enfin, dont les trois quarts appartenaient à la noblesse, demeurèrent sur la place.

Enguerran de Monstrelet[1] et Jean Le Fèvre, seigneur de Saint-Rémy[2], consacrent un chapitre à l'énumération de ceux qui moururent ou qui furent pris « à ceste piteuse besongne. » Ils citent au nombre des morts « le seigneur de Mailli et son filz ainsné. »

L'*Extrait de la généalogie de la Maison de Mailly*[3] dit que Colard et son fils furent enterrés dans l'église de Saint-Nicolas d'Arras. S'il en eût été ainsi, l'épitaphe que je rapporterai plus loin n'eût pas manqué de le constater. Je crois, avec M. l'abbé Gosselin[4] et contrairement à l'opinion de M. R. de Belleval[5], que

1. *Chronique*, t. III, p. 113.
2. *Chronique* (Edition de la Société de l'Histoire de France), t. I, p. 266.
3. P. 10.
4. *Mailly et ses Seigneurs*, p. 38.
5. *Azincourt*, Paris, 1865, p. 224. — Le P. Daniel rapporte dans son *Histoire de France* que « le sire Colard de Mailli et *Louis de Mailly*, son fils aîné, » furent tués à Azincourt. Le fils aîné du sire de Mailly portait le nom de Colard, comme son père.

le sire de Mailly et son fils furent enterrés sur le champ de bataille, au lieu dit la Gacogne, faisant partie du domaine de la maison de Tramecourt.

Colard, sire de Mailly, n'avait pas quarante-cinq ans lorsqu'il
« trespassa glorieusement à la journée d'Azincourt. » Il avait eu
cependant de sa femme quatorze enfants, huit garçons et six filles,
sur le compte desquels je reviendrai après avoir parlé de leur
mère Marie de Mailly[1].

§ II

Je l'ai dit plus haut, *Marie de Mailly* était fille de Gilles, chevalier, seigneur de L'Orsignol, Bouillancourt, Bours, Coullemont,
etc., et de Jeanne de Builly. A la mort de son frère, *Regnauld de*

---

1. L'*Histoire et plaisante chronicque du Petit-Jehan de Saintré* raconte
que le *seigneur de Mailly* fut du nombre de « ceulx de la marche de Corbie »
qui allèrent combattre les Sarrazins en Prusse. Une note de l'édition de 1724
(t. II, p. 437, note A) ajoute : « Collart, dit Payen, seigneur de Maillé-Bouil-
lancourt,..... après avoir été au secours des chevaliers teutoniques en Prusse,
entreprit avec les seigneurs de Pressigny, de Beuil, de Craon, chevaliers,
les seigneurs de Genlis, de Mouy, d'Herbi, des Barres et de Clermont,
écuyers, d'aller à la cour de l'empereur pour y combattre à outrance contre
pareil nombre de chevaliers et d'écuyers : leur entreprise étoit une visière
de bassinet d'or pour les chevaliers et d'argent pour les écuyers, et un riche
diamant à l'entre deux des deux bannières.... Il est parlé de cette entreprise
au chap. 65 de ce livre ; Saintré en est le chef, et cela fait connoître que la
scène de ce roman doit être sous Charles V ou VI, et non sous le roi Jean. »
Ces expéditions de Colard, sire de Mailly, qui ne sont peut-être pas du domaine historique, s'appliquent au rapport du P. Anselme (t. VIII, p. 631) à
Gilles VI de Mailly. Les combattants, dit le P. Anselme, « furent conduits
par le duc de Brusvick, par neuf contes, et grand nombre d'autres chevaliers
que l'empereur avoit envoyés au devant d'eux. Lorsque le combat fut engagé,
l'empereur, voyant que la victoire panchoit du côté des François, jeta la flèche entre les combattans pour les séparer et ordonna qu'ils se feroient réci-
proquement les présens que doivent faire les vaincus, mais que les Allemans
commenceroient parce qu'ilz avoient été poussez. Les seigneurs françois furent ensuite traitez par l'empereur et l'impératrice. A leur retour en France,
ils furent reçus par les ducs de Berry et de Bourgogne, frères du roi, et par
les comtes de la Marche, de Flandres, de Clermont, de Rethel, de Brienne,
du Perche, de Beaumont, d'Armagnac et le comte dauphin d'Auvergne qui
étoient venus à leur rencontre par l'ordre du roi. »

Mailly, décédé en 1413, elle devint dame de L'Orsignol et de plusieurs autres terres importantes. Veuve de Colard, sire de Mailly, « du Ploich et de Beauffort-en-Santers, » elle convola avec « monseigneur David de Brimeu, chevalier, seigneur de Humbercourt, » qui mourut lui-même avant 1446.

Marie de Mailly était « foraine et non bourgeoise d'Arras[1] ; » elle possédait dans cette dernière ville la « maison de Saint-Mar- » tin, séans en la rue de Saint-Nicolay, » pour laquelle elle payait

39. — Sceau de Marie de Mailly, veuve de Colard, sire de Mailly, et de David de Brimeu, 18 avril 1447. *Preuves*, nᵒ CCCXLIV. — Demay, *Sceaux de l'Artois*, 433.

12 sous par an[2]. En novembre 1446, elle échangea avec « *Jean,* » *seigneur de Mailly,* du Ploich et de Beauffort-en-Santers, de- » mourant en la dite ville de Mailly, son filz aisné et héritier ap- » parent, » la possession après son décès d'une terre « en la ville » et terroir d'Ouvert-lez-la-Bassée » contre un autre fief destiné à la fondation d'une chapelle[3]. Par cette fondation, du 18 avril 1447, après Pâques, elle demandait dix messes par semaine pour le repos de son âme et des âmes de ses prédécesseurs à dire dans la cha-

---

1. 1430 (v. s.), 24 février. « Noble dame madame Marie de Mailly, dame du Lousignol, foraine et non bourgeoise de la ville d'Arras. » Arch. de La Roche-Mailly. Cop. pap. collationnée.

2. 1429, 1ᵉʳ novembre. « De madame de Mailli, pour sa maison de Saint-Martin, séans en la rue Saint-Nicolay : XII sols. » *Revenu de la ville d'Arras.* Arch. de La Roche-Mailly. Cop. pap. collationnée.

3. *Preuves*, nᵒ CCCXLIII.

pelle de Saint-Jean-Baptiste de l'église de Saint-Nicolas-sur-les-
Fossésd'Arras, sa paroisse[1]. L'acte original possède un sceau rond
à *l'écu écartelé de trois aiglettes et d'un fretté, parti de trois
maillets, soutenu par une damoiselle coiffée d'un hennin, sur
champ de rinceaux.* Légende : SEEL : MARIE : DE : MAILLY (fig.
39). On vit longtemps dans l'église de Saint-Nicolas une inscrip-

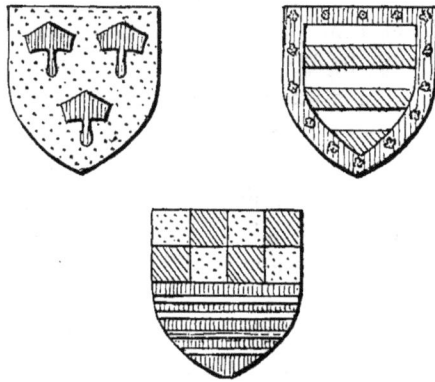

40, 41, 42. — Différents écussons dans l'église de Saint-Nicolas-sur-les-Fossés d'Arras.

tion gothique gravée sur bronze rappelant cette fondation[2] ; elle
était accompagnée de quatre écussons dont trois encore visibles en
1782 : le premier écusson était *d'or à trois maillets de gueules,* le
second : *d'argent à trois fasces de sinople avec une bordure de
gueules chargée de quatorze rosettes d'or* et le troisième : *de
gueules à deux jumelles d'argent, au chef échiqueté or et sinople*[3] (figures 40, 41, 42).

1. *Preuves,* nº CCCXLIV.
2. *Ibid.,* nº CCCXLV.
3. *Preuves,* nº CCCXLV, p. 205, note 1. — Ces écussons furent relevés
en 1782, au cours du procès intenté par les Mailly au marquis de Couronnel
qui prétendait joindre le nom de Mailly au sien. M. de Couronnel disait
que le premier écusson était celui de *Marie de Mailly,* le second « celui de
l'aïeule paternelle de la dite Marie de Mailly, de la maison de Picquigny, » et

Le 12 mai 1449, Jean de Longueval, écuyer, fils et héritier de feu Jean de Longueval, dit Maillet, comparut devant Jean Le Brun, lieutenant de Jean Wermes, bailli et garde de justice pour « très » grant et doubté seigneur Jehan, seigneur de Mailly, du Ploich » et de Beauffort-en-Santers, en sa terre et seigneurie du dit lieu » de Mailly. » Là, il confessa que, pour avoir le moyen de s'acquitter de ses dettes, il vendait à « madame Marie de Mailly, » dame du dit lieu de Mailly, du Loussignol, de Bours et de » Boullencourt, » une rente de quarante sous « au prouffit de la » maison et hospital de la dite ville de Mailly.... pour l'emploier en » la substentacion, alimentation des povres membres de Dieu qui » seront recheux et herbergiés oudit hospital[1]. » Le même jour il donna quittance de la somme de quarante livres prix de la vente[2].

Marie de Mailly, veuve de Colard, sire de Mailly, et de David de Brimeu, mourut le 6 septembre 1456 et fut enterrée dans l'église de Saint-Nicolas-sur-les-Fossés d'Arras sous cette épitaphe :

« Cy gyst noble dame MARIE, DAME DE MAILLY, L'Ossignol, » Bours et Boulencourt, fame de feu mons[r] COLART, seigneur de » Mailly, de Beauffort-en-Santer et du Plouccq, qui trespassa à la » journée d'Azincourt, desquels seigneur et dame sont issus :

» Monsr COLART DE MAILLY, lequel, après qu'il eust esté cheva » lier à la dicte journée, trespassa.

» JEAN, SEIGNEUR DE MAILLY, qui trespassa à la journée de » Mons-en-Vimeu.

» JEAN, SEIGNEUR DE MAILLY et de Beauffort-en-Santers, du » Moien et de Bours.

» ANTHOINE DE MAILLY, escuier.

» Monsr HUES DE MAILLY, chevalier, seigneur du L'Ossignol et » de Boulencourt.

---

le troisième celui de la mère de la même Marie de Mailly. « de la maison de Billy, qui portait *de gueules à deux jumelles d'argent au chef échiqueté.* » (Arch. de La Roche-Mailly).

1. *Preuves*, n° CCCXLVI.

2. Arch. de La Roche-Mailly. Cop. pap. collationnée.

» Défunte MARIE DE MAILLY, damoiselle de Domart-sur-la-Lus.

» JEHANNE DE MAILLY, religieuse de l'église du Pont-Sainte-
» Maxence.

» Et JEHANNE DE MAILLY, dame de Sombrin et de Proville.

» Et MARIE DE MAILLY, dame de Beaumont et de Coullemont,
» et autres leurs enfans estant en cette représentation.

» Laquelle (Marie, dame de Mailly) trespassa le VIe jour de l'an
» IIIIC LVI[1]. »

La représentation qui vient de nous être signalée était un curieux tableau sur bois dont il ne reste plus aujourd'hui qu'une
copie en couleur à la bibliothèque nationale[2] (Planche VIII). Au
centre se trouve la Vierge, assise et couronnée, avec l'Enfant
Jésus sur ses genoux. A sa droite, saint Jean-Baptiste, debout,
tenant de la main gauche un livre sur lequel est couché l'Agneau,
présente de la main droite à l'Enfant Jésus qui tend les bras le
sire de Mailly à genoux, nue tête et les mains jointes ainsi que ses
huit fils. Colard et quatre de ses fils sont en costume de guerre,
éperonnés, la dague au côté droit, l'épée à gauche, avec la cotte d'armes jaune chargée de maillets verts. Le quatrième fils, Antoine, est
vêtu d'un costume religieux. Au-dessus de la tête de ces personnages on aperçoit l'écusson de Mailly avec des brisures pour quatre d'entre eux. Le cimier et l'écu plein de la maison, *d'or à trois
maillets de sinople*, sont attachés à un pieu derrière le chef de la
famille. Le fils aîné, *Colard*, tué à Azincourt avec son père, brise
d'un lambel à trois pendants ; le second, *Jean I*, qui mourut à
Mons-en-Vimeu, porte un quatrefeuilles en abîme au milieu de ses
trois maillets ; le troisième, *Jean II*, qui devint seigneur de
Mailly, garde les armes pleines ; le quatrième, *Antoine*, ajoute en
chef, au dessus des trois maillets, une étoile ou molette d'éperon ;
le cinquième, *Hues*, écartèle des armes de son père, *d'or à trois*

---

1. Bibl. nat., *Coll. Clair.*, t. 1197, fol. 125. Le texte que je publie aux
Preuves, n° CCCLXII, est une variante de la même *Coll. Clair.*, t. 1197, f. 124.
2. *Coll. Clair.*, t. 1197, fol. 125.

« Cy gist noble dame Marie, dame de Mailly, etc. » Voir le texte entier de l'épitaphe, p. 181.

maillets de sinople, et de celles de sa mère, *d'or à trois maillets de gueules*. Les trois derniers fils de Colard n'ont pas d'armes.

A gauche de la Vierge, sainte Marie-Madeleine, tenant de la main droite le vase aux parfums, présente, de la gauche, la dame de Mailly suivie de ses six filles, à genoux et les mains jointes. Elles ont aussi leur écusson au dessus de leur tête, excepté les deux dernières, mortes en bas-âge. Le blason de *Marie de Mailly*, dame de L'Orsignol, est écartelé et appendu à un pieu ; celui de

43. — Vitrail à St-Nicolas-sur-les-Fossés d'Arras aux armes de Colard et de Marie de Mailly.

Marie de Mailly, dame de Domart-sur-la-Luce, est *d'argent à la bande de sable chargée de trois fleurs de lis d'or*, parti *d'or à trois maillets de sinople* ; *Jeanne*, religieuse au Pont-Sainte-Maxence, porte l'écu sans brisures ; *Jeanne*, dame de Sombrin, *de gueules à un fretté d'argent*, parti *d'or à trois maillets de sinople* ; et *Marie*, dame de Beaumont, *d'or à la croix ancrée de gueules*, parti *d'or à trois maillets de sinople*[1].

Outre le tableau que je viens de décrire, l'église de Saint-Nicolas possédait encore un vitrail aux armes de Colard et de Marie de Mailly (figure 43). Un ange, vêtu de rouge, aux ailes éployées d'azur, soutenait « un écusson my parti, le tout fond jaune, repré-

---

1. Dans la planche VIII, les couleurs des blasons sont remplacées par les lignes et les points héraldiques.

» sentant sur la droite de l'ange *trois maillets d'un verd* usé par
» vétusté (armes de Colard, sire de Mailly) et sur la gauche du
» dit ange *trois maillets rouges* (armes de Marie de Mailly)[1]. »

§ III

L'épitaphe de Marie de Mailly nous a appris que la dame de
L'Orsignol avait eu quatorze enfants de son mariage avec Colard,
sire de Mailly.

1° *Colard*, nous le savons déjà, fut tué avec son père à la bataille d'Azincourt, après avoir été créé chevalier.

2° et 3° *Jean I* et *Jean II* auront leur article aux chapitres XIe
et XIIe.

4° *Antoine*, mort sans alliance, dit le P. Anselme[2]. Le tableau
de Saint-Nicolas d'Arras le qualifie écuyer et le représente sous le
costume religieux.

5° *Hues*, seigneur de L'Orsignol et de Bouillancourt[3], servit le
roi de France en 1441 au siège de Pontoise[4]. La nuit de la « Nos-
» tre-Dame my-aoust » 1443, « monseigneur Loys de Vallois, daul-
» phin de France,.... environ dix heures du matin » donna l'assaut
à la ville de Dieppe et la prit malgré la résistance des Anglais.
« A la journée de cest assault furent adoubez chevalliers nou-

---

1. Procès-verbal de Taillandier et de Delecourt, notaires royaux d'Artois,
rédigé le 30 avril 1782, à la requête de « haut et puissant seigneur monsieur
Alexandre-Louis. vicomte de Mailly, premier écuyer de Madame en survivance, gouverneur de Mont-Louis, etc. » Arch. de La Roche-Mailly. Orig.
pap. avec dessin colorié. Voir p. 30.

2. T. VIII, p. 632.

3. *Preuves*, n° CCCLI.

4. Monstrelet, t. VI, p. 9. — On rencontre, le 14 décembre 1401, un « *Hue
de Mailly*, escolier, » à Orléans, en procès contre Pierre Le Caron qui avait
fait « plusieurs empeschemens en la vendicion de ses vins que Mahieu Le
Jumel » avait vendus « pour lui, comme son commis. » Pierre Le Caron prétendait « que messire *Gilles de Mailly*, chevalier, » avait fait mener à Dour-
lans « XLIIII queues de vin qui estoient siennes, etc. » Arch. nat., Z¹ª2.

» veaulz le comte de Saint-Pol,…. Regnauld de Sains, *Hues de*
» *Mailly,* » et plusieurs autres[1].

Le seigneur de L'Orsignol, « hardi et vaillant chevallier, qui
» tousjours avoit tenu la partie de Bourgogne, fut fait capitaine de
» Compiègne en 1465. Etant capitaine de Montdidier, en décem-
» bre 1466, la ville lui fit présenter VIII los de vin[2]. » Dès le 10
juillet de cette dernière année, le duc de Bourgogne avait mandé
à son receveur de Péronne, de Montdidier et de Roye, de bailler
à son « amé et féal chevalier, conseiller et chambellan messire
» *Hue de Mailly,* seigneur de Boulliencourt, la somme de » 220
livres « pour raison des fraiz et despens par lui faiz » en gardant
« la ville de Montdidier et en icelle avoir entretenu certain nom-
» bre de compagnons de guerre, tant à pié comme à cheval durant
» le temps que » le dit duc de Bourgogne « avait été avec son
« armée en France[3]. »

Hues de Mailly avait épousé Marguerite d'Athies, au nom de
laquelle, le 21 juin 1469, il releva de l'évêché de Beauvais le fief
de La Boissière[4]. Pendant la même année, il releva encore la terre
et seigneurie de Flossies, tenue de l'abbaye de Corbie, venant de
la succession de « feu monseigneur Guérard d'Athies, seigneur de
» Moyencourt, oncle » de sa femme[5]. Un des derniers actes de sa
vie fut son assistance, le 4 mai 1470, au mariage de « noble homme
» Jean de Villers, seigneur de Domart-sur-la-Luce, » avec « da-
» moiselle Margueritte de Soissons, sœur de Louis, vicomte de
» Soissons, et fille de Raoul de Soissons et de Jeanne de Noyelle[6]. »
Il mourut sans enfants avant le 13 novembre 1471, époque à laquelle Marguerite d'Athies est dite veuve[7].

---

1. *Anchiennes chronicques d'Engleterre* par Jean de Wavrin (Edit. de la
Société de l'Hist. de France), t. I, p. 334.
2. *Anchiennes chronicques d'Engleterre,* t. I, p. 334, note 2.
3. *Preuves,* n° CCCLXIX.
4. *Ibid.,* n° CCCLXXII.
5. *Ibid.,* n° CCCLXXIV.
6. *Ibid.,* n° CCCLXXV.
7. *Ibid.,* n° CCCLXXVIII.

Hues de Mailly écartelait des armes de sa mère à cause de sa seigneurie de L'Orsignol[1].

6° *Marie de Mailly*, dame de Domart-sur-la-Luce, épousa, selon le P. Anselme[2], Guillaume de Villers, chevalier, seigneur de Verderonne. Au rapport de M. l'abbé Gosselin[3] « elle fut de son » temps, de belle vie, dévote et chaste, humble et aumosnière, » comme le portait son épitaphe, et, à son trespas, elle prit » l'habit de religion de monseigneur sainct François et de madame » sainte Claire, auquel elle fina dévotement, en la ville de L'Isle » en Flandres, le premier jour de mai 1470[4]. » Marie de Mailly avait pour armes : *d'argent à la bande de sable chargée de trois fleurs de lis d'or*, parti *d'or à trois maillets de sinople*[5].

7° *Jeanne de Mailly* fut religieuse au Pont-Sainte-Maxence. Elle blasonnait : *d'or à trois maillets de sinople*[6].

8° *Jeanne de Mailly* épousa Robert Fretel, chevalier, seigneur de Sombrin, qui, selon M. l'abbé Gosselin[7], fut nommé gouverneur de Doullens par le duc de Bourgogne en 1436. Ses armes étaient : *de gueules à un fretté d'argent*, parti *d'or à trois maillets de sinople*[8].

9° *Marie de Mailly*, dame de Beaumont et de Coullemont, prit en premières noces Jean de Brimeu, chevalier, seigneur d'Humbercourt. En 1455 ou 1456, elle est qualifiée « dame de Humber- » court et de Beaupré » et est alors veuve de « Jehan de Brimeu, » en son vivant seigneur de Humbercourt et de Quierrieu[9]. » Elle eut un fils de ce mariage, Guy de Brimeu, surnommé le Grand,

---

1. Voir pp. 132 et 133.
2. T. VIII, p. 632.
3. *Mailly et ses Seigneurs*, p. 40.
4. Cette date est fausse si l'on s'en rapporte à l'épitaphe de Marie de Mailly à Arras (1456) qui parle de *défunte Marie de Mailly, damoiselle de Domart-sur-la-Luce*. Voir p. 132.
5. Voir p. 135.
6. Voir p. 135.
7. *Mailly et ses Seigneurs*, p. 40.
8. Voir p. 135.
9. *Preuves*, n° CCCLVI.

chevalier de la Toison d'Or, mari d'Antoinette de Rambures, tué
à Gand en 1476 et enterré avec sa femme dans la cathédrale
d'Arras. Le mausolée de Guy de Brimeu et d'Antoinette de Rambures, « formé de pierre bleue, étoit placé au côté gauche du chœur.
» Il étoit couvert d'une arcade en pierre blanche fort délicatement
» travaillée[1]. » C'est peut-être de ce tombeau que provient le
blason des Mailly sculpté sur une pierre conservée au musée d'Arras (figure 44).

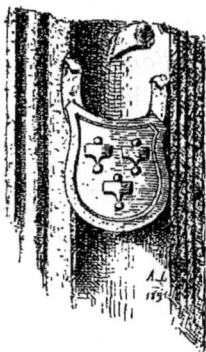

44. — Fragment de sculpture sur pierre aux armes de la maison de Mailly conservé
au musée d'Arras.

D'après le P. Anselme[2], Marie de Mailly se remaria à « Hue
» de Berghetes, seigneur de Beaupré et de Toullemont (sic). »
M. l'abbé Gosselin[3] transforme Marie en Marguerite et la fait con-
voler, après Moréri, avec « Hue de Banquetin, seigneur de Beau-
» pré et de Collemont. »
Le tableau d'Arras donne pour blason à Marie de Mailly : *d'or*

1. Achmet d'Héricourt, *Les sièges d'Arras*, Paris, 1845, p. 81.
2. Tome VIII, p. 632.
3. *Mailly et ses Seigneurs*, p. 40.

à la croix ancrée de gueules, parti *d'or à trois maillets de sino-ple*[1].

Les cinq autres enfants (trois garçons et deux filles) de Colard, sire de Mailly, et de Marie de Mailly, dame de L'Orsignol, moururent en bas âge.

1. Voir p. 135.

CHAPITRE XI

Jean I de Mailly, second fils de Colard et de Marie de Mailly, fut seigneur de Mailly depuis 1415, époque de la mort de son père et de son frère aîné Colard, jusqu'en 1421. Le 9 août 1416, il est qualifié « escuyer, fil et hoir de feu monseigneur de Mailly » et relève par procureur un fief tenu de l'abbaye de Corbie « séant à » Collencamp, » lequel fief lui était « venu et escheu par le for- » morte et hoirie dudit feu monseigneur de Mailly, son père[1]. » Il relève encore dans le même temps « la terre de Coullemont tenue » du château d'Avesnes, à cause de madame sa mère et de la suc- » cession de feu Regnault de Mailly, frère de sa dite mère[2]. »

Selon le P. Anselme[3], il épousa vers 1413[4], Marie de Han- gest, fille de Miles, seigneur de Hangest, de Davenescourt et de Catheu, et de Louise de Craon, fille puinée de Guillaume de Craon, vicomte de Châteaudun, et de Jeanne de Montbazon. Le même

---

1. *Preuves,* n° CCLXI.

2. Bibl. nat., *Trésor généalogique de dom Villevieille,* t. 54, fol. 41, d'après un Compte de Jean Robaut commencé le 17 juillet 1412.

3. Tome VI, p. 740.

4. Moréri et M. l'abbé Gosselin placent le mariage de Jean de Mailly et de Marie de Hangest en l'année 1420.

P. Anselme, qui au t. VI, p. 740 de son *Histoire généalogique*,
fait naître notre Jean de Mailly, de Colard, seigneur de Mailly, et
de Marie de Mailly, dame de l'Orsignol, le place, au t. VIII, p.
649, parmi les seigneurs d'Auvillers et le dit issu de Jean de
Mailly et d'Isabelle de Ligne. Cette dernière affirmation me semble aussi suspecte que ce renseignement : « Marie de Hangest
» était fille de Guillaume de Hangest, seigneur d'Argilliers-en-
» Champagne et d'une fille de Jean de Néelle, seigneur d'Offe-
» mont, et d'Ade de Mailly[1]. »

Jean Juvénal des Ursins rapporte dans son *Histoire de Charles VII* que « le maréchal de Rieux et le *seigneur de Mailly*, avec
» plusieurs autres nobles du pays d'Anjou et du Maine, » se trouvaient au Mans en 1418. On n'en peut guère douter, il s'agit ici
du seigneur de Maillé.

Un Jean de Mailly fut au nombre des signataires du fameux
traité de Troyes (1420) stipulant le mariage de Catherine de
France avec Henri V d'Angleterre[2].

Après la victoire de Baugé, remportée par les troupes françaises
du Dauphin contre les Anglais, les sentiments patriotiques éclatèrent dans quelques points du nord de la France. Une partie de la
noblesse de Picardie se rangea sous les drapeaux du sire d'Harcourt, de Xaintrailles et de la Hire. Le soulèvement se serait étendu
sans l'arrivée précipitée de Philippe-le-Bon qui livra, le 21 août
1421, à Xaintrailles et aux Dauphinois, un combat très vif à Mons-
en-Vimeu. Jean I de Mailly servait dans les rangs du duc de
Bourgogne et fut un des rares seigneurs bourguignons qui restè
rent sur le champ de bataille. « Et si furent mors sur la place,
» raconte Monstrelet, tant d'une partie comme d'autre, de quatre
» à cinq cens ou environ, dont de la partie du duc de Bourgogne
» on estimoit tant seulement de vingt à trente hommes, desquelz

---

1. Arch. de La Roche-Mailly. *Répertoire curieux pour la Maison de
Mailly* (Généalogie de Hangest), p. 9.
2. Monstrelet, t. III, p. 390.

» furent les principaulx le seigneur de La Viefville et *Jehan, sei-*
» *gneur de Mailly*[1]. »

Marie de Hangest, restée veuve sans enfants, prit en secondes
noces Baudouin de Noyelles, chambellan du duc de Bourgogne,
gouverneur de Péronne, de Montdidier et de Roye ; ceux-ci procréèrent Charles de Noyelles, seigneur de Hangest[2].

Pendant la vie de son père, Jean I de Mailly brisait son blason
d'un quatrefeuilles en abîme[3].

---

1. *Chronique d'Enguerran de Monstrelet* (Edit. de la Société de l'Hist. de
France), t. IV, pp. 63 et 66.

2. La Roque, *Hist. de la Maison d'Harcourt*, t. II, p. 1666.

3. Voir p. 132.

CHAPITRE XII

§ I

Jean II de Mailly, troisième fils de Colard et de Marie de Mailly[1], que certains historiens ont confondu avec l'*Estendard de Milly*[2], hérita de son frère Jean I. Il était un des plus riches seigneurs de Picardie, « *homme de guerre expers et renommé en*

1. Au XVIIIe siècle, Nicolas de Mailly, seigneur de Franconville, conseiller du roi, receveur général des finances en Touraine, prétendait contre « messire François de Mailly, archevesque de Reims, » qu'il était impossible de prouver la parenté de Jean II de Mailly, mari de Catherine de Mametz, avec Colard, sire de Mailly, tué à Azincourt. Cette affirmation est sans valeur aucune. Le contrat de mariage d'Antoinette de Mailly avec Philippe de Noyelles établit amplement que Jean II de Mailly était fils de Colard. (*Preuves*, n° CCCXLIX).

2. On trouve dans le *Nobiliaire de Clermont-en-Beauvaisis* (Arch. nat., KK 1093, fol. 377 verso) que sur la fin du XIVe siècle « messire *Estandart de Milly*, » tenait « un fief séant à Clermont, contenant V quartiers de vigne. » En l'année 1423, dit Monstrelet (t. IV, p. 181), « Pothon de Saincte-Treille, *Lestandart de Milly*, le seigneur de Verduisant et aucuns autres expers et esprouvez en armes, saillirent hors de la ville de Guise » et furent pris par Jean de Luxembourg. « Mais le dit *Estandart de Milly*, de plaine venue assist sa lance dessus Lyonel de Vandonne, si le porta jus de son cheval et le blessa très durement vers l'espaulle, tant que ledit Lyonel de son vivant en fut affolé de bras et de jambe. » Le P. Anselme, l'*Extrait de la généalogie de la Maison de Mailly*, l'abbé Gosselin, etc., ont transformé l'*Estandart de Milly* en l'*Estandart de Mailly*.

» *armes.* » Un arrêt du Parlement de Paris rendu le 12 avril 1513
après Pâques, nous apprend qu'il posséda, outre Mailly, les fiefs,
terres et seigneuries de « Bouillencourt près Montdidier, Beaufort,
» Colincamps, Martinsart, La Tour du Pré, Belval, Réveillon,
» L'Orsignol, Bayencourt, Congnieul, Beaufort-en-Santers, Méhari-
» court, Vichy (Vrely ?), Wervillers, Grivesnes, Gratibus, Malpart
» et les Vaucheux, dans le bailliage de Vermandois et dans les
» prévôtés de Montdidier et de Péronne ; Bouillencourt-en-Serry,
» Monthiéres, Bouttencourt, Frettemeule, Drancourt, Fellicourt
» ou Hélicourt, Huot, Wathieux, Lancelles et Cayeux[1], dans le
» bailliage d'Amiens et la prévôté de Vimeu, » et enfin le Ploich
et La Cliqueterie[2]. Toutes ces terres étaient estimées à plus de
10.000 livres de rente (230.000 francs au moins en monnaie moderne), sans compter ses biens-meubles estimés 100.000 livres à
sa mort[3].

Dans le courant de l'année 1424, « un grand nombre de cheva-
» liers picards s'assemblèrent à Roye en Vermandois. Le duc de
» Bourgogne, dont ils étaient vassaux, leur avait donné, en la per-
» sonne de Jean de Luxembourg, une sorte de vice-roi. Cet étran-
» ger, dit Vallet de Viriville[4] d'après Monstrelet, faisait peser
» sur eux tout le poids d'un commandement despotique. Les gens
» d'armes de Jean de Luxembourg foulaient et détruisaient, sans
» ménagement, les terres de ces gentilshommes. Outré de tels
» excès, les confédérés se décidèrent à former une ligue et à se
» révolter contre la tyrannie qui leur était imposée.

» Jean de Luxembourg, instruit de cette conspiration, redou-

---

1. Le dép. de la Somme possède deux villages du nom de Cayeux, Cayeux-
en-Santerre et Cayeux-sur-Mer.

2. 1422, 1er octobre. « Jean de Mailly relève le fief de La Cliqueterie situé
à Ligny le grand Lehus, tenu de la pairie d'Ays.... » Bibl. nat., *Trésor généalogique de dom Villevieille,* t. 54, fol. 41 v°.

3. L'arrêt du Parlement où l'on puise ces renseignements est publié *in
extenso* dans l'*Extrait de la généalogie de la Maison de Mailly,* Paris, 1757.
Preuves de Jean de Mailly et d'Isabeau d'Ailly, pp. 8 à 22. Dorénavant,
quand je citerai ce dernier ouvrage ce sera sous le simple titre de *Généalogie
de la Maison.*

4. *Hist. de Charles VII,* t. I, pp. 425, 426.

» bla de rigueur altière dans son attitude. Quelques-uns des con-
» jurés furent intimidés par ses menaces. Mais d'autres levèrent
» ouvertement la bannière de l'insurrection. Ils se déclarèrent avec
» éclat en faveur du roi Charles VII et firent la guerre au duc de
» Bourgogne. Jean de Luxembourg et Philippe-le-Bon mirent au
» ban les révoltés. Parmi ces derniers, on remarquait Charles et
» Regnauld de Longueval, Jean Blondel, le seigneur de Saint-
» Simon, *Jean de Mailly*, le sire de Maucourt et plusieurs au-
» tres. Après la victoire de Verneuil, Jean de Luxembourg se re-
» tourna vers les seigneurs rebelles, armé de nouvelles forces.
» Les plus compromis furent arrêtés, décapités, écartelés, et cette
» ligue fut ainsi dissoute[1]. »

Le P. Anselme[2] et plusieurs autres généalogistes affirment que
ce Jean de Mailly, révolté contre Jean de Luxembourg, était le sire
de Mailly. Je dois faire remarquer que rien n'empêche de le remplacer par son cousin Jean de Mailly, dit Maillet, de la branche de
L'Orsignol, seigneur de Buires et de Wavans, père de Colard,
de Ferry, de Jean, évêque de Noyon, et de Robinet, grand pannetier de France, fougueux partisan du duc de Bourgogne.

Quoi qu'il en soit, un Jean de Mailly, écuyer, reconnut, le 22
juillet 1428, avoir reçu « de Jehan Marlette, commis par monsei-
» gneur de Bourgogne à tenir le compte de ses armées, » la
somme de quatre-vingts livres à lui due et à « cinq hommes d'ar-
» mes et treze hommes de trait, » pour leurs gages de quinze
jours durant lesquels ils devront demeurer « ès pays de Hollande
» et de Zeellande[3]. »

Jean de Luxembourg continuait ses exploits. En septembre
1433, il reprit sur Martin Le Lombart, capitaine au service de
Charles VII, le château d'Happlaincourt-sur-Somme, et le 15 octo-

---

1. Voir, *Chronique d'Enguerran de Monstrelet* (Edit. de la Société de
l'Hist. de France), t. IV, p. 187 : « Comment le seigneur de Longueval et plusieurs autres seigneurs se tournèrent de la partie du roy Charles. »

2. T. VIII, p. 631.

3. *Preuves*, n° CCCIV.

bre, il réunit au pays de Santerre, auprès de Villers-Carbonnel, quatre ou cinq mille combattants de Picardie et de Hainaut « en- » tre lesquels estoient messire Guillaume de Lalaing, messire » Simon son frère, *le seigneur de Mailly*, messire *Alard de* » *Mailly*, le seigneur de Saveuses, Walerand de Moreul, Gui de » Roie, et plusieurs aultres *hommes de guerre expers et renom-* » *més en armes*[1]. »

Durant les pourparlers du traité d'Arras (août 1435), le duc de Bourgogne envoya la plus grande partie de ses chevaliers et de ses écuyers contre La Hire et Xaintrailles qui fourrageaient sur les bords de la Somme. La troupe bourguignonne chevaucha en hâte « jusques vers Mailly et Acheu » et rejoignit les Français au- près de Corbie. A la suite d'une escarmouche sans importance, « les deux parties s'en retournèrent chascun dont ilz estoient ve- » nuz[2]. » Le traité d'Arras, auquel le sire de Mailly eut l'hon- neur de prendre part comme chevalier du duc de Bourgogne[3], fut d'ailleurs signé peu après et proclamé en grande pompe et allé- gresse.

La fin de l'année 1435 fut remplie par les préparatifs du duc de Bourgogne pour reprendre la ville de Calais sur les Anglais. Philippe-le-Bon consulta à ce sujet ses conseillers ordinaires, mais il crut devoir négliger l'avis de Jean de Luxembourg, du seigneur d'Antoing, du vidame d'Amiens, *du seigneur de Mailly* et de quelques « aultres nobles et puissans » seigneurs de Picar- die et de Bourgogne. « Pourquoy (remarque judicieusement Mons- » trelet), il leur sambloit qu'ilz n'estoient point tant tenus d'eulx » et leur puissance employer au fait de la dite guerre[4]. »

De 1440 à 1470, Jean II de Mailly n'est plus mentionné que dans quelques actes privés. Le 3 avril 1440, il est cité avec « Gauvain

1. *Chronique d'Enguerran de Monstrelet*, t. V, pp. 75 et 76.
2. Monstrelet, t. V, pp. 146 à 148.
3. Godefroy, *Hist. de Charles VII*. Paris, 1661, in-fol., p. 74.
4. *Chronique d'Enguerran de Monstrelet*, t. V, p. 212 à 214. — On trouve en 1439 un « sire de Mailly, grand maître d'hostel de la royne. » Ce *sire de Mailly* était vraisemblablement *Hardouin de Maillé*.

» Quierret, écuyer, seigneur de Drœul, » comme tuteur de son neveu, Philippe de Brimeu, fils mineur de feu Jean de Brimeu, seigneur de Humbercourt, et de Marie de Mailly[1]. Dans la vente d'une rente de quarante sous faite le 12 mai 1449, par Jean de Longueval à Marie de Mailly, veuve de Colard, on le rencontre avec les qualificatifs de « très grant et doubté seigneur, Jehan, » seigneur de Mailly, du Ploich et de Beauffort-en-Santers[2]. » Le 15 mars 1452 (v. s.), Jean Gibert, écuyer, seigneur de Donnest, de Saumettes et de Dompierre-lès-Montdidier, lui rend aveu pour sa terre de Dompierre à cause de la seigneurie de Grivesnes[3]. En 1457, il relève la terre des « Aligues, séant à Bours, venant de » l'héritage de sa mère[4]. » Enfin, le 2 août 1468, il se dessaisit, par Jean de Longueval, son procureur, entre les mains de « mon- » seigneur de Corbye, » d'un fief à Colincamps, pour en vêtir son second fils Jean de Mailly, à charge pour celui-ci de payer certaines rentes à ses frères *Ferry* et *Robert*, ainsi qu'à sa sœur *Jeanne*, religieuse à la Tieulloye-lès-Arras[5].

Jean II de Mailly mourut en l'année 1470, après être resté pendant huit ou neuf années « en apopléxie ou dans une autre infir- » mité qui lui avoit osté l'usage de la parole[6]. » Il avait épousé *Catherine de Mametz* vers 1426[7].

1. *Preuves*, n° CCCXXXIV.
2. *Ibid.*, n° CCCXLVI.
3. *Ibid.*, n° CCCL.
4. *Ibid.*, n° CCCLXIII.
5. *Preuves*, n° CCCLXX. — Le 3 novembre 1450, Charles VII étant à Montbason en Touraine, Pierre II, duc de Bretagne, lui rendit hommage en présence des seigneurs « *de Mailly*, de Villequier, de Brion, de Derval, de Penhouet, de Jambes et plusieurs autres. » En 1467, « les sires d'Illiers,..... vidame d'Amiens, comte de Nesle et de Roucy, sires de Genlis,.... de Bressuire, de La Flocelière, de Mortemar, de la Grève, de Ruffec, de Preully, *de Mailly*, de Crissé, de Tussé et autres, » assistaient aux Etats de Tours. » (La Roque, *Hist. de la maison d'Harcourt*, t. I et III, pp. 431, 683, 853). Je crois, contrairement à l'opinion du P. Anselme et des autres généalogistes, qu'il faut identifier ici le *seigneur de Mailly* avec le *seigneur de Maillé*.
6. *Généalogie de la Maison : Preuves de Jean de Mailly et d'Isabeau d'Ailly*, p. 9.
7. P. Anselme, t. VIII, p. 633.

§ II

Catherine de Mametz, dame de Ravensbergh et de Cayeux, était fille de Pierre de Mametz dit Maillet, seigneur de Ravensbergh, et de *Catherine de Cayeux*. C'est du moins ce que nous affirment le P. Anselme (t. VIII, p. 631) d'après La Morlière, Moréri et M. l'abbé Gosselin.

Un manuscrit du XVIII° siècle[1] prétend que Pierre de Mametz, dit Maillet, seigneur de Nielles-lès-Thérouanne, prit en premières noces « *Agnès de Cayeu*, dame de Ravensbergh, » qui engendra *Catherine de Mametz*, dame de Cayeux, mariée à Jean, sire de Mailly.

L'abbé Expilly dit que « Pierre, dit Maillet, seigneur de Mam- » mez, Nielles et Cohen, » épousa « en premières noces *Marie* » *de Cayeu*, l'aînée des sœurs de Hugues, évêque d'Arras, » et qu'il en « eut *Catherine de Mammez*, dame de Ravensbergh, à laquelle l'évêque d'Arras donna Cayeu, petit port de mer[2]. »

Quoi qu'il en soit, la famille de Mametz[3] qui avait pour armes : *d'argent à trois maillets de sable*[4], se croyait issue de la maison de Mailly par *Nicolas de Mailly* et Amélie de Beaumont ; *Mathieu I de Mailly* et Jeanne de Moreuil ; *Mathieu II de Mailly*, seigneur de Mametz, et Jeanne de Beauvais ; *Jean de Mailly*, chevalier, seigneur de Mametz, et Jeanne de Beauvoir, dame de Nielles-lès-Thérouanne ; *Enguerran de Mametz, dit Mailly*, seigneur de Nielles, et Marie de Wisque ; *Guillaume de Mametz*,

1. « *Filiation de la branche des Seigneurs de la Maison de Mailly-Mamez.* » Arch. de La Roche-Mailly. Cah. pap.
2. *Dictionnaire géographique des Gaules et de la France*, t. VI, p. 30. Article *Ravensbergh*.
3. Mametz, Somme, canton d'Albert.
4. Voir p. 27.

dit Mailly, chevalier, seigneur de Nielles, et Bonne de Fosseux ; et, enfin, *Pierre de Mametz*, dit Maillet, chevalier, seigneur de Nielles, beau-père de Jean II de Mailly.

45. — Sceau d' « Engherans de Maumès, chevalier dou roy de France, » 15 juin 1316. Bibl. nat., *Tit. scellés de Clair.*, t. 72, p. 5599.

Je ne me porte nullement garant de cette généalogie faite au XVIIIe siècle[1] sur des pièces suspectes ; je me contente de constater l'authenticité des documents et des noms suivants.

1. Voici les *Preuves* mises à l'appui de la « *Filiation de la branche des Seigneurs de la Maison de Mailly-Mametz.* » — Pour les deux premiers degrés, preuves nulles. A partir de Mathieu II de Mailly, seigneur de Mametz, l'auteur de la *Filiation* cite : « Acte passé à Louvain, 19 novembre 1323, par lequel *Mathieu II de Mailly*, seigneur de Mametz, reconnait qu'en traitant le mariage de *Jean I de Mailly*, son fils ainé, issu de Jeanne de Beauvais, il avait donné à son dit fils plusieurs fiefs. — 19 décembre 1323. Donation par Jeanne de Beauvoir, veuve dudit Jean I, à *Enguerrand de Mametz, dit Mailly*, leur fils, en faveur de son mariage avec dame Marie de Wisque. Nota : Il changea ses armes et prit *d'argent à trois maillets de sable* (L'un ou l'autre de ces deux premiers actes est mal daté ou apocryphe). — 8 novembre 1359. Quittance du relief payé à l'avoué de Thérouanne par Marie de Wisque, veuve d'*Enguerand*, au nom de *Williame de Mametz* leur fils mineur. — 12 novembre 1373. Octroi donné par Charles V, roi de France, au dit *Guillaume de Mametz* pour faire faire le guet et garde en son château de Nielles. — 6 septembre 1398. Relief payé à l'avoué de Thérouanne par *Pierre de Mametz*, comme fils et héritier de *Williame de Mametz, dit Maillet*, chevalier, sire de de Nielles. — 29 juin 1417. Contrat de vente pour noble et puissant seigneur, monseigneur *Pierre de Mametz, dit Maillet*, chevalier, seigneur de Nielles. — 4 février 1491. Acte passé par devant le lieutenant du garde de la prévôté de Montreuil, par dame Marie Blondel-Joigny, veuve de messire *Pierre, dit Maillet de Mamez*, chevalier, seigneur de Nielles, mère et tutrice de *Jean II de Mamez*, leur fils. Nota : Le dit Pierre avoit épousé en premières noces Agnès de Cayeu, dame de Ravensbergh, dont une fille nommée Catherine, dame de Cayeu, de Ravensbergh, qui épousa Jean, sire de Mailly. »

Le 15 juin 1316, « Engherans de Maumès (Mametz), chevalier
» dou roy de France, » étant à Calais, donna quittance de gages
pour lui, un chevalier et onze écuyers[1]. Le sceau d'Enguerran
consiste en *un écu chargé de trois maillets*. Légende disparue
(figure 45). On rencontre encore Enguerran, le 25 septembre 1325,
rendant hommage à Corbie pour son fief de « Maumès[2] » et le 13
juillet 1335[3].

46. — Sceau de « Maillet de Maumez, chevalier, » 15 juin 1410. Bibl. nat.,
Pièces originales, t. 1823, *Mammès* 42116, cote 4.

Le 27 octobre 1368, « Willaume, fils de feu monseigneur Mail-
» let de Maumès, chevalier, » fait son aveu à Corbie. Le 14 août
1398 et le 14 mars 1429, « Pierre dit Maillet de Maumès, cheva-
» lier, seigneur de Nielles-lès-Thérouanne, » est dit « fils de feu
» Willaume de Maumès[4]. » Ce même Pierre, dit Maillet, beau-père
de Jean II, sire de Mailly, donna quittance le 15 juin 1410, pour
lui chevalier bachelier, pour deux autres chevaliers bacheliers et
dix-sept écuyers de sa compagnie, servant dans les guerres de
Picardie, sous le gouvernement du comte de Ligny et de Saint-
Pol, capitaine général « des pais de Picardie et de West Flan-
» dres[5]. » Son sceau, où l'on distingue les *maillets* des Mametz
(figure 46), reste à cette quittance.

1. Bibl. nat., *Tit. scell. de Clair.*, t. 72, p. 5599.
2. Arch. nat., LL 1006, pp. 405 et 406 de la 2e partie.
3. Arch. nat., X^{la} 7, fol. 143 v°.
4. Bibl. nat., *Trésor généalogique de dom Villevieille*, t. 57, fol. 84. Arch.
nat., LL 1006, pp. 405 et 406.
5. Bibl. nat., *Pièces originales*, t. 1823, *Mammès* 42116, cote 4.

Un autre Pierre, seigneur « de Maumez » qu'il ne faut pas confondre avec Pierre de Mametz, seigneur de Nielles-lès-Thérouanne, et qui vivait en 1362 et en 1420, chargeait son *écu de trois chevrons échiquetés*[1]. Il eut un fils, « Jacques de Maumez, » chevalier, chambellan du duc de Bourgogne[2].

§ III

Catherine de Mametz était morte en 1456[3]. Elle laissait de son mariage avec Jean II de Mailly :

1° *Nicolas, dit Payen de Mailly ;*

2° *Jean III de Mailly.* Ces deux personnages feront l'objet des chapitres XIII et XIV.

3° *Jennet* ou *Jeannet de Mailly*, seigneur de Grivesnes, Gratibus, La Tour du Pré et Belleval par donation de son père en 1470[4]. Jennet était mort au commencement de l'année 1475, car le 14 janvier 1474 (v. s.), Charles-le-Téméraire, duc de Bourgogne, donna à son frère aîné, Nicolas, tous les biens meubles provenant de sa succession[5].

1. Bibl. nat., *Tit. scell. de Clair.*, t. 72, p. 5641. Demay, *Sceaux de l'Artois*, n°s 439. 1211. — Ces Maumez ou Mametz, seigneur de Mametz (Pas-de-Calais, canton d'Aire), étaient des *Florent, bourgeois de Saint-Omer*, qui avaient abandonné leur nom patronymique pour ne garder que celui de Mametz. *Communication de M. le comte de Galametz.*

2. Bibl. nat., *Trésor généal. de dom Villevieille*, t. 57, fol. 84.

3. *Preuves*, n° CCCLIX. — M. le comte de Couronnel, au cours d'une polémique qu'il a soutenue dernièrement contre M. le marquis de Mailly-Nesle, n'a pas craint d'affirmer qu'au XVIII° siècle, le vicomte de Mailly « eût été hors d'état de prouver par titre authentique le mariage de Jean II de Mailly avec Catherine de Mametz. » Si M. de Couronnel tient à se former une opinion au sujet de cette alliance incontestable, il lui suffira de se reporter à nos *Preuves*, n°s CCCXLIX, CCCLIX, CCCCXLII et CCCCXLVII.

4. *Généalogie de la Maison : Preuves de Jean de Mailly et d'Isabeau d'Ailly*, p. 9.

5. *Preuves*, n° CCCLXXXIX.

4° *Ferry de Mailly* devint, au rapport du P. Anselme[1], religieux à l'abbaye de Corbie. On trouve « maistre Ferry de » Mailly » mentionné le 8 juillet 1473, dans un registre du Parlement de Paris comme « demandeur en matière de régale, pour » raison de la chancellerie de Noyon, » contre « maistre Adrian » de Hainecourt (Hénencourt). » Ce procès remontait au moins à l'année 1469[2].

Ferry prit parti, avec son frère Hutin et ses sœurs Marguerite et Marie de Mailly, pour le roi Louis XI dans ses démêlés contre Charles-le-Téméraire. Aussi fut-il privé par celui-ci de la part de succession qui devait lui revenir après la mort de Jennet de Mailly[3]. Un document du 15 janvier 1488 (v. s.), qualifie « maistre » Ferry de Mailly » de seigneur « d'Arennes[4]. »

5° *Hutin de Mailly*, mari de Péronne de Pisseleu, forma la branche des Mailly d'Auchy dont il sera question ailleurs.

6° *Robert de Mailly.* L'existence de ce fils de Jean II de Mailly et de Catherine de Mametz nous est révélée par l'acte du 2 août 1468, que j'ai indiqué plus haut[5].

7° *Antoinette de Mailly* épousa, par contrat du 30 décembre 1452, Philippe de Noyelles, chevalier, châtelain de Langle, fils unique de Jean, seigneur de Noyelles et de Callonne, et de sa femme Jeanne du Bois, dame de Noyelles. Jean II de Mailly et Catherine de Mametz, du consentement de leur fils aîné Nicolas, donnèrent à Antoinette les fiefs du Ploich[6] et de La Cliqueterie[7] qui venaient de la succession de Colard, sire de Mailly, grand-père de

---

1. T. VIII, p. 633.

2. Arch. nat., X¹ᵃ 1486, fol. 81 v° et 132 v°.

3. *Preuves*, n° CCCLXXXIX.

4. 1488 (v. s.), 15 janvier. « Entre Mathieu Katherine appellant de maistre *Ferry de Mailly*, de Guillaume de La Porte et d'un nommé Fleury, eulx disans officiers du dit de Mailly, en sa terre et seigneurie d'Arennes. » Arch. nat., X¹ᵃ 4830, fol. 69 v° et 308 v°.

5. P. 148 et *Preuves*, n° CCCLXX.

6. Le Ploich relevait de Marie de Mailly, veuve de Colard, à cause de sa terre d'Auchy.

7. La Cliqueterie relevait de Jean de Bourbon.

l'épousée, et sur lesquels Marie de Mailly, la grand'mère, possédait certains droits féodaux qu'elle abandonna. Le sire de Mailly s'engagea à recevoir les nouveaux conjoints « le jour des nopces » en son chastel de Mailly » et à payer les frais de la cérémonie[1].

8° *Marguerite de Mailly* fut unie à Renault de Haucourt, chevalier. Le 16 juillet 1488, « Marguerite de Mailly, veuve de feu » messire Renaud de Honcourt (sic), chevalier, et messire Ferry » de Mailly, écolier à Paris, » soutenaient un procès contre « mes- » sire Girard du Fay, dame Catherine d'Inchy, sa femme, mes- » sire Gallois de Créquy, chevalier, dame Jacqueline d'Inchy, sa » femme, et dame Jeanne d'Inchy, icelles femmes, sœurs et fille de » feu Jehan d'Inchy et de dame Jeanne de Rouvray, » qui avaient « repris le procès au lieu de messire Philippe de Sonbrin[2]. »

9° *Marie de Mailly* fut exclue, ainsi que sa sœur Marguerite, par Charles-le-Téméraire, le 14 janvier 1474 (v. s.), de la succession de son frère Jennet[3]. Le 5 août 1507, elle paya la somme de 4 livres parisis « pour le relief d'un fief qui se comprend ou quint » du fief de Sabignez, scitué à Bours, » à elle échu par le trépas de son père[4]. Le 19 mars 1509 (v. s.), elle soutenait en Parlement, avec le titre de « dame d'Yron, » un procès contre sa belle-sœur et ses neveux, au sujet de l'héritage de son père Jean II de Mailly et de sa mère Catherine de Mametz[5]. Cette affaire fut terminée par un arrêt du 12 avril 1513 qui lui adjugeait une partie de ses demandes[6].

10° *Jeanne de Mailly*, religieuse à La Thieuloye-lès-Arras dès

---

1. *Preuves,* n° CCCXLIX.

2. Cette note, extraite « des Audiences du Chastelet, » se trouve au dos du dessin de la tombe de Jean de Mailly, évêque de Noyon, à la Bibl. nat.; dép. des *Estampes* ; *Coll. Clair.* (Artois-Picardie) P° 3, fol. 20 verso.

3. *Preuves,* n° CCCLXXXIX.

4. *Ibid.,* n° CCCCXLII.

5. *Preuves,* n° CCCCXLVII. Charmolue, l'avocat de Marie de Mailly, se trompait en disant que sa cliente avait perdu son père avant sa mère. Catherine de Mametz était morte longtemps avant Jean II de Mailly.

6. *Généalogie de la Maison : Preuves de Jean de Mailly et d'Isabeau d'Ailly,* pp. 8-22.

1468[1]. M. l'abbé Gosselin[2] affirme qu'en 1501-1502, elle était qualifiée « madame la prieuse de la Thieuloye. »

Quelques auteurs ajoutent à cette liste :

11° *Gillette de Mailly*, religieuse à Berteaucourt[3]. Le *Gallia Christiana*[4] cite une *Gillette (Egidia) de Mailly* au nombre des abbesses de Notre-Dame de Soissons, entre les années 1473 et 1488.

12° *Isabelle de Mailly* mariée à Jean de Neufville, chevalier, seigneur de Matringhem[5].

Je n'ai trouvé dans aucun document la trace de Gillette et d'Isabelle.

---

1. *Preuves*, n° CCCLXX. Voir p. 148 de ce volume.
2. *Mailly et ses Seigneurs*, p. 46.
3. Moréri et l'abbé Gosselin, *Mailly et ses Seigneurs*, p. 46.
4. Tome IX *(Ecclesia Suessionensis)*, col. 446.
5. P. Anselme, VIII, p. 633. — A. C. de Neufville, *Hist. généalogique de la Maison de Neufville*. Amsterdam, 1869, p. 78.

CHAPITRE XIII

Nicolas, dit Payen de Mailly[1]
1456-1476

§ I

S'il faut s'en rapporter à l'arrêt du Parlement de Paris, du 12 avril 1513, publié dans la *Généalogie de la Maison*[2], la terre de Mailly aurait été donnée en 1463, par Jean II, à son second fils Jean III, du consentement de son aîné *Nicolas, dit Payen*, écuyer. Cette affirmation ne manque pas de vraisemblance, car dans les actes Nicolas est simplement qualifié seigneur de Bours et de Ravensbergh[3].

Dès 1456, Nicolas de Mailly releva, comme « fils et héritier de » feu damoiselle Catherine de Maumès, femme en son vivant de » Jean de Mailly, » une rente de 50 sous sur des maisons situées à Saint-Omer[4]. En 1470 et 1471, après la mort de son père, il rem-

---

1. Le P. Anselme ne parle pas de ce Nicolas de Mailly. En revanche, il continue la filiation par un *Jean de Mailly*, époux d'*Isabelle de Cayeu*, qui n'a pas existé.
2. *Preuves de Jean de Mailly et d'Isabeau d'Ailly*, pp. 10 et 19.
3. *Preuves*, nº CCCLXXXII, CCCLXXXIII, CCCLXXXIV, etc.
4. *Ibid.*, nº CCCLIX.

plit le même devoir, pour la terre « des Alligues, assise à Gri-
» court-lès-Bours, » et pour le « cambellaige de la terre, chas-
» tel et seigneurie de Bours, tenue » du duc de Bourgogne[1].
Le 13 avril 1471 (v. s.), « veille de Pasques communiaux[2],
» après bénédiction du cierge pascal, environ trois heures après
» midy, » il se présenta devant l'abbé de Corbie, offrant de relever « le fief de Collencamp, tenu de l'église Saint-Pierre de Cor-
» bie, à luy venu et eschcu par le trespas de deffunt Jehan de
» Mailly. » Monsieur de Corbie lui répondit « qu'il avoit homme
» auparavant du dit fief, c'est à scavoir monsieur Jehan de
» Mailly, chevalier, » son frère cadet, « par don à luy fait par
» ledit feu » Jean de Mailly leur père[3]. Pendant l'année 1473, il
avoua tenir sa terre de Bours du comte de Saint-Pol[4] et reçut lui-
même des aveux de ses vassaux Jacques de Bristel et David d'A-
veluz, chevalier, seigneur de la Motte[5].

Nicolas de Mailly et son frère Jean III embrassèrent le parti de
Charles-le-Téméraire contre le roi Louis XI. Le 14 janvier 1474
(v. s.), pendant le siège de Neuss, le duc de Bourgogne, voulant
récompenser son « amé et féal escuier, Nicolas de Mailly, dit
» Payen, » des bons services qu'il lui avait rendus en ses « voya-
» ges et armées, à très grans fraiz, mission et despens, » lui donna
tous les biens meubles confisqués sur maître Ferry, Hutin, Marguerite et Marie de Mailly, ses frères et sœurs, partisans de
Louis XI[6]. Le frère de Nicolas, Jean III de Mailly, qui était chevalier, conseiller et chambellan du même duc de Bourgogne, s'opposa
à l'entérinement des lettres de don et protesta contre l'empêche-
ment qu'on lui apportait dans la jouissance des terres de Gouy et

---

1. Extrait d'un *Compte de Pierre de Wavrans, receveur de la comté de
Saint-Pol.*
2. Samedi Saint.
3. *Preuves*, nᵒ CCCLXXIX.
4. *Ibid.*, nᵒ CCCLXXXII.
5. *Ibid.*, nᵒˢ CCCLXXXIII, CCCLXXXIV.
6. *Ibid.*, nᵒ CCCLXXXIX.

de Bavaincourt, confisquées sur Péronne de Pisseleu, femme de
Hutin de Mailly et veuve de Louis de Soyecourt[1].

Les terres de Nicolas furent ravagées ou prises par les troupes
du roi de France durant « les courses et ravissemens.... faits ès
» pays de Somme, Artois et autres. » Charles-le-Téméraire
indemnisa son « amé et féal escuier » de toutes ces pertes.
Par lettres datées du camp de Neuss, le 19 mai 1475, il lui abandonna le droit que Robert de Frevillers prétendait avoir sur une
rente de cent francs assise sur la seigneurie de Bours[2].

Nicolas de Mailly mourut peu de mois après sans enfants et
probablement sans alliance. Il laissait sa terre de Bours à son
frère Jean III, sire de Mailly[3].

§ II

Lagnicourt est un village du Pas-de-Calais, de l'arrondissement
d'Arras et du canton de Marquion. En 1438, cette terre fut achetée à Charles de Santaing, écuyer, et à Jeanne de La Motte, dame
de Lagnicourt, par « *Pierre de Mailly*, écuyer, demeurant à Mor-
» chies[4], et Marguerite d'Ocoche, sa femme, d'une famille cheva-
» leresque et des plus connues du comté de Saint-Pol[5]. » Je n'ai
pu découvrir les parents de ce Pierre de Mailly.

Jean de Mailly, seigneur de Lagnicourt, qui me semble fils de
Pierre et de Marguerite d'Ocoche, fut marié à Yolande d'Allewagne et eut une sœur, Péronne, unie le 12 juillet 1450 à messire

1. *Preuves*, nos CCCXC, CCCXCIII, CCCXCIV.
2. *Ibid.*, no CCCXCII.
3. *Ibid.*, no CCCXCV.
4. Pas-de-Calais, arrondissement d'Arras, canton de Bertincourt.
5. Arch. de la terre et châtellenie d'Oisy (Communication de M. le comte
de Brandt de Galametz).

Robert de Canteleu, seigneur de Douvrin[1]. Robert de Canteleu
était mort en 1465, époque à laquelle Jean de Mailly faisait le relief de la terre de Douvrin, au nom de sa sœur Péronne, ayant le
bail de Jean de Canteleu, son fils mineur[2].

Plusieurs enfants naquirent de l'union de *Jean de Mailly*, sei-
gneur de Lagnicourt, et d'Yolande d'Allewagne, particulièrement
Louise de Mailly qui épousa par contrat du 13 janvier 1499 (v. s.),
Robert de Gomiecourt, écuyer, seigneur du dit lieu[3].

« Noble homme, *Adrien de Mailly*, escuier, seigneur de Lagni-
» court, » releva en janvier 1512 (v. s.) la terre de Lagnicourt,
à lui échue par la mort de son père[4]. Cet Adrien était probablement fils de Jean de Mailly et d'Yolande d'Allewagne.

Quelques années plus tard, Lagnicourt appartenait à *Philippe
de Mailly* et à Jacques Le Mercier, écuyers[5].

Le 5 novembre 1492, jour de la prise d'Arras par les Bourguignons, un *Jehannet de Mailly* et plusieurs autres compagnons,
armés de piques, arcs et flèches, « se assemblèrent pour savoir la
» vérité de la dite surprinse et allèrent aux champs tirans le che-
» min d'Arras. » A leur retour, ils trouvèrent devant l'église de
Sailly-aux-Bois, Pierre Castellon, bâtard de Jean Castellon, avec
lequel ils entrèrent en discussion et qu'ils tuèrent « d'une fleiche. »
Louis XII leur accorda une rémission, datée de Blois au mois de
décembre de l'année 1500[6].

---

1. Pas-de-Calais, arrondissement de Béthune, canton de Cambrin.

2. *Répertoire curieux pour la Maison de Mailly* (Extrait de la *Généalogie
de Canteleu*), p. 6. Arch. de La Roche-Mailly. Ms.

3. Bibl. nat., *Trésor généalogique de dom Villevieille*, t. 54, fol. 48 verso.

4. 1512 (v. s.), janvier. « Dénombrement de Lagnicourt — De la part de
noble homme *Adrien de Mailly*, escuier, seigneur de Laignicourt, tenu de
madame la comtesse de Vendosmois, à cause de sa chastelenie et seigneurie
d'Oisy, à lui succedé par le décès de N.... de Mailly, escuier, son père. »
Extrait d'un *Rolleau de parchemin estant aux archives de M. le comte de
Gomiecourt*. Arch. de La Roche-Mailly.

5. 1529. « Dénombrement servi par Jacques Le Merchier, escuier, seigneur en partie de Laignicourt, servi à Philippes de Mailly, escuier, seigneur
dudit Laignicourt. » *Ibid.*

6. *Preuves*, nº CCCCXXI.

CHAPITRE XIV

§ I

Jean III de Mailly, possesseur de la plupart des seigneuries qui avaient appartenu à son père Jean II, fut probablement seigneur de Mailly-aux-Bois dès l'année 1463, comme je l'ai dit plus haut[1]. Le 15 août 1461, il avait été fait chevalier au sacre du roi Louis XI, alors qu'il n'était encore connu que sous le titre de seigneur de Bouillancourt[2].

Au dire de l'arrêt du Parlement du 12 avril 1513, publié dans la *Généalogie de la Maison*, aussitôt après la mort de Jean II (1470), le château de Mailly fut pris par Jacques de Savoie, comte de Romont, partisan du duc de Bourgogne. L'envahisseur ne se contenta pas d'enlever les meubles et de brûler le chartrier, il retint en captivité le seigneur lui-même. Heureusement, on avait eu le temps de transporter à Cambrai la partie la plus précieuse du mobilier, des sommes importantes, l'argenterie et les joyaux[3]. Il est assez difficile d'expliquer cet acte

---

1. Page 156.
2. Denis Godefroy, *Cérémonial de France*, Paris, 1649, t. I, p. 174.
3. *Généalogie de la Maison : Preuves de Jean de Mailly et d'Isabeau d'Ailly*, pp. 10, 19.

d'hostilité contre Jean III de Mailly, car celui-ci suivait la fortune de Charles-le-Téméraire[1].

Le duc de Bourgogne avait confisqué sur Péronne de Pisseleu, veuve de Louis de Soyecourt et femme de Hutin de Mailly, les terres de Gouy et de Bavaincourt qu'il avait données à Jean III de Mailly. Sur la plainte de Jean de Soyecourt, frère de Louis, se prétendant frustré d'un héritage qui pouvait lui revenir après la mort de son neveu, Charles-le-Téméraire, par lettres datées du camp de Doullens le 31 juillet 1475, révoqua le don qu'il avait précédemment fait au sire de Mailly pour l'appliquer à son « amé » et féal escuier, Jehan, seigneur de Saucourt[2]. »

La fortune abandonnait complètement le Téméraire. Battu par les Suisses à Granson et à Morat, Charles voyait le clergé, la noblesse et la bourgeoisie de Bourgogne s'éloigner de lui. Victime de l'ambition et de l'aveuglement, il fut enfin vaincu à Nancy le 5 janvier 1477 et son corps couvert de blessures fut retrouvé après deux jours dans une mare voisine du champ de bataille.

Trois années environ après la mort tragique du dernier duc de Bourgogne, Jean III de Mailly épousait Isabeau d'Ailly, fille de Jean d'Ailly, vidame d'Amiens, et d'Yolande de Bourgogne, fille naturelle de Philippe-le-Bon. Le sire de Mailly devenait donc neveu du feu duc et cousin germain de Marie de Bourgogne, mariée à Maximilien, archiduc d'Autriche[3]. Le contrat de mariage passé,

---

1. *Preuves,* n° CCCXCI et autres.
2. *Ibid.,* n°s CCCXCIII et CCCXCIV.
3. Philippe-le-Bon, duc de Bourgogne, descendant de Philippe-le-Hardi, quatrième fils du roi Jean-le-Bon, eut

De son 3e mariage avec Isabelle de Portugal	Plusieurs enfants naturels entre autres
Charles-le-Téméraire, duc de Bourgogne, marié en 2es noces avec Isabelle de Bourbon, d'où	Yolande de Bourgogne, qui épousa Jean d'Ailly, vidame d'Amiens, baron de Piquigny, etc.. d'où
Marie de Bourgogne, unie le 20 août 1477, à Maximilien, archiduc d'Autriche, d'où	Isabeau d'Ailly, mariée par contrat du 13 octobre 1479, à Jean III, sire de Mailly, d'où

Philippe le Beau, père de Charles-Quint.	Marguerite	Antoine, baron de Mailly.	Adrien de Mailly, tige de la branche d'Haucourt.

le 13 octobre 1479, devant Jean Harlé, lieutenant du bailli d'A-
miens, fait mention d'une somme de 10.000 écus d'or promise par
Louis XI à Isabeau d'Ailly[1].

En 1480, Jean d'Ailly bailla aux nouveaux conjoints « les terres
» et seigneuries de Vinacourt et de Fléxicourt pour le parfait de
» leur contrat de mariage[2], » et le 7 avril de la dite année, « no-
» ble dame, madame Ysabeau d'Arly (d'Ailly), veuve de monsei-
» gneur Allart, chevalier, seigneur de Rabodenges, dame de
» l'Etoile, demeurant à Abbeville, » renonça en faveur des mêmes « au quint qu'elle pouvait prétendre sur les terres d'Arly,
» de Villers et de Longuet[3]. »

Jean d'Ailly avait abandonné à sa fille et à son gendre les terres de Vignacourt et de Fléxicourt sans l'autorisation de l'évêque
d'Amiens qui en était suzerain. Celui-ci les fit saisir le 17 mai
1482, jusqu'au payement des droits de rachat[4].

Par son testament du 23 novembre 1500, « messire Jean d'Ailly,
» chevalier, vidame d'Amiens, seigneur de Picquigny, » déclara
« Isabeau d'Ailly, dame de Mailly, sa fille, sa seule héritière dans
» tous ses biens, terres et seigneuries de Picquigny, vidamé
» d'Amiens, la Broye, Vignacourt et Fléxicourt » au détriment
de « noble seigneur Charles d'Ailly, son fils, lequel l'avoit spolié
» par force et violence.... et laissé souffrir faim, soif et froid, le
» laissant nud, sans aucuns habillemens[5]. » Cette exhérédation
ne fut pas suivie d'effet. Charles d'Ailly, qui épousa, vers 1485,

---

1. *Preuves*, n° CCCC.

2. Acte du 29 janvier 1479 (v. s.). Arch. nat., R¹ * 36, fol. 315. — 25 mai
1493. « Charles d'Ailly, vidame d'Amiens a remboursé messire Jean de
Mailly de 600 livres de rente et lui a remis la terre et seigneurie de Vinacourt et Fléxicourt. » *Ibid.*, fol. 314.

3. *Preuves*, n° CCCCII. C'est par erreur que dans ce document, analysé par
dom Villevieille, Isabeau d'Ailly, veuve d'Allard, seigneur de Rabodenges,
est appelée *mère* d'Isabeau d'Ailly, femme de Jean de Mailly. Elle était sa
tante, d'après une *Généalogie* manuscrite de la Bibl. nat. *Pièces originales*,
t. 17, *d'Ailly* 426, cote 234.

4. *Preuves*, n° CCCCVIII.

5. Arch. de La Roche-Mailly et *Généalogie de la Maison : Preuves de Jean
de Mailly et d'Isabeau d'Ailly*, p. 4.

Philippe de Crevecœur, fille d'Antoine de Crevecœur et de Marguerite de La Trémoille, dame de Dours, resta seigneur de Picquigny et vidame d'Amiens[1]. Cependant, le 15 février 1500 (v. s.) et le 2 janvier 1503 (v. s), il était en procès à ce sujet avec son beau-frère, le baron de Mailly[2].

47. — Armes de Jean III de Mailly et de sa femme, Isabeau d'Ailly, sur la bannière couronnant le monument d'Isabeau d'Ailly placé dans la façade de l'église de Mailly, XVIᵉ siècle.

L'ancienne et illustre famille d'Ailly portait dans ses armes

1. P. Anselme, t. VII, p. 112. Sainte-Marthe, *Histoire de la Maison de La Trémoille*, Paris, 1667, pp. 323, 324.
2. « Entre messire Jehan, seigneur de Mailly, chevalier, appellant du prevost de Beauvoisis..., d'une part, et messire Charles d'Ailly, chevalier, seigneur et baron de Pinquigny et vidame d'Amyens, intimé, d'autre... L'intimé a esté conjoinct avec dame Philippes de Crevecueur... » Arch. de La Roche-Mailly. Cah. pap. XVIᵉ s. *Preuves*, n° CCCCXXXIV.

deux branches d'alizier sous un chef échiqueté[1]. Cependant, le blason d'Isabeau d'Ailly, sculpté sur la bannière qui couronne un haut relief existant encore à l'extérieur de l'église de Mailly, présente une variante importante. On y voit, à gauche des *trois maillets* de Jean de Mailly, *un chef échiqueté* et au-dessous, en place des deux branches d'alizier, *trois fleurs de lis* avec d'autres pièces héraldiques frustes, irrégulièrement placées (figure 47).

A l'exemple de beaucoup d'autres seigneurs, Jean III de Mailly était passé au service de Louis XI après la mort de Charles-le-Téméraire. On le rencontre le 5 mai 1480, à Lihons-en-Santerre, avec le seigneur de Warignies, à la tête de 482 hommes « de » guerre et archers à pié, » sous le commandement de « messire » Philippe de Crevecœur, chevalier, seigneur d'Esquerdes, lieu-» tenant-général du roy, en Picardie[2]. »

Huit mois environ avant sa mort, Louis XI voulut exaucer « l'humble supplication de » son « *amé et féal conseiller et cham-* » *bellan Jehan de Mailli*, chevalier et seigneur de Mailli-aux-» Bois. » Considérant « que audit lieu de Mailli » qui avait été ruiné par les guerres, il y avait « grande et spacieuse place » et beaucoup « d'alans et de venans, » le roi « pour aucunement l'aug-» menter, » y créa par lettres datées de Thouars, janvier 1482 (v. s.), un marché le vendredi de chaque semaine et deux foires par an, la première le 13 octobre et la seconde le mardi des « feriez de » Penthecouste[3]. »

En 1492 ou 1493, Jean III de Mailly acheta d'Engilbert de Clè-

---

1. Voir le sceau de Jean d'Ailly, vidame d'Amiens, au bas d'une quittance du 9 janvier 1476 (v. s.), Bibl. nat., *Pièces originales*, t. 17, *d'Ailly* 426, cote 26, et *Généalogie de la Maison de Mailly*, p. 143.

2. *Preuves*, n° CCCCIII.

3. *Preuves*, n° CCCCXII. — M. l'abbé Gosselin (*Mailly et ses Seigneurs*, p. 48) affirme qu'au sacre de Charles VIII en 1484, Jean III, sire de Mailly, fut commis pour tenir la place et remplir le grand office des anciens comtes de Flandre. D'après Denys Godefroy (*Cérémonial de France*, t. I, p. 193) ce fut Louis de Bourbon, dauphin d'Auvergne, qui représenta alors le comte de Flandre.

ves, comte de Nevers, mari de Charlotte de Bourbon[1], la terre de
Cayeux pour la somme de neuf ou dix mille livres[2].

Ce fut vraisemblablement vers cette époque que la seigneurie
de Mailly fut érigée en baronnie[3], car le 12 décembre 1498, Jean
Durot s'intitule « lieutenant du pays de Cayeu-sur-la-Mer et de
» Bouillencourt-en-Sery, pour noble, puissant et très redoubté
» seigneur monseigneur *Jehan de Mailly*, chevalier, *baron* et
» seigneur du dit lieu de Mailly, de Bours, de Beaufort-en-San-
» ters, d'Araisnes, de Bergues-en-Flandre, de L'Oursignol, de
» Boullencourt, de Bouthancourt, de Frettemeulle et des dits
» lieux de Cayeu et de Boullancourt[4]. »

Jean III avait fondé, à une date qui n'est pas déterminée, un cou-
vent de frères mineurs de l'observance dans le village de Mailly.
Il voulut donner une nouvelle preuve de sa dévotion envers saint
François d'Assise en établissant des religieux du même ordre à
Bouillancourt. Le pape Alexandre VI approuva cette fondation par
une bulle donnée à Saint-Pierre de Rome, le 30 avril 1499[5].

Les dernières années du baron de Mailly furent remplies par
des procès d'intérêt contre son beau-frère Charles d'Ailly et contre
sa sœur, Marie de Mailly, dame d'Yron.

Jean III mourut le 27 mai 1505 et fut enterré dans l'église des
Cordeliers de Mailly[6].

---

1. Le P. Anselme, t. III, p. 450, la nomme Catherine de Bourbon.
2. *Preuves*, n° CCCCXXII.
3. M. l'abbé Gosselin (*Mailly et ses Seigneurs*) gratifie tous les sires de Mailly du titre de baron.
4. Arch. de La Roche-Mailly (*Saisine prise au bailliage de la seigneurie et pays de Cayeux*).
5. *Preuves*, n° CCCCXXIV. Voir *Mailly et ses Seigneurs* pour l'histoire du couvent des Cordeliers de Mailly.
6. *Preuves*, n° CCCCXXXVI. — M. l'abbé Gosselin (*Mailly et ses Seigneurs*, p. 52) rapporte d'après La Morlière une épitaphe conçue en ces termes : « Cy gist messire Jehan de Mailly, chef du nom et des armes du dict Mailly, chambellan des rois *Louis XII* et Charles VIII, baron du dict Mailly, *comte d'Eu*, seigneur de *Roch*, etc. » Cette épitaphe, si elle a jamais existé, a été transcrite par La Morlière d'une façon déplorable. — Je rencontre encore Jean III de Mailly aux dates suivantes : 1480, 30 décembre. *Jean de Mailly*, seigneur de « Grivaynes, » apparaît au Parlement avec son frère

Isabeau d'Ailly continua avec ses enfants les procès commencés contre Charles d'Ailly et Marie de Mailly, dame d'Yron[1]. Elle testa à Mailly le 9 juillet 1519[2].

§ II

L'église de Mailly dut être dévastée en 1470 lorsque le comte de Romont s'empara du château. Isabeau d'Ailly la fit reconstruire en partie à la fin du XVe siècle ou, peut-être, après la mort de son mari arrivée en 1505. Le remarquable portail de cet édifice (Planche IX) doit seul nous occuper ; j'en emprunte la description à M. l'abbé Gosselin[3].

« Sous une voussure ogivale assez profonde s'ouvre la grande
» porte destinée à donner entrée dans l'église. Un beau trumeau en
» pierre, reconstruit en 1844, et orné sur ses faces de moulures
» prismatiques, en divise les vantaux. L'amortissement des portes
» est en anse de panier formée d'un arc surbaissé, à moulures
» très fouillées. Un fronton en accolade le couronne et offre, à ses
» points de jonction avec l'arcade, un écusson aux armes de
» Mailly (figure 48). C'est pour ainsi dire des rempants de ces
» frontons que s'échappent les jambages des arcatures flamboyan-
» tes qui forment la décoration du tympan. Un *Ecce Homo*, jadis

« maistre Ferry de Mailly. » Arch. nat., X^1a 1489, fol. 182. — 1491, 18 novembre. *Jean de Mailly*, chevalier, seigneur dudit lieu, et « maistre *Ferry de Mailly*, escolier, estudiant en l'université de Paris, » contre Jean de Longueval, chevalier, seigneur de Vaulx en Artois et de Beaumont. » *Preuves*, n° CCCCXX. — 1495, 1er décembre. « *Messire Jehan, seigneur de Mailly*, chevalier, seigneur du dit lieu et de Boutencourt, » contre « Jehan Levasseur, Sauvage de Retonval, Huchon d'Offeu » et autres. Arch. nat , X^2a 61. Reg. non paginé.

1. *Preuves*, n° CCCCXXXIV et CCCCXLVII. *Généalogie de la Maison: Preuves de Jean de Mailly et d'Isabeau d'Ailly*, pp. 8 et suivantes.

2. Arch. de La Roche-Mailly.

3. *Mailly et ses Seigneurs*, pp. 242 et suivantes.

PORTAIL DE L'ÉGLISE DE MAILLY

» peint, placé sur le trumeau, sous un dais richement travaillé, en
» occupe la partie centrale.

» La voussure présente quatre divisions longitudinales formées
» d'autant de gorges ou moulures creuses alternant avec des
» moulures aigües, dont deux seulement se prolongent et finissent

48. — Dessus de porte de l'église de Mailly.

» en talon renversé sur le soubassement. Les autres s'arrêtent à
» l'extrémité des dais placés au dessus des deux statues qui oc-
» cupent, de chaque côté, la partie inférieure des pieds-droits.

» Ces statues qui reposent sur des colonnes engagées dont le
» chapiteau leur sert de piédestal, sont :

» A gauche du spectateur et auprès de la porte, saint Pierre,
» patron de la paroisse. Il tient à la main une clef et porte son
» manteau relevé sur l'épaule gauche. Vient ensuite saint Antoi-
» ne, patron du fils aîné d'Isabeau d'Ailly, un livre et un chapelet

» d'une main et le bâton de l'autre. Des flammes jaillissent à ses
» pieds où se trouve son compagnon ordinaire.

» A droite, près de la porte, c'est sainte Anne ; elle tient un
» livre à fermoir, et la Sainte-Vierge, encore enfant, est debout
» devant elle, apprenant à lire. Ensuite, vient sainte Catherine ;
» elle porte une robe à crevés, et ses cheveux bouclés retombent
» sur ses épaules ; elle a les mains jointes, les yeux levés vers le
» ciel et foule aux pieds le dragon infernal.

» Dans l'espace resté libre entre les pieds-droits de la voussure
» et les deux contre-forts qui flanquent le pignon, sur le nu du
» mur, se trouvent deux autres statues reposant sur un socle dé-
» coré d'arcades à compartiments remplis de nervures flam-
» boyantes.

» A gauche du spectateur, c'est saint Adrien, patron du deu-
» xième fils de la fondatrice ; il porte un casque à crinière et une
» armure de fer semblable à celle des anciens chevaliers ; un lion
» est à ses pieds. Sous le bras gauche, il tient l'enclume, instru-
» ment de son martyre.

» A droite, sainte Catherine, patronne de la mère de Jean III
» de Mailly[1]. Elle porte un costume des plus riches, une coiffure
» garnie de pierreries, une chaîne autour du cou, des manches em-
» pesées et plissées, et elle tient une épée à la main. A ses côtés,
» sont la roue, instrument de son martyre et une tête de payen,
» emblème des philosophes qu'elle a confondus en public.

» Les dais de ces six statues, sculptés avec une grande déli-
» catesse, présentent la forme d'une voûte d'arête taillée sous une
» espèce de chapiteau polygone à festons trilobés, surmonté d'un
» clocheton à jour qui, pour les quatre statues du fond, s'inflé-
» chit en suivant à l'intrados la courbure de la voussure.

» Sur les deux contre-forts qui flanquent la façade se trouvent
» quatre autres statues qui en complètent la décoration. Les deux
» faces antérieures de ces contre-forts, dont la base est disposée

1. Catherine de Mametz.

» en prisme, présentent deux petites arcatures à lobes surmontées
» d'un fronton en accolade dont le bouquet terminal sert de pié-
» destal aux statues. Les dais, de même forme que les précédents,
» sont sommés d'un pinacle en application, orné de crosses sur
» ses arêtes et s'élevant presque jusqu'au haut des contreforts.
» Les statues ainsi placées sont :

» A gauche et tourné vers le portail, saint Jean l'Evangéliste,
» tenant de la main gauche un calice qu'il bénit de la droite et
» d'où sort un serpent. Ensuite, saint Jean-Baptiste, revêtu d'une
» peau de chameau, portant dans la main droite une coquille et
» dans la gauche un agneau.

» A droite et tournée vers le portail, sainte Jeanne caressant
» un agneau qui se dresse contre elle ; elle a la tête découverte
» et son costume est semblable à celui de sainte Catherine pour
» la forme et la richesse. A côté, sainte Barbe avec sa tour.

» Enfin, à l'amortissement de la voussure, placées sur un petit
» piédestal, mais sans dais, se détachent sur le nu du mur deux
» statues ; à gauche, la Vierge de l'Annonciation, avec un lis à
» ses côtés ; à droite, l'ange Gabriel accomplissant sa mission. »

Entre les deux contreforts et au-dessus du portail, se trouve un
« curieux bas-relief partagé en deux par le fronton en accolade
» qui s'élève sur la pointe de l'ogive du portail. » Ce bas-relief
reproduit la chute d'Adam et d'Eve, l'expulsion de nos premiers
parents du Paradis terrestre, Adam et Eve gagnant leur pain à la
sueur de leur front, leur vie domestique, la mort d'Abel et la
construction de la Tour de Babel.

Une rosace complète la décoration de cette partie du portail de
l'église de Mailly. A l'intérieur du monument, cette rosace est ornée de sculptures délicates représentant les scènes de la Passion.

A l'exception d'un groupe de la Sainte-Trinité, le pignon de
l'église n'offre rien de remarquable.

Il reste à parler de l'oratoire d'Isabeau d'Ailly, sculpté en haut-
relief à gauche et à l'extérieur du portail, entre deux contreforts

(Planche X). « Il se compose, dit le même auteur[1], d'un dais en
» forme de pavillon terminé par un petit étendard mi-parti aux
» armes de Mailly et d'Ailly (figure 47). Le dôme est couvert de
» broderies et une belle frange en orne tout le contour. Les ri-
» deaux, admirablement drapés, sont relevés de chaque côté et
» retenus par des anges. La fondatrice est là, à genoux devant
» un prie-Dieu et les mains jointes. La tête de la statue, comme
» l'observe M. de Cagny, est d'un beau caractère et exprime ad-
» mirablement la paix de l'âme et la douce confiance de la pieuse
» et noble châtelaine. Sa haute coiffure et sa robe sur laquelle est
» couchée sa fidèle levrette, la font ressembler à une religieuse.
» A côté d'elle, et un peu en arrière, sainte Elisabeth, sa pa-
» tronne, » ayant sur la tête une couronne fleurdelisée, tient en
ses mains une couronne également fleurdelisée « et semble tou-
» cher sa protégée pour lui montrer la récompense qui lui est
» réservée dans le ciel. Autour du pavillon, on lit cette noble de-
» vise sculptée » en belles lettres fleuries : Tout dour le mieuix
(Tout pour le mieux).

L'oratoire d'Isabeau d'Ailly fut restauré en 1844 par le sculpteur Caudron[2] en même temps que le reste du portail. Actuellement, ce beau monument est dans un mauvais état de conservation.

Au dire de M. l'abbé Gosselin[3], la mémoire d'Isabeau d'Ailly
resta en vénération et pendant plusieurs siècles les femmes du
village venaient déposer des fleurs près de l'image de la noble
châtelaine la veille de sa fête. « Isabeau avait, paraît-il, introduit
» à Mailly un usage qui prouvait sa modestie et la beauté de son
» âme. De concert avec Jean III de Mailly, elle avait permis à la
» femme la plus âgée du bourg de venir s'asseoir à la table de
» son seigneur chaque année, le jour de la fête, et au plus an-

1. Pages 251 et suivantes.
2. Ce sculpteur a-t-il bien conservé au monument son ancienne physionomie, particulièrement dans la restauration de la bannière de Jean III de
Mailly et d'Isabeau d'Ailly ? Voir p. 163.
3. *Mailly et ses Seigneurs*, p. 252.

MONUMENT D'ISABEAU D'AILLY

» cien fermier de ses vastes domaines de payer sa redevance,
» sans se découvrir, devant les officiers de la seigneurie[1]. »

§ III

Les auteurs font naître quatre enfants du mariage de Jean III,
baron de Mailly, et d'Isabeau d'Ailly, 1° *Antoine*, 2° *Adrien*, 3°
Jacques, 4° *Antoinette*. La filiation des deux premiers est incontestable et résulte de nombreux documents. Les preuves m'ont manqué pour les deux derniers.

1° *Antoine de Mailly* aura son article au chapitre suivant.

2° *Adrien de Mailly*, baron de Ravensbergh et de Bours,
épousa par contrat de mariage du 19 octobre ou du 23 novembre
1503, Françoise de Bailleul, fille de Jacques de Bailleul, chevalier,
seigneur de Saint-Léger, et de Jeanne d'Haucourt[2]. Il fut auteur
de la branche des *Mailly-Haucourt*, dont le P. Simplicien a écrit
l'histoire[3]. C'est de toutes les branches de la maison la seule qui
subsiste encore aujourd'hui. J'y consacrerai le dernier livre de cet
ouvrage.

3° *Jacques de Mailly*, qu'on suppose fils de Jean III et d'Isabeau
d'Ailly, épousa *Marie de Vignacourt*, veuve « de feu Mᵉ Jehan
» Delivré, en son vivant greffier criminel de la cour de Parle-
» ment. » En 1501 et 1502, « Jacques de Mailly, écuyer, et damoi-
» selle Marie de Vignacourt, sa femme, rendirent aveu à Pierre,
» duc de Bourbonnais, pour leur terre de Vienne-sur-l'Eglantier,
» relevant de Clermont-en-Beauvaisis[4]. »

---

1. *Mailly et ses Seigneurs*, p. 213. — H. Dusevel, *Mémoire sur les monuments historiques du département de la Somme.*

2. *Généalogie de la Maison : Preuves d'Adrien de Mailly et de Françoise
de Bailleul*, pp. 5 et 23.

3. *Généalogie de la Maison.*

4. *Preuves*, n° CCCCXXXI.

Dans le même temps, vivait un *Jacques de Mailly* qui apparait le 9 juin 1510, sans qualification nobiliaire, avec le titre d'huissier de la cour de Parlement. Il reçoit alors la somme de 110 livres tournois pour ses dépenses d'un voyage fait à Blois vers le roi François Ier, au sujet de la publication des coutumes des bailliages d'Orléans, de Meaux, de Vitry, de Chaumont-en-Bassigny

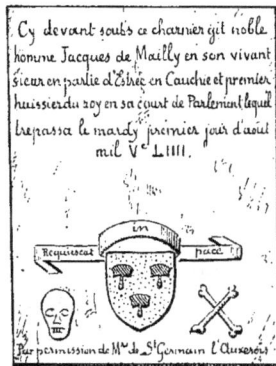

> Cy devant soubs ce charnier gît noble
> homme Jacques de Mailly en son vivant
> sieur en partie d'Estrée en Cauche et premier
> huissier du roy en sa court de Parlement lequel
> trepassa le mardy premier jour d'aout
> mil V⁴ LIIII.
>
> Requiescat in pace
>
> Par permission de Mʳ de St Germain l'Auxerois

49. — Epitaphe de Jacques de Mailly, premier huissier du roi au Parlement de Paris, dans l'ancien cimetière des Saints-Innocents, 1ᵉʳ août 1554. Arch. de La Roche-Mailly. Dessin exécuté le 1ᵉʳ septembre 1768.

et de Troyes. En 1528, de simple huissier, il devint premier huissier et en 1537 il obtint des lettres de provision de survivance pour son fils *François de Mailly*. Le 16 août 1543, la cour de Parlement lui enjoignit de se transporter dans tous les couvents de Paris et des faubourgs pour exhorter les religieux de ces maisons « à faire prières et oraisons envers Nostre-Seigneur, pour la prospérité, santé et bon portement des personnes du roy, messeigneurs ses enfants et bonne conduite de son armée » contre Charles-Quint.

Jacques de Mailly mourut et 1553 et fut enterré à Paris, sous les charniers des Innocents où l'on voyait encore en 1768 son épitaphe dans laquelle il était qualifié « noble homme Jacques de

» Mailly, en son vivant seigneur en partie d'Estrée-en-Cauchie[1]
» et premier huissier du roi en sa cour de Parlement. » Au dessous de l'épitaphe se trouvait un écusson : *d'or à trois maillets de
sinople* (figure 49).

Malgré la similitude des armes, *Jacques de Mailly*, premier
huissier en Parlement n'avait certainement aucune attache avec
la famille féodale de Mailly en Picardie[2]. En outre, il est
étranger à Jacques de Mailly, époux de Marie de Vignacourt.
Celui-ci mourut, dit-on, sans postérité[3], tandis que le seigneur
d'Estrée-en-Cauchiee eut au moins deux enfants, *Claude de
Mailly*, clerc de Paris, reçu chanoine de Sainte-Opportune, au
lieu de Guillaume d'Achy, le 20 juillet 1518[4], et *François de
Mailly*, pourvu en 1556 de l'office « de conseiller laye » en la cour
de Parlement. François de Mailly était mort le 4 septembre 1570,
laissant au moins un fils, « noble homme *Antoine de Mailly*,
» seigneur d'Estrée-en-Cauchie en partie, au pais d'Artois, et du
» fief Bauldouin-lès-Paris, » pendant les années 1599 et 1603[5].

4° *Antoinette de Mailly* fut, selon le P. Anselme[6] et Moréri[7],
la troisième femme de Foulques de Fautreau, seigneur de Villers-
sous-Foucarmont.

---

1. Département du Pas-de-Calais, arrondissement de Béthune, canton de
Houdain.
2. Arch. de La Roche-Mailly. Copies collationnées de documents concernant Jacques de Mailly, premier huissier en Parlement. Voir, *Seconde réponse
du marquis de Mailly-Nesle à M. le comte de Couronnel*, Laval, L. Moreau,
1892, pp. 13 à 19.
3. Moréri et *Généalogie de la Maison*, p. 72.
4. Arch. nat., LL 98, fol. 38 v° et 40.
5. Arch. de La Roche-Mailly. Copies collat. de documents originaux.
6. Tome VIII, p. 634.
7. *Dict. hist.*, t. VII, p. 78.

CHAPITRE XV

Antoine de Mailly et Jacqueline d'Astarac
1501-1519-1549

§ I

Antoine de Mailly, chevalier de l'ordre du roi[1], fils aîné de Jean III et d'Isabeau d'Ailly, fut « baron de Mailly, comte d'Agu-
» mont (ou d'Agimont), seigneur de Lestoille, Bouillancourt,
» L'Orsignol, Benencourt, Quincy, Araines, Bouthencourt, Bouil-
» lancourt-en-Sery, Frettemeule, Cayeux, Beauffort, Gaucourt,
» Pierrepont, » etc.[2]

Jean III de Mailly avait dû se rapprocher de l'archiduc Maximilien après la mort de Louis XI, car son fils aîné, *Antoine*, accompagna Philippe-le-Beau[3] et sa femme, l'infante Jeanne, dans leur voyage en Espagne[4] pendant l'année 1501.

---

1. Antoine de Mailly fut « admis dans l'ordre de Saint-Michel, par François Ier. » Bibl. nat., *Cab. des Titres*, 1039, pp. 273 et 274.

2. *Preuves*, n° CCCCXXXVII et *Généalogie de la Maison : Preuves de Jean de Mailly et d'Isabeau d'Ailly*, pp. 22 et 23.

3. Philippe-le-Beau, roi de Castille, était fils de Maximilien, archiduc d'Autriche, et de Marie de Bourgogne.

4. *Chroniques Belges. Collection des voyages des souverains des Pays-Bas*, publiée par M. Gachard. *(Voyage, en 1501, de Philippe-le-Beau en Espagne*, par Antoine de Lalaing, seigneur de Montigny), Bruxelles, 1876, t. I,

Le 25 juillet 1505, « noble et puissant seigneur monseigneur
» *Anthoine de Mailly, chevalier, seigneur et baron dudit lieu,* »
donna pouvoir de prendre possession de « la terre et seigneurie
» de Lestoille[1] » qui lui avait été cédée par son père dès le 5
juillet 1504[2]. Peu de temps après, 24 janvier 1506 (v. s.), Louis XII
fit savoir aux gens de ses comptes à Paris que « *son amé et féal*
» *cousin, conseiller et chambellan, Anthoine de Mailly,* cheva-
» lier, » lui avait fait « foy et hommage lige... pour raison de sa
» baronnye, chastel, terre et seigneurie de Mailly, » mouvant de
Péronne[3].

Philippe de Commynes, n'étant mort qu'en 1511, put assister au
mariage de sa nièce *Jacqueline d'Astarac* avec *Antoine de
Mailly*.

Jacqueline d'Astarac était fille de Jean, comte d'Astarac[4], et de
Marie de Chambes, fille de Jean de Chambes et de Jeanne Chabot,
dame de Montsoreau en Anjou. Sa tante Hélène de Chambes, sœur
de sa mère, avait épousé Philippe de Commynes par contrat du
27 janvier 1472 (v. s.). Les conventions matrimoniales d'Antoine
de Mailly et de Jacqueline d'Astarac, passées devant Hilaire
Groslain et Jean Le Maignan, notaires à Blois, sont du 15 juillet
1508[5]. Anne de Bretagne, femme de Louis XII, donna à sa cou-

---

pp. 127 et 348. A la page 127, *Antoine* est prématurément qualifié *seigneur
de Mailly*, et à la page 348 il est rangé parmi les chambellans de Philippe-
le-Beau sous cette désignation : *le jeusne s^r de Mailly*.

1. « Mouvant noblement » de l'abbaye de Saint-Riquier. — M. l'abbé Hé-
nocque dans son *Histoire de l'abbaye de Saint-Riquier*, t. III, p. 316, fief de
Létoile, ne nomme pas les Mailly comme seigneurs du dit lieu.

2. Arch. de La Roche-Mailly. « *Extrait d'un registre aux saisines de l'abbaye de Saint-Riquier.* »

3. *Preuves*, n° CCCCXL.

4. La famille d'Astarac portait : *écartelé aux 1 et 4 d'or, aux 2 et 3 de gueules*. Bibl. nat., *Pièces originales*, t. 114, Astarac 2390, cote 27.

5. 1508, 15 juillet. « Contrat de mariage d'Antoine, baron de Mailly, chevalier de l'ordre du roi, *chambellan du roy François premier*, avec Jacqueline d'Astarac. » *Preuves*, n° CCCCXLIII. L'original de ce contrat de mariage, du 15 juillet 1508, ne pouvait porter qu'Antoine de Mailly était chambellan du roi François Ier, puisque ce prince ne monta sur le trône qu'en
1515.

sine 10.000 livres en faveur de son union avec le baron de Mailly[1].

J'ai dit plus haut que Jean III de Mailly avait acheté en 1492 ou 1493 la terre de Cayeux d'Engilbert de Clèves, comte de Nevers, mari de Charlotte de Bourbon. Au commencement de l'année 1510, Charlotte de Bourbon « ayant le bail de Loys et Fran-» çois, ses enfans, et messire Charles de Clèves, conte dudit Ne-» vers et d'Eu, pair de France, » voulurent rentrer dans la possession de Cayeux et de Bouillancourt-en-Séry[2]. Antoine de Mailly, qui s'opposait à cette prétention, soutenait en même temps avec sa mère, Isabeau d'Ailly, et son frère Adrien de Mailly, contre Marie de Mailly, dame d'Yron, sa tante, le procès[3] commencé sous Jean III. Un arrêt du Parlement de Paris du 12 avril 1513, termina en partie cette dernière contestation. Antoine se vit obligé de donner à sa tante et à son subrogé, Jean de Mailly, seigneur d'Auchy, le quint de la plupart de ses terres[4]. Quelques mois plustôt, 7 septembre 1512, il s'était trouvé aux prises avec Robert de Longueval, chevalier, au sujet de la seigneurie de Bucquoy qu'il lui avait achetée pour la somme de 15.000 livres tournois[5].

Tous ces ennuis n'empêchaient pas le baron de Mailly de prêter son concours à Louis XII contre Henri VIII d'Angleterre et son allié, Maximilien, qui prétendaient démembrer le royaume. Le roi de France envoya une flotte bien armée croiser dans la Manche et sur les côtes de Bretagne[6]. Elle ne put s'opposer au transport des

---

1. *Preuves*, n° CCCCXLIII.

2. *Ibid.*, n° CCCCXLVI. — Jean III de Mailly avait acheté Bouillancourt-en-Sery de Jean d'Estampes en 1483. (Communication de M. le comte de Galametz).

3. On trouve des traces de ce long procès aux Arch. nat., dans les *Registres du Parlement*, X¹ᵃ 148, fol. 153 v° ; 1514, fol. 109 v° et 211 v° ; 4851, fol. 329 v° et 443 v° ; 4852, fol. 201 ; 8333, fol. 114 à 117. Voir, *Preuves*, n° CCCCXLVII.

4. *Généalogie de la Maison : Preuves de Jean de Mailly et d'Isabeau d'Ailly*, pp. 8 à 23.

5. Arch. nat., X¹ᵃ 1514, fol. 285 v°.

6. Au commencement de l'année 1513, le trésorier de Bretagne alla « à Brest, *faire avitailler les navires du roy pour les mectre en guerre sur la mer.* » *Les La Trémoille pendant cinq siècles*, t. II, p. 65.

troupes anglaises sur le continent ; mais elle livra deux combats
dans l'un desquels (10 août 1512) le vaisseau amiral français, *La
Cordelière*, le plus grand bâtiment de guerre qu'on eût encore
construit, se voyant brûlé par un vaisseau ennemi, le brûla à
son tour et le fit périr avec lui[1]. Antoine de Mailly possédait
un navire « du port de soixante dix tonneaulx, » monté par soixante-dix hommes. Il reçut l'ordre du vice-amiral Robert de
Clermont, chevalier, lieutenant-général du roi en l' « armée de mer
» ou pais et duché de Normandie, » de le tenir prêt pour le mois
d'août 1512. Tout porte à croire que la nef du baron de Mailly
prit part aux combats dont je viens de parler, car le 30 avril 1513,
Antoine donna quittance de la somme de 437 livres 10 sous tournois pour « la soulde et entretenement » de son navire pendant un
mois[2].

La bonne harmonie semble avoir toujours régné entre le baron
de Mailly et son frère Adrien, seigneur et baron de Ravensbergh.
Antoine donna à celui-ci, le 28 septembre 1514, les terres et seigneuries de Frettemeule et de Drancourt, « pour le dédommager
» de la reprise du quint hérédital adjugé par arrêt de la cour de
» Parlement de Paris à damoiselle Marie de Mailly, dame de Tur-
» pegny (et d'Yron), ou à Jehan de Mailly, subrogé en son lieu,
» dans la terre et seigneurie de Bours-Lalihuc, » qui lui avait été
assignée « franche de tout quint par le traité de son mariage avec
» damoiselle Françoise de Bailleul[3]. »

Des procès nombreux et les dépenses de la guerre avaient amoin-
dri la fortune des deux frères. Le 16 décembre 1514, ils vendirent
à cause de « leurs grands et urgents affaires et nécessités, » pour
la somme de 3.200 livres 20 sous tournois, « à Jehan Le Fores-
» tier, l'aisné, bourgeois et marchand demeurant à Amiens, la ter-
» re, fief et seigneurie de Frettemeule et Drancourt » formant « un

---

1. *Mémoires de Martin du Bellay.* Coll. Michaud et Poujoulat, t. V, p. 117.
2. *Preuves*, n° CCCCXLIX.
3. *Généalogie de la Maison : Preuves de Jean de Mailly et d'Isabeau
d'Ailly*, pp. 22, 23.

» seul fief ayant justice, seigneurie haute, moyenne et basse, te-
» nue de monseigneur Loys de Clèves, à cause de sa terre, sei-
» gneurie et pays de Cayeu[1]. » Ce sacrifice ne suffit pas ; ils du-
rent encore céder, le 23 juillet 1516, « à honorable homme maistre
» Antoine Le Blond, avocat et conseiller au siège du bailliage
» d'Amiens, » les « terres et seigneuries de L'Estoille, quints de
» la terre d'Ailly, Villers et Longuet[2], ainsi que le bois du pont de
» L'Estoille, démoli durant les dernières guerres, faites par les
» Anglois, pour la somme de 8000 livres tournois[3]. »

Ce fut au milieu de toutes ces difficultés qu'Antoine de Mailly
fit son testament le 11 janvier 1514 (v. s.), à la veille de s'exposer
« à aulcuns périls éminens pour achever et accomplir, o l'aide de
» Dieu le Créateur, aulcuns voyages et entreprinses. » Il y demande d'être enterré « au couvent de monsieur Saint-François de
» Mailly, auprès du corps de feu de bonne mémoire monsieur Jehan
» de Mailly, » son père, et y nomme sa mère *Isabeau d'Ailly*, sa
femme *Jacqueline d'Astarac*, ses trois enfants, *René*, *François*
et *Françoise*, ainsi que ses bâtards, *Claude*, *Hutin*[4] et *Isabeau*.
Parmi les exécuteurs testamentaires on remarque son frère
Adrien de Mailly[5].

Antoine de Mailly mourut dans son château de Mailly en 1518,
âgé de moins de trente-huit ans. Il avait eu depuis son testament
un autre fils nommé *Nicolas*. La notice qui lui est consacrée dans
le volume 1039 du *Cabinet des Titres*[6] à la Bibliothèque nationale

---

1. *Preuves,* n° CCCCLII.

2. Le quint des terres d'Ailly, de Villers et de Longuet avait été donné en
1480, par Isabeau d'Ailly, veuve d'Allard, seigneur de Rabodanges, à Jean
de Mailly et à sa femme Isabeau d'Ailly. *Preuves,* n° CCCCII.

3. *Preuves,* n° CCCCLIV.

4. Hutin fut tué « au haut de la brèche de Pavie en 1524, » dit le P. Anselme, t. VIII, p. 635.

5. *Preuves,* n° CCCCLIII. M. l'abbé Gosselin, *Mailly et ses Seigneurs*, pp.
329-336, a publié ce testament *in extenso*, d'après une expédition conservée
autrefois dans les archives de la baronnie de Mailly. Une copie en existe
encore à la Bibl. de l'Arsenal à Paris, Ms. n° 4652, fol. 473-477.

6. P. 273, 274.

lui donne pour armes : *d'or à trois maillets de gueules* posés 2 et 1. C'est *trois maillets de sinople* qu'il faut lire.

§ II

Les enfants d'Antoine étaient tous mineurs à la mort de leur père. A la requête de Jacqueline d'Astarac, on assembla (27 juillet 1519) pour le choix des tuteurs un conseil de famille composé du vicomte de Conserans, de la maison de Foix[1] ; de Philippe Chabot, chevalier, seigneur de Brion ; Charles Chabot, chevalier, seigneur de Jarnac[2] ; Jean de Villemer ; Charles de Clèves, comte de Nevers et Louis, son frère[3] ; Charles d'Ailly, vidame d'Amiens[4], et Antoine, baron de Piquigny, son fils ; Louis et Pierre de Miraumont, frères[5], et Ferry de Mailly, écuyer, seigneur de Bertrancourt[6]. Le conseil choisit, comme tuteurs, outre Jacqueline d'Astarac, Antoine d'Ailly et Ferry de Mailly, qui semble descendre d'un bâtard de Mailly.

En 1521, Jacqueline d'Astarac était en instance à Montdidier pour la seigneurie de Cayeux sur laquelle elle prétendait avoir la moitié de son douaire ; mais « les papiers de l'instance furent » perduz au chasteau de Boullencourt où ladite dame faisoit sa » demourance. » Le duc de Nevers revendiquait encore Cayeux contre Jacqueline d'Astarac pendant l'année 1546[7].

1. La famille d'Astarac était issue de la maison de Foix.
2. Charles et Philippe Chabot étaient fils de Jacques Chabot, chevalier, seigneur de Jarnac et de Brion, et de Madeleine de Luxembourg.
3. Charles et Louis de Clèves, fils d'Engilbert de Clèves, comte de Nevers, pair de France, et de Catherine de Bourbon, fille de Jean de Bourbon, comte de Vendôme.
4. Charles d'Ailly, frère d'Isabeau, veuve de Jean III de Mailly.
5. Louis et Pierre de Miraumont étaient les petits-fils de Marie Fretel, dame de Sombrin, fille de Robert Fretel et de Jeanne de Mailly.
6. Arch. de La Roche-Mailly. « *Extrait du 13° registre manuscrit de feu M. André du Chesne, qui est à la Bibl. du roi, fol. 1.* »
7. Arch. nat., X^{1a} 4927, fol. 343 v° à 350.

Une question bien plus grave préoccupait la veuve d'Antoine.
Il importait de conserver à son fils aîné René la baronnie de Mailly
qui avait été saisie et décrétée par arrêt du Parlement le 30 janvier
1519 (v. s.). Jacqueline d'Astarac s'adressa à François I⁰ʳ. Celui-
ci lui fit grâce (3 février 1519 (v. s.) de tous les droits qui pouvaient lui être dûs « par le trespas du feu seigneur de Mailly, son
» mary, » *en faveur*, dit le roi en parlant de sa « chère et amée
» cousine » Jacqueline d'Astarac, « *de la proximité de lignage*
» *dont elle* nous acteint et à nostre très chère et très amée com-
» paigne la royne[1]. »

Malgré la bonne volonté royale, Mailly fut mis en criées.
Adrien, seigneur de Ravensbergh, beau-frère de Jacqueline, s'en
rendit acquéreur pour la somme de 60.000 livres tournois. Malheureusement, il ne put payer. Pierre de Belleforière, chevalier, entra alors en pourparlers avec la veuve d'Antoine. Il fut
convenu que le dit Pierre[2] achèterait Mailly au nom de René, fils
aîné d'Antoine de Mailly et de Jacqueline, à qui il donnerait sa
fille en mariage. La cour de Parlement refusa de recevoir les en-
chères au nom d'un mineur et adjugea la baronnie au seigneur de
Belleforière pour 13.000 francs. Le contrat de mariage projeté
avait été déposé chez « maistre Michel de Haulteville, maire de la
» ville de Péronne. » Le nouvel acquéreur de Mailly, « usant de
» mallefoy, » s'empressa de l'en retirer et de solliciter de Louise
de Savoie, alors régente, « le don des foy et hommaige, reliefz et
» rachats de la dicte terre. »

Une semblable conduite de la part d'un chevalier excita la colère
de Jacqueline d'Astarac. Ses enfants trop jeunes ne pouvaient rien.
Elle trouva aide et appui chez quelques-uns de ses parents. Le
bâtard de Mailly, *Philippe de Mailly* et *Florent*, son frère[3], se

1. *Preuves*, n⁰ CCCCLVII.
2. Pierre de Belleforière, fils de Perceval et de Jacqueline de Longueval, avait épousé Madeleine de Coucy, d'où plusieurs enfants. P. Anselme,
t. VIII, p. 736.
3. Il est difficile de préciser la parenté de ces personnages avec Antoine
de Mailly et Jacqueline d'Astarac.

mirent à la tête d'une troupe d'aventuriers « garniz de hacque-
» buttes, arbalestes et autres bastons invasibles » et vinrent devant le château de Mailly après avoir fait une halte chez les Cordeliers. — Rendez-vous, cria-t-on aux serviteurs de Pierre de
Belleforière ; si vous résistez nous allons forcer le château avec
« la grosse artillerie » et vous serez pendus aux portes !

La garnison effrayée sortit aussitôt, laissant Jacqueline d'Astarac et les siens maîtres de la place qui fut pillée de fond en
comble.

Non contents de cette victoire, les vainqueurs voulurent punir
Jean de Longueval du concours qu'il avait prêté à son parent le
seigneur de Belleforière. Ils se transportèrent à Longueval, au
milieu de la nuit, « accompaignez de plusieurs aventuriers et au-
» tres mauvais garsons, » et y renouvelèrent les exploits faits à
Mailly. « Ilz enfondrèrent les huytz, celliers et portes de la dite
» maison, en gectant et mectant hors les serrures à coups de
» hacquebuttes, faisans plusieurs juremens et blasphèmes et di-
» sans que s'ilz tenoient le dit de Longueval qu'ilz le mectroient
» en pièces, et menassant la femme d'icelluy de Longueval qu'ilz
» trouvèrent couchée en son lict, ensaincte et preste d'acoucher,
» et y prindrent plusieurs meubles, chevaulx et harnoys, vins,
» advoynes et vivres et provisions en la dicte maison. »

Philippe de Mailly fut arrêté par la justice pendant que son
frère Florent parvenait à s'y soustraire. Leur procès fut plaidé à
Paris « en la Tournelle criminelle, » le 25 mai 1526[1].

François Ier n'abandonna pas sa « chère cousine, » Jacqueline
d'Astarac. Par lettres du 5 mars 1526 (v. s.), datées de Saint-
Germain-en-Laye, il confirma[2], contre Pierre de Belleforière, le
don qu'il lui avait fait le 3 février 1519 (v. s.).

Le P. Anselme et M. l'abbé Gosselin[3] affirment que Jacqueline
d'Astarac vivait encore en 1549.

---

1. *Preuves*, n° CCCCLXII.
2. *Ibid.*, n° CCCCLXIII.
3. *Mailly et ses Seigneurs*, p. 61.

§ III

Je l'ai déjà dit, Antoine, baron de Mailly, avait eu quatre enfants de Jacqueline d'Astarac.

1° *René de Mailly*, dont il sera question au chapitre XVI.

2° *François de Mailly*, qualifié de « fils second » dans le testament d'Antoine de Mailly, était le 7 février 1531 (v. s.), sous la tutelle d'Olivier de Parisy, chevalier, seigneur du Mesnil, lequel fit foi et hommage au roi pour raison des seigneuries de « Bou- » layncourt, Pierrepons, Couterre et Agimont, » relevant de la « salle de Mondidier[1]. » François de Mailly devint abbé de Bouras, au diocèse d'Auxerre[2]. Il échangea cette abbaye contre celle de Toussains, au diocèse de Châlons-sur-Marne, et mourut vers 1573[3].

3° *Nicolas de Mailly*, né vers 1515, seigneur de Bouillancourt, joua un rôle dans les guerres de son temps. Il fut « mais- » tre de l'artillerie de France, là parvenu (dit La Morlière[4]) par sa » vertu et grande expérience qu'il monstra en plusieurs exploits » de guerre, concernants cet estat. » A la bataille de Cérisolles (1544), il avait sous sa direction huit pièces d'artillerie de campagne et était placé devant le bataillon des Gruyens[5], soldats levés dans la Suisse romande. En 1546, il se distingua plus particulièrement contre les Anglais qui occupaient « la terre d'Oye, » entre Calais et Gravelines. L'ennemi avait établi de grands fossés remplis d'eau avec remparts du côté de la terre ferme. Par une né-

---

1. *Preuves*, n° CCCCLXX.
2. *Gallia Christiana*, t. XII (*Ecclesia Autissiodorensis*), col. 458.
3. *Gallia Christiana*, t. IX (*Ecclesia Catalaunensis*), col. 951.
4. *Des Maisons illustres de Picardie*.
5. *Mémoires de Martin du Bellay*. Coll. Michaud et Poujoulat, t. V, p. 533. P. Daniel, *Histoire de France*, année 1544.

gligence incompréhensible, les Français avaient oublié d'amener les ponts destinés à traverser les canaux et se trouvaient dans un grand embarras. « *Le frère du seigneur de Mailly* de Picardie[1], » qui avoit la charge de l'artillerie, feit tel devoir que, faisant abat- » tre le bord du fossé, il passa la dite artillerie, *chose qu'on pen-* » *soit impossible*[2]. » Nicolas mourut, dit-on, sans alliance en 1558[3].

4° *Françoise de Mailly* épousa, par contrat du 2 mars 1532, (v. s.), Jean du Bellay, seigneur de La Flotte et de Haute-Rive, fils de Jean du Bellay et de sa première femme Françoise de Villiers[4]. Il était veuf de Françoise de Villeprune (Villeprouvé ?). Les té- moins du côté du mari furent ses cousins germains, Jean du Bel- lay, évêque de Paris, René du Bellay, évêque de Grasse et futur évêque du Mans, Martin du Bellay, chevalier, seigneur de Glati- gny, et son neveu, René de La Chapelle, chevalier, seigneur de Charvalon et de La Tretonnière. Ceux de Françoise de Mailly n'étaient pas moins illustres ; ils s'appelaient : « monseigneur » Fréderic de Foix, comte d'Astarac[5], cousin germain ; messire » Philippe de Chambes, chevalier, seigneur de Montsoreau[6], aussi » cousin ; haute et puissante dame Madeleine d'Astarac, comtesse » de Vertus et dame d'Avaugour[7]. » Jacqueline d'Astarac donna

1. C'est ainsi que René du Bellay désigne Nicolas de Mailly.
2. *Mémoires de Martin du Bellay.* Coll. Michaud et Poujoulat, t. V, p. 562.
3. P. Anselme, t. VIII, p. 634. — *Additions aux Mémoires de Castelnau,* t. II, p. 822.
4. C'est par erreur que j'ai affirmé aux *Preuves*, p. 280, note 3, que Jean du Bellay, mari de Françoise de Mailly, était fils de Jean du Bellay et de Jeanne de Logé. Il était son petit-fils.
5. Frédéric de Foix, captal de Buch, fils de Gaston de Foix et de Marthe, comtesse d'Astarac, épousa Françoise de La Rochefoucauld. P. Anselme, t. III, p. 385.
6. Philippe de Chambes, chevalier, seigneur de Montsoreau, était fils de Jean III de Chambes et de Marie de Châteaubriand. Il épousa, par contrat passé au château de Bennet, le 18 janvier 1530 (v. s.), Anne de Laval, fille de Gilles de Laval, seigneur de Loué au Maine, et de Françoise de Maillé. (Chartrier de Sourches ; archives de Montsoreau).
7. Madeleine d'Astarac, troisième fille de Jean d'Astarac et de Jeanne de Chambes, avait épousé François d'Avaugour, dit de Bretagne, comte de Vertu et de Goello, baron d'Avaugour. Elle était tante de Françoise de Mailly.

à sa fille Françoise de Mailly, en faveur de son mariage avec Jean du Bellay[1], la somme de dix mille livres tournois[2].

En 1547, Françoise de Mailly était veuve. Elle se remaria en 1553 avec Antoine de Neuville[3].

5° Le tableau généalogique, publié dans la *Généalogie de la Maison*, ajoute un cinquième enfant, *Adrien de Mailly*, abbé de Saint-Just, au diocèse de Beauvais. Le *Gallia Christiana*[4], qui mérite mieux créance que le tableau précité, fait naître cet *Adrien* de *Jean de Mailly*, seigneur de Rumesnil, et de Jeanne de Casenove[5].

---

1. Et non *René* du Bellay comme le disent le P. Anselme, Moréri et autres.
2. *Preuves*, n° CCCCLXXI.
3. *Ibid.*, p. 280, note 4.
4. Tome IX (Ecclesia Bellovacensis), col. 852.
5. Le P. Anselme place *Adrien de Mailly* dans la branche ainée (VIII, p. 635) et dans celle de Rumesnil (VIII, p. 646).

CHAPITRE XVI

René I de Mailly et Marie de Hangart
1515-1571-1583

§ I

René de Mailly, cité comme fils aîné du baron de Mailly et de Jacqueline d'Astarac dans le testament d'Antoine du 11 janvier 1514 (v. s.), était « enfant d'honneur de la maison du Dauphin[1] » avec René de Prunelé[2], en 1522. Encore écuyer en 1528, il devint successivement capitaine et gouverneur de Montreuil-sur-Mer[3], gentilhomme de la chambre du roi, chevalier de l'ordre[4] et capitaine de cinquante lances des ordonnances.

On a vu plus haut[5] que Pierre de Belleforière, pour acquérir

---

1. François, dauphin, fils de François Ier et de Claude de France, né le 28 février 1518 et mort le 10 août 1536.

2. *Preuves*, n° CCCCLVIII.

3. Montreuil-sur-Mer, chef-lieu d'arrondissement du département du Pas-de-Calais, possède encore des restes d'anciennes fortifications.

4. M. l'abbé Gosselin (*Mailly et ses Seigneurs*, p. 63) donne à René I de Mailly le titre de *chevalier des ordres du roi*. Le baron de Mailly ne pouvait être que chevalier de l'*ordre du roi*, c'est-à-dire de *Saint-Michel*, puisque le *Saint-Esprit* ne fut institué qu'en 1578, environ sept ans après la mort de René I de Mailly.

5. P. 180

plus facilement la baronnie de Mailly, avait promis de donner à René la main d'une de ses filles. Le mariage n'eut pas lieu et Jacqueline d'Astarac choisit pour femme à son fils aîné demoiselle *Marie de Hangart*[1], fille d'Antoine de Hangart, écuyer, seigneur de Remaugies et de demoiselle Jeanne Caulier. Le contrat passé le 3 décembre 1527 nous apprend que René de Mailly possédait personnellement 6.000 livres qui lui avaient été données « par » feue dame Isabeau d'Ailly, sa grand'mère, veuve de feu Jean de » Mailly, chevalier, seigneur du dit lieu[2]. »

Jean Caulier, père de Jeanne Caulier et grand père de Marie de Hangard, était seigneur d'Aigny. Le 27 novembre 1526, Charles-Quint le qualifie « président en notre privé conseil et » garde de nos chartres d'Artois[3]. » Lors de l'institution du conseil d'Artois (1530) Jean Caulier en fut nommé président ; il mourut le 13 janvier 1531[4], après avoir été *ambassadeur de l'Empereur vers le roi de France*[5]. Le 14 juin 1546, René de Mailly et Marie de Hangart payèrent neuf livres tournois « pour deux reliefs » et tierch cambellage de certain fief et noble tenement scitué au » village de Agny,... tenu de l'Empereur, à cause de son château » d'Arras,.... escheu à la dite dame Marie de Hangart, par le » décès et trépas de deffunct messire Jean Caulier, en son vivant » chevalier, seigneur d'Aigny, son père grand, et de damoiselle » Jehanne Caulier, sa mère[6]. »

Dans le courant du mois de juillet 1528, René fit « au bureau » de la chambre des comptes les foy et hommaige » qu'il devait « pour raison de la baronnie et seignourie de Mailly, à luy adju-

1. Moréri commet plusieurs erreurs en donnant pour femme à René de Mailly, *Françoise de Hangest*, fille et héritière d'*Antoine de Hangest*, seigneur de Remaugies, et de *Péronne de Caulier*, fille de *Jean de Caulier*.
2. *Preuves*, n° CCCCLXV.
3. *Inv. somm. des arch. du Pas-de-Calais*, t. I, pp. II et III.
4. *Ibid.*, p. III.
5. C'est ainsi qu'il faut probablement rectifier le n° CCCCLXVI des *Preuves*, p. 278, ligne 6.
6. *Preuves*, n° CCCCLXXIV.

» géc par arrêt de la cour de Parlement[1] » contre Pierre de
Belleforière. A cette époque, François Ier, « en considération
» de *la proximité de lignage* » dudit René avec « la feue reine »
Claude de France, lui renouvela le don qu'il avait déjà fait[2] le 3
février 1519 (v. s.) à Jacqueline d'Astarac[3] et lui accorda en outre
gracieusement la somme de 4.500 livres[4]. Ces libéralités royales
atténuaient l'arrêt du Parlement de Paris, rendu le 7 septembre
1528, condamnant le dit « René de Mailly, écuyer, fils et héritier
» de feu messire Antoine de Mailly, et messire Pierre de Belle-
» fourrière, chevalier, » à payer à « messire Antoine de Mailly,
» chevalier, seigneur d'Auchy, » les arrérages « échus de 1000
» livres tournois de rente viagère » qu'il avait le droit de prendre
sur la terre de Mailly[5].

En 1544, René de Mailly donna des preuves de sa valeur à
Cérisoles en même temps que son frère Nicolas. Il prit part à la
défense de Metz[6] (1552), aux batailles de Dreux (1562), de Saint-
Denis (1567) et de Moncontour (1569) où il fut blessé à la tête de
sa bande qui servait sous le maréchal de Cossé[7].

C'est en 1555 que je rencontre pour la première fois René de
Mailly avec le titre de *cappitaine et gouverneur de la ville et
chasteau de Montreul-sur-la-Mer*[8]. Il écrivit de là, pendant
les années 1557 et 1558, différentes lettres au duc de Guise et au
cardinal de Lorraine pour les entretenir des affaires du pays[9]. Le

1. *Preuves*, n° CCCCLXVIII.
2. Voir p. 180.
3. *Preuves*, n° CCCCLXVI.
4. *Ibid.*, n° CCCCLXVII. — M. l'abbé Gosselin (*Mailly et ses Seigneurs*,
p. 64) donne à cet acte la date de 1544.
5. *Preuves*, n° CCCCLXIX.
6. « Deux Mailly, le père et le fils, à Metz. » P. Daniel, *Hist. de France.*
7. *Hist. universelle* par d'Agrippa d'Aubigné (Edit. de la Société de l'Hist.
de France) t. III, p. 123.
8. *Preuves*, n° CCCCLXXVII.
9. *Ibid.*, n°s CCCCLXXIX, CCCCLXXX et *Mémoires de la Société des
Antiquaires de Picardie*, 2e série, t. II, p. 123. Voir aussi la lettre de Sansac,
n° CCCCLXXXI.

13 octobre 1560, le baron de Mailly, « gentilhomme ordinaire de
» la chambre du roy, » donna décharge au trésorier du roi de
2.700 livres tournois pour ses gages de deux années comme gouverneur de Montreuil. Sa quittance[1] conserve un cachet portant
un *écu avec trois maillets* entouré du collier de l'ordre de Saint-
Michel. Cependant, s'il faut en croire M. l'abbé Gosselin[2], ce fut
seulement « le 22 mars 1564 qu'il reçut les insignes et les décora-
» tions de l'ordre des mains de M. d'Humières, dans l'église de
» Saint-Martin-aux-Jumeaux de la ville d'Amiens. La chaîne qu'on
» lui donna alors, » dit dom Grenier, « était d'une valeur de 500
» livres. »

Catherine de Médicis, mère de Charles IX, écrivit de Blois, le
31 janvier 1563, à *Monsieur de Mailly, capitaine de cinquante
hommes d'armes[3] des ordonnances*, lui annonçant la visite du
baron de Maignac et lui recommandant de bien s'employer « à
» la sureté » de la place de Montreuil. La veille le roi lui avait
adressé une première missive au sujet des assemblées « qui se
» commençaient en Picardie[4]. »

De 1566 à 1571, on trouve de nombreux documents[5], lettres,
quittances, montres, concernant René de Mailly, « baron dudit
» lieu, chevalier de l'ordre du roi, gouverneur de la ville de Mon-
» treuil et capitaine de cinquante hommes d'armes des ordonnan-
» ces. » Dans une de ces montres passée à Paris, le 9 novembre
1567, on voit, parmi les 26 hommes d'armes et les 41 archers de
sa compagnie, « *Jean de Mailly*, enseigne, seigneur de Belle-

---

1. *Preuves*, n° CCCCLXXXII.
2. *Mailly et ses Seigneurs*, p. 65.
3. 1564, octobre. « Monsieur de Mailly, trente lances à Montreuil. » *Preuves*, n° CCCCLXXXIV.
4. *Lettres de Catherine de Médicis*, publiées par le comte Hector de La
Ferrière, t. I, p. 491. M. de La Ferrière a identifié *M. de Mailly* avec *Gilles
de Mailly*, chevalier de l'ordre, vice-amiral de France, marié à Marie de
Blanchefort. C'est une erreur. En 1563, *M. de Mailly*, gouverneur de Montreuil, n'était autre que *René, baron de Mailly*, père de Gilles.
5. *Preuves,* nos CCCCLXXXVI à CCCCXCVIII.

» ville, demeurant à Saucourt[1], René du Bellay, guydon, seigneur
» de La Flotte[2], » et « *Africain de Mailly*, lieutenant[3]. »

Africain de Mailly qui est, dès 1563, « lieutenant de la compa-
» gnie » de René de Mailly[4], semble, en raison de son prénom,
appartenir à la famille de Mailly de Bourgogne. Il était seigneur

50. — Sceau d'Africain de Mailly, lieutenant de la compagnie de monseigneur de Mailly
2 juin 1567. *Preuves*, p. 290, note 1. Demay, *Sceaux de Flandre*, n° 5523.

d'Anquerville ou d'Anguerville en 1567, chevalier de l'ordre du
roi en 1570[5], et portait un *écu à trois maillets surmonté d'un
heaume couronné*[6] (figure 50). Le cachet de René, baron de
Mailly, placé au bas d'une quittance datée de Bouillancourt, le 20
septembre 1568[7], porte également un *écu chargé de trois maillets
surmonté d'une couronne* et entouré du collier de l'ordre de Saint-
Michel (figure 51).

Charles IX, voulant reconnaître les services militaires de son
« amé et féal le seigneur de Mailly, » le gratifia, par lettres datées

1. Il faut peut-être lire Haucourt. Jean de Mailly, seigneur de Belleville,
fils d'Adrien de Mailly, tige de la branche d'Haucourt, était cousin germain
du baron de Mailly.

2. Fils de Jean du Bellay et de sa première femme Françoise de Villeprouvé.

3. *Preuves*, n° CCCCXC.

4. *Ibid.*, n° CCCCLXXXIII.

5. *Ibid.*, p. 290, note 1.

6. La Bibl. nat. (*Tit. scell. et Coll. Clair.*) possède d'assez nombreux
sceaux d'Africain de Mailly. Un de ceux-ci, du 6 avril 1570 (*Coll. Clair.*,
1197, fol. 137), est entouré du collier de l'ordre.

7. *Preuves*, n° CCCCXCIII.

du Plessis-lès-Tours, le 1er septembre 1569, de la somme de 4.000 livres tournois[1].

Le 15 juillet 1571, René de Mailly donna, sous les titres de « seigneur de Boullencourt, chevalier de l'ordre du roy et cappi- » taine de cinquante lances des ordonnances de Sa Majesté, »

51. — Cachet de René I, baron de Mailly, 20 septembre 1568.
Preuves, n° CCCCXCIII.

quittance de gages pour son « estat de cappitaine » et pour sa « place d'homme d'armes[2]. » Il mourut peu de temps après, pro- bablement à Bouillancourt, avant le 7 mai 1572, époque à laquelle son fils aîné Gilles se qualifie baron de Mailly[3].

René I de Mailly maniait mieux l'épée que la plume. Lui- même s'en rendait parfaitement compte. Ecrivant un jour à son cousin, « Monsieur de Monsoreau[4] à Paris, » il termina sa missive par ces mots d'une vérité incontestable : « Je vous escript de *ma*

1. *Preuves,* n° CCCCXCVII.
2. *Ibid.,* n° CCCCXCVIII.
3. *Ibid.,* n° D.
4. A Jean ou à Charles de Chambes, fils de Philippe de Chambes et d'Anne de Laval.

» *myn*, affin que personne n'antande ce propos, *mais je crins que*
» *ne la sachès lire*[1]. »

Marie de Hangart, « veuve de René de Mailly, seigneur baron
» dudit lieu, Collencamps, Beaussart, Boulencourt-en-Santerre,
» Gratibus, Malepart, Monthulin et Moyenville, » survécut longtemps à son mari. Elle testa au château de Bouillancourt, le 13
novembre 1583, et demanda que son corps fût inhumé dans l'é-
glise de Saint-Martin de Bouillancourt auprès de celui de René[2].

§ II

René I de Mailly et Marie de Hangart eurent une nombreuse
postérité, particulièrement plusieurs fils au sujet desquels le maréchal de Cossé écrivait, le 10 novembre 1568, à M. d'Humières,
gouverneur de Péronne : « Monsieur, je vous prie faire tenir à
» Mondidier la lettre que j'escriptz à *monsieur de Mailly....* afin
» qu'il s'en vienne avec *ses filz* et leurs compagnies[3]. »

Marie de Hangart fait mention dans son testament de six de
ses enfants[4], 1° *Gilles*, fils aîné ; 2° *René*, 3° *Thibault*, seigneur
de Remaugies ; 4° *Françoise*, 5° *Renée*, et 6° « *madame de*
» *Liarres*[5]. » Le Père Anselme ajoute trois noms à cette liste :
1° *Jean*, 2° *François*, 3° *Gabrielle*. Je conserve dans l'énumération suivante l'ordre adopté par le P. Anselme[6].

1° « *Jean*, V° du nom, *seigneur de Mailly*, (dit le P. Anselme),
» fut tué au siège d'Hesdin, sans laisser d'enfants de Françoise

1. Lettre du cabinet de l'auteur.
2. *Preuves*, n° DX.
3. *Ibid.*, n° CCCCXCIV.
4. *Ibid.*, n° DX.
5. Marguerite de Mailly, femme de Jacques d'Ostrel, dit de Lières.
6. Tome VIII, p. 635.

» Potard, dame de Grumesnil[1], fille de Jean Potard, chevalier,
» seigneur de Boisemont, et de Françoise de Rouvroy, dame de
» Grumesnil. Elle était veuve de Georges de Montmorency, sei-
» gneur d'Aumont. »

Si *Jean de Mailly* a réellement existé, il ne fut jamais seigneur
de Mailly, car le successeur immédiat de *René I* fut *Gilles VII*.
Je crois que ce *Jean de Mailly* n'est autre qu'*Antoine de Mailly*,
seigneur d'Auchy, tué à Hesdin en 1537[2].

2° *Gilles de Mailly* qui aura sa notice au chapitre XVII.

3° *Thibault de Mailly* dont il sera question au chapitre XVIII.

4° *François de Mailly*, mort jeune, selon le P. Anselme[3].

5° *René de Mailly* nommé dans le testament de sa mère,
Marie de Hangart, qui lui lègue « sa couppe dorée et la couverte,
» un bassin et une esguière, le tout d'argent, avec son lit de ve-
» lours noir passementé et chamaré de passement d'or, étoffé des
» autres choses qui lui apartiennent comme chalit, couverture,
» matelat, draps et autres choses y nécessaires[4]. » René fut prieur
de Davenescourt[5], abbé de Toussaint, au diocèse de Châlons-sur-
Marne, par résignation de son oncle François de Mailly[6], et abbé
de Longvilliers. Il mourut dans cette dernière abbaye en 1618
et fut enterré dans le chœur de l'église abbatiale où on lisait l'é-
pitaphe suivante :

« Cy gist révérend père en Dieu dom *René de Mailly*, en son
» vivant abbé de Longvillier, lequel, après avoir régi cette maison

---

1. Dame de Germigny. P. Anselme, t. III, p. 581. André du Chesne (*Histoire de la Maison de Montmorency*, Paris, 1624, p. 295) ne parle pas de l'alliance de Françoise Potard avec Jean de Mailly. D'ailleurs, cette Françoise
Potard ne pouvait avoir épousé en secondes noces avant 1537, un Mailly quel-
conque, puisque son premier mari, Georges de Montmorency, vivait encore
en 1559. A. du Chesne, *Preuves*, p. 232.

2. *Mém. de Martin du Bellay*. Coll. Michaud et Poujoulat, t. V, p. 440.

3. Tome VIII, p. 635.

4. *Preuves*, n° DX, p. 299.

5. P. Anselme, t. VIII, p. 635.

6. *Gallia Christiana*, t. IX, *(Ecclesia Catalaunensis)* col. 951.

» par *cinquante deux ans*, rendit son âme à Dieu le 10 novem-
» bre 1618. Priez Dieu pour son âme[1]. »

6° *Gabrielle de Mailly* morte sans alliance, selon le P. Anselme[2].

7° *Renée de Mailly*. Voici comment s'exprime à son sujet l'auteur de l'*Histoire généalogique de la Maison royale de France*[3] :
« Renée de Mailly, laquelle étant sous la curatelle de son père, le
» 9 décembre 1551 se porta héritière pure et simple d'Antoine de
» Mailly, son ayeul, et fut abbesse de *Saint-Jean-aux-Bois, près*
» *Compiègne*. » Marie de Hangart parle dans son testament de
« sa fille, *Renée de Mailly, abbesse de Saint-Jean*, » en 1583[4],
et le *Gallia Christiana*[5] lui donne place au rang des abbesses de
Royal-Lieu jusqu'à sa mort arrivée le 20 février 1604.

8° *Françoise de Mailly* est également désignée dans le testament de Marie de Hangart[6]. Elle épousa Antoine d'Alègre, baron
de Milhaud, fils de Gabriel, baron d'Alègre, et de Marie d'Estouteville. Antoine d'Alègre « fut blessé au siège de Corbie en 1562,
» se trouva à la bataille de Moncontour qu'il décrivit en vers la-
» tins, et fut tué à Paris en 1571, à l'âge de 43 ans, par Guillaume
» du Prat, baron de Vitteaux, son parent[7]. »

Le fils d'Antoine d'Alègre et de Françoise de Mailly vendit à
Me Nicolas Martin, procureur et notaire royal au bailliage d'A-
miens, « les fief, terre et seigneurie de Longueval, consistant en

---

1. *Gallia Christiana*, t. X (*Ecclesia Boloniensis*) col. 1617. — Je trouve à
la Bibl. nat. (*Coll. de Picardie*, t. 45 bis) cette note erronée : « *Toussaint* (lire
René) de Mailly, fils de René, baron de Mailly, gouverneur de Montreuil, et
frère de *Gui* (lire *Gilles*), abbé commendataire de *Longville*, au comté de
Boulogne, embrassa l'ordre de Saint-Bernard en *1587* (il était religieux avant
1566), et fit profession entre les mains d'André Dormio, évêque de Boulogne. »

2. Tome VIII, p. 635.

3. Tome VIII, p. 635.

4. *Preuves*, n° DX, p. 300.

5. Tome IX (*Ecclesia Suessionensis*), col. 455.

6. *Preuves*, n° DX, p. 299.

7. P. Anselme, t. VII, p. 710 ; t. VIII, p. 635.

13

» fief, maisons, etc., séans au village de Mailly, terroir d'icelluy,
» Colincamps et des environs[1]. »

9° *Marguerite de Mailly* épousa, par contrat du 3 février 1574,
« noble seigneur Jacques de Lières (Jacques d'Ostrel dit de Liè-
» res), baron du Val, seigneur de Lières, de Nedon, etc., fils de
» noble seigneur messire Jean de Lières, chevalier, baron du Val,
» et de noble dame Marie d'Olehain, sa veuve[2]. » En 1578, Jacques de Lières, chevalier, est signalé comme possesseur de « la
» Damoisellerie de Douai à cause de sa femme, fille de M. de
» Mailly[3]. » Le 19 octobre 1594, il est dit gouverneur de Lillers
et reçoit une commission de capitaine de cinquante hommes d'infanterie wallonne par Ernest, archiduc d'Autriche, gouverneur et
capitaine général pour le roi d'Espagne dans les Pays-Bas[4].

Marie de Hangart donna par son testament à sa fille, « *madame*
» *de Liarres*, sa Vraie Croix étant enchassée de christal, avec
» une image de Sainte-Barbe, aussi enchassée en argent doré et
» or, une pièce d'aigle de la grosseur d'un œuf et le pendant de
» taffetas et la licorne, avec tous et chacuns ses habillements ser-
» vants à son corps[5]. »

Le seigneur de Lières, qui portait : *d'argent à deux bandes
d'azur*, mourut en 1613 et Marguerite de Mailly en 1604 ayant
eu de leur mariage : 1° Gilles, créé vicomte de Lières en 1627,
étant alors gouverneur de Lens en Artois, dont postérité ; 2° Antoine, tige des seigneurs de Ferfay tombés en quenouille dans la
maison d'Hinnisdal, et 3° Anne, mariée à Jean de Vignacourt,
seigneur de Flettre, dont postérité. Ils furent enterrés dans l'é-
glise de Lières[6].

---

1. Abbé Gosselin, *Mailly et ses Seigneurs*, p. 67, d'après un document
conservé autrefois dans les Archives du château de Mailly.

2. Bibl. nat., *Pièces originales*, t. 2174, *d'Ostrel* 49031, cotes 9, 35, 36.

3. Félix Brassart, *Histoire du château et de la châtellenie de Douai* (Douai
1877), t. II, p. 820.

4. Bibl. nat., *Pièces originales*, t. 2174, *d'Ostrel* 49031, cote 9.

5. *Preuves*, n° DX, p. 300.

6. Communication de M. le Cte de Galametz.

CHAPITRE XVII

Gilles VII de Mailly et Marie de Blanchefort
1543-1590 environ

§ I

Gilles VII de Mailly, baron de Mailly, désigné comme fils aîné de René I dans le testament de Marie de Hangart[1], était en 1544[2], enfant d'honneur du dauphin Henri, fils de François Ier.

Du vivant de son père, Gilles VII prenait le titre de baron de Mailly. C'est ainsi que le 26 juin 1568 le maréchal de Cossé écrivant à M. d'Humières, gouverneur de Péronne, lui mande d'envoyer à Abbeville les compagnies de *monsieur de Mailly* et du *baron de Mailly*[3].

Le 7 mai 1572, « Gilles de Mailly, baron dudit lieu, chevalier » de l'ordre du roy et gouverneur pour Sa Majesté en ses ville » et citadelle de Monstreul, » confessa avoir reçu la somme de 200 livres tournois « en testons » pour son « estat et appoincte- » ment à cause dudit gouvernement, des moys de janvier et fé-

---

1. *Preuves*, nº DX, p. 299.
2. Le 19 janvier 1543 (v. s.), Henri, dauphin, écrivit à M. d'Humières une lettre lui annonçant qu'il acceptait son neveu, *le jeune Mailly,* comme enfant d'honneur. *Lettres de Catherine de Médicis* publiées par le comte Hector de La Ferrière, t. I, p. 18, note 1.
3. *Preuves*, nº CCCCXCIV.

» vrier derniers passez[1]. » Le 19 juin il fit dans la même ville la
montre de la garnison composée « de trente hommes de guerre à
» pied françois[2]. » En janvier 1578, il était en procès au Parlement de Paris, comme « curateur et tuteur de Charles, sire de
» Créquy, prince de Poix, fils mineur et seul héritier *de feu mes-*
» *sire Anthoine, sire de Créquy, héritier*[3] du feu cardinal de
» Créquy, en son vivant évesque d'Amyens[4], » contre « maître
» Nicolas Chambort, receveur du taillon de Mante[5]. » Le 22 août
1579, le Parlement rendit un arrêt sur une requête qu'il avait
présentée au sujet d'une affaire d'intérêt concernant les Mailly-
Haucourt[6].

Les lettres patentes d'érection de la terre de Mailly en marquisat[7] disent que Gilles était encore gouverneur de Montreuil
en 1590. Si cette date est exacte, elle doit indiquer en même
temps l'époque de la mort du baron de Mailly.

§ II

On conserve à la bibliothèque nationale une lettre de René I de
Mailly, datée de Bouillancourt le 11 août 1569, et adressée à

---

1. *Preuves*, n° D.

2. *Ibid.*, n° DI.

3. Ces mots en italiques ont été omis par inadvertance dans le n° DVII
des *Preuves*.

4. Le cardinal Antoine de Créquy, évêque d'Amiens, institua son neveu,
Antoine de Blanchefort, fils de Gilbert de Blanchefort et de Marie de Créquy, héritier des biens de la maison de Créquy, à la condition qu'il prendrait
le nom et les armes de Créquy. *Antoine de Blanchefort*, ou plutôt *Antoine de
Créquy*, eut de Chrétienne d'Anguerre, Charles, sire de Créquy, qu'on trouve en 1578 sous la tutelle de Gilles VII de Mailly.

5. *Preuves*, n° DVII.

6. *Ibid.*, n° DVIII.

7. *Ibid.*, n° DXLVI, p. 336. Je dois faire remarquer que ces lettres d'é-
rection, comme toutes les autres pièces du même genre, renferment plusieurs
erreurs.

« son parent et bon amy, monsieur de Bayencourt[1] à Monchy, »
dans laquelle il dit qu'il a l'intention de marier son fils avec « *la
» damoiselle de Morviller*[2]. » Je crois que ce fils de René I de
Mailly est Gilles VII qui épousa non « la damoiselle de Morviller, »
mais, vers 1570, *Marie de Blanchefort*, fille de Gilbert de Blanchefort, seigneur de Saint-Janvrin, et de Marie de Créquy, fille de
Jean VIII, sire de Créquy, et de Marie d'Acigné[3]. Par cette union,
Gilles VII de Mailly devenait le neveu du cardinal Antoine de
Créquy, évêque d'Amiens.

M. l'abbé Gosselin[4] affirme, après Moréri, que Marie de Blanchefort donna deux enfants à son mari : 1° *René* et 2° *François*,
mort en bas-âge et avant son frère aîné.

Je constate l'existence de *René* qui, au rapport du P. Anselme[5],
mourut « sans alliance à Dezize en 1592, sur le point de faire le
» voyage d'Italie avec le duc de Nevers, » laissant ainsi la baronnie de Mailly à son oncle Thibault, fils cadet de René I de Mailly
et de Marie de Hangart.

1. Un « Jehan de Bayencourt, escuier, seigneur dudit lieu, natif de Resons-
sur-Marc (peut-être Ressons-sur-Matz dans l'Oise), » âgé d'environ 27 ans,
obtint du roi, en novembre 1551, une rémission pour différents méfaits. Ce
très curieux document nous apprend, entre autres choses, que Jean de
Bayencourt avait servi le roi « à Perpignan, Landrecy, pays de Boullenoys et
ailleurs.... en l'estat de porteur d'enseignes de la compaignie du seigneur de
Bouchavennes, » et qu'il avait voulu contracter mariage avec « la fille du
feu seigneur de Clary, qui se tenoit lors au chasteau de Séchelle, près de sa
maison du dit Bayencourt, » aux environs de Péronne. Arch. nat., JJ 261 [1],
fol. 326. n° 503.

2. « Monsieur, j'envoie ce porteur par devers vous pour scavoir votre in-
tencion et voulloir touchant les damoiselles de Morviller que j'ay en mes
mains en garde de par le roy, pour ce qu'il a pleu à Dieu de rappeler le
père de ce monde.... Je désireres de présenter le mariaige de mon fils et de
la *damoiselle de Morviller*... » Bibl. nat., fonds français, 3244, fol. 212. Orig.
— La damoiselle de Morviller s'appelait Anne de Launoy, fille cadette de
François de Launoy, seigneur de Morviller, Falleville, gouverneur de Boulogne, et d'Anne de La Viefville, dame du Frestoy ; elle épousa Timoléon Gouffier,
seigneur de Mois (P. Anselme V, 520) ; sa sœur aînée, Marie de Launoy, épousa
Antoine de Silly, comte de La Rochepot, et la troisième, Louise de Launoy,
Charles de La Motte-Pinon, gouverneur de Coucy. Cette illustre famille de
Launoy, cadette des bers d'Auxi-le-Château, portait pour armoiries *un échi-
queté d'or et d'azur de quatre tires*.

3. P. Anselme, t. IV, p. 290.

4. *Mailly et ses Seigneurs*, p. 68.

5. Tome VIII, p. 635.

CHAPITRE XVIII

THIBAULT DE MAILLY, FRANÇOISE DE BELLOY ET
FRANÇOISE DE SOYECOURT
1575-1625

§ I

Thibault de Mailly, seigneur de Remaugies, Onviller, Le Monchel, Les Petites-Tournelles, devenu baron de Mailly en 1592 après la mort de son neveu René[1], fils de Gilles VII et de Marie de Blanchefort, fut conseiller et chambellan du duc d'Anjou frère de Henri III[2], chevalier, gentilhomme ordinaire de la chambre du roi[3] et capitaine de cinquante hommes d'armes de l'Union catholique de France[4].

Il épousa en premières noces, par contrat passé à Senlis le 26

---

1. M. l'abbé Gosselin est dans l'erreur en affirmant (*Mailly et ses Seigneurs*, p. 69), que Thibault ne fut pas baron de Mailly. Après la mort de son neveu, 1592, il s'intitula toujours « *seigneur et baron de Mailly*. » *Preuves*, n^os DXIII, DXV, DXX, DXXII, DXXIII, DXXIV.

2. *Preuves*, n° DIX. Le P. Anselme (t. VIII, p. 636), écrit cette phrase extraordinaire au sujet de Thibault de Mailly. « Il est qualifié conseiller et chambellan de monseigneur le duc, *fils et frère du roy*, dans un contrat d'acquisition qu'il fit le 8 novembre 1582. »

3. *Preuves*, n° DXI.

4. *Ibid.*, n° DXII.

juin 1575, « damoiselle *Françoise de Belloy*, fille de haut et puis-
» sant seigneur messire Florent de Belloy, chevalier, seigneur de
» Belloy, d'Amy, de Mareuil, etc., et de défunte haute et puis-
» sante dame madame Anne de Ligny[1]. » Le même jour, un accord fut conclu[2], au sujet de ce mariage, entre Marie de Hangart,
mère de Thibault de Mailly, et Marie de Hallwin, veuve « de feu
» hault et puissant seigneur messire Adrien de Ligny, en son vi-
» vant chevalier de l'ordre du roy, capitaine et gouverneur de
» Mézières, » grand'mère de Françoise de Belloy[3].

Peu de temps après son mariage, Thibault prit part au grand
mouvement catholique contre les huguenots et signa la Ligue à
Péronne. Il fit sa soumission à Henri IV quand celui-ci eut ab-
juré le protestantisme en 1593, et se distingua alors à la prise de
Ham et de Flavy en même temps que son beau-père, Florent de
Belloy[4].

Le 23 novembre 1581, par acte passé à Montdidier, Marie de
Hangart, « demeurante à Boullencourt, paroisse Saint-Martin,....
» pour la bonne amitié qu'elle » portait « à messire Thibault de
» Mailly, chevalier, seigneur de Remaugies, conseiller, chambellan
» de monseigneur frère du roy, son fils, » lui donna « les terres et
» seigneuries du Monchel et les Petites-Tournelles, » à la condition que ces terres resteraient dans la « ligne du dit Thibault, en
» la personne de René de Mailly, fils dudit Thibault, filleul d'icelle
» dame[5]. »

Vivant au milieu d'une époque troublée et sur le point de « par-
» tir pour aller en l'armée du roi, allencontre des rebelles, »
Thibault fit son testament et le confirma par un acte passé au
château de Remaugies, le 16 février 1588, en faveur de sa femme
et de ses deux fils, René et Charles de Mailly[6].

---

1. *Preuves*, n° DIV.
2. *Ibid.*, n° DV.
3. Le P. Anselme (VIII, p. 636), qu'on ne cesse de trouver en défaut, fait
naître Françoise de Belloy de Florent de Belloy et de Marie de Hallwin.
4. Abbé Gosselin, *Mailly et ses Seigneurs*, p. 70.
5. *Preuves*, n° DIX.
6. *Ibid.*, n° DXI.

Françoise de Belloy ne devait pas profiter des dispositions testamentaires de son mari ; elle décéda le 7 avril 1592, laissant quatre enfants : *René*, âgé de onze ans six mois, *Charles*, âgé d'environ sept ans, *Marie*, âgée d'environ trois ans, *Jacques*, âgé de vingt mois[1]. La même année, Thibault devint seigneur et baron « de Mailly, Boulliancourt, Mallepart, Maresmoutier, Gratibus, » Monthullin, Belleval, » par la mort de son neveu René, fils de » Gilles VII et de Marie de Blanchefort[2]. » Le 19 mai 1600, il était en procès au Parlement de Paris contre « messire Adrian de » Mauvoisin, chevalier, seigneur d'Aubercour[3] ; » en 1611, il partagea la succession de son beau-père, Florent de Belloy, avec Jacques de Belloy, chevalier, et Antoine de La Viefville, également ment chevalier[4], et le 13 février 1620, il substitua Jacques, son troisième fils, à son aîné, René, au cas où ce dernier viendrait à mourir[5].

L'harmonie était loin de régner dans la famille de Mailly et Thibault avait à se plaindre des mauvais procédés de René, son fils aîné. Aussi, voulut-il en 1623, avantager son troisième fils, Jacques, seigneur de Mareuil, « pour sa bonne amour paternelle[6], » et exhéréder en partie, par acte du 16 septembre 1625, celui qui manquait à tous ses devoirs filials[7]. Ces actes furent les derniers de sa vie ; il mourut dans un âge avancé, probablement avant 1626[8]. Il avait épousé en secondes noces vers 1594, *Françoise de Soyecourt*, veuve de Ponthus, seigneur de Belleforière, fille de François, seigneur de Soyecourt, et de Charlotte de Mailly d'Auchy, union qui lui avait donné une fille, *Louise de Mailly*.

1. *Preuves*, n° DXII.
2. *Ibid.*, n° DXIII.
3. Arch. nat., X¹ᵃ 151. Reg. non pag.
4. *Preuves*, n° DXX. — Antoine de La Viefville, baron d'Orvillers, avait épousé Marie de Belloy, fille de Florent et de Jeanne de Ligny.
5. *Ibid.*, n° DXI, p. 302.
6. *Ibid.*, n° DXXII.
7. *Ibid.*, n° DXXIII.
8. M. l'abbé Gosselin (*Mailly et ses Seigneurs*, p. 71), dit que Thibault de Mailly mourut à l'âge de 77 ans après avoir fait son testament le 7 novembre 1625.

§ II

Les enfants de Thibault de Mailly et de Françoise de Belloy furent comme je l'ai déjà dit :

1º *René de Mailly*, à qui je consacrerai le chapitre XIX.

2º *Charles de Mailly*, né en 1585, prieur de Davenescourt et abbé de Longvillier « en Boullenois, » après son oncle René de Mailly[1]. Il mourut en 1625[2].

3º *Jacques de Mailly*, mari de Françoise de Bouvelles[3], auteur de la branche de Mareuil, dont je m'occuperai dans un des livres suivants.

4º *Marie de Mailly*, née en 1589, mariée à Geoffroy de Rambures, seigneur de Ligny[4]. Geoffroy de Rambures, seigneur de Ligny-sur-Canche, était fils de Jean, sire de Rambures, et de Claude de Bourbon, dame de Ligny. Au dire du P. Anselme[5], il fut tué au mois de février 1608, dans la maison et sous les yeux de Thibault de Mailly, son beau-père, par son beau-frère Jacques de Mailly, seigneur de Mareuil ; le meurtrier, né en 1590, n'était âgé que de dix-huit ans. Geoffroy de Rambures laissait un fils, Jean-René de Rambures, qui devint seigneur de Ligny-sur-Canche.

La fille unique de Thibault de Mailly et de sa seconde femme, Françoise de Soyecourt, *Louise de Mailly*, épousa par contrat du 12 mai 1612, Philippe Guillart, écuyer, baron d'Arcy, fils aîné de Louis Guillart, chevalier, et de Marie Raguier. Celle-ci donna à son fils pour son mariage les terres et seigneuries de L'Epiche-

---

1. *Preuves*, nº DXI, p. 302.

2. *Gallia Christiana*, t. X (*Ecclesia Boloniensis*) col. 1617.

3. *Françoise de Bouvelles* d'après Potier de Courcy ; continuation du P. Anselme, p. 883. C'est *Bouvelles* au dire de Lainé (*Nobil. de Soissonnais*, p. 16).

4. P. Anselme, t. VIII, p. 636.

5. Tome VIII, p. 68.

lière, Souligné, Vallon et Maigné, situées dans la province du Maine[1]. Les Guillart portaient *de gueules à deux bourdons d'or posés en chevrons accompagnés de trois rochers d'argent autrement dit Montjoyes*[2].

1. *Preuves,* n° DXXI.
2. De Montesson, *Recherches sur la paroisse de Vallon*, p. 113.

CHAPITRE XIX

René II de Mailly et Michelle de Fontaine
1580-1642

§ I

René II de Mailly naquit en l'année 1580 et fut tenu sur les fonts du baptême par sa grand'mère Marie de Hangart[1]. Il épousa, par contrat du 24 janvier[2] 1609, passé à Montdidier, « en l'hôtel » de Jean Cheuret, maître du Cygne, damoiselle *Michelle de » Fontaines,* fille de défunt messire Claude de Fontaines, sei- » gneur de Monfalet (ou Monstrelet), Plainval, etc., et de Marie » de Montan (ou Montejean), » en présence de René de Mailly, abbé de Longvillier, son oncle, et de Jacques de Mailly, écuyer, son frère[3]. Dans cet acte René II est qualifié baron de Mailly, en même temps que son père, et est dit demeurant au château de Remaugies, résidence habituelle des Mailly depuis le mariage de René I avec Marie de Hangart.

Au dire de M. l'abbé Gosselin, il reçut en 1618 « les aveux et

---

1. *Preuves,* nᵒ DIX.
2. Le P. Anselme place ce contrat au 24 juin, et M. l'abbé Gosselin au 14 janvier 1609.
3. *Preuves,* nᵒ DXVIII

» dénombrements de toutes les rotures de Mailly et de ses dé-
» pendances[1], » et en 1621, il fit quelques dons aux sœurs grises
de Doullens[2], lesquelles « s'obligèrent par acte du 21 novembre,
» de chanter à perpétuité dans l'église de leur couvent le *Stabat*
» *mater* pour lui et pour sa femme. Charles d'Happlincourt, che-
» valier, seigneur de Hardécourt, lui donna le 16 août 1622 un
» dénombrement dans lequel il est qualifié *chevalier de l'ordre du*
» *roy, capitaine de cinquante hommes* de ses ordonnances[3]. »
   De graves difficultés s'élevèrent entre René II de Mailly et son
père Thibault. Celui-ci avait donné à son fils aîné, le 16 février
1588, les « seigneuries de Remaugies, Les Petites-Tournelles et
» Le Monchel, à la reserve de l'usufruit, sa vie durant ; » par
acte du 16 septembre 1625, passé au château de Remaugies, il
transporta les mêmes terres « à son bon fils, » Jacques de Mailly
« absent et acceptant[4]. » Les dernières volontés de Thibault ne
furent pas respectées, car après sa mort le 6 février 1626, « haut
» et puissant seigneur messire *René de Mailly, chevalier, gen-*
» *tilhomme ordinaire de la chambre du roy, baron de Mailly,*
» *seigneur de Remaugies, Onviller, Le Monchel, Les Petites-*
» *Tournelles, Englebellemer,* » fit le partage des biens de la
succession avec son frère Jacques de Mailly, seigneur de Mareuil,
et son beau-frère haut et puissant seigneur « messire Philippe de
» Guillard, chevalier, gentilhomme ordinaire de la chambre du
» roy, baron d'Arsy, et tuteur de ses enfants et de haute et
» puissante dame Louise de Mailly, son épouse[5]. »
   Au moment de la déclaration de guerre à l'Espagne par Richelieu en 1635, René II était âgé de cinquante-cinq ans ; il ne voulut
pas cependant rester oisif et il demanda à servir. Le cardinal écrivit alors à Louis XIII de Royaumont, le 14 mars 1635, une lettre

---

1. *Mailly et ses Seigneurs*, p. 73.
2. Abbé Delgove, *Histoire de la ville de Doullens* (Amiens, 1865), p. 307.
3. P. Anselme, VIII, p. 636.
4. *Preuves*, nᵒˢ DXI et DXXIII.
5. *Preuves*, nᵒ DXXIV.

qui contient ces lignes : « Il reste encore deux compagnies de
» cavalerie à lever, le Rhingrave ne venant point. Il plaira au roy
» y penser et dire au *bonhomme Mailly*, père de celui qui est
» dans Corbie[1], que Sa Majesté luy accorde une compagnie de
» cavallerie, *puisqu'il veut servir dans les armées*. M. Servien
» lui donnera sa commission. Au mesme temps, il plaira à Sa
» Majesté résoudre celuy qu'elle voudra mettre dans Corbie par
» commission....[2] »

Pendant que René II servait la France, les Espagnols rava-
geaient Mailly à deux reprises différentes[3]. L'église du village
ayant été en partie incendiée, elle fut relevée de ses ruines par le
baron vers 1638. « Une pierre, placée au sommet du portail,
» semblait rappeler ce souvenir et présentait un écusson mi-parti
» de Mailly et de Fontaine. En 1872, lorsqu'on restaura cette
» partie du monument, ces armoiries n'y furent point replacées[4]. »

Le baron de Mailly fit son testament le 30 octobre 1640, au
prieuré de Davenescourt, demandant la sépulture « en l'église de
» Remaugies, avecq et auprès de la sépulture de ses prédeces-
» seurs, en une cave et tombe quy sera faicte pour cest effect, »
sous « une grande pierre dure, dans laquelle sera mis et appliqué
» une pierre de marbre, sur laquelle sera escrit et empreint son
» nom, qualitéz, seigneuryes et armes, et le jour de son decedz. »
En même temps, il fonda à Remaugis une chapellenie sous le voca-
ble de Saint Jean, pour le salut de son âme et de celle de Michelle
de Fontaine, son épouse.

René II, malade au moment où il faisait son testament, semble
être demeuré au prieuré de N.-D. de Davenescourt depuis 1640 jusqu'en 1642. Le 10 mars de cette dernière année il y ratifia ses dernières volontés en présence « de noble homme Charles Le Caron, doc-

---

1. René III de Mailly. — Le qualificatif du cardinal de Richelieu vis-à-vis
du baron de Mailly s'explique par son antipathie connue contre la noblesse
féodale.

2. *Lettres du cardinal de Richelieu* (Documents inédits sur l'Histoire de
France), t. IV, p. 675.

3. *Mailly et ses Seigneurs*, p. 183.

4. *Mailly et ses Seigneurs*, p. 73.

» teur en médecinne de la ville d'Amiens » et de « maistre Jean de Caix, prestre, curé dudit Davenescourt[1]. » Il y mourut le même jour.

Le corps du seigneur de Mailly fut probablement inhumé, selon son désir, dans l'église de Remaugies ; « mais son cœur fut transporté à Pierrepont et déposé dans une chapelle qui s'élève encore aujourd'hui à quelque distance du village et qui porte le nom de chapelle Saint-Riquier. L'épitaphe de René s'y trouve gravée sur une même pierre » que celle de son fils Jacques. « Au-dessous d'un écusson aux armes de Mailly, sommé de la couronne fleurdelisée avec lambrequin pendant, on lit :

« Cy gist le cœur de deffunct Mre René de Mailly, vivant chevalier, conseiller du roy en ses conseils d'estat et privé, seigneur et comte (sic) dudict Mailly, Colincamp, Beaussart, Belval, Encrebelmère, Remaugière (Remaugies), Onvillers, Le Monchel, Maineville, Les Petites-Tournelles, Monstrelet, Gentilly et autres lieux ; lequel seigneur est décédé le 10e jour de mars 1642[2]. »

§ II

René II de Mailly nomme sept de ses enfants dans son testament du 30 octobre 1640. Ce sont :

1° *René III de Mailly* qui aura son article au chapitre XX.

2° *Louis de Mailly*, auteur de la branche Mailly-Nesle, dont je parlerai ailleurs.

3° *Charles de Mailly*, prieur de Davenescourt[3]. Charles, que La Morlière appelle René[4], n'était pas prêtre en 1640 ; on lit en

---

1. *Preuves*, n° DXXX.
2. Abbé Gosselin, *Mailly et ses Seigneurs*, p. 75.
3. P. Anselme, t. VIII, p. 637. — Moréri, *Dictionnaire historique*, t. VII, p. 78. — Abbé Gosselin, *Mailly et ses Seigneurs*, p. 76.
4. *Maisons illustres de Picardie*, Amiens, 1630, p. 226.

effet dans le testament de René II, son père. « Item, a donné à *Louis de Mailly*, son filz, les terres et seigneuryes de Remaugyes, Onviller, Le Monchel et Petites-Tournelles, à la charge de l'usufruict d'icelle terre et seigneurye du Monchel au proffict de *Charles de Mailly, son fils, en cas qu'icelluy Charles soit prestre*, et ou il ne seroit prestre, le dit testateur en a fait don audit *Charles* de la dite terre et seigneurye du Monchel[1]. »

4° *Thibault de Mailly*, « destiné chevalier de Malte[2]. » Le testament de René II renferme ces lignes. « Item, a donné, et donne à *Thibault de Mailly*, aussy son fils, la terre et seigneurie de Mainneville, circonstance et dépendance d'icelle, et le Monthullin... ; lequel Thibault s'il estoit, lors du decedz du testateur, ou depuis, profez et pourveu d'une commanderye, icelle terre et seigneurye de Maineville appartiendra audit *Louis de Mailly*, auquel, audit cas, il en a encore fait don de la propriété d'icelle terre de Mainneville, à la charge de l'usufruict neanlmoins au proffit dudit Thibault, sa vie durant[3]. » Thibault mourut en 1644. Son cœur fut déposé auprès de celui de son père dans la chapelle de Pierrepont où on lit encore cette épitaphe : « Cy gist aussy le cœur de deffunct Mre Thibault de Mailly, filz au dict deffunct messire René de Mailly, qui estoit en son vivant chevalier de Malte, lequel est décédé le 11 février 1644. Priez Dieu pour leurs âmes[4]. »

5° *Claude-Isabelle de Mailly*, religieuse à l'abbaye de Longchamp en 1640. Elle en était abbesse en 1660 et 1661 époque à laquelle elle y reçut comme religieuse « damoiselle Marguerite Lemasier de Beaussart[6]. »

6° *Isabelle de Mailly*, religieuse.

---

1. *Preuves*, n° DXXX, p. 314.
2. P. Anselme, t. VIII, p. 637. — Moréri, t. VII, p. 78. — Abbé Gosselin, p. 76.
3. *Preuves*, n° DXXX, p. 314.
4. Abbé Gosselin, *Mailly et ses Seigneurs,* p. 76.
5. *Preuves*, n° DXXX, p. 314.
6. Arch. nat. L 1025, n° 35.

7° *Renée de Mailly*, religieuse au couvent « de Saincte-Austreberte, à Monstreul[1]. »

Voici maintenant la liste des enfants de René II de Mailly donnée par le P. Anselme et Moréri. 1° *René III*, 2° *Charles-Louis-René*, seigneur de Remaugies, mort sans alliance, 2° *Louis-Charles*, auteur de la branche Mailly-Nesle, 4° *Thibault*, « destiné chevalier de Malte, » 5° *Charles*, prieur de Davenescourt, 6° *Marie*, religieuse à Longchamp, 7° *Claude-Isabelle*, abbesse de Lonchamp, 8° et 9° *Françoise* et *Barbe*, religieuses à Roye, 10° *Claude*, mariée en premières noces en 1647, « à Jacques de Roucy, seigneur de Sainte-Preuve, » et en secondes » à Louis de Roucy, seigneur de Sissonne[2]. »

1. *Preuves*, n° DXXX, p. 314.
2. Jacques et Louis de Roucy étaient tous deux fils de Charles de Roucy, seigneur de Sissonne, et de Claude Hurault. *Dict. hist. du dép. de l'Aisne*, par Melleville, t. II, p. 335.

CHAPITRE XX

RENÉ III, BARON PUIS MARQUIS DE MAILLY, MARGUERITE DE
MONCHY ET MADELEINE AUX-EPAULES.

1610-1695.

§ I

René III de Mailly, « chevalier, seigneur et baron de Mailly, »
fils aîné de « haut et puissant seigneur messire René de Mailly,
chevalier, sire et baron dudit Mailly, Colemcamp, Beaussart, Belleval, Ancrebellemer, seigneur de Remaugies, Onviller, Le Monchel, Les Petites-Tournelles, » etc., et de haute et puissante
dame Michelle de Fontaine, son épouse, ...demeurant ordinairement audit Mailly, » naquit vers 1610. Il épousa, par contrat passé
à Paris le 28[1] avril 1630, « damoiselle *Marguerite de Monchy*, »
fille de « haut et puissant seigneur messire Jean de Monchy[2],

---

1. Le P. Anselme, t. VIII, p. 637, dit le 29.
2. Jean de Monchy, marquis de Montcavrel, fut fait chevalier des ordres
du roi le 14 mai 1633. On trouve son portrait lavé à l'encre de chine à la
Bibl. nat. *Coll. Clair.*, 1167, fol. 234 et 1234, fol. 107.

chevallier, seigneur et marquis de Montcavrel, » et de « haute et puissante dame Marguerite de Bourbon, son épouse[1]. » Cette Marguerite de Bourbon, dame de Rubempré, était fille et héritière d'André de Bourbon, seigneur de Rubempré, et d'Anne de Roncherolles, sa seconde femme[2].

A l'exemple de tous ses ancêtres René III servit dans les armées : il se trouva au siège de la Rochelle en 1628 et au secours de Casal l'année suivante[3]. En 1636, il était gouverneur de Corbie au moment où les forces que l'Espagne et l'Allemagne entretenaient sur les frontières du Nord envahissaient la Picardie. Jean de Werth et Piccolomini, qui commandaient les Impériaux, enlevèrent plusieurs petites places, en particulier Mailly, et vinrent assiéger Corbie. Le gouverneur de la ville eut le tort d'abdiquer son autorité entre les mains de Maximilien de Belleforière, seigneur de Soyecourt, « lieutenant du roy au gouvernement. » Corbie capitula le 15 août, après quelques jours de résistance. A cette nouvelle, Louis XIII entra dans une grande colère et Richelieu écrivit dès le lendemain au monarque les lignes suivantes. « Le roi n'oubliera pas, s'il luy plaist, de faire envoier ordre aux villes et autres officiers où les s^{rs} de Saucour, Mailly et autres officiers pourroient se retirer de les faire arrester[4]. »

Au dire de M. l'abbé Gosselin[5], « le seigneur de Soyecourt arriva à Amiens, le samedi 16 août, sur les quatre à cinq heures de l'après-midi ; et le jeudi ou vendredi de la semaine suivante, un courrier envoyé par le roi accourut dans cette ville portant commandement de se saisir du sieur de Belleforière ; mais ses amis le firent évader, en répandant le bruit qu'il allait à Calais. Quant au seigneur de Mailly, n'ayant pas pris les mêmes précautions, il fut arrêté et enfermé à la citadelle d'Amiens. »

1. *Preuves*, n° DXXVII.
2. P. Anselme, t. I, p. 379 ; t. VII, p. 557.
3. P. Anselme, Moréri, etc.
4. *Lettres du cardinal de Richelieu*, t. V, p. 548.
5. *Mailly et ses Seigneurs*, p. 79.

Le même auteur prétend que René III fut condamné à mort
« par le roi en son conseil de guerre le 26 octobre 1636, » et
qu'il put échapper par la fuite à la peine portée contre lui. Cette
affirmation est contredite par le « *Procès-verbal de ce qui s'est*
passé au jugement rendu au conseil du roi, Sa Majesté y estant,
contre les s^rs de Saucourt et de Mailly, gouverneur de Corbie[1]. »
D'après ce document, « l'an 1636, le samedy 5ᵉ jour du mois de
novembre, le roy, arrivé en la ville d'Amiens du jour précédent
de son camp de Muyn, devant Corbie, assembla son conseil en la
maison de M. de Chaulnes où sa Majesté estoit logée, auquel
lieu se trouvèrent sur les huit heures du matin, M. le cardinal de
Richelieu, monseigneur le chancelier » et autres. Le roi s'étant
mis à l'écart, le gouverneur de Corbie comparut devant le conseil.
Il présenta sa défense et prouva que « pendant le siège, *il n'a-*
voit agy que comme volontaire, ayant laissé toute l'autorité au
s^r de Saucourt, auquel, pour faire plaisir, il avoit signé l'écrit qui
luy avoit esté présenté et qu'en effet ladite place se pouvoit mieux
deffendre. » René de Mailly fut ensuite reconduit à la citadelle et
le cardinal alla chercher le roi qui avait tout entendu de « la
ruelle du lit » où il s'était caché. Il fallait un exemple. Le conseil
s'appuyant sur des « informations du 20 août et du 1ᵉʳ septembre
1636, » condamna René, qui n'était pas en fuite, non à la peine
de mort, mais « à s'absenter de la cour pendant trois ans avec
deffense de se trouver en aucun lieu où sera Sa Majesté, » à être
privé du gouvernement de Corbie et d' « aucune charge pendant
dix années. »

Une telle sentence, certainement dictée par l'impitoyable cardinal, ne pouvait guère être appliquée rigoureusement à un bon
serviteur de la royauté. René III fut réhabilité quelques années
plus tard et il reparut en 1640 à la bataille de Sedan et au siège
d'Arras en 1641[2].

---

1. Bibl. nat., fonds français, 7596, fol. 169 vᵒ.
2. P. Anselme, t. VIII, p. 637. — *Mailly et ses Seigneurs*, p. 80.

Marguerite de Monchy, qui portait pour armes : *de gueules à trois maillets d'or*, mourut avant 1654, car, pendant cette dernière année René III de Mailly se remaria avec la veuve de Bertrand-André de Monchy, marquis de Montcavrel, *Madeleine Aux-Epaules*, marquise de Montcavrel et de Néelle, fille de René Aux-Epaules dit de Laval, marquis de Néelle, baron de l'Ile-sous-Montréal, et de Marguerite de Montluc-Balagny. René Aux-Epaules était lui-même fils de François Aux-Epaules, chevalier, seigneur de Pizy, et de Gabrielle de Laval-Loué, fille de Gilles de Laval-Loué et de Louise de Sainte-Maure.

La famille Aux-Epaules, dite de Laval, avait pour armes *une fleur de lis d'or sur un fond de gueules*. René Aux-Epaules, beau-père de René III de Mailly, modifia ainsi ses armes à cause de sa mère Gabrielle de Laval : « *d'or à la croix de gueules chargée de quatre coquilles d'argent et d'une fleur de lis en cœur, cantonnée de seize alérions d'azur*[1]. »

Pendant l'année 1667, le 21 juillet, René III eut l'honneur de donner l'hospitalité à Louis XIV et à la reine dans son château de Mailly. En 1668, Marie-Thérèse d'Autriche, se rendant en Flandre, y fit un nouveau séjour[2].

C'est peut-être à la suite de ces royales visites que le baron de Mailly prit le titre de marquis, longtemps avant l'érection régulière de sa terre en marquisat. Quoi qu'il en soit, le 28 octobre 1686, il fournit à l'abbaye de Corbie un aveu et dénombrement de son fief de Colincamp. Il mourut le 5 décembre 1695, à l'âge de 86 ans, et fut inhumé à Paris dans l'église de Saint-Sulpice[3].

---

1. Bibl. nat. *Coll. Clair.*, 1234, fol. 84 v°. On conserve au château de La Roche-Mailly le portrait sur toile de René Aux-Epaules avec les armes que je viens de décrire.

2. Voir, p. 25. A la ligne 8ᵉ de cette page 25, il faut remplacer « *le manoir de René de Mailly et de Marguerite de Monchy* » par « *le manoir de René de Mailly et de Madeleine Aux-Epaulles.* »

3. Arch. de La Roche-Mailly. « *Extraits mortuaires et de mariages.* »

§ II

René III de Mailly n'eut d'enfants que de son premier mariage avec Marguerite de Monchy.

1° *René-Jean de Mailly*, dont je parlerai au chapitre XXI.

2° *André-Louis de Mailly*, marquis de Varennes [1].

3° *Jacques de Mailly*, tué devant Maestrick [2] en 1673.

4° *Pierre de Mailly*, seigneur de Toutencourt [3].

Un des fils de René III de Mailly, André-Louis ou Pierre, fut blessé à la sanglante bataille de Senef, le 11 août 1674. Le 26 août Louis de Bourbon écrivit « du camp de la Baissière » au marquis de Mailly : « J'ay esté, je vous asseure, bien fasché de la blessure de M. votre fils ; il ne se peut mieux faire qu'il a fait dans cette occasion, et je ne saurais vous dire combien j'en suis satisfait et du soin qu'il avoit pris auparavant de mettre en bon estat mon régiment [4]. »

5° *Claude de Mailly*, mariée, à Mailly par contrat du 25 septembre 1684, avec « hault et puissant seigneur messire Jean-Baptiste de Monchy, marquis de Montcavrel, » en présence de son père, le marquis de Mailly, et de sa belle-mère, Madeleine Aux-Epaules [5].

A ces cinq enfants, le P. Anselme [6] ajoute deux filles dont il ignore le nom de baptême.

1. P. Anselme et Moréri.
2. P. Anselme et Moréri.
3. P. Anselme et Moréri.
4. Arch. de la Roche-Mailly. Copie faite sur l'original en 1835.
5. *Preuves*, n° DXXXIII. Archives de la Somme, B 96.
6. Tome VIII, p. 637.

CHAPITRE XXI

RENÉ-JEAN IV DE MAILLY ET CHARLOTTE DE MONTEBENNE
1631-1662-1718.

René-Jean IV de Mailly naquit vers 1631 et épousa par contrat du 23 novembre 1660, « damoiselle Charlotte de Montesbenne, » fille de « feu haut et puissant seigneur messire Cyprien de Montesbene [1], vivant chevalier, seigneur de Hérissart, Arquesve..., capitaine d'une compagnie de gardes de la reine Marie de Médicis et maréchal de camp ès armées du roy, » et de haute et puissante dame Elisabeth du Châtelet. » Dans cet acte, René-Jean est qualifié « chevalier, seigneur baron de Toutencourt, Varennes et autres lieux, fils aîné » de « haut et puissant messire *René de Mailly*, chevalier, seigneur marquis dudit Mailly et autres lieux, et de deffunte haute et puissante dame *Marguerite de Monchy* [2]. »

Les terres de Toutencourt, de Varennes et autres, étaient entrées dans la maison de Mailly par Marguerite de Monchy. Charlotte de Montebenne augmenta les domaines de son mari des terres et seigneuries d'Herissart et d'Arquèves qu'elle tenait du chef de son père. En outre elle apporta une somme d'argent assez consi-

---

1. Cyprien de Géraud, seigneur de Montebenne. *Mailly et ses Seigneurs,* p. 82.

2. *Preuves,* n° DXXXI.

dérable et des prétentions importantes sur la succession de la dame de Longueval, sa grand'tante. Par malheur, Charlotte avait une sœur, Henriette de Montebenne, qui après être entrée en religion réclama contre ses vœux et se maria. De là naquirent au sujet de la terre d'Herissart des difficultés qui n'étaient pas encore résolues en 1731, sous Victor-Alexandre, petit-fils de René-Jean IV de Mailly[1].

René-Jean mourut en 1662, à l'âge d'environ trente et un ans, longtemps avant son père. Il laissait de son mariage un fils unique *René V de Mailly*[2]. Sa veuve décéda à Paris le 15 avril 1718, âgée de quatre-vingt-cinq ans[3].

1. *Mailly et ses Seigneurs*, pp. 83 et 91.
2. *Preuves*, n° DXXXV.
3. P. Anselme, t. VIII, p. 637. — Moréri, t. VII, p. 79. — Abbé Gosselin, *Mailly et ses Seigneurs*, p. 83.

CHAPITRE XXII

RENÉ V, MARQUIS DE MAILLY, ET ANNE-MARIE-MADELEINE-LOUISE
DE MAILLY

1661-1698-1704

§ I

René V, marquis de Mailly, naquit probablement en 1661.
Dans son contrat de mariage (7 février 1687[1]) avec sa cousine
« damoiselle *Anne-Marie-Madeleine-Louise de Mailly*, damoiselle de Nesle, fille de haut et puissant seigneur messire Louis de
Mailly, marquis de Nesle, prince de l'Isle-sous-Montréal, et de
haute et puissante dame Jehanne de Monchy, » il prend les titres
de « haut et puissant seigneur messire René, marquis de Mailly,
chevalier, seigneur de Toutencourt, Varennes, Fontaines-sur-
Somme et autres lieux, fils de deffunt hault et puissant seigneur
messire Jean-René, comte de Mailly, et de haute et puissante
dame Charlotte de Montesbenne » et petit-fils de « haut et puis-

---

1. En 1689, d'après *Mailly et ses Seigneurs*, p. 84.

sant seigneur messire René, marquis de Mailly, seigneur de Collemcant, Encrebellemère, Beaussart et autres lieux[1]. »

Ce mariage avait été conclu sans le consentement du marquis de Nesle et de Jeanne de Monchy. Leur mécontentement se traduisit par une exhérédation qui fut prononcée contre leur fille le 19 novembre 1689. Plus tard, après la mort du marquis de Mailly et de sa femme, ils revinrent sur leur décision en faveur de leurs petits-enfants[2].

René V avait été pourvu par Louis XIV du régiment d'Orléanais, mais il se vit obligé de quitter le service à cause de précoces infirmités qui devaient le conduire au tombeau[3]. Il mourut en son château de Mailly, le lundi 26 mai[4] 1698, âgé d'environ trente-sept ans. Son corps fut « inhumé le lendemain 27, par le curé de la paroisse, dans l'église des Cordeliers de Mailly, lieu ordinaire de la sépulture de messieurs de Mailly[5]. »

Anne-Marie-Madeleine-Louise de Mailly décéda également au château de Mailly le 13 mars 1704, sur les sept heures du soir, après réception des sacrements de l'Église. Elle fut inhumée le 15 auprès de son mari[6].

En 1876, M. le comte d'Hézecques possédait un beau portrait de la marquise de Mailly ; elle y était représentée accoudée sur le tombeau de son époux[7].

---

1. *Preuves*, n° DXXXV. Arch. de la Somme, B 97.

2. *Mailly et ses Seigneurs*, p. 85.

3. *Ibid.*, p. 85.

4. En juilllet, dit M. l'abbé Gosselin, p. 85.

5. Arch. de la Roche-Mailly. « *Extrait du registre aux actes de décès de la paroisse de Mailly, pour l'année 1698.* » Copie faite en 1830, certifiée et signée par Dusevel.

6. Arch. de La Roche-Mailly. *Extrait de l'ancien état civil de Mailly.* Copie faite par Dusevel en 1830.

7. *Mailly et ses Seigneurs*, p. 85.

§ II

Deux enfants naquirent du mariage de René V de Mailly et de sa femme :

1° *Victor-Alexandre, marquis de Mailly*, à qui je consacrerai le chapitre XXIII.

2° *Henri-Louis de Mailly*, né le 2 août 1698, deux mois après la mort de son père. Il fut baptisé le même jour dans l'église de Mailly et eut « pour parrain, haut et puissant seigneur Henry-Louis, marquis de Lameth, et pour marraine, haute et puissante dame Marie-Edme de Hautefort[1]. » Selon le P. Anselme (t. VIII, p. 637), Henri-Louis, « capitaine au régiment de Mailly, mourut au château de Mailly de la petite vérole le 10 juin 1718. Il avait à peine vingt ans.

---

1. Arch. de La Roche-Mailly. *Extrait de l'ancien état civil de Mailly.* Copie faite par Dusevel en 1830.

CHAPITRE XXIII

Victor-Alexandre, marquis de Mailly, et Victoire-Delphine

de Bournonville

1696-1754-1774.

§ I

Victor-Alexandre, marquis de Mailly, vint au monde et fut ondoyé à Saint-Sulpice le 12 septembre[1] 1696[2]. Il devint colonel du régiment de Mailly-Infanterie, ci-devant Montesquiou, par commission du 15 septembre 1717[3]. »

Le 6 mars[4] 1720, « très haut et très puissant seigneur monseigneur *Victor-Alexandre, sire marquis de Mailly,* seigneur de Toutancourt, Varennes, Arsquéve, Fontaine-sur-la-Somme, Remaugies, Onviller et autres lieux, colonel du régiment de Mailly,

---

1. Les généalogistes placent la naissance de Victor-Alexandre au 10 décembre 1696.
2. Arch. de la Roche-Mailly.
3. *Mailly et ses Seigneurs,* p. 86.
4. M. l'abbé Gosselin, *Mailly et ses Seigneurs,* p. 86, dit le 14 mars, ainsi que le P. Anselme, t. VIII, p. 638.

fils unique de deffunct très haut et très puissant seigneur monseigneur René, sire marquis de Mailly, et de très haute et très
puissante dame madame Anne-Marie-Madeleine-Louise de Mailly
et de Néelle, » épousa, par contrat passé à Paris, « très haute et
très puissante damoiselle mademoiselle *Victoire-Delphine de Bournonville*, fille mineure de deffuns très haut et très puissant seigneur monseigneur Alexandre-Albert-François-Barthelemy, prince
de Bournonville, et de très haute et très puissante dame madame
Charlotte-Victoire d'Albert de Luynes, princesse de Bournonville, » en présence des princes et des princesses du sang[1] et
avec « l'agrément de très haut et très puissant, très excellent et
invincible monarque Louis quinze, par la grâce de Dieu, roi de
France et de Navarre[2]. »

52. — Cachet en cire rouge de Victoire-Delphine de Bournonville sur une lettre écrite de
Mailly, le 29 septembre 1745, et adressée « à monsieur le comte de Mailly, maréchal des
camps et armées du roy, à l'armée de Flandres. » Arch. de La Roche-Mailly.

Le frère de la nouvelle marquise de Mailly, Philippe-Alexan-
dre, duc et prince de Bournonville, mourut en 1727, sans postérité
de Catherine-Charlotte-Thérèse de Gramont. L'immense fortune
des Bournonville fut alors partagée entre la maison de Mailly et la
sœur de la marquise de Mailly, Angélique-Victoire de Bournon-

1. *Preuves*, n° DXLIII.
2. Archives de la Roche-Mailly. Les Bournonville portaient : *de sable au
lion d'argent armé, lampassé et couronné d'or, la queue fourchée et passée
en sautoir.* (P. Anselme, t. V. *Généalologie de la maison de Bournonville*).
Quelques-unes des lettres de Victoire-Delphine de Bournonville, conservées
au château de la Roche-Mailly, gardent encore leur cachet en cire. *Deux écus
accolés ; à dextre, le blason Mailly, d'or à 3 maillets de sinople ; à senestre,
le blason Bournonville, de sable au lion d'argent* (figure 52).

ville, femme de Jean de Durfort, duc de Duras, qualifié dans un acte de 1759 « pair et maréchal de France, chevalier des ordres du roy, gouverneur et lieutenant général de la province de Franche-Comté et gouverneur particulier des ville et citadelle de Besançon[1]. »

Depuis longtemps déjà les Mailly prenaient le titre de marquis, mais leur terre n'avait été l'objet d'aucune érection légale. Victor-Alexandre voulut faire cesser cette irrégularité ; il obtint en janvier 1729 du roi Louis XV la réunion à la baronnie de Mailly des « terres et seigneuries de Beaussart et Collincamp, Belval le haut, Belval le bas, Englebelmer, La Tour du Pré, Toutencourt, Varennes et Arquèves, ...sous la dénomination de *Marquisat de Mailly*, pour en jouir » ainsi que « ses enfants et postérité mâle, nez et à naître en légitime mariage, audit nom, titre et dignité de marquisat[2]. » Ces lettres patentes d'érection, données à Versailles et registrées en Parlement le 9 août, rappellent le nom des membres les plus illustres de la branche aînée de la maison, mais sans grande préoccupation de l'exactitude historique[3].

M. l'abbé Gosselin[4] dit que le marquis de Mailly fut nommé brigadier des armées du roi le 20 février 1734. Il prend en effet ce titre en 1736 et celui de chevalier de Saint Louis en 1738, alors qu'il habitait à Paris la rue du Bac et la rue du Cherche-Midi, dans la paroisse Saint-Sulpice[5].

En 1753, les membres de la famille de Mailly avaient formé le projet de faire travailler à l'*Histoire généalogique* de leur Maison et avaient chargé de ce soin le P. Simplicien qui s'était acquis une certaine réputation comme continuateur du P. Anselme. Le

---

1. P. Anselme, t. V, p. 841.
2. *Preuves*, n° DXLVI.
3. Ces sortes de documents n'ont aucune valeur pour l'établissement de filiations anciennes, et, dans toute discussion généalogique, ils doivent être soigneusement négligés.
4. *Mailly et ses seigneurs*, p. 92.
5. Arch. de La Roche-Mailly. — L'ancien hôtel de Mailly est aujourd'hui le collège de Stanislas.

roi, sur la demande de la famille[1], avait accepté la dédicace de l'ouvrage par une lettre qu'il avait fait adresser de Compiègne, le 5 août 1753, à Victor-Alexandre, marquis de Mailly[2]. Pour des raisons qui nous échappent, le projet ne fut réalisé qu'en partie par la mise au jour en 1757 de l'*Extrait de la Généalogie de la maison de Mailly, suivi de l'histoire de la branche des comtes de Mailly, marquis d'Haucourt et de celle des marquis du Quesnoy, dressé sur les titres originaux sous les yeux de M. de Clairambault, généalogites des ordres du Roy, et pour l'histoire par M.*[3].

« Victor-Alexandre, sire marquis de Mailly, chef du nom et armes de Mailly, comte de Rubempré, brigadier des armées du roy. » mourut le 22 avril 1754, à l'âge de 57 ans « en son hostel

1. *Mémoire au roi pour demander à Sa Majesté la permission de lui dédier l'Histoire de la Maison de Mailly.* Sire, La Maison de Mailly, réunie dans les personnes du *marquis de Mailly*, chef du nom et armes, du *marquis de Nesle*, du *comte de Mailly-Rubempré* et du *comte de Mailly-Haucourt*, prend la liberté de demander à Votre Majesté une grâce dont son attachement inviolable à la Personne sacrée de nos rois, ses services à l'Etat, ses illustrations, et surtout ses alliances à la Maison royale, semblent la rendre digne. — Elle fait travailler avec le plus grand soin à son Histoire généalogique. La vanité n'a aucune part à cet ouvrage. Les entreprises que des étrangers, tels que les sieurs *Mailly du Breuil* autrefois, et, dans ce moment, le sieur *Coronel*, ont déjà faites pour se mêler avec elle, s'en arroger les titres et en usurper le nom, lui ont fait croire qu'il étoit de son honneur d'établir d'une manière solide et par une histoire authentique, son origine, son état, ses filiations, et ses branches différentes. — La gloire qu'elle a d'appartenir à Votre Majesté est un bien si précieux, qu'il lui impose le devoir de le conserver toujours pur et sans aucune espèce d'alliage. — Voilà, Sire, le motif du grand travail qu'elle a fait faire ; le Père Simplicien, si connu parmi les sçavans, en a été chargé, et il est sur le point de paraître. — C'est dans ces circonstances que tous les descendants de cette Maison implorent les bontés de Votre Majesté et la supplient de leur permettre de lui dédier cet ouvrage. Elle y verra une suite de services, d'attachement et de zèle qu'il a plu à Votre Majesté de reconnaître par ses lettres-patentes en faveur des branches de *Mailly-Nesle* et de *Mailly-Haucourt*. La nouvelle faveur qu'ils espèrent leur rendra encore plus chère. et elle sera un nouveau motif d'émulation pour leur postérité ; celle dont ils sont animés pour le service de Votre Majesté ne sçauroit croître : tous leurs vœux, leur sang et leur vie lui sont également consacrés. »

2. *Recueil de différentes pièces concernant l'histoire généalogique de la branche des comtes de Mailly, marquis d'Haucourt et des marquis du Quesnoy en Flandres qui en sont issus*, imprimé en 1757, MDCCLXIII, p. 17.

3. Imprimé d'après le manuscrit présenté au Roy et déposé par son ordre à la Bibliothèque de Sa Majesté. De l'imprimerie de Ballard, seul imprimeur du Roy pour la musique de la chapelle de Sa Majesté, rue Saint-Jean-de-Beauvais, avec approbation et privilège du Roy. 1757.

rue Notre-Dame-des-Champs, paroisse de Saint-Sulpice[1]. » Le 25
avril, sa dépouille mortelle fut transportée « en carosse en l'église
des RR. PP. Cordeliers de la paroisse de Mailly, diocèse d'A-
miens[2]. » Dans cette circonstance le fils aîné du deffunt écrivit à
son parent « M. le Marquis de Mailly-d'Haucourt » la lettre suivante :

« A Paris, ce 24 avril 1754.

« Monsieur. C'est avec la plus vive douleur que j'ay l'honneur
de vous faire part de la mort de monsieur le marquis de Mailly,
mon très cher et très honoré père, décédé le 22 de ce mois, admi-
nistré de tous les sacremens. Celuy qu'il avoit de vous apartenir,
me fait espérer que vous voudrez bien ne point l'oublier dans vos
prières et vous intéresser à mon affliction.

« J'ay l'honneur d'être, Monsieur, votre très humble et très
obéissant serviteur et parent.

« Le M. de Mailly[3]. »

Victoire-Delphine de Bournonville, « restée veuve, fut, par sa
bienfaisance et ses libéralités, la providence des pauvres de
Mailly et la protectrice de tous les malheureux. Elle ne s'était
réservé que 30,000 livres de rente avec lesquelles elle gouverna
sa maison avec autant d'ordre que de noblesse. On raconte d'elle
un trait qui fait voir jusqu'où elle portait la fierté de sa race.
C'était au moment où » la famille Couronnel portait ses prétentions sur le nom de Mailly qu'elle voulait joindre au sien sous
prétexte d'une certaine similitude de blasons[4]. « On annonçait un
soir, à l'entrée du théâtre, la voiture de madame la marquise de
Mailly. A ces mots, » la douairière de Mailly se retournant fière-

---

1. M. l'abbé Gosselin a donné le texte de l'épitaphe de Victor-Alexandre.
2. Arch. de La Roche-Mailly. *Extrait du Reg. des actes de décès de la
paroisse Saint-Sulpice pour l'an 1754.* Copie de 1830 certifiée conforme.
3. Arch. de La Roche-Mailly. Original. — On peut supposer que Victor-
Alexandre, marquis de Mailly, mourut de la goutte. Il se plaignait souvent
de cette maladie dans les nombreuses lettres qu'il adressait à son *cher cousin*
le comte de Mailly d'Haucourt. (Arch. de La Roche-Mailly).
4. La famille Couronnel porte *d'or à trois maillets de gueules avec une
bande de sable.*

ment, répondit : « Madame la marquise de Mailly ! Je ne connais qu'une marquise de Mailly, et c'est moi[1]. »

Victoire-Delphine de Bournonville avait raison. Les Couronnel ne pouvaient alléguer aucun motif plausible pour se rattacher aux Mailly[2]. Il est vrai qu'ils se réclamaient d'*Antoine de Mailly, seigneur de L'Orsignol,* vivant au XIII° siècle, mais cet Antoine n'a pas existé comme je le prouverai plus loin dans le livre consacré aux Mailly-l'Orsignol. En 1782, le conseil provincial et supérieur d'Artois mit d'ailleurs fin à ces contestations. Il rendit, sur les instances d'Alexandre-Louis, vicomte de Mailly, un arrêt en appel faisant défense « à messire Charles-Oudart-Joseph Couronnel de Vélu et à ses descendants nés, à naître, de se dire *issus de la Maison de Mailly, et notamment de la maison ou branche de Mailly-L'Orsignol, de prendre ou porter le nom de Mailly, seul ou conjointement avec celui de Couronnel,* » et de rétablir sur ses armes *la bande de sable* qui distinguait son blason de celui des Mailly-L'Orsignol[3].

Le 29 avril 1759, Victoire-Delphine de Bournonville fit un accord avec sa sœur Angélique-Victoire, femme de Jean de Durfort, duc de Duras, maréchal de France, au sujet de la succession de leur tante « Jeanne-Baptiste d'Albert, comtesse de Verue, veuve » d' « Auguste-Mainfroy-Jérôme-Ignace de Scaglia, comte de Verue, maréchal des camps et armées du roy, commissaire général de la cavallerie de France[4]. »

La veuve de Victor-Alexandre, marquis de Mailly, mourut d'un cancer au sein en 1774, à l'âge de 76 ans. Elle fut enterrée à côté de son mari[5].

---

1. *Mailly et ses Seigneurs,* p. 94.
2. Voir, *Origines de la famille Couronnel. Réponse du marquis de Mailly-Nesle* au livre intitulé *Souvenirs d'une ancienne famille,* par le comte de Couronnel et *Seconde réponse du marquis de Mailly-Nesle à M. le comte de Couronnel.* Laval, imprimerie de L. Moreau, 1892.
3. *Preuves,* n° DLXV et DLXVI.
4. Arch. de La Roche-Mailly. Pièce papier.
5. M. l'abbé Gosselin, *Mailly et ses Seigneurs,* p. 94, donne son épitaphe.

§ II

Victor-Alexandre et sa femme avaient eu de leur union :

1º *Louis, marquis de Mailly*, qui suit au chapitre XXIV.

2º *Charles de Mailly*, né le 1ᵉʳ février 1725[1], mort au château de Mailly le 2 novembre 1758 et enterré le 4 auprès de ses ancêtres. Dans son acte de décès, il est qualifié haut et puissant seigneur monseigneur Charles de Mailly, marquis de Rubempré[2]. »

Ce Charles de Mailly n'est autre que le chevalier de Mailly qui prit part à la bataille de Dettingen en 1743, sous les ordres du maréchal de Noailles, à la campagne de Piémont en 1744 et à celle de Flandre en 1745. Il eut un cheval tué sous lui et reçut « un coup de feu dans la cuisse » à la bataillle de Fontenoy[3]. Charles

---

1. P. Anselme, t. VIII, p. 638.

2. Arch. de la Roche-Mailly, *Extrait de l'ancien état civil de Mailly*. Copie certifiée conforme en 1830, par Dusevel.

3. Lettre de la marquise de Mailly datée de Paris le 14 mai 1745, et adressée « à monsieur le comte de Mailly, brigadier des armées du roy, capitaine des gendarmes écossais, commandant la gendarmerie de France à l'armée de Flandres. — Je vous manday hyer, mon cher cousin, mes inquiétudes au sujet de mon fils. Elles étoient bien fondées, puisque, par une lettre de sa part que j'ay reçu ce matin, j'apprend qu'il a eu *un cheval tué sous luy* et qu'il a receu *un coup de feu dans la cuisse*... Cet accident le met hors d'état d'agir par luy même et en même temps dans le cas de demander. C'est à vous que j'ay recours pour vous prier de luy procurer son avancement. Le guidon de M. de Chevrières sera donné pour rien, j'écris à ce sujet à monsieur le maréchal de Noailles pour le prier de le demander à monsieur d'Argenson. Je me flatte, mon cher cousin, que vous vouderé bien les voir l'un et l'autre et les engager à luy estre favorable. J'écris par le même ordinaire à monsieur d'Argenson. Tout parle en faveur de mon fils ; *la campagne de Dettingen* qu'il a faite sous les ordres de M. le maréchal de Noailles, *celle qu'il a faite en 1744 en Piémont, et la blessure qu'il vient de recevoir* m'authorisent à demander un employ pour rien ; ils sont faits pour gens de son espèce. Tout ce qui me donne plus d'espérance ce sont les mouvemens que je me flatte que vous vouderé bien vous donner pour luy. *On me mande que le roi l'a vu emporter blessé...* J'ai l'honneur d'être, mon cher cousin, votre très humble et très obéissante servante : la M. de Mailly. » Arch. de La Roche-Mailly. Orig. avec cachet en cire rouge aux armes Mailly-Bournonville (Voir figure 52).

servait alors comme capitaine « dans le régiment du prince Ca-
mille. » De graves difficultés, qui nécessitèrent un duel, s'élevèrent
entre eux[1].

M. le chanoine P. de Cagny croit que Charles de Mailly termina sa carrière par un suicide à la suite de pertes au jeu, après
avoir épousé une demoiselle de Lesquen. Son fils Jean-François
de Mailly, surnommé le Petit Baron, se serait uni avec Victoire-
Amélie-Sophie de Folleville, aurait émigré en Amérique lors de
la guerre de l'indépendance et aurait eu plusieurs enfants, particulièrement Eloïse-Adelaïde de Mailly, dernière de sa branche,
née et élevée en Amérique et fixée en Angleterre vers 1830[2].

3° *Louis-Joseph-Honoré de Mailly,* né le 10 décembre 1736,
fut tenu le lendemain sur les fonts baptismaux de Saint-Sulpice à
Paris par « très haut et très puissant seigneur Louis-Joseph d'Albert, prince de Grimberghen, ministre et conseiller d'état de
S. A. E. de Bavière, lieutenant-général de ses armées et colonel
de son régiment de gardes à pied, » et par « très haute et très
puissante princesse dame Marie-Honorine, née princesse de Ber-
gue, épouse dudit parrain[3]. » Louis-Joseph Honoré, dit l'abbé de
Mailly, « clerc tonsuré du diocèse de Paris, » mourut rue N.-D.
des Champs, le 13 mars 1756, à l'âge de 19 ans et 3 mois. Son
corps fut transporté « en carrosse au couvent des R. P. Cordeliers
de Mailly, diocèse d'Amiens, » le 16 mars suivant[4].

4° *Marie-Louise-Françoise-Victoire de Mailly*, née le 17 janvier 1721, et mariée le 20 avril 1743, en conséquence d'une permission accordée par le curé de Saint-Sulpice au curé de Vaux,
diocèse de Cambray[5], à Charles-Alexandre-Antoine-Joseph de
France, chevalier, comte d'Hézecques, fils de Charles-Alexandre

1. Archives de La Roche-Mailly. Lettres du marquis et de la marquise de
Mailly.
2. Arch. de La Roche-Mailly. *Note de la main de M. P. de Cagny.*
3. Arch. de La Roche-Mailly. Copie coll.
4. Arch. de La Roche-Mailly. *Extrait du reg. des actes de décès de la paroisse Saint-Sulpice pour l'an 1756.* Copie de 1830, certifiée conforme.
5. Arch. de La Roche-Mailly.

de France, chevalier, et d'Iselle-Marguerite de La Haye, dame d'Hézecques, dont un fils et une fille.

Le mari de Louise-Françoise-Victoire de Mailly portait pour blason (figure 53) : *écartelé aux 1 et 4, fascé d'argent et d'azur*

53. — Cachet de Charles-Alexandre-Antoine-Joseph de France, comte d'Hézecques, époux de Marie-Louise-Françoise-Victoire de Mailly. Matrice en argent appartenant à M. le marquis de Mailly-Nesle.

de 6 pièces, l'argent chargé de 6 fleurs de lis de gueules, 3, 2, 1, (qui est de France) ; *aux 2 et 3, d'or à 3 maillets de sinople* (Mailly), ou encore deux *écus accolés, à dextre de France et à senestre de Mailly.*

CHAPITRE XXIV

Louis-Victor, marquis de Mailly, et Françoise-Antoinette
Cadot de Sebeville

1723 - 1752 - 1774

§ I

Louis-Victor, marquis de Mailly, né, selon Moréri, le 1 avril
1723, ou, d'après M. l'abbé Gosselin, le 17 janvier de la dite année, commença « sa carrière militaire en qualité d'enseigne au
régiment de son père. Il succéda plus tard à Victor-Alexandre
comme colonel du même régiment de Mailly à la tête duquel il
prit part aux campagnes du maréchal de Saxe [1]. »

« Au printemps de 1747, lorsque commencèrent les opérations
de cette dernière expédition glorieuse pour la France, le régiment
de Mailly se trouva à l'attaque des retranchements du col de l'Assiette et le marquis, qui n'avait alors que 24 ans, eut l'honneur à
cette affaire d'être détachée à la tête de tous les grenadiers de
l'armée en qualité de colonel. Il y fut très dangereusement blessé

---

1. *Mailly et ses Seigneurs*, p. 95. — Le 29 juin 1729, « messire Louis de
Mailly, fils de » Victor-Alexandre et de Victoire-Delphine de Bournonville, fut
parrain par procureur, à Bobigny-lès-Paris, de Marguerite-Madeleine-Féli-
cité, fille de maître Eustache-Pierre, procureur fiscal dudit Bobigny, et de
Marguerite Bienvenu. (Abbé Masson, *Bobigny-lez-Paris*, Paris, 1887, p. 206).

d'un coup de fusil à la tête et laissé sans connaissance parmi les morts pendant plus de 5 heures[1]. Cette action lui valut le titre de brigadier[2], et le comte d'Argenson, alors ministre de la guerre, lui marqua, de la part du roi, « la satisfaction que Sa Majesté » avait de ses services. » Le traité d'Aix-la-Chapelle (1748), qui mit fin à la guerre, ne lui fit pas quitter son poste à la tête de son régiment. Il continua de porter les armes jusqu'à la guerre dite de *Sept ans* et assista à la bataille d'Hastembeck, où, au rapport des maréchaux de Contades et d'Estrées, il fit preuve d'un grand courage. Pendant la campagne de 1757, le marquis de Mailly écrivit plusieurs lettres à sa mère pour la tenir au courant des principaux évènements militaires[3].

Le 20 mai 1743, « très haut et très puissant seigneur monseigneur *Louis-Victor, marquis de Mailly,* colonel du régiment de Périgord-infanterie[4], fils mineur de très haut et très puissant seigneur monseigneur Victor-Alexandre, sire et marquis de Mailly,

---

1. 1747, 3 août. Paris. Lettre de Victoire-Delphine de Bournonville au comte de Mailly d'Haucourt. « Je vous suis sensiblement obligé, mon cher cousin, de l'attention avec laquelle vous avez bien voulu me donner des nouvelles de *la blessure de mon fils.* Votre lettre a comancé à me tranquiliser sur son état et j'avois grand besoin de l'être, ayant souffert les plus cruelles inquiétudes depuis le jour où j'apris cette malheureuse afaire et qu'il estoit blessé sans estre instruitte au vray de sa situation, personne ne voulant me la dire telle quelle se débitoit alors dans le public, parce que tout le monde assuroit qu'elle étoit des plus dangereuses, et mesme bien des gens le croioient tué. » La marquise de Mailly demande ensuite à son cousin de faire obtenir au blessé, non le grade de brigadier qui ne peut manquer de lui venir bientôt, mais une pension, car, ajoute-t-elle, « mon fils est totalement ruiné et j'ose dire que depuis un an il a fait assez de besogne pour mériter quelque récompense. » Arch. de La Roche-Mailly. Orig.

2. 1747, 25 septembre. Mailly. Au comte de Mailly d'Haucourt. « Recevez, je vous prie, monsieur mon cher cousin, tous les remercimens que je vous dois de la grâce que le roi vient d'accorder à mon fils en le faisant *brigadier,* monsieur le comte d'Argenson vient de m'annoncer cette nouvelle... » (signé) *Bournonville de Mailly.* Arch. de La Roche-Mailly. Orig.

3. Je fais ces larges emprunts à M. l'abbé Gosselin (*Mailly et ses Seigneurs,* pp. 95-99), parce que celui-ci a pu avoir entre les mains de nombreux documents du XVIIIᵉ siècle actuellement dispersés ou disparus.

4. En 1745, Victoire-Delphine de Bournonville était en instance auprès de son cousin le comte de Mailly d'Haucourt pour le « prier de vouloir bien faire avoir à son fils aîné, à la fin de la campagne, un autre régiment que celui de Périgord. Elle désirait « celui de Lionnois, d'Anjou ou de Biron. » Arch. de La Roche-Mailly. Lettre orig.

chef du nom et armes de la maison de Mailly, comte de Rubempré, baron de Blanchecourt, seigneur de Beaussart, Colincamps,
et autres lieux, brigadier des armées du roy, et de très haulte
et très puissante dame madame Victoire-Delphine de Bournonville, » épousa, dans l'église paroissiale « de la Madeleine de la
Ville-l'Evesque à Paris, damoiselle *Françoise-Antoinette Kadot
de Sebeville,* fille mineure de haut et puissant seigneur défunt
messire Charles-Louis-Frédéric Kadot, marquis de Sebeville, premier enseigne de la 2ᵉ compagnie des mousquetaires du roy, et
de haute et puissante dame Elizabeth-Thérèse-Marguerite Chevalier[1]. »

Françoise-Antoinette Cadot de Sebeville avait une sœur nommée
Madeleine-Bernadine qui devint veuve après quelques années
seulement de mariage avec Arthur-Louis-Timoléon, comte de
Gouffier. « Il est difficile, dit l'auteur de *Mailly et ses Seigneurs*[2],
de rencontrer un attachement plus fort et plus intime que celui
qui unissait les deux sœurs. Elles portaient toutes les deux le
germe d'une maladie de poitrine qui devait les enlever à la fleur
de leur âge et il semble que, comme deux plantes atteintes par le
même ver rongeur, les liens qui les attachaient l'une à l'autre
s'étaient fortifiés par leur étiolement commun. La marquise de
Mailly, qui était l'aînée, s'était mariée à dix-sept ans ; la comtesse
de Gouffier à dix-neuf. Elles se trouvèrent ainsi forcément séparées
pendant quelques années ; mais bientôt la mort du comte de
Gouffier les réunit de nouveau, et, soit au château de Mailly, soit
à Paris chez leur mère devenue comtesse d'Esclignac, elles vécu-
rent d'une vie intime qui ne devait finir qu'à la mort. »

La marquise de Mailly mourut à Chaillot, le 28 mai 1752, à
l'âge de 26 ans et six mois, et la comtesse de Gouffier le 2 mai
1762, âgée d'environ 35 ans. Toutes deux furent enterrées à
Mailly[3].

1. *Preuves,* nᵒ DXLVIII.
2. Page 103.
3. On trouve les épitaphes de ces deux sœurs dans *Mailly et ses Seigneurs,*
page 103 et 107.

Louis-Victor de Mailly ressentit une profonde affliction de la
perte de sa femme[1] qui lui avait donné quatre enfants dont deux
survivaient. Il fit élever à sa mémoire auprès des Cordeliers de

54. — Chapelle sépulcrale élevée en 1754 par Louis, marquis de Mailly.
(D'après un dessin de M. L. Duthoit).

Mailly deux monuments, une chapelle et un tombeau, qui subsis-
tent encore malgré l'état d'abandon où ils se trouvent.

1. Paris, 30 mai 1752. Lettre du marquis de Mailly à son « cher cousin » le
comte de Mailly d'Haucourt, par laquelle il lui annonce la mort de sa belle-
fille, arrivée le 28 mai, et dans laquelle il lui dit que la « scituation » de son
fils « fait pitié et le met hors d'état de rendre aucun devoir. » Arch. de La
Roche-Mailly. Orig.

La chapelle s'élève à l'angle de la belle voirie des Cordeliers, dite aujourd'hui allée de la Chapelle. Elle est construite dans des

55. — Tombeau élevé à la mémoire de Françoise-Antoinette Cadot de Sebeville, femme de Louis, marquis de Mailly, dans la chapelle sépulcrale de Mailly. (D'après un dessin [de M. L. Duthoit).

proportions aussi harmonieuses qu'élégantes[1] (figure 54). A l'intérieur du monument, « à droite en entrant, on aperçoit sous l'ar-

1. Voir *Mailly et ses Seigneurs*, pp. 291, 292.

cade latérale le mausolée de la marquise. C'est une œuvre d'art
fort bien exécutée et due au ciseau de Dupuis (figure 55), auteur du
tombeau de monseigneur Sabatier et de plusieurs statues remarquables de la cathédrale d'Amiens. Sous un baldaquin dont les
rideaux noués sont rejetés sur le côté, la marquise de Mailly,
costumée à l'antique, et couverte de longs vêtements de deuil,
est agenouillée sur un tombeau en marbre, les mains entrelacées
et posées sur un prie-Dieu... Elle lève les yeux avec calme vers
l'ange du jugement dernier qui, apparaissant, environné de
nuages, sur le devant d'un obélisque en marbre noir qui occupe
le fond de l'arcade, semble l'appeler en lui montrant le ciel. En
face du prie-Dieu et à l'autre extrémité du tombeau » se trouvent
deux petits pleureurs « dont l'un tient un double écusson (Mailly
et Cadot) et l'autre un flambeau renversé. Une quittance de
Dupuis, conservée autrefois dans les archives du marquisat, nous
apprend « que le prix convenu pour le mozollé de feue madame
» la marquise de Mailly était de 3.600 livres, et qu'il reçut ce
» qu'il lui restoit dû de cette somme, le 17 novembre 1757, sans
» préjudice aux prix des trophées et urnes fait par le même
» pour la chapelle[1]. »

Après avoir enseveli sa femme et ses quatre enfants dans le
caveau familial, Louis-Victor, dernier rejeton de la branche
aînée de Mailly, dut encore conduire à sa dernière demeure, le 2
avril 1774, sa mère Victoire-Delphine de Bournonville. Tous ces
morts l'appelaient dans une vie meilleure ; il décéda à Paris le 2
octobre[2] 1774. Voici son acte de décès tiré du « *Registre des
actes de décès de la paroisse Saint-Sulpice pour l'année 1774.* »

« Le sept octobre mil sept cens soixante-quatorze, a été fait le
convoi, service, et ensuite transport à Mailly en Picardie de très
hault et très puissant seigneur, monseigneur *Louis, sire marquis de Mailly*, comte de Rubempré, seigneur du marquisat de

---

1. *Mailly et ses Seigneurs*, p. 295.
2. M. l'abbé Gosselin dit le 4 octobre.

Mailly, Rubempré, Remaugies, Auvillers, Fontaine-sur-Somme et autres lieux, maréchal des camps et armées du roi, décédé le deux en son hostel, rue Notre-Dame-des-Champs, âgé de cinquante deux ans.

» Témoins.

» T. H. et T. P. Seigneur. M. *Charles-Marie-Désiré Guilain de France*, comte d'Hésecque, seigneur de Radinghem, Vincly, Bellefontaine, Buire aux Bois et autres lieux, neveu.

» T. H. et T. P. Seigneur. M. *Alexandre-Louis, vicomte de Mailly*, colonel en second du régiment de Normandie-infanterie.

» T. H. et T. P. Seigneur. M. *Charles-Pons-François de Beauvilliers*, comte de Buzançois, grand d'Espagne de la 1re classe, colonel en second du régiment de Haynault-infanterie.

» T. H. et T. P. Seigneur. M. *Alexandre-Marie-Eléonore de Saint-Mauris*, prince de Saint-Mauris-Montbarey et du Saint-Empire, maréchal des camps et armées du roi.

» T. H. et T. P. Seigneur. M. *Louis-Marie-François de Saint-Mauris*, prince de Saint-Mauris-Montbary, capitaine du régiment de Lanau-dragons, cousins du seigneur défunt, qui ont signé[1]. »

§ II

Les enfants de Louis-Victor, marquis de Mailly, et de Françoise-Antoinette Cadot de Sebeville furent :

1° *Alexandre-Louis-Antoine de Mailly* né le 25 septembre 1749[2], mort le 20 septembre 1753.

2° *N. de Mailly*, né le 22 janvier 1751, inhumé le 9 février de la même année.

---

1. Arch. de La Roche-Mailly. Cop. certifiée conforme en 1830.

2. Lettre de Victoire-Delphine de Bournonville à son « cher cousin, monsieur le comte de Mailly d'Haucourt, lieutenant général des armées du roy, en son chasteau de Mailly-Comté, par Breteuil en Picardie. » Arch. de La Roche-Mailly. Orig.

3° *Bernard-Honoré-Louis de Mailly*, né le 24 janvier 1752, mort avant 1762.

4° *Antoinette-Marie-Victoire de Mailly*, née le 30 juin 1748, morte le 28 juillet 1749[1].

§ III

A la mort de Louis-Victor de Mailly le marquisat fut transmis à son neveu *Charles-Marie-Désiré Guilain de France*, comte d'Hézecques, fils de Charles-Alexandre-Antoine-Joseph de France, comte d'Hézecques, décédé en 1757, et de Marie-Louise-Françoise-Victoire de Mailly, morte en 1763.

M. l'abbé Gosselin[2] cherche à établir que la famille de France descendait de Robert de France, frère de Saint-Louis. Il est inutile de discuter cette opinion qui s'appuie sur des hypothèses absolument étrangères à la critique historique et sur l'assertion complètement erronée que saint Louis aurait eu un frère appelé Robert de France. Robert, frère de saint-Louis, tué à la Massoure, portait le seul titre de comte d'Artois qu'il transmit à ses descendants.

On se souvient que Charles de Mailly, fils cadet de Victor-Alexandre et de Victoire-Delphine de Bournonville, mort en 1758, avait eu, selon l'opinion de M. P. de Cagny, un fils, Jean-François de Mailly, dit le *Petit-Baron*. Ce Petit-Baron aurait dû hériter de Mailly; mais, d'après une tradition locale, il se trouvait victime d'une exclusion féodale obtenue contre son père prodigue et dissipateur.

Devenu propriétaire de la terre de Mailly qui rapportait alors 24.798 livres par an[3], le comte d'Hézecques reconstruisit le

1. Ancien état civil de Paris.
2. *Mailly et ses Seigneurs*, p. 112 et suiv.
3. Arch. de La Roche-Mailly. Compte de la fin du XVIIIe siècle.

château dans un goût moderne. Il ne reste plus rien de ce
monument non plus que de la fortune de ses derniers possesseurs.
Les d'Hézecques viennent de disparaître et leurs souvenirs de
famille sont dispersés au quatre vents du ciel avec les feuillets de
leurs archives. M. le marquis de Mailly-Nesle, de la branche des
Mailly d'Haucourt, a pu recueillir dernièrement quelques épaves de
ce naufrage, particulièrement le sceau en bronze de son ancêtre
Colard, sire de Mailly[1], tué à la bataille d'Azincourt en 1415.

---

1. La figure 38 page 126 est le dessin d'une empreinte produite par cette
matrice et utilisée par Demay dans ses *Sceaux de Picardie*.

LIVRE IIME

_____

MAILLY-L'ORSIGNOL & CONTY

LIVRE DEUXIÈME

PREMIÈRE PARTIE

CHAPITRE Ier

JEAN Ier DE MAILLY. ALLIANCE INCONNUE
1280-1323

§ I

Les *Mailly-L'Orsignol*[1], qui formèrent une des branches les plus illustres de la Maison de Mailly, portaient pour armes : *d'or à trois maillets de gueules au lambel d'azur à trois pendants*[2].

Le P. Anselme, Moréri, La Morlière et M. l'abbé Gosselin font descendre les Mailly-L'Orsignol d'*Antoine de Mailly*, fils de

---

1. « *Lorsignol* est une seigneurie avec château, située dans la prévôté de Péronne du côté de Dourlens, et peu éloignée de la seigneurie de Mailly ; elle est aussi appellée par corruption dans quelques actes *Loursignol* et même *Rossignol.* » *Mémoire pour messire Charles-Oudart-Joseph Couronnel contre messire Charles-Marie-Isabelle-Désiré Guillain de France et messire Alexandre-Louis, vicomte de Mailly.* Paris, 1780, p. 7.

2. Voir pp. 28 et 29.

Gilles II et de Jeanne d'Amiens[1]. Cet *Antoine de Mailly* aurait épousé *Jeanne d'Antoing* lesquels auraient procréé :

1° *Nicolas de Mailly*[2], sénéchal de Ponthieu, marié à *Aliénor d'Argies.*

2° *Guillaume de Mailly*, grand prieur de France et lieutenant du grand maître.

3° *Jean de Mailly*, seigneur de L'Orsignol.

4° *Isabeau de Mailly*, femme du seigneur de Chasteauvillain. Toutes ces affirmations paraissent gratuites et sans fondement.

Antoine de Mailly, mari de Jeanne d'Antoing, n'a pas existé, du moins comme seigneur de L'Orsignol.

Nicolas ou *Colard de Mailly*, mari d'*Aliénor d'Argies,* était fils d'un Gilles de Mailly, seigneur de Mézerolles[3]. Il devint sénéchal de Ponthieu et mourut avant 1369, époque à laquelle Alié-

1. Voir p. 73.

2. Le P. Anselme (t. VIII, p. 652) donne pour parents à *Nicolas* ou *Colard de Mailly*, *Antoine de Mailly* et *Jeanne d'Antoing ;* mais, à la page 629 du même volume, il le dit fils de *Jean de Mailly* et de *Jeanne de Coucy.* J'ai dit plus haut, p. 73, qu'on ne rencontre pas trace de Jean de Mailly, mari de Jeanne de Coucy.

3. Voici quelques données sur les Mailly, seigneurs de Mézerolles, d'après les documents authentiques. 1212. *Nicolas de Mailly*, seigneur de Mézerolles et de Mailly. Voir p. 48. — 1243, juin. *Gillon de Mailly.* (Probablement *Gilles I*). Voir p. 59 et *Preuves*, n° XXV. — 1318, 6 décembre. *Gilles de Mailly*, seigneur de Mézerolles, convoqué à Paris en même temps que *Jean* et *Colard de Mailly.* A la même date, *Gilles de Mailly*, seigneur de Mézerolles, chevalier, donne à titre de cens et viagèrement au commandeur de Belle-Eglise toutes les terres qu'il possédait au territoire de Senlis, au « camp com claime le Val. » *Preuves*, n° LXII, et communication de M. le comte de Galametz. — 1320. *Colard de Mailly,* fils de Gilles, est seigneur de Mézerolles. Ce *Colard* n'est autre que *Nicolas de Mailly*, sénéchal de Ponthieu, qui épousa Aliénor d'Argies. — 1352. « Monseigneur de Mézerolles, fils de monseigneur Nicolas. » *Reliefs de la terre de Mézerolles dans les comptes du domaine d'Hesdin.* — 1362 (v. s.) 4 mars. *Jeanne de Mailly,* dame de Mézerolles. *Preuves*, n° CXXXIV. Jeanne de Mailly semble être fille de *Colard* ou *Nicolas de Mailly* et d'*Aliénor d'Argies* et doit peut-être s'identifier avec *Ælips de Mailly* citée dans un acte du 30 novembre 1369. Elle épousa avant 1367 Hugues de Clari qui dénombra, le 12 mai 1372, la terre de Mézerolles comme bail de sa fille Marie. Marie de Clari épousa Henri d'Antoing. Celui-ci paya en 1390, pour Mézerolle, le droit d'aide dû à cause du mariage de la fille aînée du duc de Bourgogne. *Reliefs de la terre de Mézerolles.* En 1397, Marie de Clari, veuve de Henri d'Antoing, releva sa terre et seigneurie de Mézerolles. Dom Villevieille, *Trésor généalogique* publié par Henry et Alphonse Passier, t. II, pp. 73 et 74.

nor d'Argies, sa veuve, fut payée à cause de l'office de son dit mari[1].

Guillaume de Mailly, grand prieur de France, apparaît dans des actes de 1340, 1351, 1355[2], et mourut peut-être, comme le dit le P. Anselme, en 1360, mais rien ne prouve qu'il était de la maison de Mailly en Picardie. D'après un renseignement puisé à la bibliothèque nationale[3], il portait de *gueules à trois maillets d'or*, ce qui indiquerait une attache avec les Mailly de Bourgogne[4].

§ II

Le premier Mailly connu comme seigneur de L'Orsignol avait nom *Jean* et pouvait être *fils de Gilles II, seigneur de Mailly, et de Jeanne d'Amiens*, dame de Talmas, L'Orsignol et Buire-aux-Bois[5]. Il assista en 1280, en même temps que Gilles III, seigneur de Mailly, et Esgare de Mailly, son cousin germain, au contrat de mariage de Philippe d'Artois, fils de Robert II, avec Blanche de Bretagne[6].

En août 1288, le roi Philippe-le-Bel, par acte donné à Royaumont, ratifia la vente faite dans le même mois par Mahaut, com-

---

1. 1369, 30 novembre. « *Aliénor d'Argies*, jadis femme de feu *Colart de Mailly*, seigneur de Mézerolles, sénéschal de Ponthieu, et *Ælips de Mailly*, fille et hoir du dit Colart, payée par le receveur de Ouamonts (sic) en Ponthieu, à cause du dit office de son mary, le dit jour. — Le premier sel, *de Mailly, party d'un orle de merlettes au lambel de six pièces* qui est *Argies*. » Bibl. nat., *V^c Colbert*, 138, fol. 261. *Coll. de Picardie* (dom Grenier), t. 45 bis.

2. *Preuves*, n^{os} CIII et CXXV.

3. Fonds français, 20 177, p. 610.

4. Les Mailly, seigneurs d'Arc-sur-Tille, en Bourgogne, portaient : *de gueules à trois maillets d'or*. Bibl. nat., Cah. bleus, 11106, *Mailly*.

5. Voir p. 73.

6. Voir p. 75.

tesse de Saint-Pol, à son « chier ami et féel monseigneur *Jehan* » *de Mailli, chevalier, seigneur dou Lourseignol,* » de tout ce qu'elle possédait à Wavans et dans les hommages qu'elle avait « en la rivière d'Authie, » pour les tenir ligement d'elle et de ses hoirs[1].

Jean de Mailly, chevalier, « sire de Loursignol, » est cité dans un partage que firent, en décembre 1293, « Hues Haves, chevalier, » sire de Soiecourt, » et Béatrix, sa femme[2]. A la fin de l'année 1299, il donna deux quittances de gages pour ses services militaires en Flandre[3]. Son sceau, placé au bas de ces actes, porte un *écu chargé de trois maillets avec lambel à trois pendants* (figures 56 et 57). Un an environ après le traité par lequel Philippe-

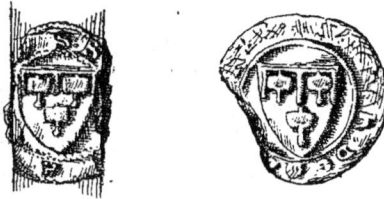

56-57. — Sceaux de Jean Ier de Mailly, sire de L'Orsignol, chevalier, 25 septembre et 1er octobre 1299. *Preuves*, n°s LIII et LIV.

le-Bel confirmait les libertés et les privilèges de la Flandre (1305), le sire de L'Orsignol reconnut avoir reçu du bailli d'Arras la somme de 9 livres 12 sous parisis qui lui étaient due ainsi qu'à quatre écuyers de sa compagnie pour la « chevauciée vers Saint-» Omer[4], » ordonnée par la comtesse d'Artois.

1. *Preuves*, n° XLVIII. Le P. Anselme (t. VIII, p. 628) affirme que *Jean de Mailly* échangea Wavans avec *Antoine de Mailly*, son frère, pour la terre de Beaussart. Les actes prouvent que Wavans resta au fils de Jean de Mailly.

2. *Preuves*, n° LII.

3. *Ibid.*, n°s LIII et LIV.

4. 1306, 13 août. « Je *Jehan de Mailly*, chevaliers, sires du L'Orsignol, fais scavoir à tous que jou ai eu et recheu de Ernoul Caffet, bailli d'Arras,

Jusqu'en 1313, je ne rencontre plus le sire de L'Orsignol. Pendant cette dernière année, un Jean de Mailly, qui n'est peut-être autre que le dit sire de L'Orsignol, se trouve nommé dans un arrêt rendu en cour de Parlement[1], et le 1er décembre 1314, il est cité, à côté du sire de Mailly (Gilles III), comme signataire de la ligue pour s'opposer aux exactions du roi Philippe-le-Bel qui venait de mourir[2].

Durant les démêlés de Mahaut, comtesse d'Artois, avec son neveu Robert III, le sire de L'Orsignol prit parti pour ce dernier. Il ravagea les terres de Mahaut et s'empara à main armée de Gennes-Yvergny, ce qui lui attira, le 7 octobre 1318, les rigueurs du Parlement de Paris[3]. L'avertissement ne fut pas perdu, car en octobre 1322 il se trouve au service de la comtesse Mahaut et loge avec ses gens d'armes à l'hôtel du Dragon à Arras[4]. Il est nommé une dernière fois dans un mandement, daté d'Hesdin « le » jour Nostre-Dame en septembre » 1323, par lequel « Mahaut, » contesse d'Artoys et de Bourgogne, » charge « ses amez et » féaus, mons^r Jehan de Mailli, seigneur dou Loussignol, messire » Gille d'Auteuille, seigneur d'Andinfer, et mons^r Hydeus de » Saint-Martin, chevaliers, » d'une enquête sur « Hues Gaffiaus, » son « bailli de Bapalmes, » coupable « de griez, oppressions, con- » traintes, injures et violences, » envers plusieurs personnes[5].

---

pour mes wages (gages) et pour les wages de mes quatre escuyers, pour quatre jours, c'est ascavoir pour le mercredi diziesme d'aoust, le jœsdi, le vendredi et le samedi après ensuivant, quant on ala en chevaucié vers Saint-Omer, nœf livres douze sols parisis.... » Arch. de La Roche-Mailly. Copie collationnée à l'original en 1774, par Josse-François-Sophie Binot.

1. *Preuves*, n° LIX.
2. Voir p. 77 et *Preuves,* n° LX.
3. *Preuves*, n° LXI.
4. *Ibid.*, n° LXVI.
5. *Ibid.*, n° LXXII.

CHAPITRE II

§ I

Jean Ier de Mailly dut mourir à la fin de l'année 1323, car en 1324 son fils et héritier *Jean II*, « *chevalier, sires du Rousse-* » *gnol,* » demanda à être reçu « en l'ommage et la foy du roy, » en défaute de madame d'Artois, » pour ses « fies et advoueries » de Wavans et de la rivière d'Autie[1]. » Dans le même temps, août 1324, Jean de Chartres, bailli de Hesdin, attesta que « haus » homs et nobles mesirez Jehans de Mailli, chevaliers, sirez de » Buirez[2] et du Loucsignol, » lui avait « rapporté comme en main » de seigneur un hommage que il avoit de la ville de Bellacourt[3] » et des appartenances que li sires de Monchi[4] tenoit et devoit » tenir de li en fyef et homage, lequel homage li dis mesires Je- » hans de Mailli tenoit en fyef de très haute, très nobles et très

---

1. *Preuves*, n° LXXVII. Le 15 décembre 1323, un Jean de Mailly était pri-sonnier au Châtelet de Paris. Arch. nat., XIa 5, fol. 348.

2. Buire-aux-Bois.

3. Pas-de-Calais, arrondissement d'Arras, canton de Beaumetz-les-Loges, commune de Rivière.

4. En juin 1323, Jean de Monchi, chevalier, rendit aveu à Jean I de Mailly pour sa maison de Bellacourt. *Preuves*, n° LXXI.

» poissant... dame, madame d'Artoys et de Bourgoigne,.... pour
» en saisir et ravestir, par tiltre de don, honorable personne et
» discrete... maistre Thierri d'Yrechon, prévost d'Ayre[1]. »

Thierry d'Hireçon, prévot d'Aire, conseiller de la comtesse Mahaut, devait devenir évêque d'Arras en 1328. Il avait un parent,
Denis d'Hireçon, mari d'Isabeau, fille du châtelain d'Arras, pour
lequel « Jehans de Mailly, sires de Lousignol, Gilles, sires d'Au-
» tuyle, chevaliers, » et autres, servirent de témoins dans un acte
du 23 septembre 1325. Cet acte, conservé aux archives du Pas-
de-Calais, était autrefois scellé de cinq sceaux, particulièrement
de ceux de Jean de Mailly, seigneur de L'Orsignol (*trois maillets
avec un lambel à trois pendants*) et de Gilles, sire d'Autuille
(*trois maillets et un croissant en abîme*[2]).

De 1334 à 1345, le sire de L'Orsignol eut différentes affaires
relatives à ses terres de Wavans, de Buire et de Villers-l'Hopital[3] dans lesquelles le duc de Bourgogne, comte d'Artois, lui
contestait son droit de haute, moyenne et basse justice. Jean de
Mailly, qui habitait à Buire-aux-Bois[4], dut faire à ce sujet, le 23
décembre 1345, un accord avec son suzerain[5].

A la même époque « nobles hommes messire Jehan de Mailly,
» chevaliers, sires dou Loursignol et de Buires, messire *Jehan
» de Mailly*, con dist *Maillet*, chevaliers, et *Colars de Mailli*,
» damoiseau, enfants dudit monsʳ Jehan, seigneur du Loursignol,
» dessus dit, » furent soupçonnés du meurtre de l'écuyer Jean de
Werchin. Les témoins ayant manqué, ils furent absous devant
« les hommes de monsʳ le conte d'Artois, » au nombre desquels
on remarquait « messires Gilles, sires de Autuille, » et Jean de
Nedon, chevaliers, par le bailli d'Arras, janvier 1334 (v. s.), et

---

1. *Preuves,* nᵒ LXXVI.
2. *Ibid.,* nᵒ LXXIX.
3. *Ibid.,* nᵒˢ LXXXVII, CIX, CX.
4. *Ibid.,* nᵒ CXIII.
5. *Ibid.,* nᵒ CX.

par lettres royales de Philippe VI de Valois, datées de Maubuisson, mai 1335[1].

Malgré cette absolution, ils furent amenés, en décembre 1335, à Paris dans les prisons du Châtelet et du Louvre pour répondre non seulement du meurtre de Jean de Werchin, mais aussi de la mort de leur receveur, Robert Palle, qu'ils avaient laissé pourrir sans motif dans « une mauvaise prison orde? et puant. » Le malheureux était resté si longtemps « en la dite prison » qu' « un de » ses bras tout nu ou cep li fut tout mengié jusques à l'os et les » jambes pourriez aussi jusques à l'os, et avoit par derrière ès » rains un grant pertuis de pourreture, en tele manière que on y » boutast bien ung poing, et povoit-on veoir comment il estoit » tout creus. » Quand Jean de Mailly s'était apperçu « que le dit » Robert estoit ainsi appareillez, » il avait voulu, « pour couvrir » sa malefacon » le remettre, à titre de clerc, entre les mains de l'official d'Arras ; mais celui-ci avait refusé de recevoir un homme plus mort que vif qui devait mourir trois jours plus tard « par le » fait et par la coulpe du dit Jehan de Mailli et de sés enfants. » Le roi de France dut encore intervenir pour sauver les coupables ; il leur fit grâce au mois de janvier 1336 (v. s.)[3].

Le sire de L'Orsignol prit part, dans le même mois de janvier 1336 (v. s.), à « la chevauchiée faite dou commandement de » la comtesse d'Artois « par.... mons[r] Jehan de Ponthieu, comte d'Au- » bemale,.... pour aler au chastel d'Oissy, au chastel à Cantinpré » et au Vergier d'en costé Oissy, » contre le seigneur de Coucy révolté contre la dite comtesse d'Artois[4]. Pendant l'année 1340, il servit en Flandre « sous le gouvernement de mons[r] le connes- » table, » et, comme chevalier banneret commandant à cinq chevaliers bacheliers et à vingt et un écuyers, « à Saint-Quentin, à » Marle et ès parties de Cambrésis et de Hénaut, sous le gouver-

1. *Preuves*, n° LXXXIX.
2. Sale.
3. *Preuves*, n°s XC à XCXIV.
4. *Ibid.*, n° LXXXI et page 388.

» nement des mareschaulx de France[1]. » Les deux quittances qu'il donna alors gardent leurs sceaux : *Ecu portant trois maillets avec lambel à trois pendants* (figure 58).

58. — Sceau de Jean II de Mailly, chevalier, seigneur de L'Orsignol, 8 mai et 4 juin 1340. *Preuves*, nᵒˢ XCVII et XCVIII.

La guerre de succession de Bretagne entre Jeanne de Penthiè-vre, mariée à Charles de Blois, neveu du roi de France, et Jean, comte de Montfort, s'ouvrit au mois d'avril 1341, par la mort de Jean III, duc de Bretagne, décédé sans héritier direct. Edouard III, roi d'Angleterre, prit parti pour Jean de Montfort, tandis que Philippe VI de Valois soutenait son concurrent. La cour des pairs à Paris rendit, le 7 septembre, un arrêt qui déclarait Charles de Blois et sa femme héritiers légitimes du duché de Bretagne. Le prince royal Jean, duc de Normandie, fut chargé d'exécuter l'arrêt des pairs. Il partit avec le connétable, deux maréchaux, la plupart des princes du sang et des princes ou rois étrangers qui faisaient leur séjour ordinaire à la cour de Vincennes ; il réunit une armée à Angers et il entra en Bretagne où il fit le siège de Nantes qui lui fut livré par les bourgeois. Le sire de L'Orsignol fit partie de cette expédition « sous le gouvernement du roy de » Navarre » et Philippe VI lui accorda en conséquence une sau-vegarde pour ses biens, par lettres datées de Saint-Germain-en-Laye, le 21 septembre 1341[2].

1. *Preuves*, nᵒˢ XCVII et XCVIII.
2. *Preuves*, nᵒ CV. — Le 15 février 1345 (v. s.), « noble homme monsʳ Jehan de Mailly, chevalier, sires de Loursignol et de Buires » comparaît « devant Jehan de Chartres, baillif d'Arras, » pour une amende de 60 livres. Arch. de La Roche-Mailly. Cop. pap., coll. à l'original en 1773 par Josse-François-Sophie Binot.

§ II

Jean II de Mailly mourut vers 1350, laissant d'une femme
dont j'ignore le nom :

1° *Jean III de Mailly*, dit *Maillet*, qui fera l'objet du chapitre
suivant.

2° *Colard de Mailly*, dit *Payen*, seigneur de L'Orsignol, dont
je parlerai au chapitre Ier de la seconde partie de ce deuxième
livre.

3° *Jeanne de Mailly* sans aucun doute sœur de Jean III et
de Colard de Mailly. Le 15 mars 1353, elle réclame contre Gérard
de Thorote, chevalier, le bail de Michelet de Ligne[1]. Elle semble avoir épousé Mathieu de Bours, chevalier, dont elle eut un fils,
Jean de Bours, qui était sous sa tutelle le 11 mars 1373 (v. s.)[2].
Jean de Bours mourut avant le 23 novembre 1390[3]. Le 27
janvier 1396 (v. s.), Colard de Mailly, dit Payen, chevalier, son
oncle et plus proche héritier, obtint un arrêt du Parlement de
Paris contre Tristan de Lambres au sujet de sa succession[4].

Outre les trois enfants précédents, Jean II de Mailly, seigneur
de L'Orsignol, eut un bâtard, *Jean de Mailly*, dit *Derrée*, qui, en
novembre 1373, obtint du roi Charles V une rémission pour le
meurtre de Jean de La Rue, meunier du moulin de Bouillencourt.
Jean de Mailly, dit Derrée, est qualifié dans ce document « bas-
» tart, frère, si comme on dit, de Paien de Mailli, chevalier, »
seigneur de la « terre et moulin de Boulliencourt[5]. »

---

1. Voir p. 110 et *Preuves*, n° CXXI.
2. Voir p. 111 et *Preuves*, n° CLXIV.
3. *Preuves*, n° CCV.
4. *Ibid.*, n°ˢ CCII, CCIII et CCXIV.
5. *Ibid.*, n° CLXIII.

CHAPITRE III

JEAN III DE MAILLY ET JEANNE DE PICQUIGNY
1334-1350 ENVIRON

§ I

Jean III de Mailly, dit Maillet, fils aîné de Jean II, épousa étant écuyer, avant 1334, *Jeanne de Picquigny*, « damoiselle de » Canaples et d'Outrebois, » fille de Jean de Picquigny, cheva-lier[1], « seigneur de Saint-Ouyn, » et de Marie d'Amiens, dame de Canaples et d'Outrebois[2]. Dès 1335, il était chevalier et poursuivi criminellement, en même temps que son père et son frère Colard, au sujet du meurtre de Jean de Werchin et de la mort de Robert Palle[3].

La veuve de Jean de Picquigny avait convolé avec Jacques d'Estreelle. Le 16 septembre 1338, « Maillet de Mailly, cheva-» lier, » dut faire un accord, à Amiens, avec le mari de sa belle-mère, relativement au « douaire coustumier » de celle-ci « en toute » le terre qui fu monssour Jehan de Pinkigny, seigneur de Saint-» Wyn, jadis mary de la dite dame. » Le frère de Maillet, Colard

---

1. *Preuves*, n° LXXXVI.
2. La Morlière, *Maisons illustres de Picardie*, P. Anselme et autres.
3. Voir plus haut, pp. 245 et 246.

de Mailly, est lui-même cité dans cet accord, parce qu'il avait épousé Marguerite de Picquigny, autre fille du seigneur de Saint-Ouyn[1]. La terre d'Outrebois, qu'il possédait du chef de sa femme, suscita quelques difficultés à Jean III, difficultés qui se terminèrent par un arrêt de la cour de Parlement (19 janvier 1341 v. s.), lui attribuant, contre le bailli d'Amiens, la juridiction sur les échevins d'Outrebois[2].

Jean III de Mailly mourut probablement dans le même temps que son père, vers 1350, car pendant cette année « madame de » Picquigny » fit le relief des terres de Buire et de Wavans, tenues d'Hesdin, pour le « fils de Mᵉ Maillet de Mailly, meindre » d'ans[3]. »

Jeanne de Picquigny se remaria à Jean, seigneur de Créquy et de Fressin[4], et à Henri de Bevres, seigneur de Diquemue[5], contre lequel le Parlement rendit un arrêt le 21 février 1354 (v. s.), pour outrages à un sergent du bailliage d'Amiens, chargé d'une commission relative à la tutelle des enfants que la dite Jeanne de Picquigny avait eus de ses deux premiers maris, Jean de Mailly et Jean de Créquy[6].

---

1. *Preuves*, nᵒˢ XCVI et CXXV.

2. *Ibid.*, nᵒ CVII. — C'est certainement par erreur que dans cette pièce Maillet de Mailly est dit *écuyer ;* il était *chevalier*. — Un arrêt du Parlement fut rendu le 21 février 1343 (v. s.), en faveur d'un Jean de Mailly, écuyer, contre Jean Le Drapier, au sujet d'une somme de 13 livres 18 deniers tournois. (Arch. nat., Xˡᵃ 11, fol. 23 vᵒ). Ce Jean de Mailly semble être d'une famille de Champagne ou de Brie.

3. Communication de M. le comte de Galametz.

4. Jeanne de Picquigny eut au moins trois enfants de Jean de Créquy, 1ᵒ *Jean*, 2ᵒ *Marguerite*, 3ᵒ *Jeanne*. Arch. nat., Xˡᵃ 37, fol. 274. Arrêt du Parlement du 15 janvier 1389 (v. s.). — Le P. Anselme (t. VI, p. 781) donne pour enfants à Jean de Créquy et à Jeanne de Picquigny, 1ᵒ *Jean*, 2ᵒ *Enguerrand*, 3ᵒ *Marguerite*.

5. Henri de Bevres, seigneur de Diquemue, chevalier, remarié à Jeanne de Picquigny, dame de Saint-Ouyn et de Canaples. (Arch. nat., Xˡᵃ 37, fol. 274). Arrêt du Parlement du 15 janvier 1389 (v. s.). — 1392, 25 juin. Thierry, seigneur de Diquemue, chevalier, fils et héritier de défunt Henri, seigneur de Diquemue, et de Jeanne de Picquigny, sa femme. (Arch. nat., Xˡᵃ 39, fol. 78 verso).

6. *Preuves*, nᵒ CXXV.

§ II

Le P. Anselme[1], Moréri et autres font naître de Jean de Mailly et de Jeanne de Picquigny les enfants suivants :

1° *Jean de Mailly ;*

2° *Colard de Mailly*, seigneur de L'Orsignol ;

3° *Renaut de Mailly* qui « servoit ès guerres de Flandre en » 1340, avec deux écuyers et prend la qualité de haut et puissant » seigneur dans un titre de 1409 ; »

4° *Louis de Mailly*, « dont Froissart fait mention honorable » sous l'an 1371, à cause des exploits qu'il fit en Turquie ; »

« 5° *Mathieu de Mailly*, qui vivoit en 1364. »

De ces cinq personnages, un seul naquit certainement de Jean de Mailly et de Jeanne de Picquigny ; ce fut *Jean IV de Mailly* dont je parlerai au chapitre IVe.

Colard de Mailly, seigneur de L'Orsignol, était fils de Jean II de Mailly et non de Jean III et de Jeanne de Picquigny, comme je l'ai dit au § II du chapitre précédent.

Renaut de Mailly est absolument étranger aux Mailly-L'Orsignol et peut être aux autres branches des Mailly de Picardie. Il était né et marié longtemps avant l'union de Jean III de Mailly avec Jeanne de Picquigny, ses prétendus père et mère. Dès le mois de novembre 1323, alors que Jean III de Mailly était tout enfant, « *Renaus de Mailli*, chevaliers, sires en partie d'Oizy-en-» Thieraisse[2], et madame *Isabiaus, dite de Luigni*, sa femme, » femme jadis de noble homme Jehan, seigneur de Haplaincourt, » en Artois, escuier, » reconnaissent avoir vendu à « haute et » puissante dame, noble et puissante madame Mehaut, dame d'Ar-

---

1. Tome VIII, p. 653.

2. Oisy-en-Thiérache, département de l'Aisne, arrondissement de Vervins, canton de Wassigny.

» tois et de Bourgongne, » tout le douaire et autres droits que la dite de Luigni pouvait avoir de son premier mari sur la terre d'Haplaincourt[1]. Plusieurs sceaux étaient appendus à cet acte, particulièrement celui de Renaut de Mailly : *Ecu dans un trilobe portant deux maillets et une croix ancrée au franc quartier.* Légende : S. RENAUT DE MAILLI, CHR. (figure 59). Le 7 mars 1340 (v. s.), le même Renaut, chevalier, donna, sous son sceau, quittance de gages pour lui et deux écuyers « servant au voyage

59. — Sceau de « Renaus de Mailli, chevaliers, sire en partie d'Oizy-en-Thieraisse », novembre 1323. Arch. de La Roche-Mailly. Dessin exécuté en 1782, « par l'expert Joseph-Vindicien David, » sur une copie collationnée par « Josse-François-Sophie Binot, conseiller du roy, trésorier des chartres du pays et comté d'Artois. »

» de Saint-Quentin et ès parties de Flandres[2]. » Renaut de Mailly mourut longtemps avant 1409, et le qualificatif de *haut et puissant seigneur*, qui se trouve accompagnant son nom dans un titre de 1409, s'applique à un autre Renaut de Mailly, fils de Gilles de Mailly, seigneur de L'Orsignol, dont il sera question plus loin.

Louis de Mailly ne doit pas être rangé, non plus que Renaut et Colard, parmi les enfants de Jean de Mailly et de Jeanne de

1. Arch. du Pas-de-Calais, A 68. Analyse de cette pièce aux *Preuves*, n° LXXIII.
2. Bibl. nat., V^c *Colbert*, 138, fol. 276. — *Coll. de Picardie* (dom Grenier) t. 45 bis.

Picquigny[1]. Je crois que ce personnage peut être identifié avec *Louis, seigneur de Mailly*[2], chevalier, frère de *Jean* et de *Mathieu de Mailly*, également chevaliers, qui poursuivaient un procès le 6 août 1345, contre l'abbé de Colombes[3] et le prieur de Mailly[4]. Un *Louis de Mailly*, qualifié de chevalier breton par Froissart, se distingua pendant le siège de Montpont par les Anglais, en 1371.

60. — Sceau de Louis de Mailly, xive ou xve siècle. Demay, *Sceaux de Picardie*, n° 442.

C'est probablement ce dernier Louis de Mailly qui, en 1369, fut gratifié par le roi Charles V des terres qu'il pourrait « conques- » ter,.. par manière de fait de guerre, en la duché de Guyenne..[5]. » Demay a indiqué dans ses *sceaux de Picardie*, n° 422, un sceau

1. M. Siméon Luce n'a pas évité l'erreur du P. Anselme, au sujet de la filiation de Louis de Mailly, dans son édition de Froissart, t. VIII, première partie, pp. xi à xiii ; 2° partie, p. 11.

2. Probablement Mailly-le-Château, dans l'Yonne.

3. Sainte-Colombe, ancienne abbaye dans le département de l'Yonne, près de Sens.

4. 1345, 6 août. « Inter.... abbatem de Columbis et priorem de Malliaco, membrum abbatis predicti et abbatie de Columbis, ex una parte, et *Ludovicum, dominum de Malliaco, Johannem* et *Mattheum de Malliaco*, milites, fratres dicti domini, ex altera... » Arch. nat., X^{1a} 10, fol. 299.

5. 1369, 11 et 26 avril. Charles V voulant récompenser son « amé et féal chevalier *Louis de Mailly*, » pour ses services à la guerre, lui octroye à lui et à ses hoirs « ce qu'il pourra conquester.... par manière de fait de guerre en la duché de Guienne, excepté bonnes villes fermées, tant chasteaux fors, maisons et meubles quelconques (Mandement aux sénéchaux de Touraine, Anjou et Maine). Donné à Paris en nostre hostel lès Saint-Pol, » les 11 et 26 avril 1369. Arch. nat., JJ 100, fol. 119, n° 376 ; fol. 134, n° 433.

de *Louis de Mailly* : *Ecu portant trois maillets, penché, timbré d'un heaume cimé, supporté à dextre par un lion et à senestre par une dame ; dans le champ, deux branches fleuries.*
Légende : Loys de Mailli (figure 60). Il est certain que ce sceau,
du XIVᵉ ou du XVᵉ siècle, sans brisure, conservé au musée d'A-
miens et détaché de sa charte, ne peut être attribué aux Mailly-
L'Orsignol qui brisaient d'un lambel. Il ne peut pas davantage con-
venir à un Mailly de la branche aînée. Peut-être n'est-il pas téméraire de l'appliquer à l'un ou à l'autre des Louis de Mailly dont
je viens de parler.

Mathieu de Mailly, donné par le P. Anselme comme le cinquième fils de Jean de Mailly et de Jeanne de Picquigny, était-il
réellement issu de ces personnages ? Je ne saurais rien affirmer à
ce sujet si ce n'est que le 23 juin 1381 « *Mathieu de Mailly* et
» *Marie de Rouchy*, sa femme, bourgeois d'Arras, » vendirent à
« Jehan Dauzaing, drapier, et damoiselle Péronne Bataille, sa
» femme, bourgeoise de la dite ville, » une rente de 60 sous parisis qu'ils avaient droit de prendre chaque année sur une maison
« séans à Darnestal[1]. »

1. *Preuves*, n° CLXXIX.

CHAPITRE IV

§ I

Jean IV de Mailly, *dit Maillet* comme son père, mineur et sous la tutelle de sa mère, Jeanne de Picquigny, en 1350, était seigneur de Buire, de Wavans, de Saint-Ouyn et de Blangy-sur-Somme[1], tandis que la terre de L'Orsignol restait dans la ligne de son oncle, Colard de Mailly, dit Payen.

Le 15 janvier 1365 (v. s.), « messire Maillet de Mailly est qua-
» lifié écuyer ; » il se trouvait alors, avec un autre écuyer, « à
» l'host du roy, sous le gouvernement du duc de Bourgogne, en
» la compagnie d'hommes d'armes dont mons^r Hue de Chastillon
» fit montre.... à Dijon[2]. »

Le *Cartulaire de Clermont-en-Beauvoisis* renferme l'écusson colorié de Jean de Mailly *(d'or chargé de trois maillets de gueules au lambel d'azur à trois pendants)* en marge de ce texte :
« Messire Jehan de Mailly tient de Charle de Campremy, escuier,
» un fief séant à Ressons-seur-le-Mar, contenant cent et III li-

---

1. *Preuves*, n^{os} CLXVII, CCXLII, etc.
2. *Ibid.*, n° CXLV.

» vres que il soulloit pranre chacun an par le main du conte de
» Boulloingne seur le travers du dit Ressonz, et à présent n'y
» prant que XXXIII livres[1]. »

Deux quittances de « Jehans de Mailly dit Maillet, chevaliers,
» sires de Buyres et de Wavans » (14 février 1376 (v. s.) et 6 juin
1377), relatives à des dépenses pour « l'ostel de madame la
» comtesse de Flandres et d'Artoys, en son chastel de Hesdin, »

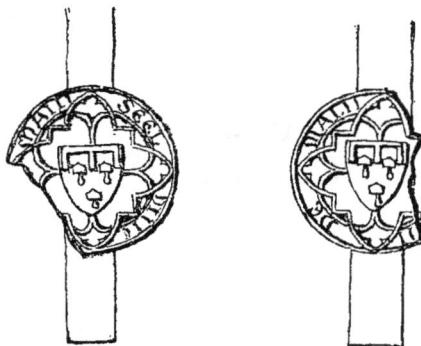

61-62. — Sceaux de Jean IV de Mailly, dit Maillet, sire de Buire et de Wavans, 14 février
1376 (v. s.) et 6 juin 1377. Arch. de La Roche-Mailly. Dessins exécutés en 1782 « par l'expert Joseph-Vindicien David, » sur une copie collationnée par « Josse-François-Sophie
Binot. »

gardaient encore à la fin du XVIIIe siècle leurs sceaux en cire
blanche sur simple queue de parchemin[2] : *Ecu à trois maillets
avec lambel à trois pendants, dans un double quadrilobe
gothique* (fig. 61-62).

Parmi les documents de la fin du XIVe et du commencement du
XVe siècle[3] concernant le sire de Buire-aux-Bois, on remarque
surtout celui où il est question de l'aide qu'il dut payer, à cause

1. Arch. nat., KK 1093, fol. 299 verso. Ce cartulaire paraît avoir été écrit
à la fin du XIVe siècle ou au commencement du XVe.
2. *Preuves*, n[os] CLXVII et CLXVIII. Voir également le n° CLXXXIV.
3. *Ibid.*, n[os] CLXVI, CXCIX, CCXII.

de ses cinq fiefs relevant du château d'Hesdin, pour le mariage
de la fille aînée du duc de Bourgogne[1], et la fondation, au commencement de l'année 1424, d'une chapelle en l'honneur de la
Sainte-Vierge « dans la basse-cour des château et forteresse de
» Buyres. » L'acte de cette fondation nous apprend que *Jean IV
de Mailly* avait épousé *Jeanne de Crésecques*, car il y demande
trois messes par semaine pour lui et pour « madame Jeanne de
» Crésecques, sa femme[2]. » Au dire du P. Anselme (t. VIII p.
653), Jeanne de Crésecques était fille de Guillaume de Crésecques, dit le Bon, et de Marie d'Harcourt-Montgommery.

63. — Sceau de Jean IV de Mailly, dit Maillet, chevalier, 5 juillet 1380. *Preuves*, n° CLXXII.

A l'exemple de Gilles VI, seigneur de Mailly, le sire de Buire
prit part en 1380 à la campagne contre le duc de Buckingham,
oncle de Richard II d'Angleterre[3]. Le 4 juillet, il fit à Abbeville la
montre de sa compagnie qui se composait d'un autre chevalier et
de sept écuyers « sous le gouvernement de monsʳ de Coucy[4]. »
Sa quittance, datée également d'Abbeville, le 5 juillet[5], conserve
son sceau : *Ecu portant trois maillets avec un lambel à trois
pendants* (figure 63). Le 19 et le 20 juillet, il se trouvait avec ses
hommes à Hesdin[6], le 1ᵉʳ août, à Arras[7], et le 3 du même mois
à Corbie « en la compagnie de monsʳ de Coucy et soubz le

1. *Preuves*, n° CCXLIV.
2. *Ibid.*, n° CCLXXX. Arch. du Nord, B 1603.
3. Voir p. 114.
4. *Preuves*, n° CLXXI.
5. *Ibid.*, n° CLXXII.
6. *Ibid.*, nˢ CLXXIII et CLXXIV.
7. *Ibid.*, n° CLXXV.

» gouvernement de monseigneur de Bourgongne[1]. » En avril 1384, « messire Maillet de Mailly, chevalier bachelier, servit à » Lille le duc de Bourgogne sous la bannière du sire d'Auxy[2]. » Le 22 septembre 1386, il donna quittance pour lui, deux autres chevaliers bacheliers et neuf écuyers de sa compagnie, comme faisant partie, « soubz le gouvernement du maréchal de Sancerre, » de l'expédition préparée contre l'Angleterre[3], et le 27 septembre 1390, il fit montre à Tournay des chevaliers et des écuyers de sa même compagnie[4].

Jean IV de Mailly mourut en 1432[5] et fut enterré, selon le P. Anselme[6], avec sa femme, Jeanne de Crésecques, dans l'église de Buire-aux-Bois. On trouve dans un document du 9 mai 1443 que Jean de Beauvoir, écuyer, seigneur d'Aveluy, était « fils de la » femme de Maillet de Mailly, chevalier[7]. Jeanne de Crésecques avait donc épousé un Beauvoir en premières noces.

§ II

Le P. Anselme donne pour enfants à Jean IV de Mailly et à Jeanne de Crésecques :

1° *Jean de Mailly* qui épousa vers 1430 Jeanne de Soissons ;

---

1. *Preuves*, n° CLXXVII.
2. *Ibid.*, n° CXCI.
3. *Ibid.*, n° CXCVI.
4. *Ibid.*, n° CCIV.
5. 1432-1433. « De M° Jean de Mailly, évêque de Noyon, la somme de 7 liv. 10 s. pour le relief de trois fiefs, cy-après déclarés, tenus de M. le duc à cause de son chastel d'Hesdin ; est assavoir pour les creneaux de Buires, 60 s. Item, pour le fief qui fu à Jean d'Allery (acquis par Jean IV de Mailly en 1429, *Preuves*, n° CCCXI) qui est des arrière fiefs de Ponthieu, 60 s. ; et pour un aultre fief séant à Roussefay (Rougefay), 30 s. Les dits fiefs *naguères venus et escheus au dit M. l'évesque par le trespas de messire Maillet de Mailly, son père.* » *Reliefs des terres de Buire, Wavans et autres fiefs tenus d'Hesdin.* Communication de M. le comte de Galametz.
6. Tome VIII, p. 653.
7. *Preuves*, n° CCCXXXIX.

2° *Robert de Mailly*, grand-panetier de France ;

3° *Jean de Mailly*, évêque de Noyon ;

4° *Colard de Mailly*, seigneur de Blangy-sur-Somme ;

5° *Ferry de Mailly*, seigneur de Talmas ;

6° *Marie de Mailly* qui épousa Jean de Beauvoir ;

7° *Marguerite de Mailly*, mariée en premières noces à Pierre dit Ferrand des Quesnes, vicomte de Poix, et en secondes à Renaud de Quinquempoix ;

8° *Catherine de Mailly*, femme de Jean d'Anche, dit Martel, seigneur de Tilloy, avec lequel elle vivait le 24 mai 1431.

Je n'ai pu constater la véracité des affirmations du P. Anselme que pour *Robinet, Jean*, évêque de Noyon, *Colard, Ferry*, dont je m'occuperai dans les chapitres V, VI, VII, VIII[1], et *Marguerite*.

Marguerite de Mailly épousa en premières noces, à la fin du XIVe siècle, Pierre, dit Ferrand des Quesnes, vicomte de Poix, et en secondes noces, Renaud de Quinquempoix, chevalier, dont elle était veuve au commencement de l'année 1404[2]. Elle fut soupçonnée de la mort de son premier mari et emprisonnée sur la requête de Guillaume des Quesnes, chevalier, à la Conciergerie du palais à Paris. Le 15 avril 1399 (v. s.), la cour de Parlement lui permit, afin qu'elle pût accomplir ses devoirs religieux, de passer la quinzaine de Pâques en dehors de la prison, à « l'ostellerie où » pend l'enseigne du Mouton, en la rue de la Calandre[3]. » Elle obtint un nouvel élargissement le 28 mai 1400, sous condition de loger « en l'ostel maistre Pierre La Rose, son procureur[4]. » Ce procès devait engendrer d'autres difficultés. Robinet de Mailly, chevalier, frère de Marguerite, prit le parti de sa sœur et se permit de nombreuses voies de fait contre le vicomte des Quesnes ou ses gens. De là un nouveau litige dont on trouve la trace

---

1. Je conserve ici, pour la facilité de la rédaction des chapitres VII et VIII, l'ordre observé par le P. Anselme. En réalité, l'évêque de Noyon devrait se placer après Colard et Ferry, ses frères aînés.

2. *Preuves*, n° CCXXXIV.

3. *Ibid.*, n° CCXXII.

4. *Ibid.*, n° CCXXIII.

au Parlement le 24 janvier 1403 (v. s.)[1]. Marguerite de Mailly soutenait encore des procès le 22 août 1408 et le 23 décembre « 1411, contre messire Raoul de Saint-Rémy, chevalier, chambel- » lan du duc d'Orléans, » et contre Jeanne d'Argouves, dame de Quinquempoix[2].

1. *Preuves*, n° CCXXXIII.
2. *Ibid* , n° CCXLI et page 145, note 1.

CHAPITRE V

ROBERT, DIT ROBINET DE MAILLY, GRAND PANETIER DE FRANCE
1404-1420

§ I

Robinet de Mailly naquit certainement de Jean IV puisqu'au rapport d'Enguerran de Monstrelet[1], il avait pour frères Jean, évêque de Noyon, Colard et Ferry de Mailly, fils incontestables du dit Jean IV. C'est ce Robinet qui a donné lieu à la *Généalogie des Mailly* insérée dans l'*Histoire généalogique de la maison royale de France par le P. Anselme*[2]. Le même P. Anselme lui attribue comme blason : *d'or à trois maillets de gueules ;* l'estimable auteur aurait dû ajouter, *avec un lambel d'azur à trois pendants*[3], brisure propre aux Mailly-L'Orsignol.

Dès la fin du XIVᵉ siècle, on trouve un Robinet de Mailly, chevalier et chambellan du duc de Bourgogne, qui paraît être de la branche des Mailly d'Authuille[4]. Quoi qu'il en soit, notre

---

1. *Chronique.* Edition de la Société de l'Histoire de France, t. III, p. 378.
2. T. VIII, pp. 624 à 663.
3. Voir figure 64, p. 266.
4. *Preuves*, nᵒˢ CCXVI, CCXVIII, CCXXI. — En 1367, un « *Robert de Mally* et damoiselle Jehenne de Onguion » sa femme, sont en procès avec les religieux de La Fontaine-Notre-Dame, en Valois, et « monseigneur Philipe de July, chevalier, » à cause d' « un fief séant à Goudreville et territoire de Berguy. » Arch. nat., XIᶜ 19 A, cote 65.

« messire Robinet de Mailly, chevalier bachelier, » s'attacha au
duc de Bourgogne et entra avec lui à Paris, décembre 1409[1], après
l'écrasement des Liégeois dans la plaine du Hasbain, près de Ton-
gres. En 1410, il guerroyait en Picardie avec un autre chevalier
bachelier et cinq écuyers de sa compagnie sous le gouvernement
« de monseigneur le comte de Liney et de Saint-Pol, capitaine
» général des pays de Picardie et de Weste-Flandres[2], » et le 14
janvier 1411 (v. s.), il était capitaine de la ville de Noyon[3], charge
dont il fut dépossédé par Charles VI, en 1414, en faveur de Raoul,
seigneur de Gaucourt, qui en avait d'ailleurs joui auparavant[4].

Pendant l'année 1413, Robinet de Mailly se compromit gravement avec Elion de Jacqueville, Charles de Recourt, dit de Lens,
chevaliers, Jean et Henry de Troyes, Baude de Bordes, Pierre
Cauchon et autres, dans les émeutes cabochiennes qui éclatèrent
à Paris et qui nécessitèrent l'éloignement de Jean-sans-Peur ;
aussi fut-il excepté, ainsi que les principaux meneurs, de l'aboli-
tion accordée le 29 août, par Charles VI à ceux qui avaient participé aux troubles[5]. Quelques seigneurs « de l'ostel du duc de
» Bourgongne, entre autres le seigneur de La Viefville et messire
» Charles de Lens, » furent arrêtés, « mais messire Robinet de
» Mailly, pour doubte qu'il ne fut prins s'enfuy[6]. » Peu de temps

1. *Preuves,* n° CCXLIII.
2. *Ibid.,* n°ˢ CCXLVI et CCXLVII.
3. *Ibid.,* n° CCXLVIII.
4. *Bulletin du comité historique des documents écrits de l'Histoire de
France,* t. ɪ (1849), p. 30.
5. *Preuves,* n° CCLII. — Voir la *Chronique d'Enguerran de Monstrelet,*
t. ɪɪ, p. 344. — Les séditieux voulurent empêcher Pierre des Essarts de s'é-
chapper de Paris. « On vit dans cette conjecture des chevaliers se mettre à
la tête des séditieux, entre autres les sires de Helly, Léon de Jacqueville et
Robert de Mailly, familiers du duc de Bourgogne qui, au grand étonnement
de tout le monde, offrirent de les seconder. » Léon de Jacqueville ambition-
nait le poste de capitaine de Paris, et les « deux autres nourrissaient une
haine implacable contre Pierre des Essarts. » *Chronique du religieux de
Saint-Denys,* t. V, pp. 12 et 13. — « Nomina autem crudelissimorum princi-
palium hujusmodi factionis continuo subsequuntur : Elion de Jaclemille (sic),
Robinetus de Mailly, Karolus de Lens, » etc. Rymer, *Fœdera,* Londres, 1709,
t. ɪx, p. 55.
6. Monstrelet, t. ɪɪ, p. 399.

après, 2 octobre, le dit « messire Robinet de Mailly, messire
» Hélion de Jacqueville, les Liégeois, c'est assavoir le père et le
» filz, maistre Jehan de Troyes, Denisot de Chaumont, Caboche
» et plusieurs autres, par procès fait en Parlement contre eulx,
» furent bannis à tousjours du royaume de France[1]. »

Il ne restait plus à Robinet d'autre alternative que de s'attacher complètement à Jean-sans-Peur. Il suivit le duc en Bourgogne[2] et revint avec lui vers Paris après la bataille d'Azincourt (1415). « Et est vérité que iceulx Parisiens et aucuns offi-
» ciers du roy, qui avoient esté favorables à la partie d'Orléans
» contre le dit de Bourgongne le doubtoient moult fort, pour ce
» qu'il avoit en sa compaignie plusieurs de ceulx qui avoient esté
» banniz et enchacez hors de la dicte ville de Paris, c'est assavoir
» messire Hélyon de Jacqueville, messire *Robinet de Mailly*,
» maistre Eustace de Laistre, maistre Jehan de Troyes, Cabo-
» che, Denisot de Chaumont, Garnot de Saint-Yon et plusieurs
» autres[3]. »

Jean-sans-Peur ne pouvait oublier Robinet, son dévoué « conseiller
» et chambellan. » Il le gratifia de différentes pensions viagères,
soit sur les recettes d'Arras et de Douai, soit sur celle de Feignies, lui donna la seigneurie de Blaton « pour l'aider à vivre plus
» honorablement à son service[4] » et le nomma commissaire
(1416) « en la réformation générale par lui mise suz en son pays
» et conté d'Artois et ès villes et chastellenies de Lille, Douay et
» Orchies[5]. »

Après la mort du dauphin Jean (avril 1417), le duc de Bourgogne entra en campagne contre le connétable d'Armagnac. Ro-

---

1. Monstrelet, t. ii, p. 408.
2. Ibid., t. iii, p. 48.
3. Ibid., t. iii, p. 127.
4. *Preuves*, nᵒˢ CCLVIII, CCLIX, CCLX, CCLXV. — Le 1ᵉʳ octobre 1419,
le duc de Bourgogne donna une commission de gouverneur de Blaton et de
Feignies au seigneur de Roubais, chevalier, son conseiller et chambellan,
au lieu de messire Robinet de Mailly. *Preuves*, nᵒ CCLXXI.
5. *Preuves,* nᵒ CCLXII.

binet de Mailly et deux de ses frères, probablement Colard et Ferry, étaient au nombre des principaux chefs de l'expédition[1]. Robinet fit la revue de ses hommes d'armes et de trait le 31 août 1417, à Beauvais, où le duc rassemblait l'armée qu'il voulait conduire sur Paris[2].

Isabeau de Bavière avait été enlevée du château de Vincennes en vertu d'un ordre signé par Charles VI et son fils, et conduite près de Tours. La reine avait toujours redouté le duc de Bourgogne ; mais cette injure qu'elle venait de recevoir du comte d'Armagnac changea ses sentiments. Elle fit prier Jean-sans-Peur de la tirer de captivité. Celui-ci accueillit ses ouvertures et un enlèvement fut concerté. Quelques cavaliers bourguignons parurent au moment ou Isabeau entrait dans l'église de Marmoutiers ; ils mirent en fuite son escorte et l'emmenèrent avec eux. La reine alla à Chartres puis se retira à Troyes auprès du duc. Après la prise de Paris par le sire de L'Isle-Adam, elle rentra dans la capitale (14 juillet 1418) où « furent tenus plusieurs consaulx, tant par icellui » duc de Bourgogne comme par autres seigneurs, sur la régie du » royaume. Après la fin desquelz consaulx furent constituez en la » faveur du duc de Bourgongne, par le roy, plusieurs nouveaulx » officiers, c'est assavoir les seigneurs de L'Isle-Adam et de » Chastellus, fais tous deux mareschaux de France ; *messire* » *Robinet de Mailly fu fait grant panetier*[3], et messire Charles » de Lens fut commis admiral de France.... Maistre Eustace de » Laitre fut fait chancelier de France, et maistre Phelippe de » Marviller premier président en Parlement. Et le duc de Bour- » gongne fut capitaine de Paris[4]. »

Selon le P. Anselme[5], Robinet de Mailly prêta serment pour son office de grand panetier, le 4 août de la même année, « après

1. Monstrelet, t. III, p. 214.
2. *Preuves*, n° CCLXIV.
3. Au lieu de Jean Malet, seigneur de Graville.
4. Monstrelet, t. III, p. 273. — *Chronique de Jean Le Fèvre, seigneur de Saint-Rémy* (Société de l'Histoire de France), t. I, p. 333.
5. T. VIII, p. 624.

» quoi le procureur du roi lui signifia certaines ordonnances
» royaux qu'il n'eût à *contraindre ni exiger des boulangers du*
» *royaume, comme aucuns ses prédecesseurs,* cinq sols, et que
» s'il le faisoit, *il seroit contraint à cesser par détention de*
» *prison, se métier estoit.* »

L'assassinat de Jean-sans-Peur au pont de Montereau avait été
un évènement funeste à la France et au Dauphin lui-même, car le
fils de la victime, Philippe-le-Bon, put alors colorer d'un prétexte
son alliance avec les Anglais. Quand il « eut célébré la feste de la
» Purification Nostre-Dame » (1419 v. s.), le nouveau duc alla met
tre le siège devant Crépy-en-Laonnois qui résista du 26 février au
10 mars. « Si estoient lors avecques le dit duc plusieurs capitaines
» qui tout leur temps avoient servy le duc Jehan, son père ; c'est
» assavoir messire Jehan de Luxembourg, les seigneurs de L'Isle-
» Adam et de Chastellus, tous deux mareschaulx de France, mes-
» sire *Robinet de Mailly, grant panetier de France,* » et plusieurs autres[1].

L'armée de Philippe-le-Bon quitta Crespy et suivit son chef à
Laon, •Reims et Châlons. De Châlons, on chevaucha « en belle
» ordonnance » vers Troyes et on « fist ung logis assez près de
» Vitry-en-Pertois, laquelle ville, avec autres forteresses ou pays,
» tenoient les Daulphinois. Et lors, messire Jehan de Luxem-
» bourg, faisant l'avant-garde, passa parmy une ville ou dit pays,
» où il y avoit eaues et sourses moult dangereuses. *Si chevau-*
» *choit emprès lui messire Robinet de Mailli, chevalier et grant*
» *panetier de France, lequel, a tout son cheval, se fery et ef-*
» *fondra en une des dictes sources. Lequel cheval n'avoit point*
» *de crins à quoy le dit chevalier se peust tenir, si ne le retira*
» *pas, mais mourut là très pileusement, et le dit cheval fut*
» *saulvé. Pour la mort duquel, le duc de Bourgongne et plu-*
» *sieurs autres seigneurs furent moult courroucez, et, par es-*
» *pécial, ses trois frères, qui estoient en la dicte compaignie,*

1. Monstrelet. t. III, p. 375.

» *en menèrent grand dueil, c'est assavoir maistre Jehan de*
» *Mailli, qui depuis fut évesque de Noion, Colard et Ferry.*
» *Toutesfoiz, il fut tiré dehors et enterré assez près de là*[1]. »

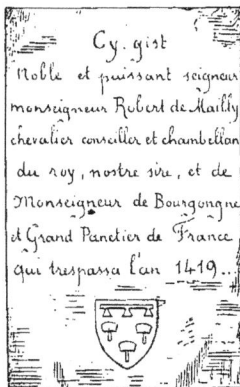

64. — Epitaphe de Robert de Mailly, grand panetier de France, « devant le grand autel
des Jacobins de Troyes, » 1419 (v. s.), d'après *Collection du Chesne* (Bibl. nat.), vol. 62,
fol. 79 verso.

Robinet de Mailly reçut la sépulture devant le grand autel des
Jacobins de Troyes sous une épitaphe où se voyaient ses armes :
trois maillets surmontés d'un lambel à trois pendants[2] (fig. 64).

---

1. Monstrelet, t. III, pp. 377 et 378. — Georges Chastellain dans sa *Chronique* raconte aussi la mort de Robinet de Mailly dans un chapitre qui a
pour titre : « *Comment messire Robert de Mailly, grand panetier de France,
s'efondra dans l'eau a tout son cheval, là où il mourut.* » Il y dit par erreur
que *Jean, Colard et Ferry de Mailly étaient les trois fils de Robinet.* M. le
baron Kervyn de Lettenhove, l'éditeur de cette *Chronique* (Bruxelles, 1863),
s'égare lui-même quand, tome I, p. 113, il donne raison à Chastellain contre
Monstrelet. Jean, Colard et Ferry de Mailly étaient certainement frères de
Robinet et fils de Jean IV de Mailly dit Maillet.

2. L'épitaphe de Robinet de Mailly nous est conservée dans la *Collection
du Chesne* et au *Cabinet de d'Hozier* et porte le millésime 1419 qu'il faut
traduire par 1420 en nouveau style. Le mois, resté en blanc, était celui de
mars. — On lit dans le religieux de Saint-Denys (t. v, pp. 590 et 591) que
messire *Robert de Mailly* fut condamné à être pendu. S'agit-il bien ici du
grand panetier de France ?

CHAPITRE VI

Jean de Mailly, fils de Jean IV dit Maillet, fut seigneur de Buire[1] et de « deux fiefs assis environ Estaples et.... pais de » Flandres[2] » après la mort de son père, vers 1432, de Saint-Ouyn dont il donna le dénombrement le 7 septembre 1456, à Jean d'Ailly, vidame d'Amiens[3], et de Wavans en 1457, après le décès de son frère Colard[4].

Il ne faut pas confondre notre Jean de Mailly avec « maistre » Jehan de Malley, advocat en Parlement et grant arcidiacre en » l'église de Soissons, » qui était mort au commencement du XIVe siècle[5].

1. Voir p. 258, note 5.
2. *Preuves*, n° CCCXXII.
3. Arch. nat., R 1* 36, p. 130.
4. 1457. Relief par « Me Jean de Mailly, évêque de Noyon, seigneur de Buires, pour la terre de Wavans, venue de Colard de Mailly. » *Reliefs des terres de Buire et de Wavans.* Communication de M. le comte de Galametz.
5. 1407 (v. s.). janvier. Paris. — Amortissement par Charles VI accordé aux « exécuteurs du testament et ordonnance de derrenière volenté de feu maistre *Jehan de Malley*, en son vivant advocat en Parlement et grant arcidiacre en l'église de Soissons. Comme aient esté à noz amez et féaulx gens de noz comptes à Paris, présentées et exhibées noz autres lettres d'amortissement en las de soye et cire verte, données et passées... le XVe jour d'aoust l'an mil CCCC et six, par lesquelles nous avons admorti aux diz

Au mois d'avril 1411, le roi nomma « *maistre Jehan de Mailly*, » *licencié en loiz,* » conseiller en la chambre des enquêtes. Le mercredi, 22, « le vidame d'Amiens, le sire de Rambures, le sire » de Boissay, le seigneur de Nourroy » et autres parents du nouveau conseiller, apportèrent au Parlement les « lettres royaulx » relatives à cette nomination. La cour semblait d'abord assez opposée à Jean de Mailly partisan du duc de Bourgogne ; mais, « *pour eschiver l'indignation du roy,* » et « *considérant d'ail-* » *leurs que le dit Mailly estoit bien renommé en meurs et avoit* » *esté à Orlians de bonne conversation, et si estoit de noble* » *linage,* » elle consentit à l'eslire, « pluseurs du grand Conseil » présens, non par voie de scrutine, mais en Conseil[1]. »

Les dignités devaient s'accumuler sur la tête du frère de Robinet de Mailly. Il devint maître des requêtes de l'hôtel du roi, 22 juillet 1418[2], doyen de Saint-Germain l'Auxerrois[3], prébendé à Paris et à Amiens[4], archidiacre de Châlons[5], archidiacre de Brie dans l'église de Soissons[6], et fut pourvu en 1424 de l'office de président en la chambre des comptes à Paris vacant par la promotion à la charge de chancelier de France de Louis de Luxembourg, évêque de Thérouanne[7].

On rencontre, en 1417, « maître Jean de Mailly » accompagnant Jacqueline de Bavière à Biervliet en Zélande pour son traité de mariage avec Jean IV de Brabant[8]. L'année suivante, le 19 juillet

exécuteurs la terre et seigneurie de la ville de Chirres-sur-Marne (Chierry-sur-Marne?) en la paroisse de Tenero en Mucien, (etc.). » Arch. nat., JJ 126, fol. 119 verso, n° 150.

1. *Journal de Nicolas de Baye, greffier du Parlement de Paris,* publié par Alexandre Tuetey (Société de l'Histoire de France) t. II, pp. 6 et 7.

2. *Preuves,* n° CCLXVII.

3. *Ibid.,* n° CCLXVIII.

4. *Ibid.,* n°s CCLXIX et CCLXXIV.

5. *Ibid.,* n° CCLXXVI.

6. *Ibid.,* n° CCLXXXI.

7. P. Anselme, t. II, p. 416. — Ulysse Chevalier, *Répertoire des Sources historiques du moyen-âge. Supplément,* col. 2722.

8. *Chronique des ducs de Brabant* par Edmond de Dynter, publiée par P. F. X. de Ram. Bruxelles, 1857, t. III, pp. 343 et 786.

1418, Charles VI écrivit aux chanoines d'Amiens leur demandant d'élire pour leur évêque, à la place de Philibert de Saulx qui venait de mourir, son « amé et féal conseiller et maistre des reques- » tes de » son « hostel, *maistre Jean de Mailly*, desjà promeu » en sainte Eglise,... nay du pays[1]. » Le chapitre ne craignit pas de faire « très grande desplaisance » au monarque et à son « très » cher et amé cousin le duc de Bourgogne ; » il choisit, ou du moins se laissa imposer Jean d'Harcourt comme pasteur[2].

Parmi les noms de ceux qui, après l'assassinat de Jean-sans-Peur, assistèrent au conseil du duc de Bourgogne tenu à Arras « sur le fait du traité d'Angleterre, » on trouve celui de Jean de Mailly[3]. Après le malheureux traité de Troyes (20 mai 1420) où fut signé définitivement le pacte par lequel Charles VI déshéritait son fils au profit d'Henri V, le même Jean de Mailly fut envoyé avec le bailli de Senlis et certains autres personnages bourguignons pour faire prêter serment de fidélité au roi d'Angleterre par les prélats, gens d'église, nobles, manans et habitants des villes de Senlis, Beauvais et de différentes villes picardes[4]. En 1422, il fut chargé d'une ambassade à Liége par le roi d'Angleterre[5] et en 1425 il reçut une mission importante auprès du duc de Bourgogne[6]. Il avait assisté, le 21 juin 1424, à la donation faite par Henri V à son oncle, le duc de Bedfort, des provinces d'Anjou et du Maine occupées par les partisans de Charles VII[7].

Lors du décès de Raoul de Coucy (1425), le chapitre de Noyon fut dans un grand embarras. Le duc de Bedfort et le duc de Bourgogne avaient chacun un candidat pour l'évêché de Noyon. Le

---

1. *Preuves*, n° CCLXVI.
2. La Morlière, *Antiquitez de la ville d'Amiens*. Amiens, 1622, p. 70, du *Catalogue des évesques*.
3. *Preuves*, n° CCLXXIII.
4. *Ibid.*, n° CCLXXV.
5. *Ibid.*, n°ˢ CCLXXVII et CCLXXVIII.
6. *Ibid.*, n° CCLXXXV.
7. *Ibid.*, n° CCLXXXII.

chapitre anxieux prit le parti d'élire deux chanoines, Hugues de
Cayeu et Jean de Mailly, et de prier le pape de vouloir bien choisir entre eux. Le pape désigna Jean de Mailly[1].

Celui-ci, à peine nommé, dut intenter un procès en Parlement
(novembre 1425) à « dame Blanche de Coucy, dame de Montmi-
» rail, » sœur et héritière de Raoul de Coucy, afin qu'elle fût
condamnée à faire restaurer les « maisons et édifices du dit éves-
» ché, » restaurations qui devaient monter « à plus de 30.000
» livres, voire de 50 mille[2]. » En 1426, il soutint d'autres procès
contre « maistre Quentin Menart » pour l'archidiaconé de Cha-
lons[3], contre le chapitre de son église au sujet d'un moulin situé
près de Noyon[4] et contre l'abbé de Vermans à propos d'une rente
de 42 muids de grains[5]. L'année suivante (novembre 1427), le pape
Martin V félicita Pierre Cauchon, évêque de Beauvais, de son zèle
pour la défense de la dignité de l'Église romaine. Jean de Mailly
avait, lui aussi, prouvé son dévouement au saint siège ; il reçut
également de Martin V un bref de félicitation en même temps que
Nicolas Fraillon, chanoine de Notre-Dame de Paris[6].

Au dire de L. Vitet, l'évêque de Noyon se rendit à Paris le 17
septembre 1428, pour rendre hommage au monarque anglais en
qualité de pair de France et de comte de Noyon, après quoi il fut
nommé garde des sceaux de Henri V[7].

Jean de Mailly, qui devait son élévation aux Bourguignons et
aux Anglais, dut prendre part au procès de Jeanne d'Arc (1431).
Il fut au nombre des juges de la Pucelle et assista à sa con-

---

1. L. Vitet, *Monographie de l'église N. D. de Noyon.* Paris, 1845, p. 246.
2. *Preuves*, n° CCLXXXVII.
3. *Ibid.*, n° CCLXXXIX.
4. *Ibid.*, n° CCXC.
5. *Ibid.*, n° CCXCI. — 1434, 6 décembre. Autre procès soutenu par l'é-
vêque de Noyon contre Jean de Châtillon, chevalier, seigneur de Troissy.
Preuves, n° CCCXXIII.
6. Siméon Luce, *Jeanne d'Arc à Domrémy*, p. 199, note 2.
7. *Monographie de l'église Notre-Dame de Noyon*, p. 246.

damnation, à son abjuration et à son supplice[1] ; mais il joua dans cette occasion un rôle sans importance aucune[2]. Lors de sa réhabilitation (1456), l'évêque de Noyon, qui avait reconnu Charles VII, fut cité parmi les témoins ; il déposa qu'il n'avait pas connu la sainte fille avant son arrivée à Rouen où il l'avait vue seulement deux ou trois fois[3].

Le couronnement de Henri VI eut lieu à Paris en décembre 1431 ; Jean de Mailly y assista et prêta serment le 21 du même mois, en même temps que le cardinal d'Angleterre, le duc de Bedfort, Louis de Luxembourg, évêque de Thérouanne, Pierre Cauchon, évêque de Beauvais, les évêques de Paris et d'Evreux et autres personnages[4].

65. — Sceau de Jean de Mailly, évêque de Noyon, pair de France, 1ᵉʳ février 1429 (v. s.). *Preuves*, n° CCCXII.

Comme je l'ai déjà dit, l'évêque de Noyon fit sa soumission à Charles VII quand celui-ci eut reconquis une partie de son royaume. Il vint à Tours prêter serment à son nouveau roi et travailla dans l'abbaye de Saint-Vaast d'Arras à faire rentrer le duc de Bourgogne dans l'obéissance du monarque légitime[5]. En 1443, il reçut processionnellement Charles VII dans la ville de Noyon « avec apparat de musique, de sonnerie et carillon de cloches, le » grant autel paré comme aux octaves des reliques[6]. »

1. Quicherat, *Procès de Jeanne d'Arc* (Société de l'Hist. de France), t. ɪ, pp. 429, 443, 469 ; t. ɪɪɪ, pp. 54 et 243.
2. Ch. de Beaurepaire, *Notes sur les juges et les assesseurs du procès de Jeanne d'Arc*, pp. 126 et 135.
3. Quicherat, *Procès de Jeanne d'Arc*, t. ɪɪɪ, pp. 43, 53-56.
4. *Preuves*, n° CCCXIV.
5. P. Anselme, t. ɪɪ, p. 416.
6. L. Vitet, *Monographie de l'église de Notre-Dame de Noyon*, p. 246.

Ce fut probablement à Tours que Jean de Mailly connut Martin Berruyer. Quand celui-ci fut nommé évêque du Mans après la mort de Jean d'Hierray, il se fit sacrer le 2 avril 1452 par l'évêque de Noyon dans le chœur de sa cathédrale, avec l'assistance des évêques d'Amiens et de Soissons[1].

66. — Sceau de Jean de Mailly, évêque de Noyon, 11 décembre 1458. *Preuves*, n° CCCLXVI.

Jean de Mailly, qui fut excommunié en 1469 pour avoir donné une prébende de l'église de Noyon à Jean de Flavy, au détriment de Jean du Temple qui en avait été pourvu canoniquement[2], avait pour armes, d'après une quittance[3] du 1er février 1429 (v. s.), un *écu chargé de trois maillets avec lambel à trois pendants,*

1. Dom Piolin, *Histoire de l'église du Mans*, t. v, p. 159. *Le Gallia* et le P. Anselme (t. ii, p. 416) se trompent en plaçant le sacre de Martin Berruyer à Noyon, le 2 avril 1464.
2. *Preuves*, n° CCCLXXIII.
3. *Ibid.*, n° CCCXII.

Tombeau de Jean de Mailly, évêque de Noyon, ✝ le 14 février 1472 (v. s.), dans la cathédrale de Noyon (Bibl. nat., *Estampes*. Coll. de Gaignières. Artois-Picardie, Pⁿ 3, fol. 20).

timbré d'une crosse, embrassé par deux tiges de lis (figure 65).
Un grand sceau du même personnage, placé au bas d'un acte du
11 décembre 1458, portant fondation d' « une messe quotidienne
» en l'église de Nostre-Dame d'Amyens[1], » représente *dans une
niche gothique la Vierge assise tenant l'enfant Jésus ; de chaque côté un saint debout les mains jointes ; au-dessous Jean
de Mailly priant, ayant à sa dextre un écu semé de fleurs de
lis, à deux crosses en pal, et à senestre un écu avec trois maillets, sans lambel.* Légende : Sigill... s de Mailliaco... et co...
paris Francie (Sigillum Johannis de Mailliaco, episcopi et comitis Noviomensis, paris Francie) (figure 66).

L'évêque de Noyon légua à son église sa bible manuscrite en
velin et décéda le 14 février 1472 (v. s.). Son corps fut enterré
dans le chœur de la cathédrale (Planche XI) sous cette inscription
« Hic jacet corpus reverendi in Christo patris domini Jo-
» hannis de Maillyaco, episcopi Noviomensis, comitis, paris
» Francie, qui obiit anno Domini millesimo quadringente-
» simo LXXII, mense februarii die decima quarta. Oretis
» Deum pro eo, et cujus requiescat in pace. Amen. »
Sur ce tombeau l'écu Mailly n'est pas brisé d'un lambel.

---

1. *Preuves*, n° CCCLXVI. — 1462, 16 décembre. L'évêque de Noyon est
en procès au Parlement de Paris. Arch. nat., X²ᵃ 30, fol. 210 verso.

CHAPITRE VII

Colard de Mailly, Isabelle de Conty et Claire de Florence
1421-1457

§ I

Nicolas ou *Colard de Mailly*, seigneur de Blangy-sur-Somme et de Conty, fils de Jean IV, dit Maillet, suivit comme ses frères le parti du duc de Bourgogne. Je le rencontre pour la première fois en 1421. Le seigneur d'Offemont venait de rendre la ville de Saint-Riquier à Philippe-le-Bon. Celui-ci y commit pour « capitaines Le Borgne de Fosseux, *maistre Nicolle de Mailly* et » son frère *Ferry*, Nicolas de Bouflers, Jehan d'Encoure et au- » cuns autres, chascun pour tenir frontière contre messire Jac- » ques de Harecourt[1]. »

Sur la recommandation du duc de Bedfort, Henri VI « roy de » France et d'Angleterre, » voulut récompenser ses « amez et » féaulx *Colard de Mailli, chevalier, seigneur de Blangy-sur-* » *Somme,* et *Ferry de Mailli, escuier, frères,* » des « grans et » notables services » qu'ils avaient rendus à Henri V et à Char- les VI. Par lettres datées d'Amiens, avril 1423, il leur donna « le » chastel, terre et seigneurie de Rambures, avec ses appartenan-

---

1. *Chronique d'Enguerran de Monstrelet,* t. IV, p. 73.

» ces... qui furent et appartindrent à Andrieu de Rambures et à
» Jacques de Harecourt, chevaliers[1]. » Andrieu de Rambures, fils
de David de Rambures, maître des arbalétriers de France, et de
Catherine d'Auxy[2], était ou devint cousin de Colard et de Ferry
de Mailly, petits-fils de Jeanne de Picquigny, par son mariage
avec Péronne de Créquy, arrière petite-fille de la même Jeanne
de Picquigny.

Peu de temps après le siège de Guise (1424) auquel prirent
part les deux frères Colard et Ferry de Mailly[3], le roi d'Angleterre, toujours conseillé par le duc de Bedfort, fit un nouveau don
au seigneur de Blangy-sur-Somme ; il lui transporta, le 8 juillet
1425, « perpetuelment et héreditablement les terres.... et sei-
» gneuries » qui avaient appartenu « à feu Jean de Coucy » et qui
lui avaient été confisquées de son vivant[4].

Ces générosités n'étaient que le prélude d'une autre faveur plus
importante. Colard fut nommé bailli de Vermandois, au lieu et
place de « messire Geffroy de Villiers, chevalier ; » au mois de
janvier 1425 (v. s.), il présenta au Parlement ses lettres du dit
office pour en obtenir l'entérinement[5]. Dans la même année, passant
par Amiens, « les vins de ville luy furent présentés par les offi-
» ciers municipaux[6]. »

Le 1ᵉʳ mars 1426 (v. s.), on rencontre « messire Colart de
» Mailly, chevalier bachelier, bailli de Vermandois, » au siège de
Montaymé, avec « XII hommes d'armes de sa compaignie de la
» retenue de monseigneur le comte de Salisbury[7]. » La forteresse
de Montaymé, située près de Vertus, fut prise par les Anglais
entre le 14 avril et le 3 juin 1427.

---

1. *Preuves*, nº CCLXXIX.
2. P. Anselme, t. VIII, p. 67.
3. Monstrelet, t. IV, p. 184.
4. *Preuves*, nº CCLXXXVI.
5. *Ibid.*, nº CCLXXXVIII. — Le P. Anselme (t. VIII, p. 653) dit que Colard de Mailly fut reçut *sénéchal* de Vermandois le 25 février 1425.
6. *Preuves*, nº CCXCIII.
7. *Ibid.*, nº CCXCIV.

Il ne restait plus à Charles VII, « au nord de la Loire et sur
» la frontière orientale de son royaume, si l'on excepte Tournay,
» que cinq ou six petites places dont les principales étaient Vau-
» couleurs, Passavant, La Neuville-sur-Meuse, Beaumont-en-
» Argonne et Mouzon. Encouragés par leurs succès chèrement
» achetés, les vainqueurs arrêtèrent dès lors un plan d'ensemble
» et se mirent en mesure d'extirper définitivement les derniers
» vestiges de la résistance, du moins dans la région d'entre
» Marne et Meuse. » Le 22 août 1427, Antoine de Vergy, comte
de Dammartin, fut nommé par le duc de Bedfort capitaine et gouverneur général des comtés de Champagne et de Brie[1], pendant
que Guillaume de Châtillon et Colard de Mailly étaient envoyés à
Noyon, Saint-Quentin, Soissons, Laon, Reims, Châlons, pour sti-
muler le zèle des habitants contre les forteresses de Mouzon
et de Passavant occupées par les troupes de Charles VII[2]. Quelques jours plus tard, 1er septembre, le bailli de Vermandois rendit une ordonnance contre le chapitre de Saint-Jean de Laon portant que les habitants de la ville auraient voie de communication
par la porte de Saint-Jean-au-Bourg pour aller sur les remparts[3].

Jean de Luxembourg, comte de Guise et seigneur de Beaurevoir, était entré en campagne avec 600 hommes d'armes et 1.000
archers pour recouvrer « les villes et forteresses de Mouzon,
» Beaumont-en-Argonne, Passavant, Vaucouleur et autres. » Les
opérations du siège de Beaumont furent poussées avec beaucoup
de vigueur et, dans le mois de mai 1428, Guillaume de Flavy fut
réduit à rendre cette place qu'il avait vaillamment défendue pendant plusieurs semaines contre des forces très supérieures. La
reddition de Beaumont ne tarda pas à entraîner celles des autres
places françaises du voisinage, notamment de La Neuville-sur-
Meuse, de Raucourt et de Mouzon[4]. Colard de Mailly participa

1. S. Luce, *Jeanne d'Arc à Domrémy*, p. CLVI.
2. *Preuves*, n° CCXCVI.
3. *Ibid.*, n° CCXCVII.
4. S. Luce, *Jeanne d'Arc à Domrémy*, p. CLVIII.

activement à cette campagne, soit pour recevoir les montres des gens de guerre, soit à la tête de sa compagnie qui se composait de neuf hommes d'armes et de dix archers[1]. La compagnie de son frère Ferry, alors simple écuyer, était supérieure en nombre ; elle comprenait un chevalier bachelier, 38 hommes d'armes et 180 archers[2].

Tous ces services de guerre n'allaient pas sans frais ; aussi, Henri VI, « par l'advis de son très chier et très amé oncle, Je-» han, régent le royaume de France, duc de Bedfort, » donna-t-il, par lettres datées de Paris, le 30 juin 1428, à son « amé et féal » chevalier Colard de Mailli, seigneur de Blangy-sur-Somme, son » bailli de Vermandois, » le « droit de vinage que souloit pren-» dre et avoir ou pais de Laonnois et environ le sire de La Suse, » partisan de Charles VII[3].

Cependant, Charles VII, sauvé par les merveilleux exploits de Jeanne d'Arc, s'acheminait vers Reims pour s'y faire sacrer. Les sentiments royalistes entraînaient tout le monde, clercs ou seigneurs, paysans ou bourgeois. Bourguignons et Anglais étaient atterrés. Colard de Mailly écrivit aussitôt à Reims (10 juillet 1429) pour retenir les habitants dans l'obéissance du roi d'Angleterre ; il leur disait que le duc de Bourgogne et Jean de Luxembourg « debvoient entrer dedans Paris, » que les Anglais, au nombre de huit mille combattants « estoient descenduz en la conté de Boul-» longne, » et que bientôt il y aurait une nombreuse armée pour résister au roi Charles[4].

Rien n'y fit. Charles VII entra à Reims le 16 juillet et se fit

---

1. *Preuves*, nᵒˢ CCXCVIII à CCCI.

2. *Ibid.*, nᵒ CCXCIX.

3. *Ibid.*, nᵒ CCCIII. — Le sire de La Suze, au Maine, était Jean de Craon, fils de Pierre de Craon, seigneur de La Suze, et de Catherine de Machecoul. Il épousa en premières noces Béatrix de Rochefort et en secondes Anne de Sillé. Il mourut le 25 novembre 1432. Voir *Sigillographie des seigneurs de Craon*, par M. Bertrand de Broussillon, dans *Bulletin de la commission historique et archéologique de la Mayenne*, 2ᵉ série, t. v, pp. 274 et suivantes.

4. Quicherat, *Procès de Jeanne d'Arc*, t. iv, pp. 294 et 295 ; extrait de Jehan Rogier.

sacrer dès le 17 « dedens l'église Nostre-Dame, présens ses prin-
» ces et prélas et toute la baronnie et chevalerie qui là estoit. »
Après son départ de Reims, le roi se rendit à Corbeny, à Soissons et à Provins ; « et constitua lors La Hire, nouvel bailly de
» Vermendois, ou lieu de messire Colard de Mailly, qui y estoit
» commis de par le roy Henry d'Angleterre[1]. »

Colard de Mailly fut présent, le 14 juillet 1430, à la demande
d'extradition de Jeanne d'Arc faite par l'évêque de Beauvais[2], et,
le 21 décembre de la même année, Henri VI manda à son trésorier général de lui faire délivrer la somme de 1.000 saluts d'or
destinée à Jean de Luxembourg pour continuer la guerre dans le
Vermandois[3].

Le P. Anselme[4] et Quicherat[5] disent que Colard de Mailly
se mit du parti de Charles VII à la fin de 1430. C'est une affirmation détruite par l'épisode suivant :

« En ce mesme temps (1431), raconte Monstrelet[6], messire Co-
» lard de Mailly, qui lors estoit bailli de Vermendois de par le roy
» d'Angleterre, et avec luy messire Ferry de Mailly » demeu-
raient « ou chastel de Chauny-sur-Oise, appartenant héreditable-
» ment à Charles, duc d'Orléans, qui alors estoit prisonnier en
» Angleterre. » Ferry avait prononcé « aulcunes paroles non
» amiables à l'encontre des habitans de la ville. » Ceux-ci,
« doubtans que par la porte derrière du dit chastel, les dessus
» diz Colard et Ferry ne meissent garnison d'Anglois ou d'autres
» gens de guerre dedens leur ville, » résolurent de prendre la
forteresse quand les deux frères en seraient absents. On remarquait au nombre des conspirateurs, Jean de Longueval, Mathieu,
son frère, et Pierre Piat. Un certain jour, les conjurés « mirent

1. Monstrelet, t. IV, p. 341.
2. Quicherat, *Procès de Jeanne d'Arc*, t. I, p. 14.
3. *Preuves*, n° CCCXIII.
4. Tome VIII, p. 653.
5. *Procès de Jeanne d'Arc*, t. I, p. 14, note.
6. *Chronique*, t. V, pp. 19-21.

» secretement aulcuns compaignons adventuriers, en petit nom-
» bre, emprès la porte du chastel, tous instruits et advisés de ce
» qu'ilz avoient à faire. Lesquelz, quand ilz veirent Colard et
» Ferry et aulcuns de leurs gens yssus de ycelui chastel, ainsi
» que ilz avoient acoustumé, pour venir jouer en la ville, sailli-
» rent hors du dit lieu où ilz estoient et entrèrent dedens le chas-
» tel, parce qu'on ne se gardoit point d'eux. » Ils relevèrent alors
le pont-levis et isolèrent ainsi le château de la ville. A la nouvelle
de ce coup de main, Colard et Ferry témoignèrent un grand mécontentement, « mais ilz n'en porent avoir aultre chose. » Les
bourgeois armés promirent aux deux frères qu'on respecterait leur
personne et leurs biens. « Et adonc, tous troublés de veoir les
» manières dessus dictes, ils se retrayrent en ung hostel en la
» ville et avec eulx tous leurs familiers. » Quand la forteresse
fut démolie, « le dessus dict bailli de Vermendois et son frère, à
» tous leurs gens, se départirent de la dicte ville de Chauny. »

Colard de Mailly fut un des ambassadeurs députés par le roi
d'Angleterre au congrès d'Arras, le 20 juin 1435[1] ; en 1441, il
servit Charles VII au siège de Pontoise, avec son frère Ferry,
parmi les gens d'armes de Louis de Luxembourg, comte de Saint-
Pol et de Ligny[2], et en 1442, il se trouva au siège du château de
Milly, près de Beauvais[3].

§ II

Colard de Mailly épousa en premières noces Isabelle de
Conty[4] au nom de laquelle il reçut le 15 octobre 1428, un dé-

---

1. « De ambassadoribus pro tractatu pro pace Attrebasi habendo......
Nicolai de Mailly, ballivi de Vermendoys, militis. » Rymer, Fœdera, Londres, 1709, t. x, p. 611.
2. Monstrelet, t. vi, p. 8.
3. Monstrelet, t. vi, p. 63.
4. Je ne sais de qui était fille Isabelle de Conty. — Le 29 juillet 1370 « noble homme mons^r de Conty » fut ajourné devant le gouverneur de Clermont-

nombrement de Jean Barnel, « homme vivant et mourant » des
« religieux, abbé et couvent de N. D. de Beaupré, » à cause de
la châtellenie de Conty[1]. Isabelle, dame de Conty et de Hamel,
mourut avant le 19 novembre 1438. A cette date, « noble homme
» monseigneur Colard de Mailly, seigneur de Blangy-sur-Somme
» et de Wavans, » héritier testamentaire de sa femme, fit un accord « avec nobles hommes Guérard de Vaulx dit Galehaut,
» écuyer ; Simon de Gonnelieu dit de Beaumez, mary de damoi-
» selle Jeanne de Vaulx, sœur aînée du dit Guérard ; damoiselle
» Aline de Vaulx, sœur du dit Guérard, veuve de feu le Galois
» de Saint-Micquiel, et Gilles de Rouverel, écuyer, mary de da-
» moiselle Margueritte de Soyecourt, cousine germaine du dit
» Guérard, tous héritiers de la ditte feue dame Ysabelle de Conty; »
par cet accord il fut « statué que les terres de Conty, Rost,
» Vauvalon-sur-Maisnil et cent dix sous de rente sur les héritiers
» de Sarcus[2] » demeureraient au dit Colard de Mailly tandis que
« les terres de Hamel, Vers et Morcourt » seraient attribuées à
Guérard de Vaulx et à ses cohéritiers[3]. Le 14 juillet 1456,
Colard fournit un aveu et dénombrement au roi pour sa terre de
Conty[4] et le 25 juillet de la même année il « releva de la succes-
» sion de feu monseigneur Jean de Conty, un fief de l'abbaye de
» Corbie appelé le fief de Maucourt[5]. »

Par contrat du 27 juillet 1440, *Colard* épousa en secondes noces

en-Beauvaisis parce que « il, avec la commune de sa ville de Conty, armez
de diverses armeures, à son de cloche, estoit allez abatre un certain molin et
aussi fait plusieurs autres délis. » Le 12 juin 1370 et vers 1374, on trouve
Jean, dit Maillart, chevalier, seigneur de Conty et de Hamel. Arch. nat.,
X[1c] 21, cotes 166 et 167 ; KK 1093 (*Nobiliaire de Clermont-en-Beauvaisis*),
fol. 218 verso. — La Morlière, *Maisons illustres de Picardie* (Amiens 1630) p.
231, dit qu'Isabelle, dame de Conty, était fille de *Maillart Le Joüe* (sic), et
de Péronne Mallet. Je dois faire remarquer que l'article Mailly, dans La
Morlière, n'est qu'un tissu d'erreurs.

1. *Preuves*, n° CCCVI.
2. Sur Colard de Mailly et Robert de Sarcus, voir *Preuves*, n° CCCXXIX.
3. *Preuves*, n° CCCXXXI. Nouvelle transaction au sujet de l'héritage
d'Isabelle, dame de Conty, le 15 février 1441 (v. s.) *Preuv.*, n° CCCXXXVIII.
4. *Preuves*, n° CCCLX.
5. *Ibid.*, n° CCCLXI.

la veuve d'Antoine d'Hardentum, seigneur de Maisons, *Claire*[1] *de Florence* ou *de Florens*, fille de Arnoul des Aneulles, seigneur de Florence, et de Marie de Croindeborch[2], avec laquelle il acquit la terre de Hamel-lès-Corbie[3].

Colard de Mailly n'eut pas d'enfants de ces deux mariages et mourut vers 1457[4]. Sa veuve Claire de Florence se remaria avec Roland, seigneur de Diquemue, qui décéda avant 1484[5]. Elle survécut longtemps à son troisième mari et accomplit pendant ses dernières années de nombreuses œuvres de charité[6].

1. Le P. Anselme la nomme Claude.
2. *Preuves*, n° CCCXXXV.
3. *Ibid.*, n° CCCXIII et CCCCXXXII.
4. 1457. « De messire Jehan de Mailly, évêque de Noyon, seigneur de Buires, pour la terre de Wavans, venue de *Colard de Mailly....* » *Reliefs de Buire et de Wavans.* Communication de M. le comte de Galametz. Voir encore sur Colard de Mailly : *Preuves*, n°s CCXCV, CCCXXXVI et CCCXLVII.
5. *Preuves*, n° CCCCXIII et CCCCXXXII.
6. *Preuves*, p. 254, note 2.

CHAPITRE VIII

FERRY I DE MAILLY, SIRE DE CONTY, ET MARIE DE BREBANT
1415-1467-1484 ENVIRON

§ I

Ferry I de Mailly, fils de Jean IV de Mailly, dit Maillet, d'abord écuyer tranchant du duc de Bourgogne[1], posséda les seigneuries de Talmas[2], Saint-Ouyn[3], « Pourcy, Courton, Rueil[4], » Bavelinghen[5], ainsi que les terres de Conty[6], Buire[7] et Wavans[8] après la mort de ses frères Colard et Jean.

Comme les autres membres de sa famille il servit le duc de Bourgogne. Il se trouva à la bataille d'Azincourt (1415) dans les rangs

1. *Preuves*, n° CCLVI.
2. *Ibid.*, n°s CCCXLVIII et CCCLII.
3. P. Anselme, t. VIII, p. 654.
4. *Preuves*, n° CCCXLVIII.
5. *Ibid.*, n° CCCLXXXV.
6. *Ibid.*, n° CCCLXV.
7. *Ibid.*, n° CCCLXXX.
8. 1468-1469. *Reliefs de Buire et de Wavans.* Communication de M. le comte de Galametz.

français[1] et rejoignit ensuite le duc de Bourgogne[2]. Le 24 janvier
1415 (v. s.), « par nuit, Remonnet de La Guerre, le prévost de
» Compiengne et le seigneur de Bosqueaulx, gouverneur de Va-
» lois, par le commandement du roy et de son conseil, assemblé-
» rent secrètement grant nombre de gens d'armes et se férirent
» ou logis messire Martelet du Mesnil et *Ferry de Mailli*, qui
» estoient logez ou pays de Santers en aucuns villages, à tout
» bien six cens hommes assemblez de plusieurs terres, faisans
» dérisions sur le plat pays. Lesquelz, par les dessus ditz, furent
» tous mis à l'espée, prins et destroussez, sinon ceulx qui échap-
» pérent par fuite. Et furent les diz messire Martelet et *Ferry de
» Mailli* prins prisonniers et amenez à Compiégne. Toutesfoiz, le
» jour de la Purification Nostre-Dame (2 février), le dit messire
» Martelet et quatre autres gentilzhommes, après ce qu'ilz eurent
» esté questionnez par les officiers du roy, furent traynez, et puis
» pendus par les cols au gibet de Compiengne. Et depuis, le dit
» *Ferry de Mailly*, par le moien d'aucuns de ses amis, fut mis
» à pleine délivrance[3]. » Le 11 avril 1415 (v. s.), Jean-sans-Peur
donna à Ferry de Mailly la somme de 500 francs pour le dédommager de sa captivité[4].

Le danger qu'il venait de courir n'arrêta pas Ferry dans ses
exploits. Au mois de juin suivant, « acompaigné de plusieurs gens
» de guerre, il ala en Santers ès villes du Quesnel, Hangest, et
» où avoit esté prins messire Martelet et lui, et là prindrent plu-
» sieurs prisonniers et autres biens sans nombre, et les emmenè-
» rent[5]. » Il était alors, dit Monstrelet[6], au nombre des principaux nobles « estans au duc de Bourgogne, lesquelz très sou-
» vent chevauchoient à estandart desployé sur le royaume, c'est

1. Monstrelet, t. ɪɪɪ, p. 104. — *Chronique de Jean Le Févre, seigneur de
Saint-Remy*, publiée par F. Morand, t. ɪ, p. 248.
2. Ibid., t. ɪɪɪ, p. 128. — *Chronique de Jean Le Févre*, t. ɪ, p. 271.
3. Ibid., t. ɪɪɪ, pp. 133 et 134. — *Chronique de Jean Le Févre*, t. ɪ, p. 275.
4. *Preuves*, nº CCLVI.
5. Monstrelet, t. ɪɪɪ, p. 148.
6. Ibid., t. ɪɪɪ, p. 150.

» assavoir sur les marches de la conté d'Eu et d'Aumarle, et aussy
» ès pays de Santers et de Beauvoisis jusques sur la rivière
» d'Oise, par espécial sur les terres de ceulx qui autrefois avoient
» tenu le parti d'Orléans. »

A l'époque de la mort de Louis II, duc d'Anjou et roi de Naples
(29 avril 1417), Ferry de Mailly et plusieurs « autres capitaines
» du duc de Bourgogne passèrent l'eaue de Somme par la Blan-
» quetaque, à tout bien douze cens combatans, et par Oisemont
» s'en alérent à Aumarle appartenant au comte de Harecourt et là
» se logèrent. » Ils livrèrent « grant assault au chastel » qui résista. Les assaillants mirent alors le feu à la ville, pillèrent les
environs et repassèrent la Somme pour faire de nouvelles courses
« sur les marches de Beauvoisis, Vermendois, Santers, Amien-
» nois et autres pays de l'obéissance du roy[1]. »

On rencontre Ferry au siège de Senlis[2] et avec le seigneur de
L'Isle-Adam, en 1418, lors de la surprise de la ville de Paris[3].
Capturé une seconde fois en 1421, à Mons-en-Vimeu, il fut compris dans un traité conclu entre le duc de Bourgogne et le seigneur
d'Offemont et rendu en même temps que « messire Emond Bo-
» cher, Jehan Blondel, Jehan de Beauvoir, Jehan de Crevecœur
» et aucuns autres[4]. » Il prit part au siège de Guise avec son
frère Colard en 1424, et à celui de Compiègne, sous le commandement de Jean de Luxembourg en 1425[5].

Le 10 avril 1428, Ferry de Mailly était encore simple écuyer
et commandait une compagnie composée d'un chevalier bachelier,
de 38 hommes d'armes et de 180 archers, « sous la charge de
» monseigneur Jehan de Luxembourg, pour le recouvrement des
» villes et forteresses de Beaumont, Mouson, Passavant, Vau-

---

1. Monstrelet, t. III, pp. 181, 182. — *Chronique de Jean Le Fèvre*, t. I,
p. 297.
2. Ibid., t. III, p. 251.
3. Ibid., t. III, p. 261. — *Chronique de Jean Le Fèvre*, t. I, p. 327.
4. Ibid., t. IV, p. 73, et t. VI, pp. 304, 306.
5. Ibid., t. IV, pp. 184 et 403.

» couleur et autres, ou pais de Champaigne[1]. » Au rapport de
Monstrelet[2], il fut créé chevalier en 1430, au siège de Compiègne.
Etant venu « besongner à Laon » (1431) en même temps que le
gouverneur de Soissons, Jean de Luxembourg, et l'inquisiteur de
la foi, il reçut le « vin de présent de la ville[3]. »

Tout dévouement mérite récompense. Le roi d'Angleterre n'ou-
blia pas son « bien amé Ferry de Mailly. Par l'advis et délibéra-
» tion » du duc de Bedfort, il lui transporta, ainsi qu'à son frère
Colard (avril 1423), la terre de Rambures[4] et le 19 avril 1428
(v. s.), « certaine seigneurie appellée la prévosté de Lannoys,
» tenue en fief de l'évesque de Laon, » qui avait été confisquée
sur Henri de Lizac, partisan de Charles VII[5].

Pendant que le roi d'Angleterre mettait la main sur les biens de
ses ennemis pour en gratifier ses créatures, Charles VII agissait
d'une manière absolument identique. Le 20 octobre 1432, il fit saisir certains biens appartenant à « messire Ferry de Mailly[6] » et il
les détint jusqu'à ce que le seigneur de Talmas eût promis de
reconnaître le traité d'Arras[7] fait en septembre 1435, entre
Charles VII et le duc de Bourgogne. Durant cette même année
1435, Ferry prit part dans les rangs anglais aux opérations du
siège de Saint-Denis[8].

Après le siège de Pontoise où il eut un cheval tué sous lui[9]
(1441) « Ferry de Mailly, chevalier, seigneur de Talemas, » soutint
un procès au Parlement, le 4 mai 1454, contre « damoiselle Marie
» de Landres, vefve de feu Jehan de Beaurain, escuier, seigneur

---

1. *Preuves,* n⁰ CCXCIX.
2. Tome IV, p. 412.
3. *Preuves,* n⁰ CCCXV.
4. *Ibid.,* n⁰ CCLXXIX. — Le château de Rambures fut repris par les
Français sur Ferry de Mailly en 1431. Monstrelet, t. IV, p. 433.
5. *Preuves,* n⁰ CCCX.
6. *Ibid.,* n⁰ CCCXVII.
7. *Ibid.,* n⁰ CCCXXVI.
8. Monstrelet, t. V, pp. 126 et 184.
9. Ibid., t. VI, pp. 8 et 20.

» de Dercy[1]. » Il apparaît ensuite dans d'autres actes (1458 à 1484) relatifs aux seigneuries de Conty, de Wavans, de Buire, de Bavelinghen et de Hamel-sur-Somme[2].

Le P. Anselme[3] dit, après le Carpentier et La Morlière, que Ferry de Mailly épousa vers 1426, « *Marie de Brebant*, dame de » Rueil-sur-Marne, de l'Eschelle, de Courton et d'Arcy-le-Pon- » sart, fille de Clignet de Brebant, seigneur des mêmes lieux, » amiral de France, et de Marie de Namur[4]. » Cette alliance d'une fille de Clignet de Brebant (Cluignet de Brabant, d'après Monstrelet) ennemi des Anglais, avec Ferry de Mailly, fougueux partisan du duc de Bourgogne, a tout lieu d'étonner. Marie de Brebant n'était-elle pas plutôt issue d'une riche famille bourgeoise dont on rencontre des membres à Paris à cette époque[5]. Suivant un document de 1432, Marie était nièce de « Jehan de Sepoy (ou » Chepoy), escuier, » fils de Louis de Chepoy, tué à la bataille d'Azincourt, et de Marguerite de Chaule[6].

S'il faut en croire une note des archives de La Roche-Mailly, Marie de Brebant mourut en 1467. Quant à son mari, il vivait encore à la fin de l'année 1484 et se voyait attribuer par le Parlement, en même temps que les autres héritiers « du feu évesque » de Noyon, » 600 écus d'or sur les biens d'Olivier Le Dain, dit le Mauvais, « condamné à estre pendu et estranglé au gibet de » Paris[7]. »

---

1. *Preuves*, nº CCCLII.
2. *Preuves*, numéros CCCLXV, CCCLXXI, CCCLXXX, CCCLXXXV, CCCXCVII et CCCCXIII.
3. Tome VIII, p. 654.
4. P. Anselme, (t. VII, pp. 814 et 815), consacre un long article à « Pierre de Brebant, dit Clignet. »
5. Le jeudi, 13 décembre 1409, « *Phelippes de Brebant, bourgoiz de Paris*, » reçoit la somme de 120 francs « ordonnée à mettre ès reparations des pons de Paris. » A. Tuetey, *Journal de Nicolas de Baye*, t. I, pp. 252, 253. — 1439, 23 septembre. « Damoiselle Katherine, veufve de feu *Philippe de Breban, à son vivant marchant et bourgeois de Paris*, » père et mère de « maistre *Jehan de Breban*, licencié en loys, » et de « *Katherine de Breban*. » Arch. nat., X1a 4798, fol. 120.
6. *Preuves*, nº CCCXVI.
7. Arch. nat., X2a 48. vol. non paginé, aux dates du 20 mai et du 7 sep-

§ II

Ferry I de Mailly eut de son mariage avec Marie de Brébant :

1° *Adrien de Mailly*, dont je parlerai au chapitre IX.

2° *Jeanne de Mailly* mariée en premières noces, le 30 janvier 1448, à Guy, sire de Roye[1], mort sans postérité le 20 août 1463, et en deuxièmes noces à Eustache de Bousies, chevalier, seigneur de Vertaing, dont elle était veuve en 1490[2].

Le P. Anselme ajoute à ces deux enfants, *Ferry de Mailly*, évêque d'Amiens en 1456, et *Louise de Mailly*, qui épousa Jean, baron de Beauvoir. Il faut remarquer que Ferry de Mailly, évêque d'Amiens, est inconnu à tous les auteurs[3] et que Louise de Mailly, mariée à Jean, baron de Beauvoir, semble être la même personne que sa tante, *Marie de Mailly*, unie elle aussi, selon le P. Anselme, à un Jean de Beauvoir.

tembre 1484. Voir sur une autre créance de 4.000 livres due à Ferry de Mailly, en 1424, *Preuves*, n° CCLXXXIII. — On lit au n° CCCLXXXVII de nos *Preuves*, année 1473, « *feu* monseigneur Ferry de Mailly. » C'est une erreur de dom Villevieille. Ferry de Mailly n'était pas mort à la fin de 1484, comme je l'ai dit.

1. Voir sur ce personnage un long article du P. Anselme, t. VIII, p. 13.

2. Arch. de La Roche-Mailly et Poplimont, *La Belgique héraldique*, t. IX, p. 336.

3. A cette époque, l'évêque d'Amiens était Ferry de Beauvoir, oncle maternel du chanoine Adrien de Hennencourt, proche parent des Mailly-Conty (Voir *Preuves*, n° CCCCLXIV, p. 276). Jean de Beauvoir, qui succéda à Jean Avantage sur le siège d'Amiens, portait, selon La Morlière, *écartelé, aux 1 et 4 d'argent à deux bandes de gueules* (Beauvoir) ; *aux 2 et 3 d'or à trois maillets de gueules* (Mailly). Ferry de Beauvoir était donc fils d'un Beauvoir et d'une Mailly.

§ III

Dans le même temps que Robinet, Jean, Colard et Ferry de Mailly, vivait un écuyer du nom de *Jacob de Mailly* dont je ne connais pas la parenté. En octobre 1415, il servait le roi de France sous « le gouvernement de monseigneur Tanguy du Chas- » tel, chevalier, prévost de Paris. » Il fit montre, le 13 du même

67. — Sceau de Jacob de Mailly, écuyer, 22 octobre 1415. Bibl. nat., *Titres scellés de Clairambault*, t. 175, p. 5930, n° 63. Demay, n° 5530.

mois, au pont de Charenton, de sa compagnie composée de dix autres écuyers[1] ; le sceau attaché à sa quittance de gages porte un *écu dans un trilobe gothique chargé de trois maillets et d'une clef en abime* (figure 67). La *Généalogie de la Maison de Mailly* par le P. Simplicien reproduit, dans une de ses planches, un sceau de ce Jacob de Mailly, du 3 juin 1415, en omettant *la clef en abime*. Par compensation, elle place cette *clef* dans le sceau de Jean de Mailly, évêque de Noyon, du 1er février 1429 (v. s.), ce qui constitue deux erreurs (Voir figure 65).

Jacob de Mailly avait commis en 1420 quelques méfaits contre le cardinal duc de Bar au nom d'Erard du Chastellet. Celui-ci fit des excuses de la manière suivante.

« Je Erard du Chastellet, chevalier, seigneur de Serey, fais

1. Bibl. nat., *Tit. scell. de Clairambault*, t. 175, p. 5929, n° 61.

» savoir à touz que j'ay entendu que très révérand père en Dieu
» monss^r le cardinal duc de Bar, seigneur de Casseil, et plus-
» sieurs de cez gens et officiers mescroient (soupçonnent) et tien-
» nent susses (suspects) et en doubte *Jacobt de Mailley*, escuier,
» pour cause de certaine traison et violence que mon dit seigneur
» et ses gentz et officiers tiennent et mescroient que li dis Jacobt
» doit avoir pourchassier et volu faire par mon consentement, par
» mon pourchet et per ma cause, de laquelle chouse je ne say ne
» ne sceu oncques rien, ne n'en fis oncquez ne feis faire pourchet,
» de fais ne de parolles devers le dit Jacobt ne devers les dous
» varles qui pour ceste cause sont esteiz mors.... Et se mon dit
» seigneur de Bar, ses gens et officiers ou aultres avoient ou
» avoient heu aulcune suspection ou mescreandise sur le dit
» Jacobt ou sur les dis varles, ou il lour en donnoient ou vouloient
» donner aulcune cherge, si plaisoit à mon dit seigneur de Bar,
» à ses gens ou officiers ou aultres, d'en avoir excusacion, je
» Erard du Chastellet, dessus dit suis, tous prest, dès maintenant,
» d'en faire telle excusacion comme il y appartiendrait, tant par
» foid, par serement, par lettres, comme aultrement, en telle ma-
» nière comme il appartient et pourroit appartenir de faire ung
» gentishomme en tel cas. Donné soubz mon seel plaqué en ces
» présentes, l'an mil quatre cens et vingt, le XXIXe jour de
» septembre[1]. »

1. Arch. de La Roche-Mailly. Orig. Sceau perdu.

CHAPITRE IX

ADRIEN DE MAILLY, SIRE DE CONTY, ET JEANNE DE BERGHES
1468-1518

§ I

Adrien de Mailly, chevalier en 1468 ou 1469, fut seigneur de Conty, de Wavans, de Canlers, de Senestrevilles ou Senescoville et de Bavelinghem avant la mort de son père[1].

Le 1er janvier 1484 (v. s.), devenu seigneur de Talmas par le décès de Ferry Ier, il fit foi et hommage au vidame d'Amiens, seigneur de Picquigny, « pour raison du fief de Rost[2]. » Le 2 décembre 1485, il donna, avec « les autres hommes liges de la sei-» gneurie de Hellicourt, l'investiture d'un fief noble assis à » Espaumaisnil.... à noble homme Jean de Biencourt, seigneur de » Pontraincourt, et à dame Antoinette Sarpe, sa femme[3], » et le 14 janvier 1485 (v. s.), son bailli d'Allery ensaisina Antoine de Belloy, écuyer, d' « un héritage assis à Wez de Bretagne[4]. »

---

1. *Preuves,* nos CCCLXXI, CCCLXXXVII et CCCLXXXVIII. — 1474. Adrien de Mailly, seigneur de Conty, fut taxé à trois hommes de pied pour ses deux fiefs de Wavans. *Relief de Buire et de Wavans.* Communication de M. le comte de Galametz.

2. *Preuves,* n° CCCCXIV.

3. *Ibid.,* n° CCCCXV.

4. *Ibid.,* n° CCCCXVI.

Par lettres datées du 12 août 1486, le roi Charles VIII accorda
à Adrien de Mailly la permission d'établir deux foires annuelles à
Conty, la première le vendredi d'après *Quasimodo*, l'autre le jour
de la Saint-Barthélemy, et un marché le vendredi de chaque semaine[1].

Le 26 septembre de la même année, le seigneur de Conty reçut
un aveu de Flamenc de Riencourt, écuyer, seigneur de Tilloloy,
tuteur d'Antoine, fils mineur de feu Raoul de Riencourt[2], et le 22
novembre 1508, il était, conjointement avec les habitants de
Saint-Ouyn, en procès au Parlement de Paris contre les « manans
» et habitans de Bethancourt[3]. » On le rencontre encore, le 3
décembre 1517, qualifié de « noble et puissant seigneur monsei-
» gneur Adrien de Mailly, chevalier, seigneur de Talmas, Conty
» et Lymeu[4]. »

Adrien de Mailly épousa, par contrat du 23 décembre 1469,
Jeanne de Bergues[5] ou de *Berghes*, qui, au dire du P. Anselme[6],
était « sœur de Jean de Berghes, chevalier de la Toison d'Or, et
» fille de Jean, seigneur de Berghes-Opzoom, et de Jeanne, dite
» Blanche de Rouvroy. » Au rapport du même P. Anselme[7],
Adrien de Mailly « mourut le 4 septembre 1518, et fut enterré
» auprès de sa femme aux filles de Sainte-Claire à Amiens » où
se voyait leur tombeau[8].

---

1. *Preuves*, nº CCCCXVII.
2. *Ibid.*, nº CCCCXVIII.
3. Arch. nat., Xˡᵃ 4850, fol. 22.
4. « Jehan de Saint-Souplys, écuyer, » était alors bailli de « Lymeu »
pour Adrien de Mailly. Arch. de La Roche-Mailly. Pièce papier.
5. Arch. de La Roche-Mailly.
6. T. viii, p. 654.
7. T. viii, p. 654.
8. « Il y a un tombeau dans la muraille de l'église des filles de Sainte-
Claire, de la maison de Mailly, le tout de pierre dorée ; les statues de
l'homme et de la femme à genoux, de grandeur naturelle. » *Description de
la ville d'Amiens* dans V. de Beauvillé, *Recueil de documents inédits concernant la Picardie*, t. i, p. 294.

§ II

Adrien de Mailly et Jeanne de Berghes procréèrent cinq enfants : 1° *Ferry II*, 2° *Antoine*, 3° *Hélène*, 4° *Isabeau*, 5° *Françoise*.

1° *Ferry II de Mailly* aura sa notice au chapitre suivant.

2° *Antoine de Mailly*, capitaine de la ville de Laon, 1516-1522[1], fut seigneur de Buire[2], de Saint-Ouyn, de Bavelinghen, de Camberonne et de Canlers. Le 18 septembre 1538, il fit hommage à Jean de Créquy d'un fief mouvant de sa terre de Canaples[3] et le 4 juillet 1539, il céda à son neveu, Charles de Roye, le droit qu'il avait en la terre de Buire en échange de la baronnie de Bavelinghen, du fief de Cambronne et de la seigneurie de Canlers[4]. Par contrat du 4 février 1520 (v. s.), il épousa *Marguerite de Herzelles*, fille de Daniel de Herzelles et de Marie de Cuinghem[5]. De ce mariage naquirent, au dire du P. Anselme[6], *Jean* et *Marguerite*, mineurs et sous la tutelle de Charles de Roye, de Françoise de Mailly, leur tante, et d'Adrien de La Chaussée, après la mort de leur père arrivée avant le 2 septembre 1540[7].

Outre Jean et Marguerite, Antoine de Mailly avait eu un bâtard nommé *Adrien*, âgé de huit ans le 28 septembre 1531, à qui il fit don d'une maison située dans la ville d'Amiens[8].

---

1. Arch. communales de Laon, CC, 42, 417, 421.

2. 1517-1518. « De messire Antoine de Mailly, fils puisné de messire Adrien de Mailly, donataire de Buire, fiefs de Launoy, Mantaquant ? et d'Allerye. » *Reliefs de Buire et de Wavans*. Communication de M. le comte de Galametz.

3. Arch. de La Roche-Mailly.

4. Ibid.

5. Ibid.

6. Tome VIII, p. 655.

7. 1540, 2 septembre. « Inventaire fait au château de Saint-Ouyn par les gens du bailliage d'Amiens, à la requête de damoiselle Marguerite de Herzelles, veuve de feu Antoine de Mailly, seigneur de Saint-Ouyn. » Arch. de La Roche-Mailly.

8. Arch. de La Roche-Mailly.

3° *Hélène de Mailly* épousa par contrat du 9 juin 1498, Saladin d'Anglure, seigneur de Bourlemont, fils ainé et héritier de Colard d'Anglure et de Marguerite de Montmorency, auquel elle porta les seigneuries « de Rueil, Pourcy et Courton. » Après sa mort, sans enfants, avant le 3 juillet 1506, les terres susdites retournèrent à son père[1].

4° *Isabeau de Mailly* fut unie par contrat du 23 mai 1506, à Georges de Claire, seigneur et baron du dit lieu, qui transigea le 22 septembre 1513, au sujet de la succession de Jeanne de Berghes, sa belle-mère[2]. De ce mariage naquit au moins un fils, Jean de Claire, vivant en 1552[3].

5° *Françoise de Mailly* épousa en premières noces, avant 1503, Charles, seigneur de Rubempré[4], et en secondes noces, avant 1518, Jean de Stavelle, seigneur d'Issenghien, d'Estaires[5] et d'Haversquerque[6].

---

1. Arch. de La Roche-Mailly. — *Trésor généalogique de dom Villevieille* au mot *Anglure.* — P. Anselme, t. VIII, p. 655.
2. Arch. de La Roche-Mailly. — P. Anselme, t. VIII, p. 655.
3. Arch. de La Roche-Mailly.
4. *Preuves*, n° CCCCXXXII.
5. Arch. de La Roche-Mailly.
6. P. Anselme, t. VIII, p. 655.

CHAPITRE X

§ I

Ferry II de Mailly, écuyer, puis chevalier, baron de Conty, seigneur de Sailly, Talmas, Florens, Tontignies, etc., célèbre par sa bravoure et grand ami de Bayart, contracta une brillante alliance en épousant (1496) *Louise de Montmorency*[1], dame d'honneur des reines Anne de Bretagne et Eléonore d'Autriche, fille de Guillaume, seigneur de Montmorency, et d'Anne Pot, et sœur du connétable Anne de Montmorency. Pour lui faciliter cette union, son père lui donna en avancement d'hoirie, le 6 janvier[2], la sci-

---

1. André du Chesne (*Hist. de la Maison de Montmorency*, pp. 369, 370), dit par erreur, en s'appuyant sur une de ses *Pièces justificatives* mal comprise, que Louise de Montmorency avait épousé Ferry de Mailly le 11 octobre 1511. Le comte Jules Delaborde (*Gaspard de Coligny, amiral de France*, t. I, p. 12), place leur mariage en l'année 1505 et se trompe en désignant Clérembault comme l'auteur de l'*Extrait de la Généalogie de la Maison de Mailly*. L'auteur de ce travail n'est autre que le P. Simplicien.

2. 1496 (v. s.?), 6 janvier. « Lettre en parchemin contenant qu'Adrien de Mailly, seigneur de Conty, avait donné à son fils aîné Ferry de Mailly, en avancement d'hoirie, la châtellenie de Conty, mouvant du duc de Bourbon, à cause de sa comté de Clermont. » — 1504, 12 octobre-13 décembre. « Lettre

gneurie de Conty, et les terres de Florens et de Tontignies le 21
mars 1502, « pour pouvoir s'entretenir plus honorablement au
» service du roy[1]. »

Le 22 octobre 1500 Pierre, duc de Bourbonnais et d'Auvergne, comte de Clermont, attesta que son « amé et féal panctier
» Ferry de Mailly, escuier, seigneur de la terre et seigneurie de
» Conty, » lui avait fait « les foy et hommaige » dus pour raison
de sa dite terre de Conty, tenue du dit Pierre à cause de son comté
de Clermont-en-Beauvaisis[2]. Par lettres datées de Lyon le 2
juillet 1501, le roi Louis XII pour récompenser son « chier et
» bien amé eschançon ordinaire, Ferry de Mailly, escuier, sei-
» gneur de Sailly, fils de » son « amé et féal Adrian de Mailly,
» chevalier, seigneur de Conty, de Saint-Alban et de Thallemas, »
lui fit don d'une rente de 40 livres parisis que « Jehan de Fran-
» sures » prétendait avoir le droit de prendre sur la terre « de
» Thallemas[3]. »

A partir du 18 novembre 1506 Ferry II apparaît avec le titre
de « conseiller et chambellan du roi,.... cappitaine de la ville et
» chasteau d'Arques[4]. » Une quittance qu'il donna le 30 juin 1507,
à cause de cette dernière charge, conserve encore son sceau
(figure 68) : *Ecu portant trois maillets avec lambel à trois pen-*

en parchemin par laquelle *Ferri de Mailli* consent que, non obstant la donation à lui faite de la terre de Conti par Adrien son père, en faveur de mariage (avec Louise de Montmorency), ledit Adrien pourra jouir de la dite
terre moyennant 300 livres tournois de rente par an. » — 1505, 5 avril. « Lettre en parchemin contenant une saisine et mise en possession de la terre et
seigneurie de Conti, au profit de Ferry de Mailly, auquel la dite seigneurie
a été donnée par Adrien de Mailly, son père, en faveur du mariage dudit
Ferry et de dᵉˡˡᵉ Louise de Montmorency. » Arch. de La Roche-Mailly.

1. Arch. de La Roche-Mailly.
2. *Preuves*, nᵒ CCCCXXVII.
3. *Ibid.*, nᵒ CCCCXXVIII. — 1504, 4 juillet. « Saisine donnée à Ferry de
Mailly, seigneur de Sailly-au-Bois, fils d'Adrien de Mailly, chevalier, du fief
de Moy, séant au village et terroir de Thalmas, tenu d'un fief et pairie qui
fut à noble homme Christophe d'Azincourt. — Ensuite est une autre saisine
du même mois, donnée au même au lieu de Hue de Cannesson, du fief et
pairie de Thalmas réuny avec le fief de Thalmas séant audit lieu en un seul
fief et hommage. » Arch. nat., LL 1005, p. 734.
4. *Preuves*, nᵒˢ CCCCXXXVIII et CCCCXLV.

dants, penché, timbré d'un heaume surmonté d'une tête de cerf, supporté par deux lions. Légende : S. FERRY DE.... S DE THALEMAS. Il avait donné une autre quittance le 25 février 1506 (v. s.), comme capitaine « de cent lances fournies des ordonnances » du roy, dont naguères mons^r de Gié, mareschal de France, » estoit cappitaine[1]. »

68. — Sceau de Ferry II de Mailly, seigneur de Conty et de Talmas, 30 juin 1507.
Preuves, p. 258, note 1.

Nommé sénéchal d'Anjou en 1509, Ferry dut quitter la France et « s'en retourner de là les mons (en Italie) au service du roy[2], » ayant cent hommes d'armes sous sa charge[3]. Peu de temps après

1. *Preuves*, n° CCCCXLI. — « Après la disgrâce du maréchal de Gié, le roi donna au baron de Conty la compagnie de cent lances que commandait le maréchal et qu'il avait mise sur un pied de grand luxe. La fortune de Ferry de Mailly lui permettait de la maintenir sur le même pied. » *Chronique de Louis XII, par Jean d'Auton*, publiée par R. de Maulde de La Clavière, t. i, p. 68, note 3.

2. *Preuves*, n^{os} CCCCXLV et CCCCXLVIII.

3. — 1509. « *Comment le roy de France envoya le seigneur de La Palisse au secours de l'empereur*, etc. De ceste mesme entreprise furent le baron de Béarn qui mena une partie de la compagnie du duc de Nemours, *le baron de Conty qui avoit cent hommes d'armes....* » *Histoire de Bayart par le Loyal Serviteur*, publiée par M. J. Roman (Société de l'Hist. de France), p. 149. Ferry se trouvait déjà en Italie avec La Palice, en 1499. *Chronique de Louis XII, par Jean d'Auton*, t. i, p. 68.

il prit part à un combat contre le capitaine Jean-Paul Manfroni, qui avait voulu attirer Bayart dans une embûche. Le chevalier sans peur et sans reproche avait tout préparé la veille au soir, de telle sorte que le matin les gens d'armes se trouvèrent disposés à partir, ce « qui donna tiltre d'esbahyssement au seigneur de Conty,
» car riens ne luy en avoit esté mandé le soir. Si s'enquist au
» bon chevalier (Bayart) ce que povoit estre, lequel lui déclaira
» bien au long tout le démené[1] : Sur ma foy, dit le seigneur de
» Conty, se Dieu veult, nous ferons aujourd'huy une belle chose[2]. »
A la fin de 1511 Ferry de Mailly n'avait pas encore prêté serment « pour raison de l'office de séneschal d'Anjou. » Le 19 décembre, le parlement de Paris, « actendu l'absence nécessaire
» du dit Ferry de Mailly, » lui prorogea « le délay de venir faire
» le dit serment.... jusques à ung mois après son retour de delà
» les mons[3]. » Le seigneur de Conty ne devait pas profiter de cette grâce ; il succomba à Milan la veille de Noël 1511[4], des suites d'une blessure qu'il avait reçue la veille dans une escarmouche contre les Suisses. Voici en quels termes le Loyal Serviteur[5] raconte la mort du « grant compaignon et ami » de Bayart.

« Sur la fin de l'année mil cinq cens et unze[6], et vers Noël,

---

1. Tout ce qui avait été arrangé.

2. *Hist. de Bayart par le Loyal Serviteur*, p. 200.

3 *Preuves*, nº CCCCXLVIII.

4. « Certificat mortuaire de noble et puissant seigneur monseigneur Ferri de Mailli, certifié de plusieurs gentilshommes, justificatif de sa mort arrivée à Milan, la veille de Noël 1511, à la requête de dᵉˡˡᵉ Louise de Montmorency, sa veuve, ayant la garde noble de *Jean* et *Louise de Mailli*, leurs mineurs ; le dit seigneur de Mailli, seigneur et baron de Conti, capitaine de la ville d'Arques. » *Titres originaux particuliers*. Note dans les Arch. de La Roche-Mailly.

5. Page 258.

6. Malgré cette date si précise donnée par le *Loyal Serviteur*, M. Roman lui-même, sans tenir compte de son auteur, fait mourir Ferry de Mailly au siège de Milan en 1513 (p. 150, note 1). Il a en cela suivi l'erreur du P. Anselme (t. VIII, p. 655) répétée par presque tous les auteurs, particulièrement par M. de Maulde (*Chroniques de Louis XII de Jean d'Auton*, p. 68, note 3), et par L. Paris dans l'*Impôt du sang*, t. II, deuxième partie, pp. 166 et 167. Cependant, Alfred de Terrebasse (*Histoire de Pierre Terrail, sei-*

» descendit une grosse troppe de Suysses, au devant desquelz fut
» le duc de Nemours (Gaston de Foix) et quelque nombre de
» gens, mais il n'estoit pas puissant pour les combatre à la cam-
» paigne parce que la pluspart de ses gens estoient ès garni-
» sons forcées, comme Véronne, Boulongne et autres. Chascun
» jour se faisoit escarmouches, toutesfois les François rembarrez
» jusques dedans Milan, où le jour mesme *le seigneur de Conty,*
» *cappitaine de cent hommes d'armes,* alla faire une course en
» laquelle il n'eut pas du meilleur, car il perdit huyt ou dix hom-
» mes d'armes et *fut si fort blessé de façon que en la ville de*
» *Milan mourut le lendemain. Le bon chevalier sans paour*
» *et sans reprouche, son grant compaignon et ami,* le vengea
» bien, car il fut aux champs et deffist cinq cens Suysses au
» lieu mesmes où receut les coups de la mort, icelluy seigneur de
» Conty. »

Paul Jove, dans son *Histoire de Léon X,* raconte aussi en ces
termes la mort du baron de Conty. « *Quibus præliis Baiardi et*
» *baronis Contini singularis virtus enituit. Sed Continus quum*
» *animo majore quam consilio hostes persecutus in villam*
» *irrupisset, circumventus ab hostibus interiit.* »

Au dire de M. R. de Maulde, la belle compagnie de Ferry fut
ruinée et décimée[1] et son office de sénéchal d'Anjou passa à Jacques de Daillon, seigneur du Lude[2].

§ II

Louise de Montmorency resta seule avec trois enfants. Un

gneur de Bayart, Paris, 1828, p. 277) et le comte J. Delaborde, *Gaspard de
Coligny,* t. i, p. 13, ont donné la bonne date 1511. — Voir encore sur la
mort de Ferry II de Mailly, Brantôme (édit. Lud. Lalanne), t. iii, p. 12.

1. *Chroniques de Jean d'Auton,* t. i, p. 69, note.

2. Jacques de Daillon fut nommé sénéchal d'Anjou en 1512 et non en 1510
comme le dit l'auteur du médiocre travail intitulé *Le château du Lude,*
(Paris, 1854), p. 67, note 1.

acte[1] du 15 septembre 1512 la qualifie « veuve de feu Ferri de
» Mailli, en son vivant, seigneur de Conti, Talmas, Rueil, Pourcy,
» Bulin ? et Courton, ayant la garde noble de *Jean, Louise* et
» *Madeleine de Mailly*. »

Louise ne tarda pas à se remarier ; elle épousa en secondes noces,
le 1er décembre 1514[2], Gaspard de Coligny, chevalier, seigneur
de Châtillon, maréchal de France, d'où vinrent *Odet de Coligny*,
dit le cardinal de Châtillon, évêque et comte de Beauvais, pair
de France, le fameux *Gaspard de Coligny*, amiral de France,
blessé le 22 août 1572 par Maurevel et tué le jour de la Saint-
Barthélemy, et *François de Coligny*, seigneur d'Andelot, colonel
général de l'infanterie française.

En 1518, « Jean Moisnel, procureur de messire *Gaspar de*
» *Coligny, chevalier*, seigneur de Châtillon, maréchal de France,
» mari de *Louise de Montmorency*, *veuve de feu messire Ferry*
» *de Mailly, seigneur de Conty*, bail de *Jean, Louise* et *Made-*
» *leine de Mailly*, » releva « quatre fiefs appartenant au dit Jean
» de Mailly par le trespas de son dit père et de messire Adrien
» de Mailly, son grand père, à tiltre de représentation[3]. »

Louise de Montmorency mourut à Paris le 12 juin 1547, dans
l'hôtel de son frère le connétable. Elle fut inhumée dans l'église
du château de Châtillon-sur-Loing[4]. Du Chesne[5] nous a conservé
son épitaphe :

« Cy gist, puisqu'il le faut ainsi
» *Louyse de Montmorency*
» La seur d'Anne le Connestable.
» Qui laissa son saint corps icy,

---

1. Arch. de La Roche-Mailly. Analyse.
2. Le comte Jules Delaborde, *Gaspard de Coligny*, t. I, p. 13, d'après du
Bouchet. — P. Anselme, t. III, p. 603.
3. *Reliefs des terres de Buire*, *Wavans*, etc. Communication de M. le
comte de Galametz.
4. Comte J. Delaborde, *Gaspard de Coligny*, t. I, p. 55.
5. *Hist. de la Maison de Montmorency*, pp. 371, 372.

» Pour en esprit plus accomply
» Aller veoir Dieu en lieu plus stable.
» *Messire Ferry de Mailly*
» *Baron de Conty* tant louable
» Fut son mary : lequel failli
» Et par dure mort assailly,
» De Chastillon le bon seigneur
» Mareschal de France honorable,
» Chevalier de l'Ordre notable,
» Elle espousa en tout honneur.
» Autant a-elle eu de bon heur,
» D'avoir eu d'eux plusieurs enfans
» En biens et honneurs triomphans. »

1° *Jean de Mailly*, fils unique de Ferry II et de Louise de Montmorency, fera l'objet du chapitre XIe.

2° *Louise de Mailly*, née le 13 septembre 1509[1], fut « abbesse » de la Trinité de Caen, puis du Lys près de Melun, où elle mou- » rut le 9 août 1554[2]. » Le 25 avril 1535, elle rendit aveu comme « abbesse de la Sainte-Trinité de Caen[3] » et le 20 septembre 1541, elle reconnut avoir reçu de sa sœur, Madeleine de Mailly, femme de Charles de Roye, 500 livres tournois pour dix années de pension[4]. Ronsard a rendu « un témoignage également avanta- » geux de sa noblesse et de sa vertu dans l'épitaphe qu'il a dres- » sée en son honneur[5]. »

---

1. Comte J. Delaborde, *Gaspard de Coligny* (d'après *Livre d'heures de Louise de Montmorency*), t. I, p. 12.
2. P. Anselme, t. VIII, p. 656.
3. *Mémoires de la Société des Antiquaires de Normandie.* Année 1834, t. VIII, 2e partie, p. 218.
4. Arch. de La Roche-Mailly.
5. P. Anselme, t. VIII, p. 656.

ÉPITAPHE DE LOYSE DE MAILLY, ABBESSE DE CAEN ET DU LIS

(L'esprit de la défuncte parle au passant)

« Ou soit que la Fortune, ou soit que le chemin
» T'ait conduit à ma tombe, écoute à quelle fin,
» Passant, je te suppli' d'arrester pour entendre,
» Tant sois-tu bien appris, ce qu'il te faut apprendre
» Pour mespriser le monde, et lever ton esprit
» A Dieu, dont tu es fils par un seul Jésus-Christ.
» Tu apprendras icy que les choses mondaines,
» Par exemple de moy, sont caduques et vaines,
» Qui maintenant ne suis quant au monde plus rien.
» Tu apprendras encor que ny faveurs ny bien,
» Noble sang, ny parens, tant soient grands, n'ont puissance
» De faire tous ensemble à la mort résistance.
» Car si pour estre riche on ne devoit mourir,
» La richesse à bon droit me devoit secourir,
» Qui fus en mon vivant *du Lis et Caen abbesse,*
» Et si contre la mort profitoit la noblesse,
» Encores moins son dart eust mon corps assailly,
» *Car j'estois de la race et du sang de Mailly :*
» *Ferry, jadis baron de Conty, fut mon père,*
» *Et de Montmorency Loyse fut ma mère,*
» J'eu pour oncle et seigneur Anne Montmorency,
» Connestable de France, et pour frères aussi
» Messieurs de Chastillon, l'un qui Odet se nomme,
» L'honneur des cardinaux de l'église de Rome,
» L'autre fut amiral ; mais la mort qui n'a pas
» A telle chose esgard, m'a conduite au trespas
» Aussi bien qu'elle fait la moindre créature,
» Et ne m'a rien laissé que ceste pierre dure.
» . . . .[1]. »

---

1. *Œuvres de Ronsard* (Bibl. Elzevirienne), t. VII, pp. 225 à 227. Voir encore la pièce : *Le Passant respond à l'Esprit,* pp. 265 à 267 et 271, 272. M.

3° *Madeleine de Mailly*, née posthume le 16 juin 1512[1], héritière de tous les biens des Mailly-L'Orsignol-Conty après la mort de son frère Jean, épousa en présence du roi, le 27 août 1528, Charles, sire de Roye, fils d'Antoine, sire de Roye, et de Catherine de Sarrebruck, comtesse de Roucy[2], auquel elle porta les terres de Conty, Sailly, Talmas, Florens, Tontignies, etc. Le 15 janvier 1536 (v. s.), François Ier, pour complaire à son « cher » et amé cousin le seigneur de Roye, gentilhomme de » sa « chambre, » et à sa « *chère et amée cousine Magdelaine de* » *Mailly*, » leur donna la somme de 3.000 livres tournois à prendre chaque année pendant trois ans sur le revenu des greniers à sel d'Evreux et de Conches[3]. En 1543, Madeleine reçut 100 livres tournois d'Eléonore d'Autriche « pour convertir.... en abillemens » et livrée d'hyver[4]. » Le 15 décembre 1547, le roi lui accorda encore d'autres faveurs[5].

Le comte Delaborde a consacré à Madeleine de Mailly un article élogieux[6] d'où l'on peut conclure que la dame de Roye était protestante comme ses frères les Coligny. Il y dit particulièrement que, témoin de ses efforts en faveur des religionnaires, François de Morel écrivit le 11 septembre 1559, à Calvin : « Madame de » Roye, une de vos compatriotes, est une véritable héroïne. »

L'acte que je vais analyser, antérieur à l'année 1551, n'est pas

le comte J. Delaborde, *Gaspard de Coligny*, t. I, p. 572, VIII, cite d'après la *Généalogie de la Maison de Mailly*, p. 49, quelques vers de l'épitaphe de Louise de Mailly sans se douter qu'ils sont dus à la plume de Ronsard.

1. Comte J. Delaborde, *Gaspard de Coligny*, t. I, p. 13, et *Eléonore de Roye, princesse de Condé*, p. 2.

2. D'après une note des Arch. de La Roche-Mailly, le contrat de mariage de Madeleine de Mailly fut passé en 1527.

3. *Preuves*, n° CCCCLXXII.

4. *Ibid.*, n° CCCCLXXIII.

5. P. Anselme, t. VIII, p. 655.

6. *Encyclopédie des sciences religieuses* publiée sous la direction de F. Lichtenberger, doyen de la faculté protestante de Paris, t. VIII, pp. 551 à 554. — Sur Madeleine de Mailly et sa famille voir les *Histoires* (ou plutôt les panégyriques) de M. le comte de Laborde intitulés *Gaspard de Coligny* et *Eléonore de Roye*. Les hagiographes catholiques n'ont jamais surpassé dans leurs œuvres le délirant enthousiasme de M. Delaborde pour ses héros les Coligny.

de nature à confirmer l'hypothèse du comte Delaborde. « *Charles*
» *de Roye*, damoiselle *Madelaine de Mailly*, sa femme, *Eléonore*
» et *Charlotte*, leurs filles, adressent une supplique au pape afin
» d'avoir permission de choisir un confesseur séculier ou régu-
» lier ayant puissance de les absoudre de toutes excommunica-
» tions et censures ecclésiastiques, après confession préalable, de
» pouvoir manger des œufs, du beurre et du laitage les jours
» d'abstinence, d'avoir un autel portatif et plusieurs autres droits
» et indulgences, *comme d'aller aux abbayes des nonnains*,
» sans passer la nuit entière[1]. »

Madeleine de Mailly eut trois enfants de son mariage avec le
sire de Roye, 1º Charles de Roye qui mourut jeune et du vivant de
son père, 2º Eléonore de Roye, dame de Roye, de Conty, de Mu-
ret, etc., première femme de Louis de Bourbon, prince de Condé,
fils de Charles de Bourbon, duc de Vendôme, et de Françoise d'A-
lençon, 3º Charlotte de Roye, comtesse de Roucy, mariée à François, comte de la Rochefoucauld[2].

1. Arch. de La Roche-Mailly.
2. P. Anselme, t. vIII, p. 14.

CHAPITRE XI

JEAN V DE MAILLY, DERNIER BARON DE CONTY DE SON NOM,

ET ANNE DE CRÉQUY

1508-1528

Jean V de Mailly, écuyer, baron de Conty, seigneur de Talmas, Buire, Fontaine, Wavans, etc., naquit le 28 avril 1508[1].
Protégé par son oncle le connétable Anne de Montmorency, il
était appelé à fournir une brillante carrière. Par malheur, l'Italie
qui dévorait tant d'existences françaises devait lui être funeste.

Au mois d'août 1527, une armée se réunit au quartier général
d'Asti ; Lautrec en reçut le commandement et emmena avec lui
le jeune seigneur de Conty à qui sa mère, « haulte et puissante
» dame madame Loïse de Montmorency, vefve de deffunct hault
» et puissant seigneur monseigneur Gaspart de Colligny, cheva-
» lier de l'ordre du roy, seigneur de Chastillon, mareschal de
» France, » venait de faire contracter mariage (13 août 1527) à
Amiens, avec « damoiselle *Anne de Créquy*, fille et héritière de
» deffunct hault et puissant seigneur, monseigneur Anthoine de
» Créquy, seigneur de Pont-de-Rémy, et de Jehanne de Saveu-
» ses[2]. »

---

1. Comte J. Delaborde, *Gaspard de Coligny*, t. I, p. 12.
2. Jeanne de Saveuses était remariée à « hault et puissant seigneur mon-

Lautrec, s'étant uni aux Vénitiens et aux dernières troupes de la ligue italienne, assiégea les deux places fortes d'Alexandrie et de Pavie. Jean V de Mailly écrivit du « camp de Pavie » le 13 octobre 1527, à son oncle « monseigneur le grant maître, » Anne de Montmorency[1], la lettre suivante :

    « Monseigneur, yer arriva en ce lieu de Pavye le duc de Millan
» quy a aufert ce jourduy à monsieur de Lautrec de luy mestre en
» ces mains Allecsandrye, et ce pourquoy il avoit voullu avoir au
» commensement n'estoit seullement que pour la réputacyon et à
» cest fin que l'on y eust connoisence qu'il n'estoit duc en vain,
» pareillement luy bailler Pavye, Landes, Cremone, ensemble
» Millan cy l'on nou le prenyons, et croy qu'il a dit ce pour nous
» faire rompre le véage de la Rommaigne et tirer droit audit
» Millan. Touttefoiz le dit sieur de Lautrec l'a bien remercyé,
» l'asseurent que le roy ne sera ingrat de ceste bonne voullenté,
» et sur touttes choses de ce monde que la Seigneurie de Venise
» craint le pais, et aussy faict ledit duc. Monseigneur, je ne vous
» escrips ce pour avertissement, mais seullement pour vous fere
» sertain que ne suis paresseus de faire mon devoir.

    » Monseigneur, après m'estre recommendé très humblement à
» votre bonne grâce, je prire Nostre-Seigneur vous donner très
» bonne vie et longue.

    » Du quam de Pavye, ce XIIIe d'ottobre.

    » Vostre très humble et très obéissant nepveu et serviteur.

                « J. DE MAILLY[2]. »

    La ville de Pavie tomba aux mains des Français et ce succès fut considéré comme une revanche du désastre éprouvé sous ses murs deux ans auparavant.

---

seigneur Thibault Rouault, chevalier, seigneur de Rieux. » *Preuves*, numéro CCCCLXIV. Le P. Anselme dit (t. VIII, p. 655) que Jean de Mailly ne fut pas marié. Peut-être remit-on l'exécution du contrat du baron de Conty à son retour d'Italie.

1. Anne de Montmorency, maréchal de France le 6 août 1522, fut élevé à la dignité de grand-maître de France le 23 mars 1526 et à celle de connétable le 10 février 1538.

2. Bibl. nat., f. franç., 2981, fol. 66. Orig.

La ruine de l'armée française décimée par la peste devant Naples fit payer cher les quelques avantages obtenus par Lautrec. Celui-ci fut emporté par le fléau le 15 août 1528, après avoir vu disparaître l'élite de ses lieutenants. Le baron de Conty fut lui-même atteint et le 15 octobre Anne de Montmorency très inquiet écrivit à M. de Turenne : « Me ferez merveilleusement grant » plaisir si vous me povez faire savoir nouvelles de *mon nepveu* » *de Conty*, si en avez riens entendu. Quelques-ungs m'ont dit » qu'il estoit à Florence et autres disent qu'il estoit prisonnier à » Naples. Je ne scay encores qu'il en est, dont je désire fort estre » adverty[1]. »

Le grand maître avait lieu d'être préoccupé ; son neveu, resté à Naples, y mourut bientôt de la peste[2] laissant ses biens à sa sœur Madeleine de Mailly dont la fille Eléonore devait épouser, le 22 juin 1551, Louis de Bourbon, prince de Condé, pair de France, fils de Charles de Bourbon, duc de Vendôme, et de Françoise d'Alençon.

« Ainsi disparut comme un fleuve dans l'Océan (dit avec em-» phase le P. Simplicien) cette branche Mailly-L'Orsignol-Conty » également illustre par sa fin et par son origine[3]. »

---

1. Bibl. nat., f. fr., 20639, fol. 133. — Francis Decrue, *Anne de Montmorency, grand-maître et connétable de France* (Paris. Plon, 1885) p. 118.

2. *L'Impôt du sang* dit qu'il y fut tué.

3. *Extrait de la Généalogie de la Maison de Mailly*, p. 26. — On attribue à un Jean de Mailly un *Recueil de Chansons et Ballades* conservé à la Bibl. nat. Nouv. acq. franç. n° 1664. Ce recueil débute ainsi :
 « Une foiz pieça chevauchoie
 » Entre Pont de Cez et Angiers,
 » Ainsi qu'en chevauchant pensoie
 » Vint près de moy ungs chevaliers :
 » A quoy pensez-vous amis chiers ?
 » Je lui dis que je ne savoie. »

LIVRE DEUXIÈME

SECONDE PARTIE

(Suite des Mailly-L'Orsignol)

CHAPITRE Ier

COLARD DE MAILLY, DIT PAYEN, ET MARGUERITE DE PICQUIGNY
1335-1401

§ I

Colard ou *Nicolas de Mailly*, *dit Payen*, second fils de Jean II de Mailly[1], eut en partage la terre de L'Orsignol au diocèse d'Amiens pendant que son frère aîné Jean III conservait les seigneuries de Buire, Wavans, etc. En 1335-1337, époque du procès criminel dans lequel il est impliqué avec son père et son frère, au sujet des meurtres Werchin et Palle, il est qualifié de *damoiseau*[2]. Plus tard (1340) on le rencontre avec le titre de chevalier[3].

1. Voir p. 248.
2. Voir p. 245.
3. *Preuves*, n^{os} C, CI et passim.

Au commencement de l'année 1352, Payen est dit héritier de son père Jean de Mailly et poursuit comme tel un procès contre Robert de Vintenuel, au sujet de 40 muids de blé qui devaient lui être livrés à Abbeville[1]. De 1353 à 1367, il rend des aveux ou est cité dans quelques dénombrements comme seigneur de L'Orsignol, de Grancourt et de Bouillancourt[2]. Plus tard (1368), on le rencontre « seigneur de Coulemont[3] » et arbitre dans un procès (7 mars 1367 (v. s.) soutenu par « noble damoiselle, Jehenne, » dame de Ham en Vermendois, » contre « noble homme mons\ » Drieu de Fieffes, dit Galehaut[4], chevalier ; » les autres arbitres étaient : « nobles hommes mons\ de Moy en Vermendois, mons\ » de Flavy, mons\ Hector de Ham et mons\ Desmery » pour Jeanne de Ham, et « mons\ de Maizerolles[5], mons\ de Bousin- » court et mons\ Gryffon de Clary » pour Galehaut[6].

Le 3 avril 1383, eut lieu un accord entre « messire Jehan de » Maricourt, chevalier, » et « mons\ Colart de Mailly, dit Payen, » chevalier, » au sujet d'une somme de 20 francs d'or[7]. A la fin de novembre 1390, le même Payen releva différents fiefs à lui échus par la mort de son neveu Jean de Bours[8], héritage qui devait le mettre aux prises devant le Parlement (27 janvier 1396) (v. s.), avec Tristan de Lambres, fils de Hugues de Lambres[9].

Il existe dans le canton d'Acheux, non loin de L'Orsignol, une paroisse du nom de Coigneux (alias Cogneul, Congnieux) qui a donné son nom à une famille de petite noblesse dont les membres

1. *Preuves*, nᵒ CXIX.
2. *Ibid.*, nᵒˢ CXX, CL, CLII, CLIII.
3. *Ibid.*, nᵒ CLVII.
4. « La feue femme dudit mons\ Galehaut estoit tante à la dite damoiselle (Jeanne). »
5. Le seigneur de Mézerolle était alors Hugues de Clari, mari de Jeanne de Mailly, fille présumée de Colart ou Nicolas de Mailly et d'Aliénor d'Argies. Voir p. 240, note 3.
6. Arch. nat., X¹ᶜ 19 ᴬ, cote 84.
7. *Preuves*, nᵒ CLXXXV.
8. *Ibid.*, nᵒˢ CCII, CCIII, CCV.
9. *Ibid.*, nᵒ CCXIV. Voir p. 248 de ce vol.

étaient qualifiés d'écuyers pendant les XIVe et XVe siècles[1]. Un membre de cette maison, *Nicolas de Cogneul*, eut un différent avec le châtelain d'Encre et en appela au Parlement de Paris en 1390, prétendant avoir gain de cause contre Raoul de Coucy, chevalier, seigneur d'Encre, contre son châtelain et ses pairs, contre *Colard de Mailly, dit Payen*, chevalier, et contre ses juges « de Loussignol[2]. » Ce *Nicolas de Cogneul* semble être le même individu que « Colart de Cogneul, escuier, » mari de « da-
» moiselle Agnès Bonjent, » désignés le 25 août 1412, comme « forains et non bourgeois d'Arras[3]. »

69. — Sceau de Nicolas de Mailly, dit Payen, chevalier, 4 octobre 1340. *Preuves*, n° CI.

A l'instar de ses ancêtres, Colard de Mailly prit part aux guerres de son temps. Le 21 août et le 4 octobre 1340, il donna quittances de gages pour lui chevalier et dix écuyers de sa compagnie[4]. Sa quittance du 4 octobre conserve encore son sceau (figure 69) : *Ecu portant trois maillets avec lambel à trois pen-*

---

1. *Origines de la famille Couronnel*, Laval, 1891, p. 22.
2. 1390, 15 novembre. Paris. « Karolus etc.... Notum facimus quod constitutis in nostra Parlamenti curia *Nicolao de Coingneul* appellante a quadam sentencia per castellanum baillivum et pares seu homines judicantes in curia seu castro de Encre, pro dilecto nostro Radulpho de Couciaco, milite, ex una parte, et dictis Radulpho, castellano, baillivo et paribus seu hominibus judicantibus appellatis seu in causa appellacionis adjornatis, necnon dilecto nostro *Colardo de Mailliaco, dicto Payen*, milite, et hominibus judicantibus in sua curia de Loussignol, intimatis, ex altera, ac dictis partibus, die data presencium auditis, prefata curia nostra dictam appellacionis causam remisit et remictit..... » Arch. nat., X^{1a} 38, fol. 1.
3. *Origines de la famille Couronnel*, p. 22.
4. *Preuves*, n^{os} C et CI.

dants. Le 30 août 1350, il servit avec dix écuyers[1], en janvier
1355 (v. s.) avec un autre chevalier et huit écuyers « soubz le
» gouvernement de mons^r Jehan de Clermont, sire de Chantilly,
» mareschal de France, lieutenant du roy ès pays d'entre les ri-
» vières de Loire et Dourdoigne[2], » et en février de la même année avec un autre chevalier et six écuyers, sous le gouvernement
dudit Jean de Clermont[3]. Sa quittance du 13 février 1355 (v. s.),
datée de Charroux, garde son sceau (figure 70) : *Ecu à trois
maillets avec lambel à trois pendants*. Légende : S. PAIEN....
CHLR.

70. — Sceau de Payen de Mailly, chevalier, 13 février 1355 (v. s.). *Preuves*, n° CXXVII.
Demay, *Sceaux Clairambault*, n° 5539.

Pendant le mois de juin 1369, Payen se trouvait à Saint-Omer
« soubs mons^r le comte de Boulongne ; » parmi les cinq chevaliers
bacheliers et les huit écuyers de sa compagnie, on remarquait
deux Mailly, Jean, chevalier bachelier, et Gillot, écuyer[4]. Quelques années plus tard (1378), il fut avec Huc de Châtillon, maître
des arbalétriers de France, au nombre de ceux qui cherchèrent à
tirer Jean II Tyrel, seigneur de Poix, de la main des Anglais[5]. A
la fin de 1381, il était à Thérouanne à la tête de trois autres chevaliers et de dix écuyers « soubz le gouvernement de mons^r de
» Coussy, cappitaine général » en Picardie[6].

Le sire de L'Orsignol se distingua dans la suite par un exploit

1. Bibl. nat., *V^c Colbert*, 138, fol. 225.
2. *Preuves*, n° CXXVI.
3. *Ibid.*, n° CXXVII.
4. *Ibid.*, n° CLX.
5. *Ibid.*, n° CLXIX.
6. *Ibid.*, n^os CLXXXI et CLXXXIII.

moins honorable; avec des complices, il navra tellement Jean du Castel que celui-ci mourut de ses blessures. Marie Petit[1], femme du défunt, Renauld, son fils, et quelques autres parents et amis poursuivirent le meurtrier en justice. Celui-ci fut tout heureux d'obtenir le 17 juillet 1383, une rémission de Charles VI[2].

Payen épousa, avant le 22 décembre 1347[3], *Marguerite de Picquigny*[4], fille de Jean de Picquigny et de Marie d'Amiens, sœur cadette de Jeanne de Picquigny qui s'était unie avant 1334 à Jean III de Mailly dit Maillet[5]. Le 5 mai 1354, « messire Colars » de Mailly, chevalier, dit Paien, seigneur de Loussignol, et » madame Marguerite de Pinquegny, sa femme, » conclurent un accord avec Henri de Bevres, seigneur de Diquemue[6], troisième mari de Jeanne de Picquigny[7]. D'autres différents survinrent encore ; ils se terminèrent par un nouvel arrangement en 1367[8]. Le 31 mai 1384, le sire de L'Orsignol et sa femme vendirent au maire et aux échevins d'Amiens, pour la somme de 425 florins d'or, leur hôtel de Mailly situé en la dite ville[9].

---

1. « Marie Petit ou La Petite était surnommée des Faucilles, du nom d'une maison sise à Arras dans une rue qui porte encore aüjourd'hui son nom. Elle avait épousé en premières noces Jean du Castel ou du Chastel, écuyer, dont elle eut Renauld du Castel dit de Tramecourt à cause de son beau-père, et en secondes noces Pierre de Courcelles, chevalier, seigneur de la terre de Tramecourt au comté de Saint-Pol, dont elle eut Péronne de Courcelles, dame de Tramecourt, mariée à Jean d'Ocoche, chevalier, seigneur de Neufville-Witassé, dont postérité (Titres des 24 juillet 1426, 26 août 1428 et 13 juin 1429 aux registres aux embrevures de la ville d'Arras). Cette famille de Courcelles connue pendant plusieurs générations sous le nom de Tramecourt n'était pas de la famille de Tramecourt éteinte de nos jours dans les mâles. » (Note de M. le comte de Galametz).

2. *Preuves*, n° CLXXXVII.

3. *Ibid.*, n° CXVII.

4. Voir sur une Marguerite de Picquigny, mariée en 1342 à Robert d'Arly ou d'Ailly, chevalier, seigneur de Bouberch, et sur leurs enfants, Arch. nat., X^{1a} 36, fol. 89 à 91 ; X^{1a} 45, fol. 196 et 197.

5. Voir pp. 249 et 250.

6. *Preuves*, n° CXXII.

7. Voir p. 250.

8. *Preuves*, n^{os} CXLV à CXLVII.

9. *Ibid.*, n° CXCII.

Colard de Mailly mourut en 1400[1], six ou sept ans après sa femme[2]. Sur l'invitation de son fils Gilles, le maire, les échevins d'Amiens, « plusieurs prélats, nobles et grands seigneurs, avec les » maires et bourgeois de plusieurs bonnes villes, » se rendirent au service qui fut célébré pour le repos de son âme, à Béthancourt, « le mardy après la My-Carême 1401 (v. s.)[3]. »

En dehors de son fils *Gilles*, dont il sera parlé au chapitre II, Colard de Mailly eut encore, selon le P. Anselme[4], *Alix de Mailly* qui épousa N. Froissart, seigneur de Beaufort en Artois.

§ II

Le P. Anselme, Moréri et autres ont confondu « *Payen de Mailly,* » *chevalier, seigneur de Saint-Georges*, gouverneur du baillage » de Vermandois » en 1345, 1346, avec *Colard de Mailly, dit Payen, seigneur de L'Orsignol*. Cette erreur que j'ai commise moi-même sur la foi du P. Anselme[5] doit être signalée ici. Le *Payen de Mailly, seigneur de Saint-Georges*, qui fut gouverneur du bailliage de Vermandois[6] n'est autre que *Payen de Maillé*, fils de Hardouin de Maillé et de Jeanne de Beauçay. D'ailleurs, il n'y eut jamais de terre de Saint-Georges dans la maison de Mailly, particulièrement dans la branche Mailly-L'Orsignol. La seigneurie de Saint-Georges-du-Bois, située en Anjou, non loin de Beaufort-en-Vallée, appartenait dès 1318 à *Payen de Maillé* et resta dans sa famille jusqu'au commencement du XVIe siècle. Elle passa dans ce temps à la famille de Périers par le mariage de Jacques de Périers, sieur du Bouchet, avec Ambroise de Maillé[7].

1. *Preuves*, n[os] CCXXIV et CCXXV.
2. *Ibid.*, n° CCIX.
3. *Ibid.*, n° CCXXVIII.
4. T. viii, p. 656.
5. *Preuves*, p. 79, note 1.
6. *Ibid.*, n° CXI, CXII et CXIV.
7. C. Port, *Dictionnaire historique de Maine-et-Loire*, t. iii, p. 375.

Payen de Maillé, seigneur de Saint-Georges-du-Bois et de
Brézé par sa femme Jeanne de Lestang, dame de Brezé, mourut
bailli de Vermandois en 1347. Il est mentionné au *Catalogue des
baillis de Vermandois*[1] sous cette rubrique : « *Paganus de
» Mailliaco, dominus de Brézé, 1347.* » L'arrêt du Parlement du
8 mai 1335, rapporté aux *Preuves*[2], s'applique très probablement
à Payen de Maillé, car à cette date Colard de Mailly, dit Payen,
n'était pas encore chevalier.

1. Bibl. nat., *Collection de Picardie* (dom Grenier), xi, p. 122.
2. *Preuves*, n° LXXXVIII.

CHAPITRE II

§ I

Gilles de Mailly, fils de Colard, dit Payen, et de Marguerite de Picquigny, se trouva à Thérouanne, le 30 octobre 1381, dans la compagnie de son père comme chevalier bachelier[1]. Le 1er septembre et le 1er octobre 1386, il fit lui-même sa montre à Amiens et à Arras ayant sous ses ordres un autre chevalier bachelier et huit écuyers, afin de passer en Angleterre avec « monseigneur le » duc de Bourbon[2]. » Le 14 octobre, il se trouva à Lille où il confessa avoir reçu de Jean Le Flament, trésorier des guerres du roi, la somme de 900 livres tournois en prêt sur ses gages et sur ceux de ses hommes d'armes[3].

Charles VI, résolu de punir l'attentat commis par Pierre de Craon contre le connétable de Clisson, avait donné rendez-vous au Mans aux seigneurs de son armée. Gilles de Mailly arriva dans

---

1. *Preuves*, n° CLXXXI.
2. *Ibid.*, n°ˢ CXCV et CXCVII.
3. *Ibid.*, n° CXCVIII. — Le 19 avril 1384, Gilles de Mailly fit également sa montre à Lille. *Preuves*, n° CXC.

la capitale du Maine vers la fin du mois de juillet 1392 avec un autre chevalier bachelier et huit écuyers ; le 29, il fit sa montre au Mans et le 4 août suivant il donna quittance de gages[1]. Le roi tomba fou sur la route d'Angers, dans les environs de Foulletourte ou de La Fontaine-Saint-Martin, et l'expédition prit fin avec ce misérable évènement qui devait attirer sur la France une infinité de maux.

Après le décès de sa mère Marguerite de Picquigny (vers 1393), Gilles, déjà seigneur de Bouillancourt, hérita des terres de Coullemont et de Couturelle[2]. A la mort de son père (1400), il devint seigneur de L'Orsignol et releva le fief d'Artois à Auchy, tenu du château de Lens, ainsi que le fief des Alighes, assis à Bours, relevant du château d'Arras[3]. Le 20 août 1402, il reçut le dénombrement d'un fief que Baudouin Gamelin tenait de lui « à cause de » son chastel et seigneurie de Bouillancourt[4]. »

Gilles de Mailly, seigneur de L'Orsignol, avait épousé *Jeanne de Billy* ou *de Builly* qui lui survécut. Selon le P. Anselme[5], elle était « vicomtesse d'Ouchy en Champagne, dame de Rosel, de » Montchevillan, de Prengy, de Saint-Rémy, de Billy-sur-Ourcq, » de Nully-Saint-Front et d'Hautevesne. » En 1403 ou 1404, elle releva, comme tutrice de ses enfants, la terre des « Alighes » tenue du château d'Arras[6]. A cette époque le seigneur de L'Orsignol venait de mourir.

§ II

Gilles de Mailly et Jeanne de Billy eurent pour enfants :

1. *Preuves*, n^{os} CCVII et CCVIII.
2. *Ibid.*, n° CCIX.
3. *Ibid.*, n^{os} CCXXIV et CCXXV.
4. *Ibid.*, n° CCXXIX.
5. Tome VIII, p. 656.
6. *Preuves*, n° CCXXXV.

1° *Regnauld de Mailly* dont il sera question au chapitre suivant.

2° *Marie de Mailly*, dame de L'Orsignol après la mort de son frère, qui épousa 1° *Colard, sire de Mailly*, tué à la bataille d'Azincourt en 1415, 2° David de Brimeu[1].

Et au dire du P. Anselme[2], 3° « *Marguerite de Mailly* mariée,
» 1° à Henry de Boissy, seigneur de Chaulnes ; 2°, le 22 avril
» 1421, à Gilles, seigneur de Rouvroy, lequel étant mort en 1423,
» elle donna à sa sœur, dame de Saponay, la part qu'elle avait
» aux terres de Champagne qu'elle avait eues de sa mère. Elle
» épousa en troisièmes noces Gilles, seigneur de Soyecourt et de
» Francvillers. »

4° « *Aliénor de Mailly*, mariée, selon le P. Anselme[3], à Baudouin
» de Cramailles, seigneur de Saponay, dont elle étoit veuve vers
» l'an 1421 lorsque sa mère lui donna la moitié des terres de
» Champagne et l'autre moitié à *Marguerite*, sa sœur, en 1423.
» Elle en fit hommage au roi le pénultième août 1428. Elle fut
» enterrée en l'église de N.-D. de Soissons où son anniversaire se
» fait le 5 des calendes de mars[4]. »

---

1. Voir livre 1er, p. 128.
2. Tome VIII, p. 656.
3. Tome VIII, p. 656.
4. « La dernière fille de Gilles de Mailly, sr de L'Orsignol et de Jeanne de Billy, avoit nom Aliénor ; elle épousa Baudouin de Cramailles, seigneur de Sapponay, d'où est venue Marie de Cramailles, femme de Barthélémy de Conflans, vicomte d'Auchy, selon la recherche de Champagne par d'Hozier. » Bibl. de l'Arsenal, ms. n° 4652, fol. 479.

CHAPITRE III

Le 25 août 1402, « Marie, vefve de feu Jehan de Mauvel, » ayant « la garde de Regnauldin de Mauvel, » son fils, rendit aveu à « noble et puissant » son « très cher et redoubté seigneur » *Regnauldin de Mailly*, escuier, seigneur de Bouillancourt, » pour un fief relevant du château de Bouillancourt[1]. Regnauldin ou Regnauld était alors mineur et sous la tutelle de sa mère, Jeanne de Billy, qui releva pour lui, vers 1404, les terres de Coullemont et de Couturelle[2]. A cette époque, la veuve de Gilles de Mailly était appelée « noble dame *Jehanne de Billi, dame du Lousignol* » *et vicomtesse d'Orchies*[3]. »

Peu de temps après, 1er août 1406, « Regnault de Mailli, es-» cuier, » avoua tenir du roi « à cause de sa chastellenie de Mon-» didier,... noblement en fief et à plain hommage de bouche et de » mains, la ville, terroir et appartenances de Boulencourt[4]. » Vers 1409, il « paya le relief de son fief d'Auchy tenu du château » de Lens, pour l'aide demandée pour le mariage de la fille aînée » du duc de Bourgogne avec le dauphin de Viennois, duc de » Guyenne[5]. »

---

1. *Preuves,* n° CCXXX.
2. *Ibid.,* n° CCXXXVI.
3. *Ibid.,* n° CCXXXVII.
4. *Ibid.,* n° CCXXXIX.
5. *Ibid.,* n° CCXLV.

« Il paroît par un titre de 1409, dit le P. Anselme[1], que
» *Mathieu de Congneul*, écuyer, étoit bailly de L'Orsignol pour
» noble et puissant son très chier seigneur Regnauld de Mailly,
» écuyer, pour lequel il donna dénombrement de la terre de L'Or-
» signol. » Un mémoire de 1780[2] veut faire de *Mathieu de Cogneul*, bailli de L'Orsignol, un proche parent de *Regnauld de
Mailly* sous des prétextes qui dénotent chez son auteur la plus
profonde ignorance des choses du moyen-âge[3]. Cette parenté ne
ressort d'aucun titre ; bien plus, elle ne peut revendiquer pour
elle la plus petite probabilité. Je dois dire cependant que dans
un récent ouvrage, on a cru bon de transformer dans un intérêt
généalogique *Mathieu de Cogneul* en *Mathieu de Mailly-L'Orsignol*[4].

Regnault de Mailly mourut sans postérité et probablement sans
alliance vers 1412. Les terres qu'il possédait, particulièrement
L'Orsignol, échurent alors à sa sœur *Marie de Mailly*, femme
de Colard, sire de Mailly[5].

---

1. Tome VIII, p. 656.

2. *Mémoire pour messire Charles-Oudart-Joseph de Mailly-Couronnel,...
contre messire Charles-Marie-Isabelle-Désiré-Guillain de France,.... et
messire Alexandre-Louis, vicomte de Mailly-Saint-Chamant...* Paris, rue
Dauphine, 1780, in-4° de 116 p.

3. Voici comment procède l'*extraordinaire* auteur du *Mémoire :* « Quoique
Mathieu de Cogneul ne soit pas désigné par le nom de *Mailly*, l'on ne peut
douter qu'il ne fût de cette Maison ; cela résulte : 1° De ce qu'il est qualifié
écuyer, qui étoit le seul titre que prissent alors les gens de la plus haute
noblesse jusqu'à ce qu'ils fussent armés *chevaliers*. ou qu'ils possédassent
une baronnie ou un autre fief de dignité ; 2° *Mathieu* avoit pour surnom *de
Cogneul*, qui étoit le nom de la terre *de Cogneul* ou *Cogneux*, qui étoit cons-
tamment alors dans la maison de Mailly (cette dernière allégation est fausse);
3° La qualité de bailli de *L'Orsignol* et l'office que rendait *Mathieu de Cogneul* à Regnault de Mailly, en donnant pour lui le dénombrement de la terre
de L'Orsignol, font connaître qu'il y avoit *une étroite liaison entre les
Cogneul et les L'Orsignol*; 4° Mathieu de Cogneul appelle Regnault de Mailly
son très-chier seigneur, ce qui dénote que Regnault de Mailly, qui étoit alors
chef de la branche de L'Orsignol, étoit son seigneur *banneret*, sous lequel
il devoit servir comme étant puîné issu d'un rameau de la branche de L'Orsignol. » Je crois qu'il est difficile de mieux déraisonner en matières généalogiques.

4. Comte de Couronnel, *Souvenirs d'une ancienne famille*, p. 17.

5. Voir livre I, pp. 123 et 128. *Preuves*, n°ˢ CCLIII-CCLVII.

LIVRE III

MAILLY-AUTHUILLE, RUTHÈRE ET CAMBLIGNEUL

LIVRE TROISIÈME

PREMIÈRE PARTIE

MAILLY - AUTHUILLE

CHAPITRE Ier

GILLES I DE MAILLY ET BLANCHE DE HAM
1279-1337

§ I

Tous les auteurs[1] ont rattaché le rameau des *Mailly-Authuille* aux aînés de la Maison de Mailly en faisant naître, à la fin du XIIIe siècle, *Gilles*, seigneur d'Authuille, de Gilles II, sire de Mailly, et de Jeanne d'Amiens[2]. Aucun document ne m'a permis de fixer ce point généalogique. Bien plus, il m'a été impossible d'établir sur preuves les différents degrés de cette branche. A

---

1. La Morlière, P. Anselme, Moréri, etc.
2. Voir p. 73.

défaut d'un guide sûr, je suivrai La Morlière et le P. Anselme, me réservant toutefois de critiquer leurs affirmations qui ne concordent pas toujours avec les actes authentiques.

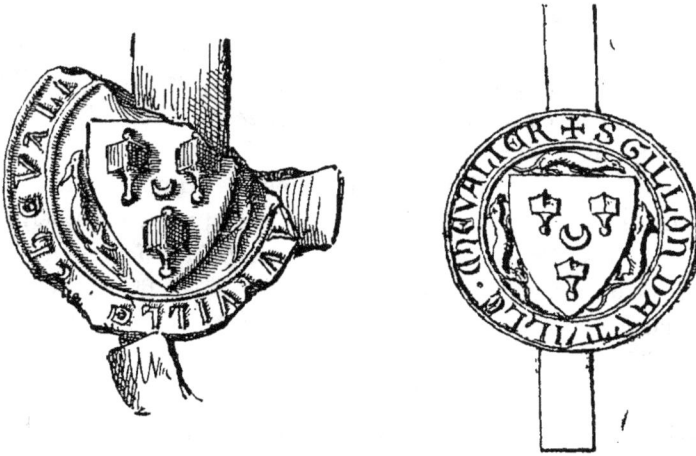

71-72. — Sceaux de Gilles, sire d'Authuille, 23 septembre 1325. Arch. du Pas-de-Calais, A 69 ⁱⁱ. *Preuves*, n° LXXIX.

D'après un ancien *Armorial*[1], les seigneurs d'Auteville (Authuille) portaient *d'or à trois maillets de sable*[2]. Un sceau de Gilles, sire d'Authuille, chevalier, scellant des lettres du 23 décembre 1325, présente un *écu chargé de trois maillets avec un croissant en abîme et trois quadrupèdes courant autour de l'écu*. Légende : S. GILLON D'AUTUILLE CHEVALIER[3] (figures 71 et 72).

1. Voir p. 31.

2. Voir p. 27, note 1.

3. La reproduction sommaire d'un autre sceau de Gilles, sire d'Authuille, de 1279, donne seulement *trois maillets sans brisure*, mais il est probable que l'absence du *croissant en abîme* doit être attribuée à la négligence du dessinateur. Voir, *Preuves*, n° XLIII.

§ I I

Selon La Morlière[1], le P. Anselme[2] et Moréri[3], *Gilles I de Mailly*, troisième fils de Gilles II, seigneur de Mailly, et de Jeanne d'Amiens, dame de Talmas, eut en partage la terre d'Authuille, mourut en 1337 et fut enterré dans l'église de Notre-Dame de Brebière auprès de sa femme *Blanche de Ham*, fille du seigneur de Ham en Vermandois.

Du mariage de Gilles avec Blanche de Ham naquirent : 1° *Gilles II de Mailly*, 2° *Catherine de Mailly*, mariée au seigneur « du Cauroy en Ponthieu, » 3° *Marie de Mailly*, femme de Jean, seigneur « de Preure en Boulenois, » 4°, 5° et 6°, trois autres filles, mariées aux seigneurs « de Gouy en Artois, de Divion[4] et » de la Thieuloye. »

Je dois ajouter à ces données les renseignements suivants.

En 1279, Gilles, sire d'Authuille, chevalier, vendit à l'Hôtel-Dieu d'Amiens les dîmes et les fruits qu'il avait droit de prendre à Béhencourt[5]. Le 18 octobre 1322, il donna quittance de 105 sous parisis pour dépenses faites par lui et par ses hommes d'armes en la compagnie de Louis, comte de Nevers et de Flandre[6]. Familier de la comtesse d'Artois, il lui envoya des chiens en cadeau pendant l'année 1323[7].

Le 23 septembre 1325, Jean de Mailly, seigneur de L'Orsi-

1. *Maisons illustres de Picardie*, 1642, p. 246.
2. T. viii, p. 657.
3. T. vii, p. 85.
4. Marguerite de Mailly épousa Antoine, seigneur de Divion, dont postérité. (Communication de M. le comte de Galametz). — On trouve en 1356, « Robert d'Autuille et *Jeanne d'Autuille*, dame *de Divion* et de Ays. » Bibl. de l'Arsenal. Ms. de du Cange, n° 5258, fol. 5 verso.
5. *Preuves*, n° XLIII.
6. *Ibid.*, p. 388. Voir p. 80 de ce vol.
7. J.-M. Richard, *Mahaut, comtesse d'Artois*, pp. 50 et 80.

gnol, « *Gille, sire d'Autuyle*, chevaliers, et Jehan d'Araines »
furent présents dans une affaire concernant Denis d'Hireçon et sa
femme[1]. L'acte est scellé de plusieurs sceaux, particulièrement de
celui de Gilles, sire d'Authuille (figures 71 et 72), et de celui de
Jean d'Araines, seigneur de Hachicourt[2] : *Ecu portant trois fasces*. Légende : ....EHAN D'ARAINES... GI ? DE HACECO... (fig. 73).

73. — Sceau de Jean d'Araines, seigneur de Hachicourt, 23 septembre 1325.
Preuves, n° LXXIX.

« Gillon d'Autuille, chevalier, sires d'Andifer, » reçut le 16 décembre 1325, des lettres de Jean Le Misier, sergent de la comtesse d'Artois[3], et en 1329, il est nommé parmi les hommes liges
de la même dame d'Artois[4].

1. *Preuves,* n° LXXIX.
2. Achicourt, canton et arrondissement d'Arras.
3. *Preuves,* n° LXXX.
4. *Ibid.,* p. 61.

CHAPITRE II

« *Gilles II de Mailly*, fils aîné de Gilles I et de Blanche de
» Ham, seigneur d'Authuille et d'Andinfer, se trouva avec ses
» beaux-frères de Rely en 1338[1] à la bataille de Saint-Omer, où
» il combattit pour le roi Philippe-de-Valois, et est nommé parmi
» les pairs du château d'Encre en 1357[2]. Il épousa *Jeanne de*
» *Rély*, fille de Guillaume, seigneur de Rély[3] et de l'héritière de
» Caumont, d'où vinrent :
» 1° *Gilles III de Mailly*, 2° *Louis de Mailly* qui surprit avec
» Guillaume de Longueval le château de Montpaon sur les An-
» glais en 1371, 3° *Simon de Mailly*, mort de blessures reçues à
» la bataille de Rosebecque en 1382, 4° et 5° *Jean* et *Jacques de*
» *Mailly*, morts à la bataille de Nicopolis en Hongrie l'an 1396,
» 6° *Marie de Mailly*, femme de Robert (Jean selon La Morlière)

---

1. La Morlière dit en 1340 ce qui est exact.
2. Il faut lire 1337, *Preuves*, n° XCV, et p. 87 de ce volume.
3. « Gilles de Mailly, seigneur d'Authuille, épousa Jeanne de Rély, fille
du. grand seigneur de Rely, chevalier banneret d'Artois. » Note de la main
de du Cange à la marge d'un *Manuscrit* du XVIe siècle conservé au château de La Roche-Mailly.

» de Nedonchel, seigneur de Rebecq[1], et ensuite d'Hugues de
» Sailly[2]. »

Deux remarques sont nécessaires après ce paragraphe.

Louis de Mailly, qui se distingua pendant le siège de Montpont en 1371, était un chevalier breton sans parenté connue avec
les Mailly de Picardie[3].

Simon de Mailly, placé par le P. Anselme au nombre des enfants de Gilles II et de Jeanne de Rély, était également, au dire
du même auteur, fils de Gilles, sire de Mailly, et de Péronne de
Rayneval[4].

---

1. *Marie de Mailly*, citée dans un relief de fief sous le nom de *Jeanne
d'Authuille,* épousa Jean de Nédonchel, seigneur de Guarbecque. Ce Jean de
Nédonchel, qui avait eu Robert de Nédonchel, était mort en 1370 avant sa
femme Marie de Mailly. (Communication de M. le comte de Galametz).

2. La Morlière, P. Anselme, Moréri. — « Vers 1350, Jean de Nédonchel
épousa Marie de Mailly, femme en secondes noces de Hugues de Sailly, laquelle était fille de Gilles de Mailly, seigneur d'Authuille, et de Jeanne de
Rély. » *Arch. de la noblesse de France, t.* x. *Généalogie de Nédonchel.*

3. Voir p. 253. Le P. Anselme cite deux fois ce Louis de Mailly, une première fois parmi les Mailly-L'Orsignol pour ses exploits en Turquie (sic
en 1371 (t. VIII, p. 653) et une seconde fois comme fils de Gilles II de Mailly,
seigneur d'Authuille.

4. Tome VIII, p. 629.

CHAPITRE III

Gilles III de Mailly, Isabeau de Wavrans, Isabelle d'Auxy
et Marguerite de Longueval
1380-1416-1426 environ

« *Gilles III de Mailly*, fils aîné de Gilles II et de Jeanne de
» Rely, seigneur d'Authuille et d'Andinfer, fut marié trois fois et
» eut trente-six enfants au dire de La Morlière[1] et de du Cange[2]
» et vingt-cinq selon le P. Anselme[3].

» *Isabeau de Wavrans* ou *Waverans*, première femme de
» Gilles III, était fille et héritière du seigneur de Wavrans (vers
» 1380) et d'une d'Occoch. Elle donna à son mari, d'après le P.
» Anselme, 1° *Gilles IV de Mailly* ; 2° *Lancelot de Mailly* qui
» épousa *Marguerite de La Rosière*, fille d'Antoine, seigneur de
» La Rosière, et de Marguerite de Durcat, d'où naquit *Antoine de*
» *Mailly*, mort jeune[4] ; 3° *Palamèdes de Mailly* qui laissa une

---

1. *Maisons illustres de Picardie*, p. 247.
2. Note en marge du manuscrit de La Roche-Mailly.
3. Tome VIII, p. 657.
4. Je rencontre pendant la première moitié du XVe siècle un *Antoine de*
Mailly, seigneur de La Rosière et de Thiebval, qui épousa avant 1428 une
« damoiselle de Ligny » dont il eut une fille, *Jeanne de Mailly*. Cet *Antoine*,
que je ne puis identifier, devint « escuier d'escuirie de monseigneur le
duc de Bourgogne et lieutenant général » de David de Brimeu, seigneur
de Ligny, gouverneur d'Arras et de Bapaume. Voir *Preuves*, nos CCCVII,

» postérité inconnue ; 4° *Guillaume de Mailly*, dit *Saladin*, sei-
» gneur de Marcais[1], uni à Alix, héritière de Noyelles, veuve du
» seigneur de Caulincourt, laquelle fut mère de *Robert de Mailly*,
» seigneur de Marcais et de Noyelles, marié à Marie d'Estour-
» mel en 1396[2], d'où trois fils religieux à Corbie, à Ham et à
» Berthaucourt[3], et une fille abbesse de Sainte-Austrebertè de
» Montreuil[4] ; 5° *Françoise de Mailly*, mariée à Gérard de Re-

CCCXIX, CCCXX, CCCXXI, CCCXXV et CCCXLII. Le sceau d'Antoine de Mailly, au bas d'un certificat du 18 décembre 1433 (Arch. du Nord, B 1950, n° 392) porte un *écu chargé de trois maillets, cimé d'un casque, accosté de deux griffons ailés* (figure 74).

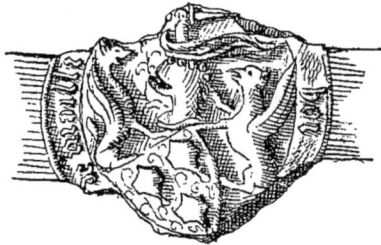

74. — Sceau d'Antoine de Mailly seigneur de La Rosière, 18 décembre 1433.
Arch. du Nord, B 1950, n° 392.

1. D'après les *Preuves*, n°ˢ CCCXXVI, CCCXXX, CCCXXXVII et CCCLVII, « *Guillaume de Mailly*, dit *Saladin*, écuyer, *d'Authuille*, » vivait en 1435-1456, était « seigneur de Marquais-les-Péronne et de Hautmez-les-Amiens, en partie, » et avait une fille, « damoiselle *Antoinette de Mailly*, » mariée à « Jean Dant, citoyen d'Amiens. » Un document de la Bibl. nat., dont la date est disparue, nous apprend qu'un « *Guillaume de Mailly*, dit *Salhadin, d'Authuille*, escuier, » avait épousé « damoiselle Marie Barbafust, » veuve de « deffunct maistre Nicolle Postel. » Nicolle Postel avait eu de son mariage avec Marie Barbafust une fille Jeanne Postel mariée à Jacques Clabault. *Pièces originales*, t. 1801, de *Mailly* 41638, n° 6.
2. On rencontre dès 1398-1400 un *Robinet de Mailly*, chevalier et chambellan du duc de Bourgogne, frère de *Gilles de Mailly*, qui ne saurait être fils de *Guillaume de Mailly*, dit *Saladin*. (*Preuves*, n°ˢ CCXVI, CCXVIII et CCXXI). — Il doit exister de graves confusions dans cette partie de la filiation des Mailly-Authuille, confusions qui ne pourront être dissipées que par des généalogistes picards ou artésiens qui travailleront sur documents en dehors de La Morlière, du P. Anselme et de Moréri.
3. Il n'a pas existé d'abbaye d'hommes à Berthaucourt.
4. Ce qui est nié par le *Gallia*, t. x, 1319.

» court, châtelain de Lens[1] ; 6°, 7°, 8°, 9° et 10°. cinq autres filles
» mortes jeunes.

 » *Isabelle d'Auxy*, deuxième femme de Gilles III en 1392,
» était fille de Jean[2], sire d'Auxy, et de Catherine de Melun[3].
» Elle fut mère de sept filles, dont trois moururent en bas âge.
» Les autres furent : 1° *Roberte de Mailly*, mariée à Alain de
» Longueval, chevalier ; 2° *Guillemette de Mailly*, dame d'An-
» dinfer et d'Hingettes, qui épousa Robert de Hames[4], seigneur de
» Bondus et de Sangatte, fils de Beaudouin, seigneur de Hames,
» et de Marie, dame de Béthencourt[5]. Elle en était veuve le 4
» juin 1426 et avait l'administration des biens de son fils[6] ; 3°
» *Marie de Mailly*, femme de Georges Le Gay, seigneur de
» Lorge et de Combreuil en Sologne ; 4° *Catherine de Mailly*,
» mariée à Jean de Buissy, seigneur de Brulin et de Noulette[7].

---

1. Il faut lire, *seigneur de Sarton* (Généalogie de Recourt. Reims 1782).

2. De David, suivant La Morlière.

3. « Katherine de Meleun, dame d'Auxi, » est citée dans le testament de sa sœur, « Jeanne de Meleun, dame de Beauval et de Haverskerque, femme de feu Jean, seigneur de Beauval et de Haverskerque, » chevalier ; 10 septembre 1394. V. de Beauvillé, *Recueil de documents inédits concernant la Picardie*, t. IV, p. 85.

4. « Robert de Hames espousa la deuxième fille d'Isabeau d'Auxy, dame d'Authuille, laquelle se nommait *Guillemette de Mailly*, dame d'Andinfer. » (Note de du Cange à la marge du manuscrit de La Roche-Mailly). — Guillemette de Mailly épousa Robert de Hames, par contrat du 9 juin 1408, Robert fut tué à Azincourt et Guillemette qui ne mourut qu'en 1430, fut enterrée auprès de son mari dans l'église de Bondues (arr. de Lille) laissant une nombreuse postérité. (Communication de M. le comte de Galametz).

5. D'après un procès au Parlement de Paris, Baudouin de Hames, chevalier, avait épousé Marie « de Hingetes, » qui, le 8 avril 1391, avait le bail de Robert de Hames, son fils, écuyer. Marie plaidait alors contre Jean Coffard, au sujet de la terre de « Beaucamp. » Arch. nat., Xˡᵃ, 38, fol. 49 verso.

6. Je trouve, sous la fausse date 28 novembre 1326, le document suivant : « *Gillette* ou *Guillemette de Mailly*, dame de Hames, de Bondues et d'Andinfer, vefve de monseigneur Robert, seigneur de [Bondus] et de Sangatte, chevalier, ayant le bail de Robert, écuyer, son frère (*sic* pour fils) mineur, etc. » Bibl. nat., *Vc Colbert*, 138, fol. 277 verso ; *Collection de Picardie*, t. 45 bis. — Sur un « Jean de Hames, chevalier, seigneur de Hames, etc., » voir *Preuves*, n° CCCLXXXI.

7. « Le dit de Bussy ce nommoit Jean qui espousa la quatriesme fille de la dite dame Ysabeau d'Auxi qui fut femme de Gilles de Mailly d'Authuille, fils de Gilles et de Jeanne de Rély, fille du grand seigneur de Rely. » (Note de du Cange à la marge du manuscrit de La Roche-Mailly). Catherine de Mailly

» *Marguerite de Longueval*, troisième femme de Gilles III,
» était dame de Bienvilliers et de Fauconvilliers et fille de Jean
» de Longueval et de Jeanne, dame de Beaumez[1]. De ce troisième
» mariage vinrent : 1° *Jean de Mailly*, dit le *Besgue*, seigneur de
» Besgue ou Besque, de Bienvilliers et du Quesnoy en Busne, qui
» fit un accord avec *Mathelin* son frère le 10 janvier 1428[2], du
» consentement de *Jeanne de Bonnières* sa troisième femme, avec
» promesse d'y faire consentir *Jean*, son fils, lorsqu'il seroit en
» âge. Il plaidoit en 1437 contre Isabelle de Gouy, veuve du sei-
» gneur de Soyecourt. Il épousa en premières noces *Jeanne d'A-*
» *boval*, fille de Guillaume d'Aboval, seigneur de La Thieuloye,
» gouverneur d'Arras, laquelle fut mère de *Jacques de Mailly*,
» seigneur de Besgue, de *Miles*, mort en Turquie et de *Jeanne*,
» mariée à Jacques Renier, seigneur d'Escobecq et ensuite à Jean
» de Villiers[3]. *Jean de Mailly*, dit le *Besgue*, prit en secondes
» noces, *Jeanne de Rosimbos*, fille de Jean, seigneur de Rosim-
» bos, qui lui donna *Jean de Mailly*, mort jeune, *Marguerite de*
» *Mailly*, femme d'Antoine, seigneur de Bethancourt et de Fres-
» ne[4]. *Le Besgue* s'unit en troisièmes noces avec *Jeanne de Bon-*
» *nières*, fille de Guillaume, seigneur de Bonnières, et d'Isabelle

épousa Jean de Buissy, écuyer, seigneur de Villers-Bruslin, par contrat du 7 mai 1414 où elle est dite fille de monseigneur d'Authuille et de défunte madame Isabelle d'Auxy. Elle était veuve le 11 avril 1431. (Communication de M. le comte de Galametz).

1. Selon La Morlière, Marguerite de Longueval « dame de Bienvillers et de Franconville » était fille d'Alain et de Marguerite du Bos. — Marguerite de Longueval était veuve de Gilles de Mailly, seigneur d'Authuille, dès 1416. *Preuves*, n° CCLXIII. Elle-même était morte en 1426. *Preuves*, n° CCXCII.

2. *Preuves*, n° CCCVIII.

3. 1516. « Robinette du Vreliet, Jean Lebrun, mari de Marguerite du Vreliet et Jeanne du Vreliet, filles de *Jean du Vreliet* (le Jean de Villiers du P. Anselme) et de damoiselle *Jeanne de Mailly*, héritière de Jean de Béthencourt, écuyer, seigneur de Fresnes, » relèvent le fief que ledit Jean de Béthencourt avait eu de la succession de *Marguerite de Mailly* en 1502, et le vendent à Adrien de Hodicq. (Communication de M. le comte de Galametz).

4. 1496. Relief de fief par « *Marguerite de Mailly*, demeurant à Montreuil, veuve d'Antoine de Béthencourt, chevalier, seigneur de Fresnes. » — 1502. Relief par « Jean de Béthencourt, chevalier, seigneur de Fresnes, » de la succession de *Marguerite de Mailly*. (Communication de M. le comte de Galametz).

» de Ghistelles, d'où naquit *Jean de Mailly*, qui était sous la tu-
» telle de son père en 1435 et qui était mort en 1437, suivant un
» compte du domaine[1]. 2° *Robert de Mailly*, deuxième fils de
» Gilles III et de Marguerite de Longueval, dont il sera question
» dans la deuxième partie de ce troisième livre. 3° *Mathelin de*
» *Mailly*, chevalier, seigneur de Fauconvilliers, dit d'Authuille,
» lequel se maria avec Ade de Quebienfait. De cette union vint
» *Antoinette de Mailly*, dame de Fauconvilliers, femme de Jean,
» seigneur d'Eaucourt, à qui elle apporta la terre de Fauconvil-
» liers qu'ils donnèrent à leur fils le 4 juillet 1482[2]. 4° *Jeanne*
» *de Mailly* qui épousa le seigneur de Maricourt[3] et ensuite
» Jean de Villiers. »

1. Cet article du P. Anselme sur *le Bègue de Mailly* me semble absolument fantaisiste. Les trois mariages de Jean de Mailly doivent probablement
se réduire à un seul avec *Jeanne Bonnier* ou *de Bonnières*, fille de Guillaume
de Bonnières, seigneur de Bonnières, La Thieuloye, gouverneur d'Arras, en
1409, et de Jeanne de Lohes, sa première femme (Communication de M. le
comte de Galametz). En 1416, Jean de Mailly, dit le Bègue, chevalier, reçut
de sa mère, veuve de « monseigneur d'Authuille, » la terre « de Bienvillers...
en avancement d'hoirie et en faveur de son mariage avec la fille aînée de
monseigneur Guillaume Bonnier, chevalier, gouverneur d'Arras. » (*Preuves*,
n° CCLXIII). Il releva en 1426, « à cause de la succession de madame de
Longueval, sa mère, » la terre et seigneurie « de Fauconviller. » (*Preuves*,
n° CCXCII). En 1428, il avait transporté à son frère « Mathelin de Mailly,
dit d'Authuille, » cette même terre de Fauconviller. (*Preuves*, n° CCCVIII).
Le 3 janvier 1428 (v. s.), on le trouve qualifié de « seigneur du Quesnoy et
de Bienvillers. » (*Preuves*, n° CCCIX). Le 14 avril 1433, Jean de Mailly, dit
le Bègue, avait vendu « les fiefs, château, terre, justice et seigneurie du
Quesnoi, en la paroisse de Busne, » à damoiselle Jeanne, fille aînée de feu
monseigneur de Rosimbos et de madame Jeanne de Waurin. » (*Preuves*,
n° CCCXVIII). C'est peut-être ce document mal compris qui a fait croire à
un mariage du *Bègue de Mailly* avec *Jeanne de Rosimbos*. Quoiqu'il en soit,
Jean de Mailly était veuf et avait la tutelle de son fils Jean en 1434 (*Preuves*,
n° CCCXXIV) ; il vivait encore le 4 juillet 1441, comme le prouve un procès
qu'il eut au Parlement avec « Ysabeau, dame de Soyecourt. » Une de ses
filles, *Marguerite de Mailly*, épousa, avant 1436, Antoine de Béthencourt,
écuyer. (*Preuves*, nᵒˢ CCCXXVIII et CCCXXXIII).

2. Mathelin de Mailly, dit d'Authuille, fils de Gilles de Mailly, chevalier,
seigneur d'Authuille, et de Marguerite de Longueval (*Preuves*, p. 183, note 1),
épousa avant 1428, « Yde de Guebefay, fille et héritière de feu Jean de Guebefay, chevalier. (*Preuves*, n° CCCII). Il paraît dans plusieurs actes de 1443
à 1455 époque de sa mort (*Preuves*, nᵒˢ CCCXL, CCCLV) et eut au moins
une fille, *Antoinette de Mailly*, femme « de Jean, seigneur d'Eaucourt. »
(*Preuves*, nᵒˢ CCCLV et CCCCIX).

3. *Preuves*, p. 183, note 1.

Gilles III de Mailly d'Authuille mourut avant 1416[1] et sa femme Marguerite de Longueval vers 1426[2]. En 1428, leurs enfants vendirent une de leurs maisons, située à Arras, dans la rue de Ronville[3].

1. *Preuves*, n° CCLXIII.
2. *Ibid.*, n° CCXCII.
3. *Ibid.*, n° CCCIX.

CHAPITRE IV

Gilles IV de Mailly et Jeanne de Maisières — Jean de Mailly et Marguerite de Fiennes — Louis de Mailly et Marguerite de Gaesbecq — Colard de Mailly, Jacqueline de Olehain et Adolphine de Tserrats

XVᵉ siècle

§ 1

« *Gilles IV de Mailly*, seigneur d'Authuille et de Wavrans, » mari de « *Jeanne de Maisières*, » ne nous est connu que par les notices de La Morlière et du P. Anselme. Selon ces mêmes auteurs, il eut de son mariage :

Jean de Mailly, dont il sera question au paragraphe suivant, et 2° *Mathelin de Mailly*, mort à Lyon sans avoir été marié.

Cette dernière affirmation du P. Anselme au sujet de Mathelin de Mailly n'est peut-être pas exacte. Un *Mathelin de Mailly*, dit *d'Authuille*, fut témoin le 8 octobre 1476 du relief que fit Pierre de Basincourt, écuyer, du fief de Maigremont tenu de Jean de Villers à cause de sa seigneurie de Senlis[1]. *Monnot*, ou plutôt *Morinot de Mailly*, fils du dit Mathelin de Mailly, dit d'Authuille,

---

1. *Preuves*, nᵒ CCCXCVI.

fut mis, le 20 mars 1479 (v. s.), en possession des héritages qu'il
avait à Senlis comme donataire de son père[1].

§ II

« *Jean de Mailly*, seigneur d'Authuille et de Waverans, fut
» tué à la bataille d'Azincourt, en 1415, nous dit le P. Anselme. »
La mort d'un Jean d'Authuille à Azincourt ne saurait être contestée. On trouve en effet dans un document de la Bibliothèque
nationale[2] « Jehan d'Authuille, seigneur de Waverans, » parmi
ceux qui succombèrent à la funeste journée. Il avait épousé
« *Marguerite de Fiennes*, veuve de Jean, seigneur de Sempy, et
» fille de Jean de Fiennes, seigneur de Souverain-Moulin[3] et de
» Rebecque, et de Martine Perrot.

» Jean de Mailly et Marguerite de Fiennes engendrèrent Louis
» de Mailly, seigneur d'Authuille[4]. »

§ III

« *Louis de Mailly*, seigneur d'Authuille et de Wavrans, plai-
» dait au Châtelet de Paris le 16 décembre 1448, contre Jean

---

1. *Preuves*, n° CCCCI.

2. Suppl. fr., 93. — Monstrelet, t. III, p. 118, note 5.

3. Parmi les documents que j'ai trouvés en 1883, lors d'un séjour au château de *Souverain-Moulin* près de Boulogne-sur-Mer, je dois signaler un
Certificat donné le 27 octobre 1566 par les « Mayeur et eschevins de la ville
et cité de Tournay » en faveur de « nobles *Eustace de Fiennes*, seigneur
d'Esquerdes, et Jehan de Montigny, seigneur de Vilers, » venus au dit Tournay « à la requeste de haulx et puissants seigneurs messeigneurs le prince
d'Orenge et comtes d'Eghmont et de Hornes, » pour la répression de « plusieurs troubles et esmotions populaires... advenues en Tournay (en juin 1566)
tant pour le fait des presches et assemblées tenues par ceulx de la religion
nouvelle, comme à l'occasion des abatz d'imaiges et saccagemens des esgli-
ses, monastères et aultres lieux pieux estans en la dite ville.... » Original
parchemin.

4. La Morlière et le P. Anselme.

» d'Aveluys et Antoine, son fils, écolier à Paris. Il vivait encore
» en 1459 et avait épousé Marguerite de Gaesbecq[1], d'une famille
» de Brabant, qui lui donna : 1° *Colard de Mailly*, 2° *Margue-*
» *rite de Mailly*, dame de Wavrans par donation de son père et
» de sa mère le 8 janvier 1459, en lui faisant renoncer aux terres
» de Marguerite de Fiennes, son ayeule, au profit de son frère.
» Elle épousa Philippe de Saveuse, seigneur de Saint-Aubin[2]. »

§ IV

« *Colard de Mailly*, seigneur d'Authuille, de Quinchy et du
» Metz, consentit à la donation que son père et sa mère firent de
» la terre de Wavrans à sa sœur. Il plaida avec Jean de Mailly,
» dit le Besgue, et Mathelin de Mailly, dit d'Authuille, frères,
» ses grands-oncles, contre Renaut de Longueval, seigneur de
» Thenailles et de Wauvillers, qui leur disputaient les terres de
» Bienvilliers et de Fauconvilliers. Se voyant sans enfans mâles,
» il donna ses terres d'Authuille et du Metz, le 3 février 1478,
» au préjudice de ses filles, à Jean, seigneur de Mailly[3], de Bours,
» de L'Orsignol et de Ravensberghe[4]. »

Pendant l'année 1487, « noble seigneur messire Colart de Mailly,
» chevalier, seigneur d'Authuille, » se trouva en conflit avec
« réverend père en Dieu messire Helye Darson, prêtre, abbé de
» Saint-Vincent de Laon, Robert d'Orenge, Jehan Leleu et au-

---

1. De Gasebech d'après La Morlière.

2. La Morlière et P. Anselme. — Philippe de Saint-Aubin, fils de Jean de Saint-Aubin, écuyer, seigneur du Fresnoy, épousa « *Marguerite de Mailly*, dame de Wavrans (bailliage de Saint-Omer), » et « fut le dernier de son antique race qui ait possédé le fief de Saint-Aubin. » Il vivait en 1455 et années suivantes. Félix Brassart, *Histoire du château et châtellenie de Douai* (Douai, 1877), t. II, p. 725.

3. Jean III de Mailly, fils de Jean II et de Catherine de Mametz, mari d'Isabeau d'Ailly. Voir p. 160.

4. La Morlière, *Maisons illustres de Picardie*, p. 248. — P. Anselme, t. VIII, p. 659.

» tres, » agissant au nom de Jean Darson pour les « terres et
» seigneuries de Cunissy et du Fau. » Colard de Mailly étant venu
avec un sergent afin de prendre possession d'une de ces terres,
l'abbé de Saint-Vincent se porta « au devant d'eux et leur mist
» les mains à tous deux à leurs poictrines en leur disant : Par
» ma foy, monsieur, vous n'entrerez point dedans la place, et, de
» fait, fit fermer les huyz et les en garda[1]. » Le 17 juillet 1498,
Colard était encore en procès au Parlement de Paris au sujet de
la terre d'Authuille qui avait été adjugée à feu Jean Mousquet[2].

Selon La Morlière et le P. Anselme, Colard de Mailly se maria
deux fois, 1° à « *Jacqueline de Olehain*, fille de Jacques de Ole-
» hain, seigneur d'Estiembourg, » et 2° avec « *Adolphine de*
» *Tserrats* qui fut mère de *Hélène de Mailly*, morte sans al-
» liance, de *Jossine de Mailly*, femme de Jacques d'Ordre, sei-
» gneur de Sainghien et de Longpré près de Lille, et de *Jeanne*
» *de Mailly*, unie à Jean de La Douve. Jossine et Jeanne mouru-
» rent sans enfants. »

1. *Preuves*, n° CCCCXIX.
2. Arch. nat., X²a 62. Reg. non pag.

LIVRE TROISIÈME

DEUXIÈME PARTIE

MAILLY-RUTHÈRE[1] ET CAMBLIGNEUL

CHAPITRE Ier

ROBERT DE MAILLY, ISABELLE DE CAMBLIGNEUL ET BÉATRIX DE
BOUFFLERS — BAUDOUIN DE MAILLY ET MARIE DU BOS
OU DU BOIS

1429-1485

§ I

Robert de Mailly, « dit *d'Authuille*, escuier, » qualifié de seigneur « de la Renterie-lez-Busnes » en 1429, était fils de
Gilles III de Mailly-Authuille et de Marguerite de Longueval[2].

---

1. Je n'ai pas rencontré une seule fois le nom de *Ruthère* dans les documents concernant cette branche de la Maison de Mailly. A ma connaissance,
seuls La Morlière, le P. Anselme, Moréri et ceux qui les ont copiés ont affirmé que la terre de *Ruthère* avait appartenu aux Mailly-Cambligneul.

2. Voir p. 333, ligne 3.

Il épousa *Isabelle dame de Cambligneul*[1] avec laquelle il vendit le 21 mars 1428 (v. s.), en même temps que ses autres frères, Jean de Mailly, dit le Bègue, et Mathelin de Mailly, sa part d'une maison située à Arras dans la rue de Ronville[2]. D'après La Morlière et le P. Anselme, la première femme de Robert avait nom « *Isabelle du Bos*, fille et héritière de Jacques du Bos, dit le Gal-» lois, seigneur de *Cambligneul*, de Drevet et d'Houdens, et de » Jeanne de Beugny, qui lui donna trois enfants[3] : 1° *Baudouin* » *de Mailly* qui suit au paragraphe II, 2° *Robert de Mailly*, 3° » *Colaye de Mailly*, femme de Gilles de Proisy, seigneur de » Maineville. »

Robert de Mailly prit en secondes noces en 1437, *Béatrix de Boufflers*, dame de Vironchaux[4], « veuve de Baudouin de Sains » et fille d'Aleaume, seigneur de Boufflers, et de Catherine de » Bernieulles[5]. » Il mourut vers 1458.

§ II

Baudouin de Mailly, chevalier, seigneur de Cambligneul, fils aîné de Robert et d'Isabelle de Cambligneul, épousa *Marie du Bois*[6] et avoua tenir en 1473 sa seigneurie de Cambligneul du comte de Saint-Pol[7]. Le 12 décembre 1485, « noble personne ma-» dame Marie du Bois, vefve de feu mons' Baudrain de Mailly,

---

1. Elle était fille de Jacques de Saint-Pierre-Maisnil, dit Maillet. *Comptes d'Aubigny-le-Comte de 1383 et 1416.* (Communication de M. le comte de Galametz).

2. *Preuves*, n° CCCIX, note 1.

3. Deux seulement au dire du P. Anselme.

4. *Preuves*, n° CCCLXVII.

5. La Morlière et le P. Anselme.

6. Le P. Anselme l'appelle « *Jeanne du Bois-Blequin*, dite de Boeffes, fille de Mathieu du Bois, dit le Gallois, seigneur de Boeffes, et d'Eustasie de Sains. »

7. *Preuves*, n° CCCLXXXVI.

» en son vivant chevalier, seigneur de Camblignœul, dame du
» dit lieu, et *Antoine de Mailly*, seul fils et héritier apparent du
» dit seigneur et dame de Camblignœul, » firent une fondation de
messes dans l'église du dit Cambligneul[1].

1. Arch. de La Roche-Mailly. Copie coll. à l'original en 1782.

CHAPITRE II

Antoine de Mailly et Jeanne d'Ostove — Jean de Mailly
et Catherine de La Chaussée
1482-1560

§ 1

Antoine de Mailly, écuyer, seigneur de Cambligneul, fils unique de Baudouin et de Marie du Bois, dénombra le 16 avril 1506 trois fiefs qu'il tenait de l'archiduc d'Autriche[1]. Le 10 juillet 1501, il avait reçu de « Robert Couronnel, licencié ès loix et en droit, » fils et héritier de deffunct maistre Clarembault Couronnel, en » son vivant aussi licencié ès loix, » le dénombrement du « fief de » Baaly, situé en la ville et terroir dudit Cambligneul et ès environs[2]. » S'il faut en croire l'auteur des *Souvenirs d'une ancienne famille*[3], Antoine de Mailly fit saisir le 25 juillet 1482, le fief de Basly sur Robert Couronnel, *son parent*. La parenté de

---

1. *Preuves*, n° CCCCXXXIX.

2. Arch. de La Roche-Mailly. Copie coll. à l'original en 1782. — M. le comte de Couronnel qui, dans son livre *Souvenirs d'une ancienne famille*, décore sans motif tous les Couronnel du nom de Mailly, affirme (p. 99) qu'*Antoine de Mailly*, seigneur de Cambligneul, ne figure « sur aucune généalogie » de la maison de Mailly. Il eut suffi à l'estimable auteur de consulter les ouvrages assez connus du P. Anselme et de Moréri pour se convaincre du contraire.

3. Pages 99 et 100.

Robert Couronnel (descendant de Clérembault, Charles, Hue[1],
Gérard et Pierre Couronnel) avec Antoine de Mailly, seigneur de
Cambligneul, est une pure fable qui ne soutient pas un instant
l'examen.

Selon le P. Anselme, Antoine de Mailly épousa *Jeanne d'Ostove* dont il n'aurait pas eu d'enfants. C'est une erreur ; il procréa
au moins *Jean de Mailly* qui suit et *Marguerite de Mailly* qui
vivait en 1524. En 1565, Marguerite de Mailly était veuve de
Robert du Manoir dont elle avait eu un fils, Geoffroy du Manoir,
qui fut père de Marie du Manoir, femme de Guislain du Rietz,
écuyer[2]. Antoine de Mailly eut encore un bâtard, *Ponthus de
Mailly* pour lequel il acquit vers 1482, un « fief séant ou terroir
» de Camblignœul » comprenant « une pièce de terre labourable
» nommée le camp d'Artois, contenant quinze mencandées ou en-
» viron, entre le dit Camblignœul et le Maisnil[3]. »

---

1. D'après les *Souvenirs d'une ancienne famille*, p. 17, Hue Couronnel
avait épousé Isabelle Le Viseux, cousine germaine de Léonore La Jumelle.
Le 4 décembre 1378, « Liénor Le Jumel, fille et hoir de feu [...] Le Jumel,
jadis escuier, demoiselle de Mairieu et de Hamencourt, » rend aveu au roi.
Vers la même époque on trouve : « Paien de Mailly tient du roi à cause de
Dourlens un fief contenant la ville, terroir, bos, yaues, justice et seignourie
d'Authieule, et est la quarte partie d'une parrie à L sous de relief ayde et
chamberlage, quant il esquiet. Item, un manoir encloz de fossez ainsi qu'il
se comporte, le basse court et l'aunoy, II journelz et I quartier de prez, le
four, le molin à draps et le molin à blé avec partie en la rivière, XXV journelz de bos,..... avec justice et seignourie, corvées et autres droiz avec plusieurs arrière fiefs qui s'ensuivent.... » Parmi les vasseaux de Payen de
Mailly, on rencontre « *Jehan Le Viseux*, » pour « I fief au terroir d'Authieule.
Tassars de St Amant, Jehan Li Visiers et Mahieu Joly.... Item, li doivent
par un Adam de Baus, *Pierre Le Jumel* et Jaque Pepine, une paire de gans
à cause de IX sextiers de blé qu'il prendent par an sur I molin à Dourlens,
nommé le molin de le Fosse... » Arch. nat., P 137, fol. 140 verso à 142 et supplément à la fin du vol. fol. 17. — Il faut se garder de confondre Authieulle
(canton de Doullens) avec Authuille (canton d'Albert).

2. *Reliefs du fief de Beugin à la Buevrière tirés des comptes du domaine
de Béthune aux archives du Nord.* (Communication de M. le comte de
Galametz).

3. *Preuves*, n° CCCCX.

§ II

Jean de Mailly, écuyer, seigneur de Cambligneul, fils d'Antoine, fut marié le 24 mai 1540 avec demoiselle *Catherine de La Chaussée*[1], fille d'Adrien de La Chaussée, écuyer, seigneur de Montsorel[2]. Le 15 octobre 1560, « Clarembault Couronnel, licen-
» cié ès loix, fils et héritier de feu Me Robert Couronnel, escuyer,
» en son vivant licencié ès loix, conseiller de l'empereur en son
» conseil provincial en Artois, » fit le dénombrement de son fief
de Baaly à « noble homme *Jean de Mailly*, escuyer, seigneur de
» Camblignœul[3]. »

Du mariage de Jean de Mailly et de Catherine de La Chaussée naquit *Louise*, alias *Anne de Mailly*[4], mariée à Philippe d'Ostrel, écuyer, seigneur de Diéval, qui engendrèrent Philippe d'Ostrel, écuyer, seigneur de Diéval, vivant le 28 avril 1571[5].

1. *De La Cauchie*, selon la forme picarde.
2. Bibl. nat., *Carrés de d'Hozier*, 476, cote 240 ; analyses d'actes.
3. Arch. de La Roche-Mailly. Cop. coll. à l'original en 1782.
4. Le P. Anselme, qui n'a pas connu *Jean de Mailly* comme seigneur de Cambligneul, fait naître *Anne de Mailly*, femme de Philippe d'Ostrel, du mariage de *Baudouin de Mailly* et de *Jeanne* (lire *Marie*) *du Bois*.
5. Bibl. nat., *Carrés de d'Hozier*, 476, cote 240.

LIVRE IV

MAILLY-NEDON

LIVRE QUATRIÈME

CHAPITRE Iᵉʳ

Jean I de Mailly et Isabeau de Beuvry
1322

Selon la *Belgique héraldique*[1], la terre de Nedon passa dans la maison de Mailly par la vente que lui en fit en 1217 Barthélemy de Nédonchel, chevalier, sire et baron de Nédonchel, seigneur de Ligny, de Nedon, d'Auchel et de Liettres, mort vers 1249. Je donne ce renseignement sans en garantir l'authenticité.

Les Mailly-Nedon portaient : *d'or à trois maillets d'azur* et criaient : *Mailly*[2].

La Morlière et le P. Anselme affirment, sans se donner la peine de le prouver, que *Jean I de Mailly*, auteur de la branche Mailly-Nedon, était le quatrième fils de Gilles II, seigneur de Mailly, et

---

1. Poplimont, t. viii, p. 21.
2. Voir p. 27, note 1, et p. 31.

de Jeanne d'Amiens[1], et qu'il épousa *Isabeau de Beuvry*, fille de Colard, seigneur de Beuvry, d'où seraient nés : 1° *Jean II de Mailly-Nedon*, 2° *Catherine de Mailly*, dame des Marets, mariée en 1330 à Hugues, seigneur de Noyelles et de Mamez.

Quoi qu'il en soit, le 14 octobre 1322, « *Jehans, sires de Nedon*, » et Jehan, sires de Reli, » reconnurent avoir reçu du receveur d'Artois huit livres dix sous tournois destinées à payer leurs dépenses et celles « de XVI hommes d'armes à XXIIII kevaus, pour » le mercredi au soir et le joesdi au disner prochains après la » Saint Denys, » qu'ils avaient passés « du commandement de » madame d'Artois, à Arras en la compaignie mons^r de Mailly[2], » pour cause de Loys de Flandre[3]. » Les jours suivants, 15, 16 et 17 octobre, le même sire de Nedon était à Lille en la compagnie des seigneurs de Mailly, de Rély et de Beauval, avec vingt-sept hommes et soixante-dix chevaux[4].

---

1. Voir p. 73.
2. Gilles III. Voir p. 80.
3. *Preuves*, n° LXVII.
4. *Ibid.*, n° LXVIII.

CHAPITRE II

Jean II de Mailly, seigneur de Nedon, épousa une fille de Gauvain, seigneur *d'Haveskerque*[1]. Le 21 septembre 1347, « *Jehans, sires de Nedon*, chevaliers, par acte donné à Amiens, » fit savoir qu'il avait reçu des trésoriers du roy.... par les mains » de Nicolas Odde, changeur du trésor pour ces présentes guer- » res, » la somme de cent livres tournois que le roi Philippe de Valois lui avait donnée[2]. Le sceau du sire de Nedon qui accompagne cette quittance, délicatement gravé, se compose d'un *écu chargé de trois maillets, dans un trèfle ; dans le lobe supérieur une tête d'homme et un griffon de chaque côté de l'écu.* Légende : S. Jehan de Nedon chlr. (Figure 75).

Les généalogistes prétendent que Jean II de Mailly n'eut qu'une fille, *Marie de Mailly*, dame de Nedon, mariée à Jean, seigneur de La Viefville, auquel elle porta la terre de Nedon[3]. Le seigneur

---

1. Dict. hist. et arch. du Pas-de-Calais. Arr. de Saint-Pol, t. ii, p. 160.

2. Bibl nat., *Pièces originales*, t. 2094, Nedon 47740, nº 2. Orig. parch. scellé.

3. P. Anselme, t. viii, p. 660. Moréri. Dict. hist. et arch. du Pas-de-Calais ; arr. de Saint-Pol, t. ii, p. 160. — Haudicquer de Blancourt (*Nobiliaire de Picardie*. Paris, 1693, p. 536) dit que « Jean, sire de La Vieuville, vivant l'an 1310, épousa Marie de Mailly, dame de Nedon, de laquelle il eut Roger de La Vieuville, auteur de la branche des ducs de La Vieuville. »

de La Viefville était d'une des plus anciennes et des plus puissantes familles d'Artois, portant pour armoiries : *fascé d'or et d'azur de huit pièces à trois annelets de gueules en chef brochant sur les deux premières fasces.* Jeanne de La Viefville, dame du dit lieu, Nedon, Fontaine, Linghem, Blessy, Blessel, héritière de la branche aîné de sa famille, épousa en 1445 Antoine dit le grand bâtard de Bourgogne[1].

75. — Sceau de Jean, sire de Nedon, chevalier, 21 septembre 1347. Bibl. nat., Pièces originales, t. 2094, *Nédon* 47740, n° 2.

Jean, seigneur de La Viefville, et Marie de Mailly ne doivent pas se confondre avec « *Jehans de Castel*, sires de Hailles » et de *Le Viefvile* » et « demiselle *Ysabias de Mailly*, demisele

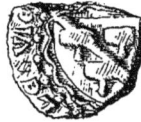

76-77. — Sceaux de Jean de Castel « sires de Hailles et de Le Viefvile, » et de « demiselle Ysabias de Mailly, 2 septembre 1361. Arch. nat., S 5061, n° 69. Douet d'Arcq, *Inventaire des sceaux*, n°ˢ 1637, 1638.

» de Le Viefville, » qui. le 2 septembre 1361, firent un accord avec les frères de l'hôpital de Saint-Jean de Jérusalem de « La » Viefvile » au sujet de la clôture que les dits frères voulaient

1. Communication de M. le comte de Galametz.

faire élever autour de leur maison, entre le « manoir de Le Vief-
» vile et le leur[1]. » Le sceau de Jean de Castel consiste en *un
bandé de six pièces brisé d'un lambel à trois pendants.* Légende : ✠ S' Jeh....e Castel (figure 76) ; celui d'Isabeau de Mailly
porte un *écu chargé de trois maillets, brisé d'une bande brochant*[2]. Légende presqu'entièrement disparue (figure 77)[3].

Suivant l'expression de La Morlière, la branche Mailly-Nedon
« se veit aussitost finir que naistre. »

1. Arch. nat., S 5061, nº 69. Orig. parch. scellé de deux sceaux.

2. Le 25 décembre 1367, « Jehan de Mailloc, escuier. » donna quittance
d'une somme à lui accordée par le roi de Navarre. Son sceau porte comme
celui d'Isabeau de Mailly un *écu avec trois maillets au bâton en bande brochant, dans un quadrilobe.* Bibl. nat., *Titres scell. de Clair.,* t. 68, p. 5299,
nº 111.

3. Un Jean du Castel ou de Castel fut blessé en 1383 par Colard de Mailly,
dit Payen, seigneur de L'Orsignol, et mourut de ses blessures. *Preuves,*
nº CLXXXVII.

LIVRE V

MAILLY-AUVILLERS

LIVRE CINQUIÈME

CHAPITRE Ier

GILLES ET JEAN D'AUVILLERS
1355-1402

§ I

On rencontre les membres d'une ancienne famille d'Auvillers[1] pendant tout le moyen-âge[2]. Hue d'Auvillers, écuyer (1275), avait pour armes un *écu chargé d'une étoile à cinq rais, un besan entre chaque rai*[3]. Cet Hue d'Auvillers n'était certainement pas de la famille de Mailly.

Le premier seigneur d'Auvillers de la maison de Mailly qu'on

---

1. Plusieurs localités portent ce nom (*Hautvillers*, départ. de la Somme, arr. d'Abbeville, canton de Nouvion. — *Hautvillers*, départ. de la Marne, arr. de Reims, cant. d'Ay. — *Auvillers-lès-Forges*, départ. des Ardennes, arr. de Rocroi, canton de Signy-le-Petit, etc.). *L'Auvillers* qui nous intéresse est situé près d'Albert (Encre) ; c'est aujourd'hui *Ovillers-la-Boisselle*, canton d'Albert.

2. Voir dom Villevieille, *Trésor généalogique*, au mot *Auvillers*.

3. Arch. nat., S 4502, n° 41. *Inventaire des sceaux*, par Douet d'Arcq, n° 1258.

trouve est *Gilles d'Auvillers*, écuyer, qui scella un acte passé en novembre 1355 : *Ecu portant trois maillets accompagnés d'une étoile en abîme.* Légende : S. GILE D'AUVILER[1]. « *Jehan d'Au-* » *viller*, huissier de Parlement, demourant à Paris, » avait absolument les mêmes armes. Son sceau placé à une cédule du 17 mai 1402[2] nous montre *dans un trèfle, un écu chargé de trois maillets et une étoile en abîme* (figure 78). Il m'est impossible de dire s'il existait quelque parenté entre Gilles et Jean.

78. — Sceau de « Jehan d'Auvillers, huissier de Parlement, demourant à Paris, » 17 mai 1402. Bibl. nat., *Pièces originales*, t. 149, *Auvillers* 3013, n° 3.

Vers 1360, « Gilles d'Auvillers, écuyer, composa avec le gou- » verneur d'Artois pour obtenir main levée d'un fief qu'il avoit à » Noyelle et que le bailli de Lens avait saisi[3]. » Un aveu du 30 mai 1367, rendu au roi à cause du château de Péronne par Jacques de Saint-Pol, sire d'Encre, apprend que « Gilles d'Auvil- » lers tenait sa terre d'Auvillers en fief du sire de Helly, qui re- » levait lui-même de la seigneurie d'Encre[4]. » Si Gilles d'Au- villers cité dans ces deux actes est certainement le même individu que le Gilles d'Auvillers de 1355, aucun indice ne permet de le rattacher sûrement à des personnages connus de la maison de Mailly. Tout ce qu'on peut admettre c'est que le premier seigneur d'Auvillers, *Gilles* et non *Jean*, descendait de Gilles III, seigneur

---

1. Bibl. nat., *Titres scellés de Clairambault*, reg. 40, p. 2961. — Demay, *Sceaux Clairambault*, n° 475.
2. Bibl. nat., *Pièces originales*, t. 149, *Auvillers*, 3013, n° 3. Orig. parch.
3. *Trésor généal. de dom Villevieille* publié par Henry Passier, t. III, p. 87.
4. Ibid., p. 88.

de Mailly, ou de Gilles de Mailly, seigneur de Brucamp[1], lesquels vivaient au commencement du XIV⁰ siècle.

§ II

Les premiers paragraphes des seigneurs d'Auvillers dans le P. Anselme ne peuvent supporter la critique. L'auteur de l'*Histoire généalogique de la Maison de France* y émet les affirmations suivantes :

« 1° *Jean de Mailly*, second fils de Jean I, seigneur de Mailly, » et de Jeanne de Coucy, fut seigneur d'Auvillers. Il épousa, vers » 1320, *Louise de Craon*, veuve de Miles de Hangest, qui lui » donna *Jean II* et *Antoine*, chevalier de Saint-Jean-de-Jérusa- » lem, pris par les Turcs et mort en esclavage en 1340.

» 2° *Jean II de Mailly*, chevalier, seigneur d'Auvillers et de » Catheu, se maria vers l'an 1380 avec *Isabelle de Ligne*, veuve » de Jean d'Occoch, suivant les *Annales de Hainaut* par François » Vinchant et Antoine Ruteau, d'où vinrent : *Jean III de Mailly*, » seigneur d'Auvillers, et *Catherine de Mailly* qui épousa vers » l'an 1400, Jean d'Illiers, seigneur des Radrets[2] en Vendômois,

---

1. Page 81. — Il faut remarquer que *Auvillers* et *Brucamp* sont deux lieux voisins.

2. Une *Catherine de Mailly* épousa réellement *Jean d'Illiers, seigneur des Radrets*, qui procréèrent en particulier Miles d'Illiers, prêtre, sous-chantre de l'église de Chartres. *Necrologium Beatæ-Mariæ Carnutensis* dans *Cartulaire de N.-D. de Chartres* publié par E. de L'Epinois, t. III, p. 76. Une *Généalogie* de la Bibl. nat., (*Pièces orig.*, t. 1556, *Illiers*, cote 147), contient ce texte : « *Jean d'Illiers, chevalier, seigneur des Radrets*, vivoit encore l'an 1465. Il avoit épousé l'an 1434, *Catherine d'Eschelles, de la maison d'Ouques*, alias *Catherine de Mailly, mais mal à propos.* » Une famille de Mailly, qui semble distincte de celle de Picardie, a existé dans l'Orléanais, la Beauce et le Perche. On rencontre en 1269, *Jean de Mailly*, chevalier, seigneur de Villeromain, qui vend au doyen d'Orléans une rente sur des terres relevant de Beaugency (*Trésor gén.*, t. 54, fol. 35) ; en 1369 et 1370, *Hippolyte de Mailly*, dame de Bazoches-en-Dunois, donne à bail les moulins de Conie ; en 1560, *Gabrielle de Mailly* est veuve de Pierre de Renty, seigneur de Montigny-le-Gannelon (L. Merlet, *Registres et minutes des notaires de Châteaudun*, pp. 2 et 143).

» père de Jeanne d'Illiers, femme de Jean, bâtard de Vendôme,
» dit de Bourbon, légitimé par lettres du roi au mois de mai
» 1449.

» 3° *Jean III de Mailly*, chevalier, seigneur d'Auvillers et de
» Catheu, fut tué à la journée de Mons-en-Vimeu en 1421. Il
» avait épousé vers 1413, *Marie de Hangest*, dame de Hangest
» et de Davenescourt, qui lui donna *Jean IV de Mailly* et *Jeanne*
» *de Mailly* unie vers l'an 1430 à Jacques de Banquetin, seigneur
» de Baupré, d'où Jeanne de Banquetin, mariée à Artus de Châ-
» tillon-Dampierre, seigneur de Châtillon et de la Ferté-en-
» Ponthieu. »

On ne peut accorder créance à toutes ces données parce que :

1° Jean, sire de Mailly, et Jeanne de Coucy n'ont pas existé et
ainsi n'ont pu procréer *Jean de Mailly*, seigneur d'Auvillers,
marié en 1320 à *Louise de Craon*, veuve de Miles de Hangest.
D'ailleurs, il eut été difficile à Louise de Craon de se remarier en
1320, puisque, d'après le P. Anselme lui-même[1], son premier mariage avec Miles de Hangest fut contracté le 27 septembre 1404.

2° Un *Jean de Mailly* prit-il pour femme une *Isabelle de Ligne*
comme le dit le P. Anselme ? Je l'ignore. Tout ce que je puis constater c'est que notre auteur qui marie *Isabelle de Ligne*, *veuve de*
Jean d'Occoch, avec Jean II de Mailly en 1380 à l'article
Mailly-Auvillers, nous dit ailleurs[2] qu'*Isabelle de Ligne*, fille de
Michel de Ligne et de Bonne d'Abbeville, après la mort de son
premier époux *Jean d'Occoch*, dit de Neuville, s'unit en secondes
noces le 6 avril 1481, à Edmond de Monchy, seigneur de Senar-
pont[3].

3° *Jean de Mailly*, époux de *Marie de Hangest*, dame de Hangest et de Davenescourt, tué à Mons-en-Vimeu en 1421, ne fut

---

1. Tome v, p. 572.
2. Tome vii, p. 561; tome viii, p. 34.
3. La famille de Monchy portait *trois maillets* dans ses armes (voir p. 27,
note 1), circonstance qui a pu faire croire à une alliance d'Isabelle de Ligne,
femme d'Edmond de Monchy, avec un Mailly.

jamais seigneur d'Auvillers. Il était de la branche aînée[1] et le
P. Anselme qui ne craint jamais de se contredire l'affirme lui-
même catégoriquement au tome VI de son *Histoire généalogique*[2].

1. Voir p. 141.
2. Page 740.

CHAPITRE II

JEAN I DE MAILLY ET LOUISE DE CRAON — JEAN II DE MAILLY
ET JEANNE DE WASIERS OU DE WAZIÈRES
1397-1482 ENVIRON

§ I

Le premier seigneur d'Auvillers de la Maison de Mailly que je rencontre après Gilles est *Jean I de Mailly*, que je n'ose identifier avec *Jean d'Auvillers*, époux de *Jeanne de Flavy* en 1397[1]. Ce dernier Jean d'Auvillers, chevalier bachelier, servit le duc de Bourgogne dans la compagnie de « monseigneur » de Longueval, » de 1405 à 1410[2].

Jean I de Mailly se maria vers 1420 avec *Louise de Craon*, fille de Guillaume de Craon et de Jeanne de Montbazon, « seigneur et dame de Moncontour et de Montbazon. » Louise était veuve de Miles de Hangest[3], fils unique de Jean V de Hangest, grand-maître des arbalétriers de France, seigneur de Han-

---

1. En 1383, « messire Jean de Mailly, chevalier, » est dit cousin et exécuteur testamentaire d'Isabeau de Craon, dame de Sully. *Preuves*, numéro CLXXXIX.

2. Bibl. nat., *Trésor généalogique de dom Villevieille*, au mot *Auvillers*.

3. Louise avait épousé Miles par contrat du 27 septembre 1404. Bibl. nat., Baluze ; armoire, 54.

gest, de Davenescourt et de Catheu. Miles de Hangest était mort laissant de son mariage Marie de Hangest unie à Jean I, sire de Mailly, fils de Colard et de Marie de Mailly[1]. En 1420, Louise de Craon, qualifiée dame de Hangest[2], fit les partages de la succession de Guillaume de Craon et de Jeanne de Montbazon avec ses beaux-frères, Guy de La Rochefoucauld, mari de Marguerite de Craon, Louis Chabot, seigneur de La Grève, époux de Marie de Craon, et Guillaume Odart, mari d'Isabeau de Craon[3].

Le seigneur d'Auvillers mourut en 1422, car le 18 juin de cette année, Pierre Baillet, écuyer, tuteur de « Jean, fils mineur de feu » monseigneur Jean d'Auvillers, releva de la succession du dit def- » funct deux fiefs de l'abbaye de Corbie, l'un assis à Chérisy et » l'autre à Warfusée[4]. » Pendant sa vie, Jean de Mailly fut toujours partisan des Anglais, aussi Charles VII, par acte daté de Bourges le 8 août 1423, confisqua-t-il les terres de sa veuve, Louise de Craon, pour les donner à son neveu, Thibault Chabot[5], fils de Louis Chabot et de Marie de Craon.

§ II

Jean II de Mailly-Auvillers, fils de Jean Ier et de Louise de Craon, dut naître en 1421. En décembre 1437 il était chevalier et « vendait à l'abbaye du Mont-Saint-Quentin toute la terre, justice » et seigneurie, assise à Courcelles, qui luy étoient échues de la » succession de feu monseigneur d'Auvillers, son père, les dictes » choses acquises de feu monseigneur Hector Buridan, cheva-

---

1. Voir p. 141.
2. Chartrier de Sourches au Maine ; fonds Montsoreau. Accord passé le 13 mars 1419 (v. s.). Pièce parch.
3. Sur ces personnages, voir *Preuves*, n° CCCXXXII.
4. *Trésor généalogique de dom Villevieille* publié par Henry Passier, t. III, p. 89.
5. *Preuves*, n° CCCV. Ce document doit être daté de 1423 et non de 1428.

» lier[1]. » Le 21 mars suivant, le même Jean d'Auvillers, « sei-
» gneur du dit lieu et d'Estinehem, demeurant à Bray-sur-Somme,
» céda à Gilles Lardenois et à damoiselle Margueritte de Lat-
» tre, sa femme, un fief tenu de noble homme Louis de Wasiers,
» écuyer, seigneur de Heudicourt, à cause de sa seigneurie de
» Buires[2]. » Peu de temps après, 25 novembre 1438, on le rencontre qualifié « chambellan du roi » dans un accord qu'il fit avec
Brunissant d'Argenton[3] au sujet de la succession de Jean de
Craon, mort sans enfants[4]. Le 16 novembre 1444, « noble homme
» Charles de Noyelles, seigneur de Hangest et de Davenescourt,
» fils de monseigneur Baudouin de Noyelle, chevalier, seigneur
» de Catheu, conseiller, chambellan du duc de Bourgogne, gou-
» verneur » de Péronne, Montdidier et Roye, « comme fils et hé-
» ritier de feue madame Marie de Hangest, femme du dit Bau-
» douin[5], renonça en faveur » de son oncle le seigneur d'Auvillers, « à tout ce qui pouvait et devait lui appartenir en la succes-
» sion échue de feue madame Louise de Craon, son ayeulle, fem-
» me de feu Mille de Hangest, dit Rabache, père et mère de la
» dite feue dame Marie, sa mère[6]. »

On trouve des mentions de Jean II de Mailly, seigneur d'Auvillers et de Mamès[7], jusqu'en 1482. Une note de la bibliothèque

---

1. *Trésor gén. de dom Villevieille* publié par Henry Passier, t. III, p. 89.
2. Ibid., p. 89.
3. Brunissant d'Argenton avait épousé Thibault Chabot, seigneur de La
Grève et de Montsoreau.
4. *Preuves*, n° CCCXXXII.
5. Voir p. 143.
6. *Trésor généalogique*, publié par Henry Passier, t. III, p. 90.
7. 1444, 10 octobre. Sentence rendue par « Jean, seigneur de Montonviller
et de Dernencour, chevalier, gouverneur des villes et chastellenies d'Encre
et de Bray-sur-Somme, pour haut et puissant seigneur monsr d'Offemon, de
Mello et des dites chastellenies, » condamnant « Jacquemart Le Caron, bou-
chier, » à payer à « Mre Pierre Nevelon, prebtre chapelin de la chappelle de
Saint Brethemieu (sic) d'Encre, » la somme de trente sept sols parisis, reste
d'une rente de cinquante sols parisis due à la dite chapelle pour un « manoir, lieu et tenement.. séant en la dite ville d'Encre sur le marchié d'icelle, »
en présence et sous les sceaux de « Mre *Jean de Mailly*, chevallier, seigneur
d'Auvillers, » et de plusieurs autres « pairs et hommes de fief. » Arch. nat.,

de l'Arsenal nous apprend qu'en 1466 il était « gouverneur et
» bailly de Nesle[1]. » Les registres du Parlement nous le
montrent le 21 mars 1482 en procès avec « messire Antoine de
» Crevecœur, chevalier, » au sujet de la terre de Catheu « ou
» bailliage de Vermandois, » laquelle avait été mise en criée en
1466, pour des rentes dues aux religieux de Beaupré. Malgré cette
criée, Jean de Mailly avait donné la dite terre à son fils *Philippe*
qui l'avait vendue en 1478, pour 600 écus au dit Antoine de
Crevecœur, à la charge de payer les rentes dues aux religieux de
Beaupré[2].

Jean II de Mailly-Auvillers épousa vers 1432 *Jeanne de Wasiers* ou *de Wazières*[3], dame de Mametz près d'Encre, qui était
fille, selon le P. Anselme, de Gilles et de Jeanne de Flavy. Il en
eut d'après le même auteur :

1° « *Jean de Mailly* qui, émancipé par son père le 17 jan-
» vier 1462 à l'âge de 24 ans, embrassa l'état ecclésiastique et
» mourut à Rome après divers voyages. »

2° « *Antoine de Mailly* » dont je parlerai au chapitre suivant.

3° « *Philippe de Mailly*, seigneur de Catheu, chevalier de Rho-
» des et commandeur de Raineville près d'Evreux[4]. »

4° « *Jeanne de Mailly* mariée vers l'an 1460, à Antoine de
» Hellande, seigneur de Montigny, fils de Robin de Hellande et
» de Jeanne de Montmorency. » Au mois de juin 1470, Louis XI
accorda une rémission à Guillaume Basin, écuyer, qui avait tué
un nommé Girard en accompagnant « Jehanne de Mailly, damoy-
» selle, femme de Anthoine de Hellande, escuier, seigneur de

K 651. Orig. parch. sceaux perdus. K 650. Copie. — Voir aussi, *Preuves*,
n° CCCLIII. — « *Estat des fiefs tenus directement du comté de Clermont en
Beauvoisis* » aux Arch. du département de l'Oise.

1. Ms. de du Cange, n° 5259, fol. 12 verso.

2. Arch. nat., X^{1a} 8317, fol. 35 verso à 37.

3. Bibl. de l'Arsenal, ms. 4652, fol. 23. — *Preuves*, n° CCCLIV.

4. *Preuves*, n° CCCCXXIII. — Philippe de Mailly succédait à Renneville
à Jean de Sarcus. E. Mannier, *Les Commanderies du Grand-Prieuré de
France. Saint-Etienne de Renneville*, pp. 428 et 447.

» Montegny[1] » près de Rouen. Le 3 juillet 1513, la veuve d'Antoine de Hellande fit un testament par lequel elle légua au collège de Montagu « ses belles heures historiées, en parchemyn, à l'usage » de Romme que fit faire sa *grant mère, Loyse de Craon*[2]. »

5° « *Jacqueline de Mailly*, abbesse de Longchamp près Paris, » morte le 15 avril 1515. Elle avoit pris l'habit de religion âgée » d'environ sept ans, le dimanche avant l'Ascension, 28 may » 1457[3]. Elle fut abbesse treize ans et quatre mois. »

6° « *Marguerite de Mailly*, qui prit l'habit de religieuse dans » l'abbaïe de Longchamp le jour de saint Léon, 28 juillet 1468, » âgée de 24 ans, et qui mourut le 16 mars 1535 dans sa 91° » année[4]. »

7° Il faut probablement ajouter à cette liste du P. Anselme, *Jacques de Mailly*, dit *Auvillers*, écuyer, qui fut témoin le 2 août 1461, d'une vente faite par les tuteurs de Claude de Rosimbos, fille de feu Georges de Rosimbos, chevalier, et d'Antoinette de Grigny[5].

---

1. *Preuves*, n° CCCLXXVI.
2. *Ibid.*, n° CCCCL.
3. *Ibid.*, n° CCCLXIV.
4. 2 avril 1511 (v. s.), « sœur Marguerite de Mailly, religieuse au couvent de Longchamp. » Arch. nat., X^la 1514, fol. 111.
5. *Preuves*, n° CCCLXVIII. — Sur un Jacques de Mailly vivant en 1503, voir *Preuves*, n° CCCCXXXV. — 2 avril 1511 (v. s.), Jacques de Mailly « baillistre de damoiselle Anthoinette de Dompierre, fille et héritière de feu messire Jacques de Dompierre. » Plus loin, ce *Jacques* est appelé *Philippe de Mailly*. Arch. nat., X^la 1514, fol. 111.

CHAPITRE III

Antoine de Mailly et Marie de Dompierre — Philippe de
Mailly et Jeanne de Caulincourt — Enguerrand de
Mailly, Jacqueline de Moy et Marie de Bours
1467-1527

§ 1

Antoine de Mailly, seigneur d'Auvillers et de Mametz, fils de
Jean II et de Jeanne de Wasiers, épousa *Marie de Dompierre*[1],
fille de Hugues de Dompierre, « seigneur de Liramont ou Lite-
» mont et d'Hardecourt, et de Jeanne d'Ablain, » par contrat
« passé le 2 avril 1467 à Beauquesne[2]. »

Une note de la bibliothèque de l'Arsenal[3] nous apprend que le
roi fit « don à Raoul de Lannoy des terres et seigneuries de Mau-
» mès et d'Auviller et d'autres biens laissés par feu messire
» Antoine de Mailly, chevalier, exécuté par justice l'an 1478[4]. »

---

1. *Preuves*, n° CCCCXLIV.
2. P. Anselme, t. viii, p. 650.
3. Ms. 4653, fol. 438.
4. Dans un document du 12 mai 1473 il est aussi question de biens confisqués sur « *Charles de Mailly* tenans parti contraire » au duc de Bourgogne,
sur lesquels 200 écus avaient été donnés à Fremin de Hauteville. Arch. de
La Roche-Mailly. Copie.

Le P. Anselme assigne pour enfants à Antoine de Mailly et à Marie de Dompierre :

1° « *Philippe de Mailly* » qui suivra au paragraphe II.

2° « *Enguerrand de Mailly*, seigneur de Mametz et du Ques- » noy, mort sans alliance. »

3° « *Marie* ou *Marguerite de Mailly* qui épousa, par contrat » passé à Péronne le 27 juillet 1495, Jean de Conty, seigneur de » Roquencourt. »

4° « *Gabrielle de Mailly*, mariée à Antoine de Hangart, sei- » gneur de Remaugies[1]. »

§ II

Philippe de Mailly, écuyer, seigneur d'Auvillers et de Mametz, fils d'Antoine de Mailly, chevalier, et de Marie de Dompierre, était en procès au Parlement de Paris le 21 juillet 1509, contre Marguerite de La Trémoille, veuve d'Antoine de Crevecœur, che- valier, au sujet d'une rente de 20 livres tournois due à l'abbaye de Longchamp[2]. Au dire de La Morlière et du P. Anselme, il épousa *Jeanne de Caulincourt*, dame d'Issigny, fille de Mathieu ou Antoine, seigneur de Caulincourt, et de Jeanne de Boulainvil- liers. « Il mourut à Saint-Quentin le 7 octobre 1536, et fut enter- » ré avec sa femme dans l'église de Mametz[3] » laissant :

1° « *Enguerrand de Mailly*, seigneur d'Auvillers, » qui suit au paragraphe III.

2° « *Antoine de Mailly*, mort à Paris en 1511 ; 3° *Philippe de*

---

1. D'après La Morlière (tout aussi suspect d'ailleurs que le P. Anselme), ce fut *Marguerite de Mailly* qui épousa Antoine de Hangart, seigneur de Remaugies, tandis que *Gabrielle de Mailly,* sa sœur, s'alliait à Jean de Conty, seigneur de Roquencourt.

2. *Preuves*, n° CCCCXLIV. — 1511. Philippe de Mailly, seigneur de Ma- metz, relève trois fiefs à Avion au nom d'Antoinette de Dompierre, fille de Jacques, écuyer, seigneur de Hardécourt. (Communication de M. le comte de Galametz).

3. P. Anselme, t. VIII, p. 650.

» *Mailly*, religieux à l'abbaye de Corbie ; 4° *Jean de Mailly*,
» seigneur d'Issigny, mort sans laisser d'enfants de Madeleine de
» Laffrené, fille de Jean de Laffrené, seigneur de Tracy, et de
» Madeleine L'Evêque, qu'il avait épousée le 31 janvier 1528 ;
» 5° *Nicolas de Mailly*, protonotaire du Saint-Siège ; 6° *Claude*
» *de Mailly* mort à Malte ; 7° *François de Mailly* mort sans al-
» liance ; 8° *Charles de Mailly*, né à Saint-Quentin le 26 octobre
» 1517, qui fit profession à l'abbaye des chanoines réguliers de
» Saint-Victor de Paris le 25 juin 1535, mort le 2 octobre 1590 ;
» 9° *Marie de Mailly*, femme de Jean de Mussen, seigneur de
» Bazentin, et ensuite, 18 février 1559, de Jacques de Sains, sei-
» gneurs d'Urvilliers et de Villiers-le-Sec ; 10° *Jeanne de Mailly*,
» abbesse de Longchamp, morte en 1540[1] ; 11° *Françoise de*
» *Mailly*, religieuse à Soissons[2]. »

§ III

Enguerrand de Mailly, fils de Philippe et de Jeanne de Caulincourt, était écuyer le 19 février 1528, époque à laquelle il fit le
dénombrement de sa terre d'Auvillers au seigneur d'Encre[3]. On
trouve dans un autre dénombrement servi au roi le 20 juin 1532,
par « François de Montmorency, chevalier de l'ordre du roi et son
» lieutenant général ès pays de Picardie en l'absence du duc de
» Vendôme, » seigneur d'Encre, les articles suivants. « Item,
» Enguerrand de Mailly, écuyer, en tient (d'Encre) sa terre et
» seigneurie d'Auvillers, appartenances et appendances, en qua-

---

1. C'est une erreur du P. Anselme. *Jeanne de Mailly* vivait encore en
1554 et était alors simple religieuse à Longchamp. (*Preuves*, numéro
CCCCLXXVI). Le 1er mai 1580, elle donna une quittance où elle est qualifiée « humble abbesse de Notre-Dame de Longchamp. » Arch. de La Roche-Mailly. Orig. parch.

2. Tout ce paragraphe est extrait du P. Anselme, t. viii, p. 650.

3. Bibl. de l'Arsenal. Ms. de du Cange, n° 5258, fol. 11 verso.

» tre pairies, y compris la pairie qui fut à feu Raoul de Mau-
» court. Le seigneur de Mametz en tient un fief qui s'étend en
» cens, rentes et terres au dit Mametz par 60 sols parisis de re-
» lief et 30 parisis de chambellage[1]. »

Voici la notice consacrée par le P. Anselme à Enguerrand de
Mailly[2]. « *Enguerrand de Mailly*, seigneur d'Auvillers et de
» Mammez, sénéchal de Vermandois par sa première femme et
» vicomte de Bouvignies par sa seconde, plaidait le 23 septembre
» 1544 contre Jean d'Applaincourt et Antoinette de Dompierre, sa
» femme, au sujet du compte de tutelle de cette Antoinette dont il
» avait été chargé. Il fit son testament le 5 octobre 1548, mourut
» peu après et fut enterré à Bouvignies. Il dissipa la plus grande
» partie de ses biens et laissa beaucoup de dettes et d'enfans.
» Pierre de Mailly son fils aîné étoit alors en Ecosse avec le
» comte Rhingrave, cousin germain de sa femme. Sa première
» femme fut *Jacqueline de Moy*, fille d'Antoine de Moy, sénéchal
» de Vermandois, seigneur de Trelon, de Saint-Marc et de Cra-
» mault, châtelain héréditaire de Coucy, et de Marguerite de
» Saint-Blaise, dame de Fontaine-Notre-Dame, qu'il épousa par
» contrat du 15 décembre 1519 et qui lui donna :

1° « *Pierre de Mailly*, seigneur d'Auvillers, » qui suit.

2° « *Antoine de Mailly*[3], seigneur de Riquelieu et de Saint-
» Richin en Artois, qui épousa l'an 1559, Françoise de Wrater-
» vuliet, fille de Jean de Wratervuliet, seigneur de Baudart, et
» de Marie de Schilders ; 3° *Robert de Mailly*, seigneur de Saint-

---

1. Extrait des archives du marquisat d'Albert. (Communication de M. le comte de Galametz).

2. Tome viii, p. 651.

3. On trouve le 23 janvier 1563 (v. s.), un « *Anthoine de Mailly*, l'un des gentilzhommes de la faulconnerye du roy. » Bibl. nat., *Pièces originales*, t. 1801, *Mailly* 41638, n° 46, parch. — En janvier 1566 (v. s.), par acte donné à Moulins, « Charles.... roy de France.... ayant ésgard.... aux bons et agréables services que » son « cher et bien amé *Anthoine de Mailly*, gentilhomme ordinaire de » sa « fauconnerie, a par cy-devant faictz aux roys » ses « très honnorez père et frère, » ainsi qu'à lui, lui donne « les biens... qui furent à feu messire Georges Moreau, en son vivant, prêtre, bâtard, » biens advenus au roi par droit « d'aulbeine. » Arch. nat., JJ 264, fol. 26 v°, n° 53.

» Marc, mort sans enfans en 1559 ; 4° et 5° *Antoinette* et *Fran-*
» *çoise de Mailly*, religieuses à Bourbourg ; 6° *Suzanne de*
» *Mailly*, religieuse à Soissons. »

« Enguerrand de Mailly épousa en secondes noces *Marie de*
» *Bours*, fille de Sohier de Bours, vicomte de Bouvignies, sei-
».gneur de la Bretaigne, et d'Antoinette d'Olehain, dite d'Estiem-
» bourg, par contrat passé à Lille le 26 mai 1527. Il en eut :

1° « *Michelle de Mailly*, mariée par contrat du 4 mai 1558 à
» Adrien de Boufflers, seigneur de Villiers-Ploich en Artois ; 2°
» *Catherine de Mailly* qui épousa le 17 août 1570 Jean de Colan,
» seigneur de Fleuron dans la Gueldre ; 3° *Marie de Mailly*,
» femme de Jean d'Aboval, seigneur de Lieuvilliers, et ensuite de
» Boniface de Colan, seigneur de Worst et de Rullecourt, duquel
» elle était veuve en 1586 ; elle testa le 7 janvier 1603 ; 4° *Anne-*
» *Françoise de Mailly*, femme du seigneur d'Arsonval. »

CHAPITRE IV

Pierre de Mailly et Ermengaye de Dompmartin — Antoine
de Mailly et Luce Carpentier — Charles de Mailly
et Catherine de Crécy — Claude de Mailly et Anne
de Merelessart — Louis-Philippe de Mailly
XVIe siècle — 1685

§ I

« *Pierre de Mailly*, seigneur d'Auvillers, fils d'Enguerrand et
» de Jacqueline de Moy, épousa, dit le P. Anselme, *Ermengaye*
» *de Dompmartin*, fille de Guillaume, seigneur de Dompmartin
» et de Fontenay en Lorraine, et d'Anne de Neufchastel. » Il en
eut, toujours selon le même auteur :

1° « *Charles de Mailly*, seigneur d'Issigny, sénéchal de Ver-
» mandois, mort sans enfans. »

2° « *Antoine de Mailly*, seigneur de Fontaines, qui continua
» la filiation. » (Voir paragraphe II).

3° « *Jean de Mailly*, seigneur d'Auvillers, qui épousa le 6
» juillet 1574, Julienne de Conty, sa cousine, fille de Jean de
» Conty, seigneur de Roquencourt, et d'Anne d'Herbelot, dont il
» n'eut point d'enfans. Julienne se remaria à Louis de Rouvroy,
» seigneur de Cambronne et de Vaux, avec lequel elle vendit le
» douaire qu'elle avait sur la terre d'Auvillers à Robert de Colan

» son cousin ; 4° *Robert de Mailly*, seigneur de Saint-Marc,
» marié à Jeanne de Berry d'où : *Jeanne de Mailly*, unie au
» seigneur des Conardins en Champagne ; 5° autre *Robert de*
» *Mailly*, époux de Jeanne Constant qui le rendit père de *N. de*
» *Mailly*, mort jeune, et de *Dianne de Mailly*, mariée à Jean
» Godet, seigneur de Renneville ; 6° *Michelle de Mailly*, mariée
» à Louis Hermandez de Cordoue, capitaine au pays des Lanes,
» fils de Gonzales Hermandez, surnommé le grand capitaine ; 7°
» *Anne de Mailly*, qui épousa vers l'an 1560, Boniface de Colan,
» seigneur de Rollecourt, et en eut Robert de Colan, lequel épousa
» le 31 octobre 1586, Françoise de Rouvroy. »

§ II

« *Antoine de Mailly*, seigneur de Fontaines, de Riquelieu,
» d'Issigny, sénéchal de Vermandois après son frère Charles,
» épousa *Luce Carpentier*, fille de Jean Carpentier, seigneur de
» Villechol et de Jeanne de Fontaines, et en eut :
1° « *Philippes de Mailly*, mort sans enfans. »
2° « *Charles de Mailly*, seigneur de Fontaines, qui suit au
» paragraphe III. »
3° « *Marie de Mailly*, mariée à Antoine de La Fond, seigneur
» de Rony, et à Antoine de Crecy, seigneur de Bleky ; 4° *Claude*
» *de Mailly*, qui épousa Antoine de l'Espinay, seigneur de Gros-
» serne, et ensuite Jacques Coucault, seigneur d'Avelon[1]. »

§ III

« *Charles de Mailly*, seigneur de Fontaines, sénéchal de Ver-

1. Tout ce paragraphe est du P. Anselme, t. VIII, pp. 651 et 652.

» mandois, se maria avec *Catherine de Crécy*, fille de François
» de Crécy, seigneur de Bleky, et de Marguerite d'Amerval. Ils
» procréérent :

1° « *Claude de Mailly*, seigneur de Fontaines, qui suit. »

2° « *Jeanne de Mailly*, mariée à François Alez, seigneur de
» Corbert et d'Harnon, lieutenant du roi au gouvernement de
» Saint-Quentin ; 3° *Françoise de Mailly*, religieuse à Soissons ;
» 4° *Elisabeth de Mailly*, mariée en 1626, à François de Sons,
» seigneur de Monfauxel, de Montfouquaisy et de Barrizy[1]. »

§ IV

Le P. Anselme affirme que *Claude de Mailly*, seigneur de Fontaines, fils de Charles et de Catherine de Crécy, épousa en 1629
Anne de Merelessart, fille de Charles de Merelessart, seigneur
d'Issigny et de Croly, et de Claude (lire Anne) du Puy[2].

Anne de Merelessart était en effet fille de « Charles de Mere-
» lessart, écuyer, seigneur vicomte du Grand-Issigny, seigneur de
» Crosly et de Misy, » et « de dame Anne du Puy. » Dans son enfan-
ce, elle demeura avec la duchesse de Longueville et épousa, étant
âgée de vingt ans, au mois de mai 1628, *Claude de Mailly*, seigneur de Fontaines, qui se montra avec elle d'une brutalité révol-
tante. « En l'année 1629, le jour de la Notre-Dame d'Aoust, qui
» est la feste de Fontaine, dont le sieur de Mailly est seigneur, il
» pria à disner quantité de dames et damoiselles de ses amis et,
» après disner, il quitta la compagnie et s'en alla au cabaret. Au
» retour, » il frappa sa femme « qui estoit grosse de cinq mois. »
Le procès en « *séparation de corps et de biens du sieur de Mail-*

1. Tout ce paragraphe est du P. Anselme, t. VIII, p. 652.
2. Tome VIII, p. 652.

» *ly et de la dame de Merelessart*[1], » renferme des détails qu'il est inutile de rapporter et qui montrent Claude de Mailly sous un triste jour.

Malgré les violences dont elle avait été l'objet, Anne de Merelessart accoucha le 1er janvier 1630[2], probablement d'un fils, *Louis-Philippe de Mailly*.

§ V

Louis-Philippe de Mailly, chevalier, sénéchal de Vermandois, seigneur de « Fontaine-Notre-Dame, Fieulaine, Mereaulieu, » rendit aveu le 31 janvier 1685, à Louis XIV, à cause de la châtel-

79. — Cachet en cire rouge de Louis-Philippe de Mailly, chevalier, sénéchal de Vermandois, 31 janvier 1685. Arch. de La Roche-Mailly.

lenie et prévôté de Saint-Quentin, pour son fief de la sénéchaussée de Vermandois[3]. Cet aveu, qui remplit un cahier en parchemin de 32 pages, garde un petit cachet en cire rouge aux armes de Louis-Philippe de Mailly[4] : *Ecu portant trois maillets sans brisure surmonté d'une couronne de comte et accompagné de deux palmes* (figure 79) et débute par ces lignes : « De vous mon sou-
» verain seigneur et monarque Louis quatorziesme, par la grâce

1. Bibl. nat., f. franç., 2763, fol. 182 verso à 196.
2. Ibid.
3. *Preuves*, n° DXXXIV.
4. Le P. Anselme n'a pas connu Louis-Philippe de Mailly.

» de Dieu, roy de France et de Navarre, je *Louis-Philippes de*
» *Mailly*, chevalier, séneschal de Vermandois, seigneur de Fon-
» taine. Nostre-Dame, Fieulaine, Mereaulieu, tient et advoue tenir
» à foy et hommage à cause de vostre châtelny et prévosté de
» Sainct-Quentin, le fief de la sénéchaussée de Vermandois et à
» cause d'iceluy fief et sénechaussée, je jouy et suis possesseur
» de plusieurs beaux drois, possessions et domaines. »

Je n'ai pas retrouvé d'autres traces de l'existence de Louis-
Philippe de Mailly.

LIVRE VI

MAILLY-AUCHY, RUMAISNIL, LA HOUSSAYE,
L'ÉPINE

LIVRE SIXIÈME

PREMIÈRE PARTIE

MAILLY-AUCHY

CHAPITRE Ier

HUTIN DE MAILLY ET PÉRONNE DE PISSELEU
1457-1496 ENVIRON

Hutin de Mailly, fondateur de la branche *Mailly-Auchy*, était le cinquième fils de Jean II, sire de Mailly, et de Catherine de Mametz[1]. Il apparait dans divers actes dès 1457[2]. Le 4 avril 1475, étant écuyer et seigneur d'Auchy-lès-la-Bassée, il fit un accord avec le duc de Brabant « pour raison de l'hommage du lieu de » Roussel[3]. »

De 1477 à 1481, « noble et puissant seigneur Hue de Mailly, » seigneur d'Aucy, grand dimeur de La Neuville-le-Roy, Grand-

---

1. Voir p. 153.
2. P. Anselme, t. VIII, p. 644.
3. Arch. nat., M 461, dossier *Mailly*. Cah. pap.

» viller et Beaupuis, » soutint un procès contre les religieux de l'abbaye de Saint-Lucien au sujet des dîmes de la seigneurie de Beaupuis. Il s'était même permis, en compagnie de son frère maître Ferry de Mailly, de ses autres frères et de Jean de Fréviller, écuyer, son serviteur, de revendiquer ses droits « à mains » armées de langues de bœuf, d'espieux, d'arcs et de bâtons inva- » sibles[1]. » Le 26 avril 1481, il était également en procès contre « les religieux, abbé et couvent de Bretueil[2], » et le 19 janvier 1482 (v. s.), il payait les droits seigneuriaux dus à la ville d'Amiens pour une maison, sise dans la dite ville, qu'il avait prise à cens d'Enguerran des Moustiers, écuyer, et de damoiselle Gille Taillant, sa femme[3].

Pour des motifs qui nous échappent, « ceulx de la Maison de » Mailly » poursuivaient de leur haine les seigneurs de Chevreuse et de Cressonsacq. Hutin de Mailly épousa ardemment la querelle des siens et, soutenu par ses parents et ses amis, il fit tuer vers 1489, Robinet d'Andefort, premier mari d'Yde de Chevreuse, dame de Cressonsacq, laquelle convola ensuite avec Antoine de Canteleu. Le procès qui fut entamé à ce sujet au Châtelet de Paris ne mit pas fin aux « inimitiés capitales » des Mailly, ainsi que nous le verrons plus tard[4].

Le seigneur d'Auchy fit son testament le 10 août 1492[5] et mourut vers 1496. Il avait eu de son mariage avec *Péronne de Pisseleu*, veuve de François, seigneur de Soyecourt, et fille de Jean de Pisseleu, seigneur d'Heilly, et de Marie d'Argicourt :

1° *Jean de Mailly*, seigneur d'Auchy, qui suit au chapitre II.

2° *Robert de Mailly*, seigneur de Rumaisnil (Voir la 2e partie de ce VIe livre).

---

1. *Preuves*, nᵒˢ CCCXCVIII, CCCXCIX, CCCCIV-CCCCVII.
2. Arch. nat., X¹ᵃ 1489, fol. 257 verso.
3. *Preuves*, nᵒ CCCCXI.
4. *Ibid.*, nᵒˢ CCCCXXV, CCCCXXVI et CCCCXXXIII.
5. Arch. nat., M 461, dossier *Mailly*. Cah. pap.

3° *Madeleine de Mailly*, mariée à Claude, baron de Bournon-ville, qui mourut sans enfants en 1578[1].

4° *Antoinette* ou *Adrienne* ou *Jeanne de Mailly*, mariée par contrat du 6 juillet 1501, à Jean d'Eaucourt, chevalier[2], seigneur de Brocourt.

---

1. P. Anselme, t. v, p. 829 ; t. viii, p. 644.
2. *Preuves*, n° CCCCXXIX.

CHAPITRE II

JEAN DE MAILLY ET ANTOINETTE DE MOUY
1496-1516 ENVIRON

Jean de Mailly, seigneur d'Auchy et de La Neuville-le-Roi, releva étant écuyer en 1496, la terre d'Auchy-lès-la-Bassée[1]. Le 4 décembre 1509 il était chevalier et soutenait un procès au Parlement contre « Girard Dan, marchand pelletier et bourgeois de » Paris[2]. » Plus tard, 21 août 1511, il était encore devant le Parlement contre Charles d'Ailly, écuyer, bail de ses enfants et de « feue damoiselle Michelle de Mailly, sa femme[3], » et le 20 mars 1511 (v. s.), contre Nicolas d'Ailly et Nicolle d'Ailly, son épouse[4].

Comme son père Hutin, Jean de Mailly avait participé au meurtre de Robinet d'Andefort, premier mari d'Yde de Chevreuse, dame de Cressonsacq. Les meurtriers s'étaient ensuite retirés au château de La Neufville. Plus tard, le seigneur d'Auchy, son frère Robinet de Mailly, seigneur de Rumaisnil, et son oncle Ferry de Mailly, continuèrent leurs exploits ; accompagnés d'une cen-

---

1. Communication de M. le comte de Galametz.
2. Arch. nat., X¹ᵃ 4851, fol. 71 verso.
3. Arch. nat., X¹ᵃ 4852, fol. 766.
4. « Johannes de Mailly, miles, Nove-Ville-Regis dominus, adversus Nicolaum d'Ailly et Nicolaam d'Ailly, ejus uxorem. » Arch. nat., X¹ᵃ 151, fol. 87 verso à 92.

taine d'hommes armés, ils firent différentes courses devant le château de Cressonsacq[1]. Un jour de Chandeleur, ils « tyrèrent plu-
» sieurs traictz en la chambre de madamoiselle de Chevreuse,
» cuydant que monsieur de Chevreuse y fust, dirent plusieurs in-
» jures à la dite damoiselle, deshonestes à réciter. » Ils menacè-
rent ensuite Antoine de Cantelou, second mari d'Yde de Chevreuse,
de lui faire subir le même sort qu'à Robinet d'Andefort, « rompi-
» rent la muette[2] estant devant le chasteau, emportèrent ce qu'ilz
» trouvèrent, rompirent les huys et fenestres des maisons des
» pauvres gens, lesquels furent contraincts eulx enfouir tous nudz »
par « grant froit et néges, autrement les eussent tuez ; poursuivi-
» rent ung povre prêtre, lequel tout nud et parmy les nèges s'en-
» fouist en ses jardins où il fut longtemps à morfondre et en dan-
» ger de sa personne. » De plus, ils enfumèrent Jean Goupil dans
sa cave, prirent les chevaux et les chariots des habitants de Cressonsacq et se livrèrent à d'autres sévices.

Les coupables furent poursuivis criminellement dès 1496. Le 23
novembre 1503, Jean de Mailly, seigneur d'Auchy, prétendit dans
sa défense qu'à l'époque de ces excès il n'était âgé que de six ou
sept ans, ce qui constituait une équivoque d'avocat, puisque les
hostilités des Mailly contre les seigneurs de Cressonsacq se per-
pétuaient depuis de longues années[3].

Le P. Anselme[4] affirme, d'après les *Mémoires de du Bellay*[5],
que Jean de Mailly, seigneur d'Auchy, était capitaine de mille

1. Voir les ruines de Cressonsacq, pp. 100 et 101.
2. Muette, *tour, donjon.*
3. *Preuves*, nos CCCCXXV, CCCCXXVI et CCCCXXXIII.
4. Tome viii, p. 644.
5. 1534, 20 juin. Le roi va à Amiens pour visiter la légion de Picardie.
Le 20 juin 1534 « se trouva la dite légion en armes en la plaine tirant d'A-
miens à Sainct-Fuscien : de laquelle estoient capitaines le seigneur de Ser-
cu ; *Jean de Mailly, seigneur d'Auchy* ; Jean de Brebançon, seigneur de
Cany ; le seigneur de Saisseval, le seigneur de Heilly, surnommé de Pisseleu. A la dite monstre se trouvèrent toutes les dames, en la présence desquelles se dressèrent plusieurs escarmouches fainctes, tant à cheval qu'à
pied, tant de la gendarmerie que de la noblesse de cour. » *Mémoires de
Martin du Bellay.* Collection Michaud et Poujoulat, t. v, p. 285.

hommes de pied de la légion de Picardie en 1534. C'est une erreur de du Bellay qui a écrit Jean au lieu d'Antoine, car Jean de
Mailly était mort vers 1516, après avoir épousé, au dire du P.
Anselme, « vers 1500, *Antoinette de Mouy* [1], fille de Jacques, ba-
» ron de Mouy, gouverneur de Saint-Quentin, bailly de Tournay
» et du Tournesis, maître des eaux et forêts de France, et de
» Jacqueline d'Estouteville. Elle plaidait pour ses conventions
» matrimoniales en 1543 et contre le seigneur de Baubigny en
» 1554 [2]. » Antoinette de Mouy avait eu du seigneur d'Auchy :

1° « *Antoine de Mailly*, » dont je parlerai au chapitre III.

2° « *Marguerite de Mailly*, mariée à Jean Basset, seigneur de
» Normanville, lieutenant pour le roi en Normandie, et ensuite à
» François d'Averhoult, seigneur de Cormettes, échanson de l'em-
» pereur Charles V. »

3° « *Gabrielle de Mailly* qui épousa Louis de Leaüe, seigneur
» de Cambrin, et René de Renty, seigneur de Bouligny [3]. »

---

1. 1541, 27 mai. « Evocation et renvoi à la troisième chambre des enquêtes d'une instance pendante entre Imbert de Saveuse, maître des requêtes,
et Marie d'Abbeville, tuteurs de Charlotte de Mailly, d'une part, et *Antoinette de Mouy*, veuve de *Jean de Mailly*, d'autre. » *Catalogue des actes de
François Ier*, t. IV, p. 205, n° 11947.

2. P. Anselme, t. VIII, p. 644.

3. P. Anselme, t. VIII, p. 645. — Je rencontre le 24 juin et le 26 décembre
1560, une Gabrielle de Mailly, veuve de Pierre de Renty, seigneur de Montigny-le-Gannelon, en Dunois. Abbé Bordas, *Hist. de Dunois*, t. II, p. 133.

CHAPITRE III

Vers 1516, « *Antoine de Mailly*, filz aisné de deffunct noble et » puissant seigneur messire Jehan de Mailly, chevalier, seigneur » d'Auchy, » était sous la tutelle de son oncle Robert de Mailly, écuyer, seigneur de Rumaisnil, et de « Jean de Moy, chevalier, » seigneur de La Meslère, » qui relevèrent pour lui la terre d'Auchy[1]. Le 7 septembre 1528, il était chevalier et obtenait du Parlement un arrêt en sa faveur contre René, baron de Mailly, son parent, et Pierre de Belleforière[2]. En 1529, il vendit la terre d'Auchy-lès-la-Bassée à Jacques de Montigny, seigneur de Noyelle-en-Hainaut[3] et de Villiers, « lequel la revendit le 11 octobre 1530 » à Philippe de Guines dit de Bonnières, seigneur de Dours, qui » fut premier baron d'Auchy[4]. »

Antoine de Mailly servit avec beaucoup de réputation dans les guerres de son temps. Il fut un des principaux seigneurs de l'armée du roi en Italie à la journée de la Bicoque[5], commandait à

---

1. *Preuves*, n° CCCCLV.
2. Voir p. 187 et *Preuves*, n° CCCCLXIX.
3. Communication de M. le comte de Galametz.
4. P. Anselme, t. VIII, p. 645.
5. Belleforest.

mille hommes de pied picards en 1536[1], et fut tué au siège d'Hesdin l'année suivante. Voici comment Martin du Bellay raconte cet
événement : Vers le mois de mars 1537 la place d'Auxy-le-Châ-
teau, entre Doullens et Hesdin, ayant été prise par le seigneur de
Montmorency, grand-maître de France, le roi vint y loger « puis
» marcha devant Hédin, place forte. ... Faisant les approches de-
» vant laditte ville, *fut tué d'un coup d'arquebuse* messire *An-
» toine de Mailly, seigneur d'Auchy, capitaine de mille hommes*
» *de pied, qui fut grand dommage ;* et fut blessé en la jambe le
» seigneur de Heilly, aussi capitaine de mille hommes[2]. »

Antoine de Mailly avait épousé *Jeanne* ou *Marie d'Eaucourt,*
« fille et héritière de Jean, seigneur d'Eaucourt et d'Ivrigny, et
» de Marie d'Abbeville[3]. » Il en eut une fille unique :

Charlotte de Mailly, « dame d'Eaucourt, Hallencourt,
» Forestel, Lyomère, Brocourt, La Neufville-le-Roy, Tu-
» pigny, Yron, La Vacqueresse et Saint-Martin-en-Rivière. »
Celle-ci épousa en premières noces, par contrat passé à Compiègne le 11 octobre 1539, Jean de Taix ou de Thaix, chevalier
de l'ordre du roi, colonel de l'infanterie française et grand maître
de l'artillerie[4] le 21 janvier 1546, tué au siège d'Hesdin en
1553[5].

Charlotte de Mailly prit en secondes noces, par contrat passé
le 30 mars 1555 avant Pâques, à Meung-sur-Loire, messire

---

1. 1536. Armée levée par le roi de France pour la « conqueste des choses
que luy occupoit le duc de Savoye ; en laquelle entreprise il avoit estably...
son lieutenant général messire Philippe Chabot, comte de Busances, amiral
de France..... Gens de pied françois, 12000 du nombre des légionnaires,
scavoir est : deux mille Picards, soubs la charge de messire Michel de Bra-
bançon, seigneur de Canny, et messire *Antoine de Mailly, sgr d'Auchy.* »
L'amiral « assit » sa garnison à Turin en Piémont. Les seigneurs d'Auchy
et de Canny « avecq chacun mille hommes picards » restèrent avec lui.
Mém. de Guillaume du Bellay. Coll. Michaud et Poujoulat, t. v, pp. 300, 348.

2. *Mémoires.* Coll. Michaud et Poujoulat, t. v, p. 440.

3. P. Anselme, t. viii, p. 645.

4. Bibl. nat., ms. n° 4652, fol. 480.

5. Carré de Busserolle, *Dictionn. d'Indre-et-Loire,* t. vi, pp. 124 et 125. —
Chalmel, *Histoire de Touraine,* t. iv, p. 470. — D'après Carré de Busserolle,
le nom patronymique des de Thaix était *Gédouin.*

François de Soyecourt, chevalier, seigneur du dit lieu[1] et de Tilloloy. M. Macqueron a publié dans le *Bulletin de la Société
d'émulation d'Abbeville*[2] un jeton en argent sur lequel se trouve
un écusson parti : à dextre les armes des Soyecourt, *un fretté ;*
à senestre celles des Mailly-Auchy, *écu à trois maillets brisé
d'un écusson chargé d'une croix en abîme.* Légende : Soiecourt

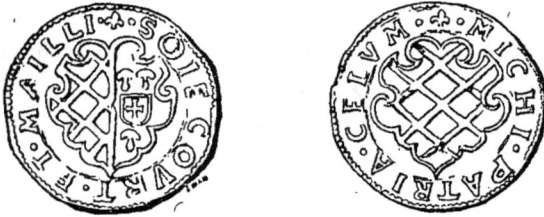

80-81. — Jeton de François de Soyecourt et de sa femme Charlotte de Mailly-Auchy.
Bulletin de la Société d'émulation d'Abbeville, année 1888, n° 2, p. 27.

ET Mailli. Le revers est occupé par les armes des Soyecourt avec
la légende : Michi Patria Celum (figures 80-81). Le livre d'heures[3] de Charlotte de Mailly, conservé dans la bibliothèque du château de La Roche-Mailly, nous donne les couleurs de ces armes.
Soyecourt : *d'argent fretté de gueules, l'écu entouré du collier
de l'ordre, surmonté d'un heaume ; supports, deux négresses.*
Mailly-Auchy : *d'or à trois maillets de sinople avec un écu en
abîme mi parti d'argent et d'azur chargé d'une croix ancrée de
gueules.*

Le 15 novembre 1557, « haute et puissante dame madame
» Charlotte de Mailly, femme auctorisée par justice au refus de
» monsieur François de Soiecourt, chevalier, seigneur du dit lieu,
» estant » à Abbeville, « mère et ayant le gouvernement.... de

---

1. *Preuves,* n° CCCCLXXVIII.
2. Année 1888, n° 2, p. 27.
3. Manuscrit sur velin enluminé.

» damoiselle Charlotte de Tays, sa fille, et de deffunct monsieur
» Jehan de Tays, en son vivant chevalier de l'ordre du roy, qui
» fut son mari, » donna procuration « à Jehan Descingnecourt,
» demeurant à Brocourt, pour recevoir de noble homme maître
» Guillaume Brossin, seigneur d'Ardilleux, maître des requestes
» ordinaire de l'hostel de la royne, naguère curateur d'icelle
» Mailly, tous et chacuns les registres, tiltres, pappiers et ensei-
» gnemens que le dit sieur d'Ardilleux » avait « par devers luy et
» qui par ci-devant luy » avaient « estez baillez par damoiselle
» *Marie d'Abbeville*, damoiselle douairière d'Eaucourt, dame
» *Charlotte de Moy*, dame douairière de La Neufville-le-Roy » et
par la dite Charlotte de Mailly[1].

Charlotte de Mailly vivait encore en 1563[2]. Les quatre enfants
issus de son second mariage furent enterrés dans l'église de Tilloloy[3]. On trouve dans l'ouvrage du baron Taylor le dessin de
leurs tombeaux.

1. Communication de M. le comte de Galametz.
2. Arch. de La Roche-Mailly.
3. Département de la Somme, canton de Roye.

LIVRE SIXIÈME

SECONDE PARTIE

MAILLY-RUMAISNIL

CHAPITRE Ier

ROBERT OU ROBINET DE MAILLY ET FRANÇOISE D'EAUCOURT
1492-1524

Robert ou *Robinet de Mailly*, second fils de Hutin de Mailly et de Péronne de Pisseleu, reçut en partage par don testamentaire de son père du 10 août 1492, la terre de Rumaisnil[1]. A la fin du XIVe siècle, Rumaisnil appartenait déjà à la famille de Mailly[2].

En dehors de Rumaisnil, Robert de Mailly posséda encore la

---

1. Département de la Somme, canton de Conty.

2. Vers 1383. « *Li sires de Mailly et de Rumenil* tient du roy.... à cause de Dourlens son manoir de Rumesnil contenant VII journelz de terre avec IIIIXX et X journelz de terre et VIIXX journelz de boys, etc. — *Monseigneur de Mailly* tient de Froissart de Le Rosière, escuier, seigneur de Courcelles-sur-Authie, arrière fié du roy, I fief séant à Riesmainil contenant XXXVI journelz de terre.... » Arch. nat., P 137, fol. 132 et 138.

terre de Sallenelles[1], et, au dire du P. Anselme, celles « de Silly-
» lez-Tillart, près Beauvais, Framericourt, Bazincourt, Marcourt,
» Barville, Failly-sous-Bois, Carville et Aumarest. »

Le seigneur de Rumaisnil prit part aux violences commises
par son père Hutin et son frère Jean de Mailly contre Antoine de
Canteleu et Yde de Chevreuse, seigneur et dame de Cressonsacq.
Aussi fut-il poursuivi criminellement au Parlement de Paris, comme ses parents, de 1496 à 1503[2]. Le 17 janvier 1499 (v. s.), un
avocat du nom de Barine qui le défendait contre les accusations
d'Antoine de Canteleu et d'Yde de Chevreuse, se plaignit qu'au
mois de décembre 1599, son client, à peine « arrivé en ceste ville
» (de Paris) de retour de la conquête de Millan, » avait été injus-
tement emprisonné au Châtelet[3].

En 1521, le duc de Vendôme surprit la ville d'Hesdin et y établit comme gouverneur, soit au château, soit dans la ville, Oudard
du Biez, *Hutin de Mailly*[4] et La Barre, le premier avec 30 hommes d'armes et 200 fantassins, et les deux autres avec 500 aventuriers picards. Plus tard, les Impériaux et les Anglais vinrent
guerroyer dans les environs d'Hesdin et mirent le siège devant
Doullens d'où ils furent repoussés par Antoine de Créquy, seigneur de Pont-de-Remy. « Le brave Robert de Mailly[5], » nous dit

1. 1511 (v. s.), 21 janvier. Enquête faite à Saint-Valery-sur-la-Mer, relative au dénombrement de Robert de Mailly, seigneur de Rumaisnil et de
Sallenelles « Jehan Tucquet, écuyer, seigneur du Hamel-lez-Broutelles,....
natif ». du dit lieu « distant du dit Sallenelles environ de une lieue, » dit que
la terre de Sallenelles appartenait « à deffunct *Hutin de Mailly* et depuis....
à *Robert de Mailly*, à présent possesseur. » Arch. nat., Q1*, Reg. fol. 9,
31 et 50.
2. Voir, p. 378, et *Preuves*, nos CCCCXXV, CCCCXXVI et CCCCXXXIII.
3. *Preuves*, no CCCCXXVI, p. 251.
4. Hutin de Mailly, bâtard d'Antoine, sire de Mailly (voir p. 178). On lit au
dernier feuillet d'un « *Recueil des chartes d'Hesdin, composé en 1345, par
Robert, greffier de l'échevinage et son fils Jean, prêtre,* » les lignes suivantes : « Jean de Wez, chevalier, seigneur de Saint-Ilaire, lieutenant de monseigneur du Biez, a recouvert ce dit livre de ung aventurier solz la charge de
Mailli, lequel livre fut porté près de Paris et fut gaigniet à la prinse de Hesdin, et le dit seigneur le a racheté dudit aventurier le VIIIe de mars mil
chincq [cent] et vint et ung. » Ms. de la ville d'Hesdin.
5. Le seigneur de Longueval et le seigneur de « Roumesnil » avaient la
charge de 500 hommes d'armes, sous M. de Vendôme. *Mém. de Martin du
Bellay*. Coll. Michaud et Poujoulat, t. v, p. 143.

un historien de la ville de Doullens, « au courage duquel la défense
» de la ville fut ensuite confiée, entreprit d'en faire rétablir à ses
» frais les murailles qui avaient été ruinées. Il prit à sa solde trois
» cents ouvriers pour la reconstruction des fortifications ; il sur-
» veillait lui-même les travaux et leur imprimait toute l'activité
» possible. Mais, sa fortune qui ne se composait que de dix mille
» écus d'or donnés à son père par Louis XI, à titre de récompense,
» fut épuisée avant qu'il eut parachevé son œuvre. Alors, ce
» grand homme, dont le cœur était supérieur à tout calcul d'inté-
» rêt propre, s'adressa à François Iᵉʳ. » Il lui écrivit « qu'il de-
» mandoit la mort si la cour l'exposoit à recevoir un affront en lui
» refusant les sommes nécessaires pour mettre cette place à l'abri
» des insultes des Espagnols[1]. » Sans mettre en doute le désin-
téressement de Robert de Mailly il faut cependant remarquer que
François Iᵉʳ lui avait donné le 8 mars 1521 (v. s.), la coupe de
trois arpents de bois de haute futaie dans la forêt de Beauquesne
pendant dix années[2].

Pendant qu'il était à Doullens absorbé par ses travaux, le seigneur de Rumaisnil vit sa terre « de Ruminy, » saisie « faute
» d'être allé à l'arrière-ban (1523). » Il en demanda main levée
à cause de son état de capitaine de « 800 hommes de pied et de
» 40 hommes d'armes[3]. » L'année suivante, il fut tué « en com-
» battant sur la breche de la ville de Pavie[4]. »

Le P. Anselme signale un acte scellé du sceau de Robert de
Mailly « sur lequel sont *trois maillets avec une croix au milieu*
» *pour brisure ;* supports *deux lions ;* cimier, *un col et tête de*
» *cerf.* »

Robert de Mailly avait épousé *Françoise d'Eaucourt.* Le 23

---

1. Abbé Delgove, *Histoire de la ville de Doullens*, Amiens, 1865, pp. 100
et 432.

2. *Preuves*, n⁰ CCCCLIX.

3. *Ibid.,* n⁰ CCCCLX.

4. P. Anselme, t. viii, p. 645. — *L'Impôt du sang* dit aussi qu' « *Antoine*
(lire *Robert*) *de Mailly*, seigneur de Rumaisnil, capitaine des légions de Picardie, fut tué au siège de Pavie en 1524. »

août 1501, « Guillaume de Pisseleu, escuier, » donna « à noble
» homme Robert de Mailly, son neveu, fils de Hue de Mailly et
» de Péronne de Pisseleu, certaines terres en faveur de son
» mariage avec damoiselle Françoise d'Iaucourt[1]. » De ce mariage
naquirent :

1° *Jean de Mailly* qui suit.

2° *Antoinette de Mailly* mariée en premières noces, par contrat
du 17 juillet 1525, à Louis de Maricourt, seigneur de Mouchy-le-
Chastel[2], et en secondes, le 24 novembre 1551, à Louis de Rouvroy, seigneur du Plessis-de-Rasse, et morte l'an 1576[3].

1. *Preuves,* n° CCCCXXX.
2. *Ibid.,* n° CCCCLXI.
3. P. Anselme, t. VIII, p. 645. Dans son tome VI, p. 408, le même auteur
place le deuxième mariage d'Antoinette de Mailly au 24 novembre 1531.

CHAPITRE II

JEAN DE MAILLY, DIT LE BOITEUX, ET JEANNE DE CASENOVE
1524-1564

Jean de Mailly, dit *le Botteux*, « seigneur de Rumaisnil, de » Dommart, de Silly[1], » après la mort de son père Robert, est cité dès 1526 comme gouverneur de Doullens. « Secondé de son » fils, dit un auteur, il se battit en duel au sujet des limites de » France et de l'Artois contre le gouverneur d'Hesdin qui avait » également son fils pour second[2]. » Le 24 mars 1530, il est qualifié « escuier, seigneur de Rumaisnil, fils et héritier de Robert » de Mailly, » dans un acte de foi et hommage[3], et en 1557, il apparaît encore sous les titres d' « escuier, sieur de Rumaisnil » et du « fief de Sauvelle[4]. » Il avait épousé « noble damoiselle » *Jeanne de Casenove* » qui, au dire du P. Anselme[5], était fille de « Guillaume de Casenove, seigneur de Gaillarbois, et de Jeanne

---

1. 1531, 1535. Aveux rendus par Jean de Mailly, seigneur de Rumaisnil, à cause de ses seigneuries d'Aumaretz, Silly et Tillart. Arch. nat., M 461, dossier *Mailly*. Cah. pap.

2. Abbé Delgove, *Hist. de la ville de Doullens*, p. 432, probablement d'après le P. Anselme, t. VIII, p. 645.

3. Arch. de La Roche-Mailly. Cop. parch.

4. Arrière-ban du bailliage d'Amiens en 1557. V. de Beauvillé, *Recueil de documents inédits concernant la Picardie*, t. III, p. 431.

5. Tome VIII, p. 645.

» de Ligny. » Le 4 décembre 1564, Jeanne de Casenove était veuve et transigeait avec Théodore Roussart[1].

Les enfants issus du mariage de Jean de Mailly et de Jeanne de Casenove furent, s'il faut s'en rapporter au P. Anselme, au nombre de dix.

1° « *Louis de Mailly*, continuateur des Mailly-Rumaisnil » (Voir chapitre suivant).

2° « *Jean de Mailly*, seigneur de La Houssaye » (Voir IIIe partie de ce VIe livre).

3° « *Adrien de Mailly*, abbé de Saint-Just[2]. »

4° « *Charles de Mailly*, seigneur d'Auneuil, lieutenant des » gendarmes du duc de Joyeuse, capitaine des oiseaux de la » chambre du roi, mort l'an 1604 sans enfans de Marie Fernel, » veuve de Philibert Barjot, président au grand conseil, et fille de » Jean Fernel, célèbre médecin du roi. »

5° « *Yves de Mailly*, seigneur de l'Epine. » (Voir la IVe partie de ce VIe livre).

6° « *Marie de Mailly*, femme de Jean Picart, seigneur de Ra- » deval ; 7° *Louise de Mailly*, mariée à N., seigneur du Mesnil- » Jourdain en Normandie ; 8° *Adrienne de Mailly*, religieuse à » l'abbaye aux Bois ; 9° *Jeanne de Mailly*, religieuse à Maubuis- » son ; 10° *Anne de Mailly*, mariée à N. d'Averhoust, fils de » François d'Averhoust et de Marguerite de Mailly. »

---

1. Arch. de La Roche-Mailly. Cop. — Arch. nat., M 461, dossier *Mailly*.
2. Voir, p. 184 et note 5. — « Hadrianus de Mailly, filius Johannis, domini de Rumaisnil, et Johannæ de Casenove, electus 1565, ultimus abbas regularis, obiit 28 aprilis 1582. » *Gallia Christiana*, t. ix (Ecclesia Bellovacensis), col. 852.

CHAPITRE III

Louis I de Mailly et Louise d'Ongnies — Louis II de
Mailly et Guillemette de Coucy — Louis III de Mailly
et Isabelle-Claire-Eugénie de Croy
1569-1625

§ I

Louis de Mailly, seigneur « de Rumaisnil, Silly, Tillart, Au-
» maretz, » etc., devint chevalier avant 1569, « lieutenant de cin-
» quante lances des ordonnances du roy, soubz la charge de
» mons^r le comte de Chaulne[1], » panetier ordinaire du roi[2] et
gouverneur de Maubert-Fontaine[3].

Le 9 juin 1576, le roi Henri III remit à son « cher et bien amé
» Louis de Mailly, chevallier, sieur de Silly, de Tillart et d'Au-
» maretz, » la somme de 1200 livres tournois montant des droits
seigneuriaux dus à sa Majesté pour la vente de la seigneurie de
Rumaisnil, relevant de Doullens, échue audit Louis de Mailly,
par « la mort de feu Jehan de Mailly, son père[4]. »

1. *Preuves*, n^{os} CCCCXCV et DIII.
2. *Ibid.*, n° DII.
3. *Ibid.*, n° DXIV.
4. *Ibid.*, n° DVI.

Différents actes du seigneur de Rumaisnil portent son sceau, particulièrement deux quittances du 25 janvier 1574 et du 10 juin 1575[1] : *Ecu chargé de trois maillets avec une croix en abîme* (figure 82).

82. — Sceau de Louis de Mailly, chevalier, seigneur de Rumaisnil, 25 janvier 1574 et 10 juin 1575. *Preuves*, n° DIII.

Louis de Mailly qui était encore vivant en 1604[2], épousa, nous dit le P. Anselme[3], « *Louise* ou *Anne d'Ongnies*, fille de Louis » d'Ongnies, comte de Chaulnes, et d'Antoinette de Rasse de La » Hargerie[4], » laquelle lui donna :

1° « *Louis II de Mailly* qui suit, et 2° *Louise de Mailly*, mariée » le 16 mai 1592 à Jean de Boutillac, seigneur d'Orson[5]. »

1. *Preuves*, n° DIII.

2. *Ibid.*, n° DXIV, note 1.

3. Tome VIII, p. 646.

4. Voici d'autres données sur les familles d'Ongnies et de Rasse tirées d'une *Déclaration, en 1610, des pairries, fiefs, terres et seigneuries tenues et mouvans de la baronnye de Boves : Antoinette de Rasse*, était fille de François de Rasse, seigneur de La Hargerie, vivant en 1543. Le 11 juin 1558, elle était mariée avec *Louis d'Ongnies*, chevalier, seigneur de Chaulnes, d'où *Charles*, comte de Chaulnes, qui testa le 16 janvier 1596 (v. s.) et fut père de *Louise d'Ongnies*, unie à Philibert-Emmanuel d'Ailly, vidame d'Amiens. Louise d'Ongnies vivait encore en 1614. V. de Beauvillé, *Recueil de documents inédits concernant la Picardie*, t. IV, p. 410.

5. Bibl. nat., *Cab. bleus*, 11106, *Mailly*. Généalogie. — Au XVIII° siècle, un *Jean de Mailly*, écuyer, demeurant à La Placardelle, près de Vienne-le-Château (Marne), mari de damoiselle *Marie de Brossard*, prétendait descendre de *Louis I de Mailly*, seigneur de Rumaisnil, qui aurait épousé « damoiselle *Jeanne Arnoud*, » d'où *Jacques de Mailly*, fauconnier du roi, uni à « damoiselle Poncette Le Jot, » père et mère de *Jean de Mailly*, mari de « damoiselle *Marianne de l'Hopital*, d'où *Louis de Mailly*, écuyer, marié à damoiselle *Marguerite de Grutus*, » père et mère dudit *Jean de Mailly*, de la Placardelle. Arch. de La Roche-Mailly. Généalogie manuscrite. Que vaut cette filiation ?

§ II

« *Louis II de Mailly*, seigneur de Rumaisnil, etc., fut fait ca-
» pitaine de la porte du Louvre par le choix du roi Henri IV et
» mourut vers l'an 1594. Il avait épousé vers 1580, *Guillemette*
» *de Coucy*, dame de Chemery, cousine germaine de son mari,
» fille de Jacques de Coucy, seigneur de Vervins, et d'Antoinette
» d'Ongnies, à la condition que ses enfants prendraient le nom et
» les armes de Coucy. Guillemette se remaria à Philippes de Croy,
» comte de Solre, chevalier de la Toison-d'Or. De son premier
» mariage vint un fils unique qui suit[1]. »

§ III

« *Louis III de Mailly*, dit *de Coucy*, seigneur de Rumaisnil,
» de Croy, de Chemery, etc., naquit posthume en 1594. Il épousa
» en 1625, *Isabelle-Claire-Eugénie de Croy*, fille de Phi-
» lippe de Croy, comte de Solre, et d'Anne de Croy, dame de
» Renty. » De ce mariage naquirent :
1° « *Marie-Françoise de Mailly*, dite *de Coucy*, mariée à
» Claude-Antoine de Grandmont, seigneur de Villechevreux au
» comté de Bourgogne, et ensuite à Charles, comte d'Aspremont,
» dont est issue Marie d'Aspremont, femme de Charles, duc de
» Lorraine. »
2° « *Marie-Charlotte de Mailly*, dite *de Coucy*, marquise de
» Chemery, mariée en 1661, à Charles-François de Joyeuse, comte
» de Grandpré, chevalier des ordres du roi. »
3° « *Isabelle de Mailly*, dite *de Coucy*, religieuse à Char-
» ronne. »
4° « *Claude-Gabrielle de Mailly*, dite *de Coucy*, religieuse à
» Soissons[2]. »

1. P. Anselme, t. VIII, p. 646.
2. P. Anselme, t. VIII, p. 646.

LIVRE SIXIÈME

TROISIÈME PARTIE

MAILLY-LA HOUSSAYE

CHAPITRE Ier

Jean I de Mailly et Marguerite de Brunaulieu — Adrien de Mailly et Marie de Capendu

§ I

Jean I de Mailly, seigneur de La Houssaye[1], deuxième fils de Jean de Mailly, seigneur de Rumaisnil, et de Jeanne de Casenove[2], fut déclaré, en 1605, recevable à demander le partage des biens délaissés par le décès de Jean de Mailly, son père[3]. Il fut

---

1. Les Mailly-La Houssaye étaient « tous escuiers, chevalliers et seigneurs de La Houssaye, Aumarais, Silly, Tillard, La Ramée, etc. » *Preuves*, nº DXXXVII.

2. Voir p. 392.

3. *Preuves,* nº DXVI.

reçu chevalier de Malte en 1554[1], était encore écuyer en 1576 et demeurait alors à La Houssaye[2].

Dans son contrat de mariage (11 juin 1564) avec « damoiselle » *Marguerite de Brunaulieu*, fille de feu noble homme Nicolas » de Brunaulieu, vivant écuyer, seigneur de La Houssaye en par- » tie, et de damoiselle Péronne Dervault, » Jean de Mailly, est qualifié de seigneur de Silly en partie[3]. Il était chevalier et vivait encore en 1607[4] et eut pour enfants :

1° *Adrien de Mailly* qui suit, et 2° *Françoise de Mailly*, tous deux nommés dans l'arrêt du Parlement du 26 février 1605, dé-clarant Jean de Mailly, leur père, recevable à demander le partage des biens paternels[5].

§ II

Adrien I de Mailly, « écuyer, puis chevalier, seigneur de La » Houssaye, gentilhomme ordinaire de la vénerie du roi, fils de » messire Jean de Mailly, chevalier, et de dame Marguerite de » Brunaulieu, » épousa par contrat du 17 avril 1607, « damoiselle » *Marie de Capendu*, fille de feu messire Henri de Capendu, che- » valier, vicomte de Boursonnes, et de dame Antoinette de » Mouy[6]. » Il est nommé dans différents actes de 1609 à 1617[7] et eut les enfants suivants :

1° *Adrien II de Mailly*, dont je parlerai au chapitre suivant.

2° « *Antoine de Mailly* nommé dans certains actes de 1652, » 1662 et 1663, père d'*Adrien de Mailly*, seigneur de Silly, dit

1. P. Anselme, t. viii, p. 660.
2. Arch. nat., M 461, dossier *Mailly*.
3. *Preuves*, n° CCCCLXXXV.
4. Arch. nat., M 461, dossier *Mailly*.
5. *Preuves*, n° DXVI.
6. *Ibid.*, n° DXVII.
7. P. Anselme, t. viii, p. 660.

» le comte de Mailly-La-Houssaye, colonel du régiment des Lan-
» des infanterie, puis d'un régiment de son nom, brigadier des
» armées du roi, mort à Montpellier sans avoir été marié, l'an
» 1708, après s'être signalé l'année précédente à la bataille d'Al-
» mansa[1]. » Le 28 octobre 1704, le chevalier d'Arcy, capitaine au
régiment d'infanterie Mailly, donna congé « au nommé Sans-Sou-
» cy, sergent » au dit régiment « pour aller à l'hostel royal des
» Invalides, ayant esté estropié l'année précédente à la bataille
» d'Hoisset, après avoir servi pendant vingt et un ans en honeste
» homme dans le dit régiment. » Ce congé donné « au camp près
» d'Haguenau » est signé : le chevalier d'Arcy, contresigné
Mailly de La Houssaye et scellé d'un sceau en cire rouge aux armes d'Adrien de Mailly : *Ecu oval portant trois maillets, supporté par deux lions et surmonté d'une couronne*[2]. Antoine de
Mailly eut un second fils, « *Jérôme de Mailly*, capitaine au régi-
» ment de son frère, auquel il succéda dans ses biens[3]. »

3° « *Robert de Mailly* qui épousa par contrat du 17 septembre
» 1653 Geneviève du Metz, fille de Florimont, seigneur du Metz,
» et de Marie Evrard, d'où : *N. de Mailly*, mariée à N. de Ber-
» naulieu, demeurant à Auneuil, et une autre fille[4]. »

4° *Louis-Henry de Mailly*, écuyer, baptisé en mars 1619[5], marié par contrat du 30 août 1650, avec damoiselle *Marie de Court*[6],
« fille de Claude de Court, seigneur de Mezières, et de Renée
» Jourdain[7]. » Marie fut élue tutrice de son fils le 9 mars 1656[8]
et se remaria en 1687 avec Henry de La Garde, seigneur de Tru-
chieu. Elle eut de son premier mari : *Catherine de Mailly*[9] et

---

1. P. Anselme, t. VIII, p. 661, et *Mercure* du mois d'avril 1708.
2. Arch. de La Roche-Mailly. Orig. pap.
3. P. Anselme, t. VIII, p. 661.
4. Ibid., t. VIII, p. 661.
5. Extrait baptistaire de Louis-Henry fils de noble seigneur Adrien de
Mailly. Arch. de La Roche-Mailly. Mention.
6. Arch. de La Roche-Mailly. Note.
7. P. Anselme, t. VIII, p. 661.
8. Arch. de La Roche-Mailly. Note.
9. P. Anselme, t. VIII, p. 661.

François de Mailly, seigneur de La Gruerie[1], baptisé le 25 juillet 1651[2], lequel obtint en 1687 et 1697, contre les habitants de la paroisse de Fontenouille, l'exemption d'être imposé « au rolle des » tailles de la dicte paroisse » à cause de « sa noblesse et an- » cienne estraction[3]. » François de Mailly, chevalier, seigneur de La Gruerie, épousa par contrat du 7 juillet 1687, damoiselle Marie Besnard[4], fille de Guillaume Besnard, avocat en Parlement, et de Jeanne Gaillard[5].

5° « *Pierre de Mailly*, seigneur d'Aumarets, qui assista avec » Robert, son frère, au contrat de mariage de Jean de Mailly leur » neveu, le 6 novembre 1664. Il épousa, par contrat du 17 juillet » 1651, Marie de La Mare, veuve de Christophe du Mez, seigneur » de Sorcy. Celle-ci fut mère d'Antoinette de Mailly[6]. »

1. Yonne, arrondissement de Joigny, canton de Charny, commune de Fontenouille.
2. Arch. de La Roche-Mailly. Note.
3. *Preuves*, n° DXXXVII et DXXXIX.
4. Arch. de La Roche-Mailly. Note.
5. P. Anselme, t. VIII, p. 661.
6. Ibid., t. VIII, p. 661.

CHAPITRE II

ADRIEN II DE MAILLY ET CATHERINE DE VALENCE — JEAN II
DE MAILLY, LOUISE D'ORILLAC, LOUISE DE VAVIGNY ET
MARIE-MADELEINE PAPILLON
1637-1667

§ I

Adrien II de Mailly, chevalier, seigneur de La Houssaye, fils
de feu Adrien de Mailly, vivant chevalier, seigneur de La Houssaye, et de dame Marie de Capendu, épousa par contrat du 27
décembre 1637, damoiselle *Catherine de Valence*, fille de feu
Gilles de Valence, vivant chevalier, seigneur de Boucagny[1]. Il en
eut un fils, Jean II de Mailly.

§ II

Jean II de Mailly « écuyer, mousquetaire à cheval de la garde
» du roy, » fils des précédents, fut seigneur de La Houssaye et
épousa par contrat du 6 novembre 1664, « damoiselle *Louise*

---

1. *Preuves*, nº DXXIX.

» *d'Orillac*, veuve de feu Nicolas Le Bouracher, vivant écuyer,
» seigneur de Launay. » Le 29 septembre 1667, il demeurait « en
» la paroisse de Landelle, élection de Beauvais, époque à laquelle
» il fut déclaré avoir dérogé avec ses parents aux glorieux titres
» de *la noble famille de Mailly* » et condamné à faire enregis-
trer les lettres de réhabilitation qu'il avait obtenues le 10 mars
précédent[1].

Au dire du P. Anselme[2], « il épousa en secondes noces *Louise*
» *de Vavigny*, et en troisièmes *Marie-Madeleine Papillon* qui
» fut mère de :

» *Marie-Madeleine de Mailly*, femme de François Glier, lieu-
» tenant-général de l'amirauté du Hâvre en 1726. »

1. Arch. nat., M 461, dossier *Mailly*.
2. Tome VIII, p. 661.

LIVRE SIXIÈME

QUATRIEME PARTIE

MAILLY - L'ÉPINE

CHAPITRE Iᵉʳ

Yves de Mailly et Claude de Micault
FIN DU XVIᵉ SIÈCLE

Yves de Mailly, cinquième fils de Jean de Mailly, dit le Boîteux, seigneur de Rumaisnil, et de Jeanne de Casenove[1], épousa damoiselle *Claude de Micault* qui lui apporta la terre de L'Epine[2]. Selon le P. Anselme « Claude de Humilcaut (de Micault) était » fille unique de François de Humilcaut, seigneur de La Versine, » et de Marie de La Haye, dame de Fieffes et de Bonneville[3]. »

---

1. Voir p. 392.
2. Arrière-ban d'Amiens de 1557. « De Jehan de Micault, escuier, *seigneur de L'Espine*, pour le fief de Voy, tenu du vidame de Gerberoy,.... » V. de Beauvillé, *Recueil de documents inédits concernant la Picardie*, t. III, p. 447.
3. P. Anselme, t. VIII, p. 647. — On trouve en 1557, « Jehan de La Haye, escuier, *seigneur de Fieffes et de Bonneville*. » V. de Beauvillé, t. III, p. 386.

Yves « fut enseigne de la compagnie des gensdarmes du comte de
» Chaulnes. Il suivit le parti de la Ligue, fut le chef des proces-
» sions blanches et l'un des plus ardents contre le roi Henri IV
» jusqu'à sa conversion[1]. » Il mourut avant 1605[2]. Le 21 mars
1611, « damoiselle Claude de Michault (sic), veuve de deffunct
» Yves de Mailly, vivant escuier, seigneur d'Aupmarestz, Silly
» et Tillart[3], » fit une donation de 100 livres de rente à sa fille
Antoinette de Mailly[4]. Elle avait eu de son mariage :

1° « *Nicolas de Mailly*, vicomte de Hannache, seigneur de
» L'Espine, de Fieffes, de Bonneville près Doullens, de La Versine
» en Beauvoisis, de Samvillier (sic), de Heuscourt, de Monstrelet,
» de Maisy, etc., chevalier de l'ordre du roi, gentilhomme ordi-
» naire de sa chambre, capitaine d'une compagnie de chevaux-lé-
» gers, maître des eaux et forêts de Picardie, conseiller du roi en
» ses conseils d'état et privé, par lettres du 12 janvier 1617. Il se
» démit de son office de maître des eaux et forêts de Picardie en
» faveur de *Louis-Henry de Mailly*, son frère, le 17 juin 1619, en
» considération de son mariage. Il fit son testament le 25 juillet 1630[5],
» son codicile en 1637[6] et mourut au mois de mars de la même
» année, sans enfants d'*Isabelle de Ghistelles*, fille de Charles de

1. P. Anselme, t. VIII, p. 647.
2. D'après un arrêt du Parlement du 26 février 1605.
3. Les seigneurs de La Houssaye se disaient aussi seigneurs des mêmes terres.
4. Arch. dép. de la Somme, B 77, fol. 125.
5. 1630, 25 juillet. Testament de haut et puissant seigneur messire *Nicolas de Mailly*, chevallier de l'ordre du roi, conseiller en ses conseils d'estat et privé, gentilhomme ordinaire de sa chambre, seigneur de Fieffe et Bonneville, seigneur de Frevilliers, Monstrelet,.... demeurant au chasteau du dit Fieffes, » par lequel il fait don de ses terres à Louis-Henri de Mailly et à Antoine de Mailly, « comte et admiral de l'armée navale pour S. M., » ses frères, et à André de Mailly, son fils naturel. Arch. de la Somme, B 86, fol. 291 à 293.
6. Le cardinal de Richelieu écrivit au roi le 16 août 1636 : « Depuis le mémoire escrit il y a quatre heures, j'ay entretenu le sr *de Mailly L'Espine;* il m'a parlé de sorte que j'estime qu'il le faut retenir icy et ne le point renvoyer dans Abbeville. Il m'a dit qu'avec deux mil hommes encore ils tiendroient la place quinze jours qui est un terrible discours. » *Lettres du cardinal de Richelieu,* t. v, p. 547.

» Ghistelles, seigneur de Proven et de La Mothe-Merlin, gouver-
» neur et capitaine des ville et citadelle de Malines, et de Barbe
» de La Planche, comtesse de Wendin, d'Espinchen et de Wasti-
» nes, qu'il avoit épousée par contrat du 11 juillet 1614. »

2° « *Louis-Henry de Mailly*, dit le *marquis de Mailly*, sei-
» gneur de Warluy, de L'Espine, de Mathencourt et de Courcel-
» les-le-Roy, baron de Sourdon, sire de Fieffes et de Saint Mar-
» tin, chevalier de l'ordre du roi, gentilhomme ordinaire de sa
» chambre, par lettres du 26 décembre 1641, maître des eaux et
» forêts de Picardie, cornette colonel de la cavalerie légère de
» Savoie. Il accusa *Antoine de Mailly*, son frère puîné, d'avoir
» attenté à sa vie et le fit condamner à mort par contumace par
» sentence du lieutenant criminel d'Amiens rendue le 7 avril
» 1653 ; mais, par arrêt du Parlement de Paris du 26 octobre
» 1658, il fut mis hors de cour et de procès. Il mourut le 16 ou
» le 18 février 1658.

» Il avait épousé en premières noces, par contrat du 9 juin 1619,
» *Philippe de L'Arche*, fille de Jérôme de L'Arche, seigneur de
» Saint-Mandé, lieutenant général civil et criminel au bailliage
» du palais à Paris, et de Marie de Fortia, d'où : *Nicolas de
» Mailly*, seigneur de Fieffes et de Sourdon, qui fut assassiné à
» Doullens le 4 mars 1657. Le lieutenant criminel d'Amiens fit le
» procès criminel aux assassins nommés la Madelène, major de
» Doullens, Fonteville, capitaine La Varenne, dit Guérard, lieu-
» tenant de la garnison de Doullens, lesquels furent condamnés
» par contumace à être roués vifs, par jugement du 11 mars 1658,
» signé le 14 suivant, et exécutés en effigie le 5 avril à la pour-
» suite d'*Isabelle de Mailly*, dame des Rues, sœur de la victime.
» Ce Nicolas de Mailly prit à femme *Marguerite de La Rivière*,
» fille de François de La Rivière[1], seigneur de Champlemy (élec-
» tion de Clamecy, généralité d'Orléans), de Traigny, d'Authieu

1. On trouve, en août 1643, l'anoblissement d'un « François de La Rivière,
natif de Champagne, contrôleur général de la maison du roi, » et de toute
sa postérité. Bibl. nat., f. franç., 4139, fol. 115 verso, 200 et 282.

» et Souffin, et d'Anne de Wetteyen. Leur mariage eut lieu en
» l'église de Saint-Eustache à Paris en 1645. Nicolas de Talhouet,
» étant fort âgé et valétudinaire, l'avait prise d'abord pour sa troi-
» sième femme ; mais, quelque temps après, ce mariage avait été
» déclaré nul pour cause d'impuissance par sentence de l'official de
» Vannes ; et elle avait alors épousé Nicolas de Talhouet, sei-
» gneur de Hersevan, fils du premier lit de son premier mari. Ce
» second mariage fut encore déclaré nul par sentence contradic-
» toire de l'official d'Angers du mois de may 1633, qui permit
» aux parties de se remarier, en vertu d'un rescrit de Rome du
» 31 janvier 1630, confirmé par arrêt du Parlement du 7 décem-
» bre 1638. Nicolas de Talhouet se remaria le 5 février à Nicole
» de Cosnoal. *Marguerite de La Rivière* fut mère de *Louis de*
» *Mailly*. La tante de ce dernier soutint longtemps qu'il étoit un
» enfant supposé. Il fut déclaré légitime par arrêt de la grand'-
» chambre le 5 mars 1668, testa en faveur de cette tante le 21
» mars 1690, et mourut le même jour sans avoir été marié. Le
» deuxième enfant de *Louis-Henry de Mailly* et de *Philippe-de*
» *L'Arche* fut *Isabelle de Mailly* qui épousa le 22 décembre
» 1645, Pierre des Rues, seigneur de Clerebois, maître d'hôtel
» ordinaire du roi, par lettres du 5 décembre 1644. Elle mourut
» le 9 avril 1700.

 » *Louis-Henry de Mailly* épousa en secondes noces, le 30 juil-
» let 1640, *Isabelle des Rues*, fille de Charles-Emmanuel des
» Rues, seigneur de Clerebois, maître-d'hôtel ordinaire du roi et
» ensuite conseiller d'état, par lettres du 7 janvier 1629, et de
» Gabrielle-Silvie de La Thuile. Il n'en eut pas d'enfants. »

 3° « *Antoine de Mailly*, troisième fils d'Yves de Mailly et de
» Claude de Micault, » aura son article au chapitre suivant.

 4° à 12° « *Neuf autres fils* morts jeunes. »

 13° « *Françoise de Mailly*, mariée à François de Fallart, sei-
» gneur de Saint-Etienne. »

 14° « *Claude de Mailly*, femme de Pierre Aubert, seigneur de
» Condé, morte sans enfants en juillet 1664. »

15° « *Antoinette de Mailly*, religieuse aux Sœurs Blanches
» d'Abbeville, morte en 1620. »

16° à 24° « *Neuf autres filles* mortes jeunes[1]. »

---

1. Ce chapitre est presqu'entièrement tiré du P. Anselme. t. VIII, pp. 647, 648.

CHAPITRE II

Antoine de Mailly, Geneviève d'Urfé et Eléonore-Angélique de Brouillart

1630-1664

« *Antoine de Mailly*, troisième fils d'Yves, seigneur de Fieffes,
» de Bonneville, de Monstrelet et de Fienvilliers, connu à la cour
» sous le nom de *chevalier de Mailly*, prit en se mariant la qua-
» lité de *comte de Mailly*. Il se signala au siège de La Rochelle
» en qualité de capitaine de vaisseau et ses exploits lui méritè-
» rent le commandement de l'armée navale jusqu'à l'arrivée du
» duc de Guise. Il est qualifié en quelques actes vice-amiral de
» l'armée navale du roi et en d'autres contre amiral de France[1]. »
Antoine épousa en premières noces « en 1630, *Geneviève*
» *d'Urfé*, veuve de Charles-Alexandre, duc de Croy, et fille de
» Jacques, marquis d'Urfé, et de Marie de Neuville-Magnac[2]. » Il
prit en secondes noces, par contrat du 17 août 1656, « haulte et
» puissante dame *Léonor-Angélique de Bruillard* (Brouillard)›
» comtesse de Caravas et de Passavant, Saint-Cir et autres
» lieux, veuve de feu hault et puissant seigneur messire Louis de
» Gouffier, comte de Caravas et de Passavant. » Ce contrat de

1. P. Anselme, t. viii, p. 648.
2. P, Anselme, t. viii, p. 648.

mariage, dans lequel Antoine de Mailly est dit « comte de Mailly,
» seigneur de Crouy, Montrelez, Fienvilliers, Fief, Bonneville et
» autres lieux, contre-admiral des armées navalles de Sa Majesté,
» demeurant ordinairement audit Montrelez, près Doullans en Pi-
» cardye, » actuellement à Paris « logé à Saint-Germain des Prés,
» petite rue de Nesle, » fut passé à Paris, rue des Cordeliers,
dans la maison « en laquelle est pour enseigne l'Orenge, » demeure de « dame Claude de Mailly, femme de messire Jean de
» Bellangreville, chevalier, cousine germaine du dit Antoine de
» Mailly[1]. »

J'ai dit plus haut qu'Antoine de Mailly avait été accusé d'avoir
attenté à la vie de son frère Louis-Henry et qu'il s'était vu condamné à mort par contumace par sentence du lieutenant criminel
d'Amiens, le 7 avril 1653. Faut-il établir une connexité entre ce
fait et la captivité qu'il subissait dans les prisons de la Conciergerie en 1662 ? Je l'ignore. Toujours est-il que le 22 mai 1662 il
fit son testament dans les dites prisons où il se trouvait « depuis
» deux ans et demy, resduit à une telle misère et extremité que
» n'ayant point de moyens pour payer ses gistes et géolages, le
» geollier nommé Roger » l'avait fait prendre la nuit du 16 décembre 1660 pour le mettre « par force dans la plus infâme de
» tous les cachotz, sur la paille, sans paillasse, couverture ny
» linceuils. »

---

1. Arch. de La Roche-Mailly. Cop. pap. coll. — *Claude de Mailly*, qualifiée cousine germaine d'*Antoine de Mailly*, n'appartenait pas aux Mailly de
Picardie. Elle était fille d'*Africain de Mailly*, chevalier, baron de Clinchamp,
gentilhomme ordinaire de la chambre du roi, et d'*Anne d'Anglure*. Claude
de Mailly devint « dame d'atour des dames de France » et épousa 1o, par
contrat du 13 septembre 1618, « *Pierre de Mailloc*, chevalier, seigneur de
Malleville au bailliage d'Evreux, » et 2o *Jean, marquis de Bellangreville*.
On peut faire remonter par titres les Mailly-Clinchamp jusqu'à l'année 1455,
époque d'un accord où paraissent « nobles seigneur et dame monseigneur
Étienne de Mailly, chevalier, et dame *Agnès de Parrigni*, sa femme, seigneur
et dame de Mazière et d'Arcelot, noble homme *Simon de Mailly*, écuyer, leur
fils émancipé, et damoiselle *Louise de Luigni*, sa femme, etc. » Arch. de La
Roche-Mailly. *Généalogie des Mailly-Clinchamp, en Bourgogne et Champagne, établie sur titres, en 1708*. La pancarte du XVIIIe siècle que j'ai déjà
citée, pages 9 et 10 de ce volume, remonte sans preuves authentiques les
Mailly-Clinchamp jusqu'en 1098.

C'est du fond de ce cachot « nommé la tour de Beauvoir, » qu'Antoine écrivit ou dicta ses dernières volontés par lesquelles il deshérita son fils *Jacques de Mailly*[1] en faveur de sa « chère » fille dame *Geneviève-Claire de Mailly*, chevallière du grand » duché de Lituanie, » et, à défaut d'enfants nés de la dite Gene- viève, en faveur de son bâtard *Louis de Mailly*, issu de Barbe Aubry. Par ce testament il fit certains dons, particulièrement à *Louis de Mailly-Sourdon*[2], son petit-neveu. « Je donne et legue, » y dit-il encore, à l'église où est enterrée feue dame *Geneviefve* » *d'Urfé*, duchesse de Croy, ma femme, cinquante livres de rente » pour faire tous les ans à perpétuité dire et celebrer un annuel, » auquel lieu j'entends et ordonne mon corps estre enterré sy je » decedde à Paris, sinon je veux et ordonne que mon cœur enbau- » mé y soit porté, dans le caveau auprès du cadavre de feue ma » première femme en la dite église des chanoinesses regulières » que l'on nomme de Belle-Chasse au faulbourg de Sainct-Ger- » main, pour lequel enterrement de mon misérable corps, où que » ce soit qu'il soit enterré, je n'y veux aucune pompe, sinon sept » torches au nom des Sept Allégresses de la Sainte Vierge, et » qu'il soit donné à autant de pauvres que j'auray vescu d'années » chacun cinq sols en l'honneur des cinq playes que le précieux » corps de Nostre-Seigneur a receuces pour nos pechés. Quant à » dame *Angélique de Brouillard*, ma segonde femme, elle m'ex- » cusera sy je ne luy donne rien par ce testament l'ayant assez » advantagée par nostre contrat de mariage. »

Le 7 mai 1664, « messire Antoine, comte de Mailly, seigneur » de Montrelet, Fienvillers, Fieffe, Bonneville et autres lieux, » demeurant ordinairement en son chasteau de Montrelet, près

---

1. Antoine de Mailly revoque « tout ce qui estoit à l'advantage de Jacques de Mailly que je croyois (dit-il) estre mon filz, m'ayant du despuis faict co- gnoistre le contraire par ses mauvais actions, et, me désavouant pour son père, par un bail passé devant le nommé Desjardins. notaire à Pecquigny » le 23 octobre 1651, « en baillant par icelluy à mon inceu la terre et seigneurie du duché de Croy qui ne luy appartenoit, estant encore soubz ma tutelle,... à maistre Nicollas Martin, huissier à cheval à Paris... » *Testament.*

2. Fils de Nicolas de Mailly et de Marguerite de La Rivière.

» Amians, estant de présent à Paris, logé rue Pavée, parroisse de
» Sainct [.....], en la maison où est pour enseigne le Petit Saint
» Martin, » confirma « son testament et ordonnance de dernière
» vollonté[1]. »

Au dire du P. Anselme[2], Antoine de Mailly mourut le 11 mai
1664. Il avait eu de sa première femme :

1° *Jacques de Mailly* dont je parlerai au chapitre suivant.

2° *Armand de Mailly*, né et ondoyé le 15 octobre 1639. Dans
son acte de baptême du 2 mars 1640, il est dit « fils de messire
» Antoine de Mailly, comte de Sommerive..., et de dame Genefviè-
» ve de Lascaris d'Urfé, duchesse de Crouy. » Il fut tenu sur les
fonts par Armand de Maillé, marquis de Brézé, et par Marie du
Pont, duchesse d'Aiguillon[3].

3° *Geneviève-Claire de Mailly-Lascaris*. « Celle-ci ayant passé
» en Pologne en 1645 avec la reine Louise-Marie de Gonzague,
» dont elle fut fille d'honneur, elle y épousa sous le nom de Las-
» caris, à condition que les enfans qui naîtraient de ce mariage
» prendraient le nom de Lascaris, Christophe Pach, qui en fa-
» veur de cette alliance fut créé grand chancelier de Lithuanie.
» Elle mourut à Warsovie le 11 mars 1686[4]. » Antoine de Mailly
nous dit dans son testament que son fils Jacques avait été en
Pologne « où il révolta l'esprit de sa sœur contre » leur père.

Louis, bâtard d'Antoine de Mailly et de Barbe Aubry, auquel
son père fit de grands avantages par son testament avait « l'hon-
» neur d'estre filleul du roy Louis XIV » et avait « été baptisé par
» son commandement à Sainct-Firmain le confesseur à Amiens »
le 5 juin 1657. Son père sollicita pour lui la légitimation[5].

---

1. Arch. de La Roche-Mailly. Cop. pap. du XVII⁰ siècle.
2. Tome VIII, p. 648.
3. Jal, *Dictionnaire critique de biographie et d'histoire*. Art. *Mailly*.
4. P. Anselme, t. VIII, p. 648. — « Christophe Pac, grand chancelier de
Lithuanie, de 1656 à 1684, épousa *Eugénie* (sic) *de Mailly-Lascaris*, qui
avait suivi la reine Marie de Gonzague en Pologne. » Louis Farges, *Recueil
des Instructions données aux Ambassadeurs et Ministres de France* (Pologne), t. I, pp. 78 et 98.
5. Testament d'Antoine de Mailly.

CHAPITRE III

« *Jacques de Mailly*, dit *Lascaris* et *le comte de Mailly*, hé-
» rita des terres d'Antoine, son père, malgré son testament, et
» fut seigneur de Fieffes, de Bonneville, de Fienvilliers, de Mons-
» trelet, d'Heuscourt, etc., général de l'infanterie de Lithuanie
» pour le roi de Pologne, par lettres du 30 juin 1664. Il naquit à
» Baron en Lorraine le 20 septembre 1632, ainsi que son père et
» sa mère le déclarèrent en le faisant baptiser à Saint-Roch à
» Paris, le 25 février 1638, sous condition et dans le doute que
» dans son ondoyement on eût bien observé la matière ou la forme
» du sacrement. Lui et sa première femme firent donation de
» deux cens livres de rente à Isabelle de Mailly, sa cousine ger-
» maine, femme de Pierre des Rues, gentilhomme ordinaire de la
» maison du roi, par acte du 27 août 1671. Il servit en France en
» qualité de colonel dans la guerre contre l'Espagne. La paix ayant
» été faite avec cette couronne, il passa en Pologne, où le roi
» Casimir lui donna un régiment. Il y fit de si grandes actions de
» bravoure et s'y distingua tellement par son courage et ses ta-

» lens dans le commandement des troupes, que le roi le créa gé-
» néral de l'armée du grand duché de Lithuanie[1]. »

Le comte de Mailly épousa avant le 27 août 1671 « *Marguerite*
» *Boucherat*, seconde fille de Guillaume Boucherat, seigneur de
» Bomontel, et de Marguerite Briois, qui mourut sans enfants. »

Il prit en secondes noces, « par contrat passé à Paris, paroisse
» de Saint-Jean-en-Grève, 24 décembre 1691, *Marie-Charlotte de*
» *Pietresson*, fille de Louis de Pietresson, seigneur de La Tour-
» nelle, maréchal de camp des armées du roi, et de Françoise
» Bonny de Guebraque » d'où vint « *Jacques de Mailly*, mort à
» un an[2]. »

1. P. Anselme, t. viii, p. 649.
2. P. Anselme, t. viii, p. 649.

LIVRE VII

———

MAILLY-MAREUIL

LIVRE SEPTIÈME

MAILLY-MAREUIL[1]

CHAPITRE Ier

Jacques de Mailly et Françoise de Bouvelles ou de Bouelle
Louis de Mailly et Marguerite de Mareau de Villeregis
1590-1689

§ I

La branche des Mailly-Mareuil qui n'a pas été donnée par le
P. Anselme a trouvé place dans la suite de l'*Histoire généalogique et chronologique de la Maison royale de France* par Potier
de Courcy[2].

Jacques de Mailly, l'auteur des Mailly-Mareuil, né en 1590,

---

1. La branche *Mailly-Haucourt* devrait prendre rang dans ce VIIe livre,
avant les *Mailly-Mareuil*. Mais, comme elle reste seule aujourd'hui de toute
la maison de Mailly, il est préférable de la placer au IXe et dernier livre
de ce volume.

2. Page 883.

était le troisième fils de Thibault, baron de Mailly, et de Françoise de Belloy[1]. Le 2 mai 1598, Thibault de Mailly, chevalier,
baron du dit lieu de Mailly, donna à son dernier fils Jacques de
Mailly « le fief, terre et seigneurie de Maresmoutier, » à lui échu
par le décès de son neveu René de Mailly, fils de Gilles VII et de
Marie de Blanchefort[2]. Plus tard, 12 novembre 1623, il l'avanta-
gea au détriment de son fils aîné pour le récompenser de « sa
» bonne amour paternelle[3]. »

En 1626, « Jacques de Mailly, gentilhomme ordinaire de la
» chambre du roi, seigneur de Mareuil, Maresmoutier, Fécamps,
» Avennes et autres lieux, » habitait « en son chasteau de Fé-
» camps, paroisse du dit lieu[4]. » Le 16 août 1629, il donna quittance de la somme de 4.166 livres 13 sous 4 deniers qu'il avait
reçue de son frère René, baron de Mailly[5], et le 26 octobre 1632, il
acheta de « messire Jean de Saint-Germain, seigneur de Sully,
» et de damoiselle Louise Godeffroy, sa femme, » la « terre et
» seigneurie de Fresnoy-en-Santerre, située et assise près de la
» ville de Roye[6]. »

Jacques de Mailly épousa, par contrat du 30 octobre 1628
« passé sur la rivière de Somme, prévosté de Saint-Quentin, au
» delà d'Espeville, damoiselle *Françoise de Bouelle (Bouvelles)*,
» fille de messire François de Bouelle, chevallier, seigneur d'Es-
» peville, » et de « damoiselle Flourence de Boubers[7], » son épouse, en présence de René, baron de Mailly, et de plusieurs autres
parents[8]. Le 21 janvier 1642, Françoise de Bouvelles était veuve
et avait la garde noble de ses enfants[9] qui étaient :

1. Voir p. 201.
2. *Preuves*, n° DXV.
3. Voir p. 200, et *Preuves*, n° DXXII.
4. Arch. de La Roche-Mailly. Pièce pap.
5. *Preuves*, n° DXXVI.
6. *Ibid.*, n° DXXVIII.
7. Au dire de Potier de Courcy, (P. Anselme), p. 883, Jacques de Mailly
épousa « Françoise de *Bonnelles*, fille de François de Bonnelles, seigneur de
La Neuville et d'Eppeville, et de Françoise de Boubers-Vaugenlieu. »
8. *Preuves*, n° DXXV.
9. Arch. de La Roche-Mailly. Cah. pap.

1° *Louis de Mailly* dont je parlerai au chapitre suivant.

2° *Claude de Mailly*, qualifié dans un partage du 15 mai 1664, de chevalier, comte de Mareuil. A cette époque Françoise de Bouvelles était morte.

3° *Jacques de Mailly*, décédé avant le 15 mai 1664[1].

§ II

Louis de Mailly, « chevalier, comte de Mailly, » fils aîné des précédents, naquit en 1630[2] et, après la mort de son frère Jacques, fit partage (15 mai 1664) des biens de sa famille avec son autre frère Claude de Mailly, comte de Mareuil. Il eut pour sa part « la maison, chasteau, cour, jardin, bastimens, enclos, héri- » tages, lieux et pourpris de Fescamp, » où il habitait, « la terre » et seigneurie de Fresnoy, » près de Roye, et « la terre et sei- » gneurie de Maresmoutier[3]. » Le 29 mai 1662, alors qu'il était sous-lieutenant de la compagnie de gens d'armes du prince de Condé, il fut pourvu dans la même compagnie de la charge de capitaine-lieutenant « vacante par la démission du sieur marquis » de Rochefort[4]. »

« Hault et puissant seigneur messire Louis de Mailly, cheva- » lier, seigneur de Fescamp, Fresnoy, Maresmoutier et autres » lieux, capitaine-lieutenant des gens d'armes de son Altesse sé- » rénissime le Prince, » épousa, par contrat passé à Paris le 20

---

1. Arch. de La Roche-Mailly. Cah. parch. Le P. Anselme (t. viii, p. 636), donne pour enfants à Jacques de Mailly, 1° *N. de Mailly*, seigneur de Ma- reuil, cornette des chevaux-légers du prince de Condé, puis guidon de ses gendarmes (Il s'agit ici de Louis de Mailly). 2° *N. de Mailly*, tué au siège de Bordeaux, âgé de 27 ans en 1650, et 3° un autre *N. de Mailly*. S'il y a eu un Mailly tué au siège de Bordeaux en 1650, à l'âge de 27 ans, celui-ci ne pouvait être fils légitime de Jacques de Mailly et de Françoise de Bouvelles qui ne s'étaient mariés qu'en 1628, c'est-à-dire depuis 22 ans seulement.

2. Potier de Courcy, p. 883.

3. Arch. de La Roche-Mailly. Cah. pap. et cah. parch.

4. Brevet signé *Louis de Bourbon*. Arch. de La Roche-Mailly.

avril 1671, « haute et puissante dame *Marguerite de Mareau de* » *Villeregis*, » veuve de Maximilien-Claude de Gomiecourt, et fille de feu Hector de Mareau, chevalier, seigneur de Villeregis, et de Marie de Maupeou[1]. Louis de Mailly mourut maréchal de camp le 21 septembre 1689[2], laissant quatre enfants mineurs sous la tutelle de leur mère :

1° *Louis-Alexandre de Mailly*, qui suit au chapitre II, âgé de 7 ans et 3 mois en 1689.

2° *Marie-Louise de Mailly*, âgée d'environ 16 ans et demi en 1689, morte le 30 décembre 1697[3]. 3° *Elizabeth de Mailly*, âgée de 12 ans et demi en 1689, mariée le 24 septembre 1708, à Joachim de La Viefville, seigneur de Plainville, capitaine des frégates légères du roi, morte le 6 mars 1738[4], 4° *Thérèse de Mailly*, âgée de 11 ans en 1689, morte le 18 septembre 1708[5].

Marguerite de Mareau mourut à Paris en juin 1733, âgée de 90 ans[6].

---

1. *Preuves*, n° DXXXII. Dans ce document il faut remplacer par *Maupeou* le nom de *Mauperu* qui est une mauvaise lecture de copiste.

2. Potier de Courcy, p. 883. — Le 22 septembre 1689 « a été fait le convoi et service de messire Louis, comte de Mailly, chevalier, seigneur de Fresnoy, Fécamp et autres lieux, maréchal des camps et armées du roy et capitaine-lieutenant des gendarmes de monseigneur le prince de Condé, et le mesme jour au soir le dit defunt a été transporté (de Saint-Sulpice) dans l'église paroissialle de Saint-Nicolas-des-Champs de Paris.... » *Extrait des reg. de Saint-Sulpice* aux Arch. de La Roche-Mailly.

3. Arch. de La Roche-Mailly. *Preuves pour Alexandre-Louis de Mailly*.

4. Potier de Courcy, p. 883. — Il importe de ne pas confondre *Elizabeth de Mailly*, fille de Louis et de Marguerite de Mareau, avec *Elizabeth de Mailly*, femme de Charles-Gaspard de Saulx, vicomte de Tavannes. Cette dernière *Elizabeth de Mailly* était fille d'*André de Mailly*, sieur du Breuil, receveur général des finances de Touraine, anobli par lettres patentes du roi Louis XIV, données à Versailles en juillet 1700. Charles d'Hozier, garde général de l'armorial de France, attribua pour armes à André : *Un écu d'azur à trois maillets d'or posés deux en chef et un en pointe, cet écu timbré d'un casque de profil orné de lambrequins d'or*. Bibl. nat., *Pièces orig.*, t. 1801, *Mailly* 41636, n° 50. L'écu *d'azur avec trois maillets d'or* était donné dans le même temps (1700 et 1704) à Jean-Baptiste de Mailly, seigneur de Frouville, et à Nicolas de Mailly, seigneur de Charneuil. Ibid., n°s 54 et 56

5. Arch. de La Roche-Mailly. *Preuves pour Alexandre-Louis de Mailly*.

6. Potier de Courcy, p. 883.

CHAPITRE II

LOUIS-ALEXANDRE DE MAILLY ET MARIE-LOUISE DE SAINT-CHA-
MANS — ALEXANDRE-LOUIS DE MAILLY ET ADÉLAÏDE-MARIE
DE LA CROIX DE CASTRIES
1682-1787

§ I

« *Louis-Alexandre de Mailly*[1], fils de messire Louis, comte
» de Mailly, maréchal des camps et armées du roy, capitaine-
» lieutenant des gend'armes de son Altesse Sérénissime monsei-
» gneur le prince de Condé, et de dame Margueritte de Mareau,
» son espouse, » fut baptisé à Saint-Nicolas-des-Champs à Paris
le 27 juin 1682 et tenu sur les fonts sacrés par « messire Louis-
» Balthazar-François, comte de Gomiecourt, » et « dame Adrien-
» ne-Marie-Thérèse-Léonore de Noyelle, femme de Mᵉ Fabrice,
» comte de Pietrasancta[2]. » En 1736 et 1738, on le trouve qualifié
de « chevalier non profès de l'ordre de Saint-Jean de Jérusalem,
» mestre de camp de dragons, seigneur de Fresnoy, La Neuville

---

1. Alexandre-Louis de Mailly d'après l'acte de baptême et Louis-Alexandre
de Mailly suivant le contrat de mariage et certains autres documents.
2. Arch. de La Roche-Mailly. *Extrait des registres des baptêmes de Saint-
Nicolas-des-Champs.*

» et autres lieux[1]. » Il épousa le 5 juin 1739, « haute et puissante
» damoiselle *Marie-Louise de Saint-Chamans*, fille de défunct
» haut et puissant seigneur messire Antoine de Saint-Chamans,
» chevalier, marquis de Monteguillon,.... et de haute et puissante
» dame, madame Marie-Louise Larcher[2]. »

Louis-Alexandre, « comte de Mailly, seigneur de Fresnoy, La
» Neuville, etc., » mourut en 1749[3] et sa femme vers 1767, époque à laquelle on fit le partage de leurs biens. Ils avaient eu pour
enfants :

1° *Alexandre-Louis de Mailly* qui suit.

2° *Marie-Louise-Bonne-Charlotte de Mailly*, « dame d'honneur
» de madame Sophie, » et femme « de haut et puissant seigneur
» Charles-Paul-François de Beauvilliers, comte de Buzançois,
» grand d'Espagne de la première classe, gouverneur du Hâvre-
» de-Grâce, colonel d'infanterie[4], » lieutenant-général, pair de
France en 1814, fils de Paul-Louis, duc de Beauvilliers, pair de
France, et d'Auguste-Léonore-Olympe-Nicole Bullion de Ferva-
ques, sa première femme[5].

§ II

Alexandre-Louis, vicomte de Mailly, seigneur de Fécamp,
Fresnoy, La Neuville, etc., fils des précédents, naquit le 4 mai
1744, fut ondoyé le même jour et reçut les cérémonies du baptême à Saint-Nicolas-des-Champs à Paris le 21 avril 1745. Il devint,
en 1757, mousquetaire à cheval dans la compagnie du marquis de
Jumilhac ; obtint en 1762 une commission de capitaine à la suite

1. Arch. de La Roche-Mailly.
2. *Preuves,* n° DXLVII.
3. Potier de Courcy, p. 883.
4. *Preuves pour Alexandre-Louis de Mailly.*
5. Potier de Courcy, p. 883.

du régiment de Bourgogne-Cavalerie ; fut capitaine commandant
au régiment de la Reine ; chevalier de Saint-Louis ; colonel en second au régiment de Normandie ; colonel du régiment d'Anjou ;
premier écuyer de Madame belle-sœur du roi, après démission
du comte de Mailly, marquis de Nesle ; brigadier d'infanterie par
brevet du 1er mars 1780 ; et gouverneur de Montlouis en Roussillon (12 juillet 1781). Le 16 juillet 1783, « Louis-Stanislas-Xavier,
» fils de France, frère du roy, grand-maître général tant au spi-
» rituel qu'au temporel des ordres royaux, militaires et hospita-
» liers de N. D. du Mont-Carmel et de Saint-Lazare de Jérusalem,
» Bethléem et Nazareth, » créa Alexandre-Louis de Mailly chevalier des ordres susdits après qu'il eut fait ses preuves de noblesse depuis Jean II de Mailly et Catherine de Mametz[1].

Ce fut « messire Alexandre-Louis de Mailly, vicomte de Mailly-
» Saint-Chamant, » qui obtint en 1782 l'arrêt du *Conseil provincial et supérieur d'Artois*, condamnant la famille Couronnel à
abandonner le nom de Mailly qu'elle avait pris indûment[2]. Il était
accompagné dans cette instance de « messire Charles-Marie-
» Isabelle-Désiré-Guillain de France, chevalier, comte d'Héseç-
» ques, seul héritier de Louis, sire marquis de Mailly, son oncle. »

Le vicomte de Mailly épousa le 25 novembre 1767, avec l'agrément du roi et de la reine, « très haute et très puissante damoy-
» selle, mademoiselle *Adélaïde-Marie de La Croix de Castries*,
» âgée de dix huit ans, » fille de Charles-Eugène-Gabriel de La
Croix, comte de Castries, gouverneur de Montpellier, maréchal
de France, et de Gabrielle-Isabeau-Thérèse de Rosset de Fleury[3].
Il mourut le 22 janvier 1787, à l'âge de 43 ans, « dans l'hostel de
» Castries, rue de Varenne. » Son enterrement, « dans la chapelle
» de Sainte-Geneviève, » eut lieu le lendemain en présence de
« très hauts et très puissants seigneurs Anselme-Louis-Gabriel-

---

1. Toutes ces preuves et documents sont conservés dans les Arch. de La
Roche-Mailly.
2. *Preuves*, nº DLXV.
3. *Preuves*, nº DLXI.

» Martial de Mailly, son fils ; Joseph-Louis-Robert de Lignerac,
» duc de Caylus, grand d'Espagne de la première classe, son
» gendre ; Charles-Paul-François de Beauvilliers, comte de Bu-
» zançois, grand d'Espagne de la première classe ; Armand-
» Charles-Augustin de La Croix, duc de Castries, ses beaux-
» frères[1]. »

Du mariage d'Alexandre-Louis, vicomte de Mailly, et d'Adélaïde-Marie de La Croix de Castries naquirent :

1° *Alexandre-Louis-Marie-Gabriel de Mailly* qui vint au
monde le 23 juin 1770 et fut baptisé le même jour à Saint-Sulpice.
Il eut pour parrain « très haut et très puissant seigneur monsei-
» gneur Louis, sire marquis de Mailly, chef de nom et d'armes
» de la maison de Mailly, comte de Rubempré, maréchal des
» camps et armées du roy, » et pour marraine « très haute et
» très puissante dame madame Marie de Rey, duchesse douairière
» de Fleury, représentée par très haute et très puissante dame
» madame Gabrielle-Isabeau-Thérèse de Rosset de Fleury, mar-
» quise de La Croix de Castries[2]. » Alexandre-Louis mourut le
24 juin 1771.

2° *Alexandre-Louis-Marie-Hercule de Mailly,* né le 4 mai
1773 et baptisé à Saint-Sulpice le lendemain. Son parrain fut
« très haut et très puissant seigneur monseigneur André-Hercule
» de Rosset de Fleury, pair de France, premier gentilhomme de
» la chambre du roi, chevalier de ses ordres, gouverneur et lieu-
» tenant général de Lorraine, » et sa marraine « très haute et très
» puissante dame Marie-Jeanne Phelypeaux de La Vrillière, épouse
» de très haut et très puissant seigneur monseigneur Jean-Fré-
» deric Phelypeaux, comte de Maurepas et de Pontchartrain, mi-
» nistre d'état, commandeur des ordres du roi[3]. » Cet enfant ne
vécut que douze jours et fut enterré à Saint-Sulpice le 15 mai[4].

1. Arch. de La Roche-Mailly. *Extrait du registre des actes de décès, pour
1787, de la paroisse Saint-Sulpice à Paris.*
2. Arch. de La Roche-Mailly *Extrait des reg. de Saint-Sulpice.*
3. Arch. de La Roche-Mailly. *Extrait des registres de baptême de Saint-
Sulpice.*
4. Arch. de La Roche-Mailly. *Extrait des reg. de décès de Saint-Sulpice.*

3° *Anselme-Louis-Gabriel-Martial de Mailly*, né le 1er juillet
1776 et baptisé le même jour à Saint-Sulpice. Il fut tenu sur les
fonts sacrés par « très haut et très puissant seigneur monseigneur
» Louis-Joseph, comte de Mailly, marquis de Néelle, chef des nom
» et armes de la maison de Mailly, prince souverain d'Orange et
» de Neufchâtel en Suisse » et par « très haute et très puissante
» dame madame Gabrielle-Ysabeau-Thérèse de Rosset de Fleury,
» marquise de Castries, épouse de très haut et très puissant sei-
» gneur monseigneur Charles-Eugène-Gabriel de La Croix de
» Castries, marquis de Castries,... lieutenant général des armées
» du roi, chevalier de ses ordres, commandant général de la gen-
» darmerie, ayeule maternelle de l'enfant[1]. » Anselme de Mailly
mourut sans alliance et en exil le 14 mars 1799[2].

4° *Adélaïde-Marie de Mailly*, mariée le 11 mai 1784, à Joseph-
Louis-Robert, marquis de Lignerac, duc de Caylus, grand d'Espagne, grand bailli d'épée et lieutenant-général dans la haute
Auvergne, puis maréchal de camp, pair de France en 1814, mort
le 23 juillet 1823. Adélaïde-Marie de Mailly mourut à La Norville,
près d'Arpajon, le 1er juillet 1814[3].

---

1. Arch. de La Roche-Mailly. *Extrait des registres de baptême de Saint-Sulpice.*
2. Le 14 mars 1799 mourut, muni des Sacrements de l'église, à la cour du-
cale de Hanovre, haut et puissant seigneur Anselme-Louis-Gabriel-Martial,
comte de Mailly. Arch. de La Roche-Mailly.
3. Potier de Courcy, p. 884.

LIVRE VIII

MAILLY-NESLE, COMTES DE MAILLY, COMTES DE RUBEMPRÉ

LIVRE HUITIÈME

PREMIÈRE PARTIE

MAILLY - NESLE

CHAPITRE Ier

Louis-Charles I de Mailly, marquis de Nesle, prince
d'Orange, et Jeanne de Monchy
1610-1708-1713

§ I

« *Louis-Charles I de Mailly*, marquis de Nesle, prince d'O-
» range et de L'Isle-sous-Montréal[1], baron d'Engoutsent et
» d'Emery, seigneur de Balagny, de Maurup, de Pagny, de Re-
» maugies, de Menneville, de Monthulin, de Bohain, de Beaure-
» voir, de Livry en Launoy[2], etc., était le deuxième fils[3] de

---

1. Département de l'Yonne.
2. Louis-Charles de Mailly acquit Livry de Godefroy d'Estrades « comte
du dit lieu, conseiller du roy en ses conseils, chevalier de ses ordres et ambassadeur extraordinaire en Hollande, » par contrat du 28 juillet 1662. Arch.
de La Roche-Mailly. Parch.
3. Le P. Anselme dit par erreur le troisième fils.

» René II, baron de Mailly, et de Michelle de Fontaine[1]. Il naquit
» en 1610 et se trouva aux sièges de Thionville, de Mardick,
» d'Ypres, de Dunkerque et aux batailles de Rocroy, de Fri-
» bourg et de Nortlingue, où il reçut trois graves blessures. Il
» accompagna le roi Louis XIV dans ses conquêtes de Flandre
» et de Hollande et à l'expédition de la Franche-Comté. Il acheta
» avec sa femme, par contrat du 30 mars 1666, homologuée par
» arrêt du Parlement de Paris du 24 mars 1667, les marquisats
» de Néelle[2] et de Montcavrel, et plusieurs autres terres de Jean-
» Baptiste de Monchy-Montcavrel qui était donataire de René-
» Jean, fils de René III de Mailly, lequel leur vendit ces marqui-
» sats et terres avec Madelène aux Epaules, dite de Laval, auto-
» risée de René III de Mailly, son second mari. Ils obtinrent des
» lettres patentes du roi pour faire appeler du nom de Mailly le
» village de Montcavrel ; et pour le distinguer de l'ancien Mailly,
» on le nomme Mailly-Montcavrel. Le roi Louis XIV leur accorda
» au mois de décembre 1701 des lettres patentes portant confir-
» mation de la donation et substitution masculine, graduelle et
» perpétuelle à l'infini faite en 1700[3] en faveur des aînés de la
» maison de Mailly, de certaines terres jointes au marquisat de
» Néelle, produisantes alors environ 40.000 écus de revenu[4]. »

Le marquis et la marquise de Mailly, nous dit Saint-Simon,
héritiers de Montcavrel, qui s'étaient mariés avec peu de biens
« étaient venus à bout avec l'âge, à force d'héritages et de pro-

---

1. Voir p. 206.
2. Néelle ou Nesle fut érigé en comté par Louis XI en janvier 1466 (v. s.),
pour son « amé et féal cousin, conseiller et chambellan, Charles de Sainte-
More, seigneur de Nesle. » Arch. nat., JJ 200, fol. 78, n° 143). Dans une rémission accordée en mars 1470 (v. s.) en faveur de Pierre Bourbon, demeurant à Nesle, on lit que 15 jours avant lui, et des compagnons étaient allés
« aux champs, cueillir des espines pour la fortiffication de la dite ville. »
(Arch. nat., JJ 201, fol. 97, n° 124). Peu de mois après les Bourguignons
s'emparèrent de la ville qu'ils ruinèrent. Ce fut en 1548 que le comté de Nesle
fut érigé en marquisat en faveur de Louis de Sainte-Maure. (Arch. nat., X1a
8616, fol. 211). ·
3. *Preuves*, n° DXL.
4. P. Anselme, t. VIII, p. 638.

» cès, d'avoir *le beau marquisat de Nesle*, de bâtir l'hôtel de
» Mailly, vis-à-vis du pont Royal, et de faire une très puissante
» maison[1]. »

Louis-Charles de Mailly avait épousé, par contrat du 4 décembre
1648, *Jeanne de Monchy*, sa cousine, surnommée *la Bécasse*,
fille de Bertrand-André de Monchy, marquis de Montcavrel, et de
Madeleine-Aux Epaules, marquise de Nesle. Il mourut le 26 mars
1708, à l'âge de 98 ans[2] et fut enterré dans la collégiale de Nesle.
Saint-Simon lui consacre les lignes suivantes :

« Le vieux marquis de Mailly mourut à 98 ans dans la belle
» maison qu'il avoit bâtie au bout du pont Royal[3] et laissa plus
» de 60.000 écus de rente en fonds de terre. Sa femme, qui avoit
» lors quatre-vingts ans et qui le survécut encore longtemps, étoit
» devenue héritière de tous les biens de sa maison qui étoit Mont-
» cavrel, par la mort du fils de son frère, jeune garçon de 12 ou
» 14 ans, dont elle prenoit soin depuis la mort de son frère et de
» sa belle-sœur qu'elle avoit plaidés toute sa vie. Ces Montca-
» vrel étoient la branche aînée de la maison de Monchy, dont étoit
» cadet le maréchal d'Hocquincourt, frère du grand-père de Mme
» de Mailly. Sa tante paternelle avoit épousé le frère aîné de son
» mari. De ce mariage une fille mariée à Montcavrel frère unique
» de Mme de Mailly. A force de procès et d'épargnes, de mariés
» chacun avec fort peu de bien, avec l'héritage de la branche de
» Montcavrel, et une très longue vie tout appliquée à former une

1. *Mémoires de Saint-Simon* (édit. Chéruel), t. I. p. 28.
2. Le P. Anselme, t. VIII, p. 638, dit à l'âge de 90 ans.
3. « Un des angles de la rue de Beaune est occupé par ce qui reste de l'ancien hôtel de Mailly-Nesle. Cette résidence s'étendait primitivement jusque
près de la rue du Bac et la façade principale donnait sur un jardin formant
terrasse et dominant le cours de la Seine.... L'hôtel de Nesle construit au
XVIIe siècle avait été remanié au siècle suivant sous le règne de Louis XVI ;
le décorateur Cauvet y avait fait de grands travaux dont il nous reste des dessins.... L'intérieur de l'hôtel a conservé un grand salon à six fenêtres orné de
boiseries de style Louis XV, en même temps qu'une seconde décoration bien
plus importante dont nous ne connaissons pas d'équivalent. C'est un grand
salon entièrement peint dont les camaïeux d'or se détachent sur un fond vert
très harmonieux... Dans plusieurs cartouches on voit les devises de la famille de Mailly... » *Gazette des Beaux-Arts*, 1er février 1891, pp. 148 et 149.

» opulente maison, ils y parvinrent. Le mariage de leur second fils
» avec la parente de Mme de Maintenon, qu'elle fit dame d'atours
» de Mme la duchesse de Bourgogne, leur fit obtenir en 1701 des
» lettres patentes dérogeant en leur faveur à tous les édits, dé-
» clarations et coutumes, qui autorisèrent la substitution qu'ils
» firent du marquisat de Nesle et d'autres terres pour plus de
» 40.000 écus de rente en faveur des mâles à perpétuité. A tout
» ce qui est arrivé depuis au marquis de Nesle, leur petit-fils, qui
» leur a immédiatement succédé, il n'a paru que Dieu ait béni ou
» l'acquisition de ces biens, ou la vanité d'avoir laissé sans aucu-
» ne sorte de portion, même viagère, les filles et les cadets sur
» cette substitution[1]. »

Jeanne de Monchy décéda le 13 avril 1712[2], après avoir reven-
diqué ses droits sur les principautés d'Orange et de Neuchâtel.

---

1. *Mém. de Saint-Simon,* (édit. Chéruel), t. vi, pp. 203, 204.
2. Jeanne de Monchy mourut à 86 ans ; elle avait mené toute sa vie ses enfants à la baguette. « C'est elle que la longueur de son visage étroit et la sin-
gularité de son nez faisoit nommer la Bécasse. » *Mémoires de Saint-Simon.*

§ II

Les enfants de Louis-Charles de Mailly, marquis de Nesle, et de Jeanne de Monchy furent :

1° *Louis II, marquis de Mailly et de Nesle*, dont je parlerai au chapitre suivant.

2° *Victor-Augustin de Mailly*, né le 21 octobre 1655, baptisé à Saint-Victor le 21 mai 1672[1] seulement, chanoine, puis grand prieur de l'abbaye de Saint-Victor de Paris et ensuite évêque de Lavaur[2]. Il mourut en odeur de sainteté le 23 décembre 1713 à Montpellier, durant la tenue des états de Languedoc[3].

3° *François de Mailly*, né à Paris le 4 mars 1658, fut destiné à l'état ecclésiastique. Son grand ami Saint-Simon nous apprend[4] que Jeanne de Monchy le fit prêtre « à coups de bâton » et qu'il enviait le sort des soldats à qui il voyait monter la garde[5]. Il devint « abbé de Flavigny en 1693, de Massay en 1695 et de Saint-» Etienne de Caen en décembre 1720. Il était aumônier du roi

---

1. « 1672. 21 mai. Baptème. à Saint-Victor, d'Augustin, fils de Louis, marquis de Mailly, de Nesle et de Montravel (sic), prince de L'Isle sous Montréal, demeurant en son hostel, quai Malaquais, et de Jeanne de Monchy. Celui qu'on baptisait était novice à Saint-Victor ; il était né le 21 octobre 1655, rue du Colombier, à l'Aigle-Noir, où il avait été ondoyé. Il était le second fils de Louis de Mailly. Il eut pour parrain Jean Molé, président à mortier au Parlement de Paris... Louis de Mailly ne parut pas au baptème. » Jal, *Dictionnaire critique de biographie et d'histoire*, au mot *Mailly*.

2. Arch. de la Faculté de droit de Paris. Reg. 48, fol. 146 verso. Victor-Augustin de Mailly fut sacré le 16 novembre 1692 par l'évêque de Viviers.

3. P. Anselme, t. VIII, p. 638. — Jeanne de Monchy « traita toute sa vie ses enfants à la baguette, en jeta un à Saint-Victor dont il se seroit bien passé. Il en devint pourtant prieur, puis évêque de Lavaur *et fut homme de bien.* » *Mémoires de Saint-Simon.*

4. *Mémoires*, passim.

5. « On peut juger quel prêtre ce fut, et quelles études il fit ; *mais il avoit de l'honneur, et fit de nécessité, vertu....* Ce n'étoit pas un homme de beaucoup d'esprit, mais il n'en manquoit pas, avoit des vues et une vaste ambition, étoit suivi dans toutes ses idées et fort attentif à ne se barrer sur rien et à s'aplanir les chemins à tout. » *Mémoires.*

» lorsqu'il fut nommé archevêque d'Arles le 24 décembre 1697,
» reçut la consécration le 11 mai suivant, prêta serment le 17 du
» même mois, et le pape lui accorda le *Pallium* le 21 juillet sui-
» vant. Louis XIV le nomma à l'archevêché de Reims le 12 juillet
» 1710 ; il en prit possession par procureur le 7 février 1711 et
» personnellement le 25 mars suivant. Il fit la cérémonie des
» obsèques de Monseigneur, dauphin de France, dans l'église de
» Saint-Denis le 18 juin de la même année, en laquelle il fut dé-
» puté à l'assemblée extraordinaire du clergé, et prit séance au
» Parlement comme pair de France le 21 février 1713. C'est en
» cette qualité qu'il lut en Parlement le 2 septembre 1715, au
» nom de tous les pairs qui ce jour là même s'étaient assemblés
» chez lui, une protestation concernant les prérogatives de la pai-
» rie. Le pape Clément XI le créa cardinal de son propre mouve-
» ment le 29 novembre 1719, et Sa Majesté lui donna le bonnet le
» 28 mai 1720. Le cardinal de Mailly mourut dans l'abbaye de
» Saint-Thierry le 13 septembre 1721, et fut enterré dans sa ca-
» thédrale. Son cœur fut transporté à Nesle[1]. »

Saint-Simon[2] nous trace à l'occasion de la mort de son ami le
cardinal un portrait que je ne puis négliger ici. Le voici en entier :
« Le cardinal de Mailly étoit mort quatre jours avant Madame la
» grande duchesse dans l'abbaye de Saint-Thierry, unie à l'arche-
» vêché de Reims, à soixante-trois ans. Cette mort étoit bien pro-
» pre à faire faire de grandes réflexions.... Il eut Arles en 1697 ;
» Reims en 1710 ; le chapeau, 19 novembre 1719, reconnu cardi-
» nal plusieurs mois après par le régent et le roi avec grand'-
» peine. Quoique d'une santé ferme et que je n'ai vue altérée en
» rien jusqu'à l'évenement dont je vais parler, il vivoit depuis
» qu'il fut cardinal dans le plus exact régime, et sur ses heures,
» et sur le choix et la mesure de son manger et sur mille sortes
» de bagatelles, tant il désiroit jouir longtemps de sa fortune. Il

---

1. P. Anselme, t. II, p. 93. — Duhamel-Décéjean, *Description archéologi-*
que du canton de Nesle. Péronne, 1884, p. 106.

2. *Mémoires.*

» voyoit le sacre instant[1] et un conclave peu éloigné. Ces céré-
» monies et la figure qu'il y alloit faire le transportoient. Il ne
» songea qu'à partir brusquement dès qu'on eut la nouvelle de la
» mort du pape[2] ; mais il eut l'avisement de profiter de la cir-
» constance. En prenant congé du régent, il lui représenta que le
» sacre étoit fort proche, qu'il auroit l'honneur de le faire, et de
» conférer le lendemain l'ordre du Saint-Esprit au roi qui ne l'a-
» voit pas encore reçu ; que le roi choisissait toujours un seigneur
» gneur pour porter ce jour là, et le lendemain qu'il faisoit des
» chevaliers, la queue de son grand manteau de l'ordre, ce qui
» lui donnoit droit, quelque âge qu'il eût, d'être compris dans la
» promotion suivante, comme il étoit arrivé de M. de Nemours
» en 1661, à la première fleur de son âge, et là-dessus demanda
» et obtint que son neveu, le marquis de Nesle[3], fût choisi pour
» cette fonction. La promesse en fut si publique que, quoique le
» cardinal de Mailly fût mort lorsque le roi fut sacré, la parole
» fut tenue, et le marquis de Nesle fut chevalier de l'ordre de la
» promotion de 1724, si nombreuse et si peu choisie, quelques
» années avant l'âge.

» Je passai avec le cardinal de Mailly toute la soirée de la
» veille qu'il devoit partir pour Rome ; je ne vis jamais un homme
» si content. Je le quittai tard, se portant très bien. Le lende-
» main sur le midi, je fus bien étonné d'apprendre par un homme
» qu'il m'envoya qu'il s'étoit trouvé si mal la nuit, que dès le
» grand matin il avoit envoyé chercher du secours, lequel lui
» avoit trouvé la fistule, et si pressé à y travailler que sans autre
» préparation l'opération lui avoit été faite fort heureusement,
» qu'il étoit aussi bien qu'il étoit possible, et qu'il me prioit de
» l'aller voir. Je le trouvai en effet fort bien pour son état, mais
» bien touché de n'aller point à Rome. Le sacre prochain le con-

1. Le sacre de Louis XV.
2. Clément XI mourut le 19 mars 1721.
3. Louis III de Mailly, marquis de Nesle, mari d'Armande-Félice de La
Porte-Mazarin.

» soloit et l'espérance de voir un autre conclave. Je ne m'étois
» jamais aperçu qu'il fut attaqué d'aucun mal, et lui-même n'en
» avoit jamais parlé ; il croyoit de temps en temps avoir des
» hémorroïdes à ce qu'il dit depuis, et n'en faisoit point de cas.
» Je ne sais comment cette opération fut faite ; mais on apprit
» depuis sa mort qu'il lui étoit demeuré un écoulement qu'on lui
» avoit bien recommandé d'entretenir. Il vit bientôt le monde,
» tant sa guérison s'avança sans aucun accident, et en peu de
» temps reprit sa vie accoutumée. Cinq mois se passèrent de la
» sorte. Il s'en alla à Reims où il n'étoit pas à son aise et qu'il
» avoit accablé de lettres de cachet. Il se retira bientôt après à
» Saint-Thierry qui n'en est qu'à quelques lieues, qui lui servoit
» de maison de campagne, ne respirant que feu et sang contre les
» opposants à la constitution, et sa vengeance particulière de
» ceux qui osoient encore lui résister, lorsque tout à coup cet
» écoulement s'arrêta et fit une révolution à la tête où il sentit
» des douleurs à crier les hauts cris. A peine ce tourment eut-il
» duré quatorze ou quinze heures, malgré les saignées et tout ce
» qu'on put employer, qu'il perdit la connoissance et la parole, et
» mourut dix ou douze heures après[1], sans avoir eu un moment
» à penser à sa conscience. Quelle fin de vie dans un prêtre et
» dans un évêque, toute d'ambition et persécuteur effréné par am-
» bition et par haine ! Il passionna les honneurs, il goûta seule-
» ment des plus grands comme pour s'y attacher davantage. Ce
» qu'ils avoient pour lui de plus flatteur lui fut montré et porté,
» pour ainsi dire, jusqu'au bord de ses lèvres. La coupe lui en fut
» subitement retirée sans qu'il y pût toucher au moment d'y met-
» tre la bouche et d'en boire à longs traits. Livré à des douleurs
» cruelles, puis à un état de mort, et paroître devant Dieu tout

1. Les médecins de Reims ouvrirent le corps du cardinal de Mailly et conclurent à une mort par apoplexie. « *Rapport des médecins de Reims sur
l'ouverture du corps de S. E. le cardinal de Mailly et les causes de sa mort
survenue le samedi 13 septembre 1721 à quatre heures après midy* (suit le
rapport). A Reims le 18 septembre 1721. (Imprimé) A Reims chez Barthélemy Multeau, imprimeur, rue des Elus. » Bibl. nat., cah. bleus, 11109,
Mailly, cote 282.

Mgr François DE MAILLY
Archevêque Duc de Reims Pair de
France Légat né du St. Siège crée
Cardinal   en 1719

Se vend à Paris Chez E.Desrochers rue du Foin près la rue S. Jacque

» vivant de la vie du monde, sans avoir eu un moment à penser
» qu'il l'alloit quitter et paroître devant son juge : voilà le monde,
» son tourbillon, ses faveurs, sa tromperie et sa fin ! »

Le père Candide Chalippe, religieux récollet, qui prononça
l'oraison funèbre de François de Mailly dans la cathédrale
de Reims, le 19 novembre 1722, se montra moins sévère que
Saint-Simon envers celui qui n'avait embrassé qu'à son corps dé-
fendant la carrière ecclésiastique. Il représenta le cardinal comme
un homme très charitable pour les pauvres, particulièrement à
Arles pendant le rigoureux hiver de 1709[1].

Le cardinal de Mailly portait pour armes : *d'or à trois maillets
de sinople* (Planche XII). Jean Guigard est dans l'erreur en lui
attribuant *trois maillets de gueules*[2].

4° *Louis, comte de Mailly*, quatrième fils de Louis-Charles de
Mailly et de Jeanne de Monchy. (Voir 2ᵉ partie de ce VIIIᵉ livre,
chapitre Iᵉʳ).

5° *Marie-Louise de Mailly*, première fille de Louis-Charles de
Mailly et de Jeanne de Monchy, religieuse à Longchamp, abbesse
de Lavaur puis de Saint-Just-en-Chaussée au diocèse de Beauvais
le 1ᵉʳ novembre 1712, mourut en avril, mai ou juin 1715[3].

6° *Anne-Marie-Madeleine-Louise de Mailly*, femme de René V,
marquis de Mailly, son cousin germain[4].

7° « *Jeanne-Charlotte-Rose de Mailly*, religieuse, puis prieure
» perpétuelle de Poissy sur la nomination du roi, en conséquence
» d'un indult accordé par le pape en date du 5 juin 1705. Elle

1. « *Oraison funèbre de monseigneur l'illustrissime et éminentissime François de Mailly, cardinal de la sainte église romaine, archevêque duc de
Reims, premier paire de France, légat du Saint-Siège, primat de la Gaule
Belgique, etc., prononcée dans l'église métropolitaine de Reims, le 19 novembre 1722, par le P. Candide Chalippe, récollet.* A Paris, chez la veuve
Raymond Mazières, rue Saint-Jacques à la Providence. MDCCXXII. » In-4°
de 46 pages.

2. *Armorial du Bibliophile,* t. ii, p. 85.

3. P. Anselme, t. viii, p. 638. — *Gallia Christiana,* t. ix (*Ecclesia Catalaunensis*), col. 857. — *Mémoires de la Société académique du dép. de l'Oise,*
t. xii, 2ᵉ partie, p. 297.

4. Voir p. 216.

» obtint des bulles et prit possession le 3 septembre 1707[1]. » Au
dire de Saint-Simon[2], la dernière fille de Louis-Charles de Mailly
forcée par sa mère Jeanne de Monchy à prendre l'habit de religieuse fit « de nécessité vertu, là devint bonne et fut une excel-
» lente abbesse de Poissy, adorée et respectée au dernier point
» dans cette communauté si grande et si jalouse de l'élection
» qu'elle avait perdue. »

83. — Sceau de Charlotte de Mailly, prieure de Saint-Louis de Poissy, juin 1711.
Demay, *Sceaux de Normandie*, n° 3070.

Demay[3] signale un petit cachet ovale aux armes de « Char-
» lotte de Mailly, prieure de Saint-Louis de Poissy, » accompagnant une présentation (juin 1711) à la chapelle de Saint-Nicolas
à Noyers : *Deux écus accolés[4] portant chacun trois maillets,
surmontés d'une couronne, dans un cartouche, entourés d'une
cordelière* (figure 83).

---

1. P. Anselme, t. VIII, p. 639. — « Le roi a nommé madame de Mailly pour
remplir la place de feue madame de Chaulnes, prieure de Poissy, pour estre
de ce célèbre prieuré. Elle est belle-sœur de madame de Mailly, dame d'a-
tours de madame la duchesse de Bourgogne. » *Mercure* de mars 1707.

2. *Mémoires.*

3. *Sceaux de Normandie*, n° 3070.

4. *Mailly* à dextre et *Monchy* à senestre.

CHAPITRE II

§ I

« *Louis II, marquis de Mailly et de Nesle*, fils aîné de
» Louis-Charles et de Jeanne de Monchy, colonel du régiment de
» Condé, maréchal de camp des armées du roi, naquit en 1653 et
» donna des preuves de sa valeur et de son courage en plusieurs
» occasions, et particulièrement à la bataille de Senef où il eut
» une jambe cassée d'un coup de mousquet ; il fut blessé au siège
» de Philisbourg en 1688 et mourut de sa blessure à Spire le 18
» novembre, cinq semaines après l'avoir reçue[1]. Il fut enterré le 19
» du même mois au couvent des Cordeliers de Spire devant le
» grand-autel. Il avait épousé par contrat du 22 avril 1687, *Marie*
» *de Coligny*, fille de Jean de Coligny, comte de La Mothe-Saint-
» Jean, lieutenant général des armées du roi, et d'Anne-Nicole
» Cauchon de Maupas, dame du Tour[2]. »

1. Louis de Mailly, marquis de Nesle, mort à Spire, à l'âge de 35 ans, de la
blessure qu'il avait reçue au siège de Philisbourg, avait fait sa première campagne à l'âge de 14 ans au siège de Lille. Arch. de La Roche-Mailly.

2. P. Anselme, t. viii, p. 639.

Le marquis de Nesle, rapporte Saint-Simon[1], « avoit épousé
» malgré » ses parents « la dernière de l'illustre maison de Coli-
» gny. Il étoit mort devant Philisbourg en 1688 maréchal de
» camp, et n'avoit laissé qu'un fils et qu'une fille. »

Le *Mercure politique* de septembre 1693 enregistre ainsi la
mort de Marie de Coligny. « Le 17 août mourut de la petite vérole
» dame Marie de Coligny, veuve de messire Louis de Mailli, che-
» valier, marquis de Nesle, baron de L'Isle, maréchal de camp et
» armées du roi, colonel du régiment de Condé infanterie, tué au
» siège de Philisbourg. Elle étoit âgée de 26 ans et fut inhumée le
» 18 à Saint-Sulpice. »

§ II

Les enfants de Louis II de Mailly et de Marie de Coligny furent :

1° « *Louis III de Mailly*, » qui fera l'objet du chapitre suivant.

2° « *Charlotte de Mailly*, née en 1688, qui épousa le 14 mai
» 1711 à Saint-Sulpice, François-Hugues-Emmanuel de Nassau-
» Sieghen, premier lieutenant des gardes du corps wallon du roi
» d'Espagne, fils de Jean-François-Désiré, prince de Nassau-
» Sieghen, et d'Isabelle-Claire-Eugénie de Puget de La Fère.
» Elle en eut deux enfants morts jeunes[2]. » Le 30 septembre
1747, Louis XIV donna des lettres patentes portant confirmation
d'une transaction entre « dame Charlotte de Mailly de Nesle,
» princesse douairière de Nassau, et les religieux de Saint-Ger-
» main-d'Auxerre[3]. »

1. *Mémoires.*
2. P. Anselme, t. VIII. p. 639.
3. Arch. nat., X¹ª 8754, fol. 466.

CHAPITRE III

Louis III de Mailly, marquis de Nesle, prince d'Orange,
et Armande-Félice de La Porte-Mazarin — leurs
enfants — principauté d'Orange
1689 — xviiie siècle

§ I

« *Louis III de Mailly*, marquis de Nesle et de Mailly-en-Bou-
» lonois, prince d'Orange et de L'Isle-sous-Montréal, comte de
» Bohain, de Beaurevoir et de Bernon, seigneur de Maurup, de
» Pargny, etc., chevalier des ordres du roi, naquit posthume le
» 27 février 1689, trois mois après la mort de son père. Il fut d'a-
» bord mousquetaire et pourvu le 7 avril 1707 de la charge de
» capitaine-lieutenant des gendarmes Ecossois[1], commandant la
» gendarmerie. Il se trouva aux batailles de Ramillies où il fut
» blessé au bras, n'étant encore que mousquetaire, à celles d'Ou-
» denarde, de Malplaquet, au combat de Denain, aux siéges de

---

1. « Le marquis de Nesle a achetté du comte de Rouci la compagnie des
gendarmes Ecossois ; il est âgé de 19 ans et est fils du feu marquis de
Mailly, tué au siège de Philisbourg. » *Mercure* de février 1707.

» Marchiennes, de Douay, du Quesnoy, de Bouchain ; à la ba-
» taille d'Oudenarde, avec le seul escadron des gendarmes écos-
» sois, il battit deux escadrons des ennemis, et fit l'arrière-garde
» de toute l'armée avec l'approbation du duc de Bourgogne et du
» duc de Vendôme qui la commandoient. Le roi le nomma en 1717
» pour aller recevoir à son débarquement à Calais le czar Pierre-
» Alexowits, empereur de Russie, le complimenter de la part du
» roi et le conduire à la cour. Il porta la queue du manteau du
» roi lorsque ce prince reçut le collier de l'ordre du Saint-Esprit
» à Reims le 27 octobre 1722, fut nommé chevalier des ordres du
» roi le 2 février 1724, n'ayant pas encore les 35 ans accomplis,
» et fut reçu le 3 juin de la même année[1]. » En 1739 il était à
Caen pour le service du roi et empruntait la somme de 20000 livres de Guillaume Bernard des Landes, seigneur de Lancelot[2].

Le marquis de Nesle fut marié par son oncle l'évêque de Lavaur en 1709, dans la chapelle du palais Mazarin[3], avec « *Ar-*
» *mande-Félice de La Porte-Mazarin*, fille de Paul-Jules de La
» Porte-Mazarin, duc de Rethel-Mazarin, de La Meilleraye et de
» Mayenne, pair de France, et de Charlotte-Félice-Armande de
» Durfort-Duras. Elle fut nommée l'une des dames du palais de la
» reine en 1725 et mourut à Versailles le 12 octobre 1729, âgée
» de 38 ans[4]. » Son mari décéda longtemps après elle, avant
1767.

§ II

Armande-Félice de La Porte-Mazarin donna à Louis III de
Mailly, marquis de Nesle :

1. P. Anselme, t. viii, p. 639.
2. Arch. de La Roche-Mailly.
3. Arch. de La Roche-Mailly.
4. P. Anselme, t. viii, p. 639.

Loüis de Mailly *Marquis de Neelle*
Prince d'Orange Chevalier *des Ordres du Roy.*

1° *N. de Mailly*, mort au berceau.

2° *Louise-Julie de Mailly*, née au mois de mars 1710, laquelle épousa le 31 mai 1726 Louis, comte de Mailly, cousin germain de son père, dont je parlerai plus tard, et succéda à sa mère dans la charge de dame du palais de la reine au mois d'octobre 1729[1].

Louise-Julie de Mailly fut la première maîtresse en titre de Louis XV. Cette liaison, à laquelle le cardinal ne fut pas étranger, commença vers 1732. On lit dans le *Journal de Barbier*[2], à l'année 1737 : « Il y a longtemps que l'on parle de cette comtesse » de Mailly pour être la maîtresse du roi ; mais la chose paroit » certaine. Elle n'est pas jolie ; elle a vingt-sept à vingt-huit » ans ; elle est bien faite, amusante et a de l'esprit. Cette intri- » gue se mène toujours secrètement parce que le cardinal retient ; » mais il n'est pas possible que les gens de cour et les officiers ne » voient.... On dit que le roi lui donne six mille livres par mois. » Elle pourroit bien faire duc son mari sans que personne y » trouvât à redire. *C'est un nom reconnu parmi nous de la pre-* » *mière noblesse de ce pays-ci.* »

Disgrâciée en novembre 1742 pour faire place à madame de La Tournelle, sa sœur, Louise-Julie se retira du monde et vécut dans la retraite jusqu'à sa mort en 1751. Barbier[3] nous parle encore d'elle en ces termes : « Madame la comtesse de Mailly, ci-devant » maîtresse du roi, a pensé mourir d'une fluxion de poitrine, mais » on la croit réchappée. Comme elle est dans la haute dévotion, » sous la direction du P. Renaut, de l'Oratoire, fameux prédica- » teur, elle étoit regrettée assez généralement, d'autant plus que » *c'est une brave femme qui n'a jamais fait de mal à personne* » *dans le temps de son crédit.* Cette pauvre comtesse est morte à » quarante et un ans, le 30 de ce mois de mars 1751. Le P. » Boyer, de l'Oratoire, ancien prédicateur, étoit mort aussi huit » ou dix jours auparavant d'une fluxion de poitrine, ce qui a frappé

1. P. Anselme, t. viii, p. 639.
2. Tome iii, pp. 112, 113, 114.
3. *Journal*, t. v, p. 34 et 35.

» madame de Mailly, d'autant qu'il étoit, ainsi que le P. Renaut,
» dans l'intimité. Après les exercices de piété, ces gens là ne se
» quittoient point, mangeoient très souvent ensemble et faisoient,
» dit-on, très bonne chère, ce qui faisoit même plaisanter quel-
» quefois. Madame de Mailly a été enterrée, suivant ses dernières
» volontés, dans le cimetière des Innocents, où l'on enterre les
» pauvres gens par charité ; elle vouloit même être enterrée dans
» la fosse commune, mais on lui en a fait une particulière[1].....
» Cette dame laisse sûrement plus de dettes que de biens ; son
» mobilier suffira peut-être pour les payer[2]. Le roi lui faisoit
» vingt-cinq ou trente mille livres de pension. *On lui rend la*
» *justice d'avoir aimé le roi pour lui-même et de n'avoir jamais*
» *rien demandé ni songé à sa fortune[3].* »

3° *Pauline-Félicité de Mailly*, dite *mademoiselle de Nesle*,
qui naquit en 1712 et épousa le 28 septembre 1739 Jean-Baptiste-
Félix-Hubert de Vintimille, marquis de Vins et du Luc[4]. Comme
sa sœur aînée, elle fut distinguée par Louis XV et mourut à Versailles à la suite d'un accouchement le 9 septembre 1741, à l'âge
de 29 ans. Les courtisans frappés de l'extrême ressemblance que
son enfant avait avec le roi l'appelaient le *Demi-Louis*.

---

1. Le testament de Louise-Julie de Mailly est très édifiant. Après
avoir supplié « la divine miséricorde d'avoir pitié de son âme et de lui accorder le pardon de ses péchés, » elle y demande à « *estre enterrée dans le
cimetière de la paroisse* » où *elle décederait* « *avec toute la simplicité possible, sans tenture et sans aucune cérémonie.* » Elle légua aux pauvres de la
paroisse Saint-Germain-l'Auxerrois où elle demeurait, la somme de 3000
livres. Arch. de La Roche-Mailly. P. pap.

2. Son mobilier fut estimé à la somme de 85.268 livres. Arch. de La Roche-
Mailly.

3. « Louise-Marie de Mailly n'était pas belle, mais elle avait un caractère
égal, était douce, réservée, timide et sans ambition. Elle aima avec passion
Louis XV.... Heureuse d'être aimée, elle vécut à la cour avec modestie, sans
se mêler des affaires de l'état, sans intriguer et sans demander aucune faveur pour elle, ni pour les siens.... Après sa disgrâce, un jour qu'elle entrait
à Saint-Roch, un homme voyant qu'on se rangeait pour la laisser passer dit
grossièrement : « Voilà bien du bruit pour une c.... ! — Puisque vous la connaissez, monsieur, répondit humblement la pécheresse repentante, priez
pour elle ! » *Biographie Didot-Hœfer.* Art. signé A. Jadin.

4. Potier de Courcy, p. 118.

« Madame de Vintimille du Luc, sœur de madame la comtesse
» de Mailly, dit Barbier[1], est accouchée d'un garçon, sur quoi le
» comte de Vintimille, son mari, a tenu de fort mauvais propos,
» comme n'ayant pas grande part à cet enfant que l'on disoit être
» d'un bien plus haut rang ; mais cela n'a pas grande apparence,
» attendu la liaison connue avec madame de Mailly, sa sœur. Au
» demeurant, cette pauvre comtesse de Vintimille est morte, ces
» jours-ci, de la suite de sa couche par une maladie appellée la
» *milliaire* dont est morte la reine de Sardeigne, maladie nou-
» velle en ce pays. Elle étoit laide, mais beaucoup d'esprit ; elle
» amusoit le roi et étoit de toutes ses parties, et il est vrai qu'elle
» avoit beaucoup de crédit auprès de Sa Majesté. Tout le monde
» a été très surpris du chagrin réel que cette mort a causé au roi.
» Il n'a jamais paru si touché et il en a donné des marques trop
» publiques ; il n'a vu personne ce jour-là et il s'est retiré pen-
» dant quatre ou cinq jours à Saint-Léger, qui est une petite mai-
» son proche Rambouillet, qui appartient à madame la comtesse
» de Toulouse, avec quatre ou cinq personnes seulement, et l'on a
» dérangé pour quelque temps les voyages de Choisy. Madame
» la comtesse de Mailly (Louise-Julie) est néanmoins toujours des
» parties de Saint-Léger où le roi a fait plusieurs petits voya-
» ges.... »

4° *Diane-Adélaïde de Mailly*, dite *mademoiselle de Montcavrel*, née au mois de mars 1714, dame d'atours de madame la
Dauphine, qui épousa le 23 janvier 1734, Louis de Brancas, duc
de Villars et de Lauraguais, pair de France, colonel du régiment
d'Artois infanterie, veuf d'Adélaïde-Félicité-Geneviève d'O[2]. Madame de Lauraguais, sans avoir été maîtresse en titre du roi,
passe cependant pour avoir joui de ses faveurs[3]. Elle mourut le
30 novembre 1769, sans postérité[4].

---

1. *Journal*, t. III, pp. 308, 309.
2. Arch. de La Roche-Mailly, et Potier de Courcy, p. 291.
3. *Journal de Barbier*, t. III, note 1.
4. Potier de Courcy, p. 291.

5° *Hortense-Félicité de Mailly*, dite *mademoiselle de Châlon*.
Née au mois de février 1715, elle épousa le 21 janvier 1739 « très
» haut et très puissant seigneur François-Marie de Fouilleuse,
» marquis de Flavacourt, colonel à la suite du régiment des Cra-
» vattes, chevalier de l'ordre royal et militaire de Saint-Louis, et
» brigadier des armées du roi[1]. » Par d'énergiques menaces, le
marquis de Flavacourt sut faire respecter sa femme que Louis XV
attendit vainement. La fille de François-Marie de Fouilleuse et
d'Hortense-Félicité de Mailly, nommée Adélaïde-Godeffroy-Julie,
épousa à Saint-Sulpice, le 26 février 1755, Louis d'Estampes, fils
de Louis-Roger, marquis d'Estampes, baron de Mauny, et de
Marguerite-Lydie de Becdelièvre de Cany[2].

6° *Marie-Anne de Mailly*, dite *mademoiselle de Monchy* et
plus tard *duchesse de Châteauroux*, née au mois d'octobre 1717.
Elle épousa Jean-Baptiste-Louis, marquis de La Tournelle, colo-
nel-lieutenant du régiment de Condé infanterie, mort le 23 novembre 1740, à l'âge de 22 ans, sans laisser d'enfants[3].

Madame de La Tournelle supplanta sa sœur aînée auprès de
Louis XV. Voici comment Barbier[4] raconte cet événement, au mois
de novembre 1742 : « On dit que le roi s'est brouillé avec mada-
» me la comtesse de Mailly (Louise-Julie). On n'en sait pas le
» sujet, et quoiqu'il y ait longtemps que cela dure, on dit que la
» rupture a été vive ; que madame de Mailly l'ayant pris sur le
» haut ton, le roi a fait démeubler, le 3 de ce mois, son appar-
» tement, et qu'il lui a annoncé qu'il y avoit une chaise de poste
» toute prête pour la conduire où elle voudroit. On dit aussi qu'elle
» est venue descendre à l'hôtel de Toulouse où elle est malade.
» On publiait en même temps que c'étoit un sermon du curé de

1. Arch. de La Roche-Mailly. — « La sœur cadette de madame la comtesse
de Mailly, fille du marquis de Nesle, a épousé ces jours-ci (21 janvier 1739)
M. le marquis de Flavacourt. Elle est très jolie, aussi bien que madame la
marquise de La Tournelle, sa sœur. » *Journal de Barbier*, t. III, p. 155.
2. Arch. de La Roche-Mailly.
3. *Mercure de France* de décembre 1744.
4. *Journal*, t. III, pp. 393, 394.

MARIE-ANNE DE MAILLY-NESLE
DUCHESSE DE CHATEAUROUX
DAME DU PALAIS DE LA REINE

Héliog. Dujardin

» Saint-Barthélemy, le jour de la Toussaint, à Versailles, qui
» avoit touché le roi ; mais il y a bien une autre histoire sur le
» tapis. On dit que c'est pour prendre pour maîtresse madame de
» La Tournelle, veuve du marquis de La Tournelle, et sœur ca-
» dette de madame la comtesse de Mailly, laquelle a été nommée
» dame du palais de la reine depuis peu de temps. Ceci donne lieu
» à bien des discours un peu vifs. Madame de La Tournelle est
» jeune et assez belle ; on dit qu'elle a fait ses conditions, savoir :
» qu'elle seroit maîtresse déclarée, qu'elle auroit un état de mai-
» son, qu'elle n'iroit point aux petits soupers du roi, dans les pe-
» tits appartements ; qu'elle auroit tous les soirs dix couverts
» chez elle et qu'elle nommeroit elle-même les personnes qui y
» souperoient, et qu'elle auroit de plus cinquante mille écus de
» pension assurée pour sa vie. On dit encore que le roi paye les
» dettes de madame la comtesse de Mailly, qui vont, dit-on, à
» cent mille livres et qu'il lui fait cinquante mille livres de pen-
» sion. Il ne s'agit plus que de savoir si tout ceci est bien vrai. »

Par brevet du 21 octobre et lettres du 24 janvier 1744,
Louis XV donna à « sa chère et bien amée cousine » madame de
La Tournelle le duché pairie de Châteauroux, qu'il avait acquis le
26 décembre 1736, de Louis de Bourbon, comte de Clermont[1].
Cette distinction devait bientôt être suivie d'amertumes. Le roi
tomba grièvement malade à Metz et la favorite fut disgraciée
avec sa sœur la duchesse de Lauraguais. A la nouvelle du danger
que courait le roi, la comtesse de Mailly, qui était « à Paris dans
» une haute dévotion, » fit de ferventes prières pour Louis XV.
« On commence à présent, dit Barbier[2], à lui pardonner et à l'es-
» timer ; et au contraire on se déchaine à toute outrance contre
» sa sœur (la duchesse de Châteauroux), que l'on regarde comme
» la cause de la maladie du roi. »

Marie-Anne de Mailly ne tarda pas à reprendre faveur auprès

1. *Preuves*, nº DL.
2. *Journal*, t. III, pp. 539, 540.

du monarque. Celui-ci envoya (novembre 1744) « M. le comte de
» Maurepas, secrétaire d'état, à madame la duchesse de Château-
» roux ét à madame la duchesse de Lauraguais, sa sœur, leur
» faire une espèce d'excuse de ce qui s'était passé à Metz, les
» prier de revenir à la cour à l'ordinaire, et qu'il l'assuroit de son
» amitié et de sa protection, et qu'il rétablissait madame la du-
» chesse de Châteauroux dans toutes ses charges et honneurs. »

Peu de temps après ce retour du roi, la duchesse de Châteauroux tomba gravement malade. Elle se confessa au père Segaud,
jésuite, reçut les sacrements et mourut entre les bras de ses
sœurs, mesdames de Mailly et de Lauraguais, le mardi 8 décembre
1744, à cinq heures du matin, âgée de 27 ans, « dans des agita-
» tions étonnantes qui lui étoient causées par un transport qui a
» duré plusieurs jours. » Louis XV fut « dans une affliction mor-
» telle » de cet événement[1] ; il pleura vivement sa maîtresse,
comme s'il eut compris que le caractère énergique de madame de
Châteauroux était nécessaire pour faire de lui un roi[2]. Cette
femme brillante, audacieuse, pleine d'un attrait impérieux, inspi-
rait à Louis quelque chose qui dépassait l'entraînement des sens.
Dès que le roi lui appartint, elle s'efforça de le relever et d'en
faire un homme. Ceux des ministres et des courtisans qui, soit
par ambition, soit par patriotisme, poussaient aux partis vigou-
reux, n'eurent point d'allié plus zélé et plus utile[3].

Madame de Pompadour et madame du Barry devaient faire re-
gretter les quatre filles du marquis de Nesle. Avec la du Barry
surtout, Louis XV tomba dans la boue et ne s'en releva plus.

---

1. *Journal de Barbier*, t. iii, pp. 568 à 571.
2. Dareste, *Hist. de France*, t. vi, p. 372.
3. Henri Martin, *Histoire de France*.

§ III

PRINCIPAUTÉ D'ORANGE

Les Mailly-Nesle se qualifiaient princes d'Orange à cause des droits que revendiquait sur cette principauté Jeanne de Monchy, femme de Louis-Charles de Mailly.

Orange est aujourd'hui un chef-lieu d'arrondissement du département de Vaucluse[1]. C'était autrefois une seigneurie indépendante, avec titre de principauté, enclavée dans le Comtat Venaissin.

Au commencement du XVe siècle, Orange appartenait sans conteste à Marie de Baux, seule héritière de Raymond V de Baux, mariée à Jean de Châlons, seigneur d'Arlai[2].

Du mariage de Jean de Châlons avec Marie de Baux vinrent entre autres enfants : *Louis* ; *Jean*, auteur *des comtes de Joigny*, et *Alix*, mariée à Guillaume de Vienne.

Par son testament du 22 mai 1416, Marie de Baux institua pour son héritier universel, tant en la principauté d'Orange qu'en tous ses autres biens, son fils aîné Louis de Châlons. Dans le cas où la postérité masculine de ce dernier viendrait à disparaître, elle substituait les mêmes biens à Jean de Châlons, son second fils, ou à ses enfants de mâles en mâles. Si les mâles venaient à manquer dans les différentes branches de ses fils, la testatrice reportait son héritage à tous ses descendants, sans différence de sexe.

Il arriva qu'avant l'extinction de la branche de Louis de Châ-

---

1. Orange, ville d'environ 10.000 habitants, possède le plus bel *arc de triomphe* romain qu'il y ait en France.

2. *Tableau de l'histoire des Princes et principauté d'Orange*, par Joseph de La Pise, imprimé à la Haye, chez Théodore Maire, MDCXXXVIIII.

lons, les enfants mâles manquèrent dans toutes les branches, en sorte que Claude de Châlons, arrière-petite fille de Louis[1], se trouva légitime héritière de la principauté d'Orange qu'elle porta en mariage à Henri, comte de Nassau. De ce mariage naquit un fils nommé René, mort sans enfants en 1544. René disposa, par son testament, de la principauté d'Orange en faveur de son cousin Guillaume de Nassau, le Taciturne, qui ne tenait d'aucun côté à la maison de Châlons.

Louis de Sainte-Maure, marquis de Nesle, descendant de *Jean de Châlons, comte de Joigny*, et Jeanne de Hochberg, au nom de son fils, Léonor d'Orléans, duc de Longueville, issu d'*Alix de Châlons,* ne manquèrent pas de s'opposer à cette usurpation en s'appuyant sur les substitutions établies par Marie de Baux dans son testament. Ils obtinrent plusieurs arrêts qui enlevèrent aux Nassau les biens légués par René. Mais la situation qu'occupait alors Le Taciturne à la tête de la nouvelle république de Hollande, obligèrent les rois de France à dissimuler et à faire céder des intérêts particuliers aux intérêts politiques. Les Nassau restèrent en possession d'Orange.

Après la mort en 1702, de Guillaume III, roi d'Angleterre, les descendants de Marie de Baux continuèrent leurs revendications, si bien qu'en 1706, Jeanne de Monchy, représentant *Jean de Châlons, comte de Joigny*, obtint, en vertu d'un arrêt du conseil d'état privé du roi Louis XIV, l'autorisation de se qualifier *princesse d'Orange*, sans préjudice du droit des parties.

Marie d'Orléans, dernier rejeton d'*Alix de Châlons* qui, elle aussi, s'intitulait princesse d'Orange, mourut sans enfants en 1707. Cette mort, en dépit des revendications de la maison de Conty, mit Jeanne de Monchy en la possession historiquement légale et incontestable de la principauté d'Orange.

Le 17 février 1709, Jeanne de Monchy, veuve de Louis-Charles de Mailly, marquis de Nesle, renonça à ses droits en faveur de

---

1. Claude ou Claudine de Châlons, sœur de Philibert de Châlons, prince d'Orange, descendait de Louis de Châlons par Guillaume et Jean II.

son petit-fils Louis III de Mailly-Nesle, fils de Louis II de Mailly et de Marie de Coligny.

« Le 5 mars 1709, Louis Bégou, bourgeois d'Arles, au nom et
» comme procureur fondé de procuration de très hault et très
» puissant seigneur, monseigneur Louis de Mailly, *prince souve-*
» *rain d'Orange*, marquis de Nelle et de Mailly en Boulonois,
» prince de L'Isle-sous-Montréal, comte de Bohain, seigneur de
» Maurup et Pargny, » prit possession réelle de la principauté
d'Orange.

Voici comment s'exprime le notaire royal de la ville d'Arles qui fut chargé de mettre le procureur de Louis de Mailly en posses-sion de la principauté : « Nous avons pris par la main le dit sieur
» Bégou et.... l'ayant conduit dans le palais de la dite ville
» d'Orange, l'y avons fait asseoir sur le siège sur lequel les
» princes d'Orange ont accoutumé de rendre et faire rendre la
» justice souveraine dans la dite principauté. Et de là l'aiant
» conduit à la porte de la sale de l'audiance et à la grande porte
» du Palais, il les a fait ouvrir et fermer plusieurs fois. De là,
» ayant été par nous.... conduit aux prisons du Cirque, il a,
» avec les clefs qui lui ont été remises par Guillaume Clément,
» concierge des dites prisons, ouvert et fermé plusieurs fois les
» portes d'icelles. En suite de quoy il a remis les dites clefs au
» dit concierge avec injonction de les garder sous l'autorité de
» mon dit seigneur Louis de Mailly, prince d'Orange. De là
» l'ayant conduit devant l'hôtel-de-ville, il y est entré et en a
» sorti plusieurs fois. Dans lesquels lieux cy-dessus, nous avons
» déclaré à haute et intelligible voix, que nous mettions le dit
» sieur Bégou, pour et au nom de mon dit seigneur Louis de
» Mailly, prince d'Orange, en possession réelle et actuelle, et
» en pleine jouissance de la dite principauté et souveraineté
» d'Orange.... Ce faisant, nous avons enjoint à tous les vassaux,
» habitants et sujets de ladite principauté d'Orange, de le recon-
» naître et non un autre, sous les peines qu'il appartiendra. »

Cette prise de possession accomplie, restait à lui donner une plus grande publicité. Le 12 mars de la même année 1709, Honoré Jaussenin, huissier royal au siège et sénéchaussée de la ville d'Arles, afficha des copies de la dite prise de possession à la porte de l'Hôtel-de-Ville, aux portes des églises et aux carrefours d'Orange ; de plus il en donna avis aux autorités locales et à l'évêque Jean-Jacques d'Obeilh[1].

Dès l'année 1702, Marie d'Orléans, duchesse de Nemours, avait voulu réclamer ses prétendus droits sur Orange. L'huissier Pons Prins, chargé de transmettre ses protestations aux intéressés, avait été emprisonné par le gouverneur d'Orange, tandis que Louis Cartier, bourgeois de la ville de Lyon, procureur de la duchesse, recevait l'ordre « de sortir dans les deux heures de la princi- » pauté[2]. »

Malgré leur bon droit, il était impossible aux Mailly de lutter avec avantage contre les princes de la maison de Conty. Louis XIV, sans tenir compte du testament de Marie de Baux, mit le prince de Conty, héritier des derniers ducs de Longueville, en possession de la principauté d'Orange. L'électeur de Brandebourg, roi de Prusse, réclama énergiquement. Par le Xe article du traité de paix signé à Utrecht, 11 avril 1713, le roi de Prusse renonça en faveur de Louis XIV à tous ses droits sur la principauté contestée, en se réservant le droit de retenir le titre et les armes de prince d'Orange et de revêtir du nom *de principauté d'Orange* la partie de la Gueldre qui lui avait été cédée par ce traité de paix.

Maître de la principauté, le roi de France la donna, par lettres patentes du mois de décembre 1714, à Louis-Armand de Bourbon, prince de Conty, sous la réserve de la souveraineté, de l'hommage et du ressort. Après la mort de Louis-Armand, arrivée en 1727, de nouvelles contestations s'élevèrent sous son fils Louis-François de Bourbon. Un arrêt donné en 1730 mit fin à toutes les difficultés ; il fut suivi d'un traité, signé le 23 avril 1731 par les

---

1. Bibliothèque nationale et Archives du château de La Roche-Mailly.
2. Arch. de La Roche-Mailly, pièce papier signée *Marie d'Orléans*.

commissaires du roi, d'une part, et de l'autre par la princesse de Conty et par le tuteur onéraire du prince encore mineur. En conséquence, l'intendant de Dauphiné eut ordre d'aller à Orange, où il arriva le 21 septembre 1731, pour prendre possession, au nom de Sa Majesté, de la ville et de la principauté qui fut alors réunie à la province de Dauphiné et qui depuis a cessé d'être un état particulier.

Louis III de Mailly, marquis de Nesle, héritier légitime de Jean de Châlons, second fils de Marie de Baux, ne renonça pas à la lutte ; il contesta aux Conty, qui n'avaient aucun lien de parenté avec la maison de Châlons, le droit de disposer d'un bien sur lequel ils ne pouvaient avoir de prétentions légitimes[1]. Dans une *supplique* au roi, Louis de Mailly, qualifié chevalier des ordres, « marquis de Néelle et de Mailly-en-Boulonnois, *prince d'Orange,* » comte de Bohain, » se justifia auprès de Louis XV de l'opposition qu'il avait apportée « à l'exécution d'un arrest du conseil » d'Etat du 9 janvier 1731, » par lequel Sa Majesté « nomme des » commissaires pour procéder en son nom à l'acquisition de » la souveraineté d'Orange[2].

Les héritiers mâles de Louis III de Mailly revendiquèrent toujours, comme nous le verrons plus tard, la principauté d'Orange.

---

1. Les Conty réclamaient Orange comme héritiers du duc de Longueville, l'abbé Jean-Louis-Charles d'Orléans, mort en 1694. Ce Jean-Louis-Charles, frère de Marie d'Orléans, duchesse de Nemours, ne pouvait avoir aucun droit sur Orange tant que durait la postérité de Jean de Châlons.

2. Bibl. nat., coll. Clair., 1197, cotes 140-145. Supplique imprimée chez Mesnier, rue Saint-Séverin, au Soleil-d'Or, en 1731.

LIVRE HUITIÈME

DEUXIÈME PARTIE

COMTES DE MAILLY

CHAPITRE Ier

LOUIS, COMTE DE MAILLY, ET ANNE-MARIE-FRANÇOISE DE SAINTE-
HERMINE
1662-1699-1734

§ I

« *Louis, comte de Mailly,* seigneur de Rubempré, de Rieux,
» d'Haucourt, de Bolhard, du Coudray, etc., quatrième fils de
» Louis-Charles I, marquis de Néelle et de Mailly, et de Jeanne de
» Monchy[1], naquit en 1662, fut colonel du régiment de Bassigny
» infanterie, et ensuite de celui des vaisseaux, puis maréchal de
» camp des armées du roi, et maître de camp général des dra-
» gons de France, et fut mis, étant jeune, menin auprès du Dau-

---

1. Voir p. 439.

» phin, fils du roi Louis XIV, qui lui donna une pension de deux
» mille écus. Il commença à donner des marques de sa valeur au
» siège de Luxembourg n'étant que volontaire. Le même prince
» le nomma en 1689 pour aller accompagner à Brest Jacques II,
» roi d'Angleterre, qui devait s'y embarquer pour l'Irlande. Il fut
» blessé à l'épaule d'un coup de sabre et eut un cheval tué sous
» lui au combat près d'Ostalric le premier juin 1696. »

Le comte de Mailly épousa, avec l'agrément du roi, par contrat du 7 juillet 1687, « damoiselle *Anne-Marie-Françoise de*
» *Sainte-Hermine*, fille de haut et puissant seigneur messire Elie
» de Sainte-Hermine, chevalier, seigneur de Laigne et autres
» lieux, et de haute et puissante dame Magdelaine de Valois,
» son épouse, » en présence des princes, des seigneurs de la
cour et particulièrement de « haute et puissante dame *Françoise*
» *d'Aubigné, marquise de Maintenon*, dame d'atours de madame
» la Dauphine, » parente de la dite Anne-Marie-Françoise de
Sainte-Hermine[1].

« Madame de Mailly, dit Saint-Simon[2], étoit une demoiselle de
» Poitou qui n'avoit pas de chausses, fille de Sainte-Hermine,
» cousin issu de germain de madame de Maintenon. Elle l'avoit
» fait venir de sa province demeurer à Versailles et l'avoit ma-
» riée, moitié gré, moitié force, au comte de Mailly, second fils[3]
» du marquis et de la marquise de Mailly-Nesle. » Le comte de
Mailly avait échappé à ses parents qui « ne voulaient lui rien
» donner ni le marier. C'étoit un homme de beaucoup d'ambition,
» qui se prêtoit à tout, aimable s'il n'avoit pas été si audacieux,
» et qui avoit le nez tourné à la fortune. C'étoit une manière de
» favori de Monseigneur (le dauphin). Avec ces avances, il se
» voulut appuyer de madame de Maintenon pour sa fortune et
» pour obtenir un patrimoine de son père. C'est ce qui fit le ma-
» riage (avec Mlle de Sainte-Hermine) en faisant espérer monts

1. *Preuves*, n° DXXXVI.
2. *Mémoires.*
3. Il faut lire *quatrième fils.*

Louis, comte de Mailly, mari d'Anne-Marie-Françoise de Sainte-Hermine, d'après un tableau du château de La Roche-Mailly.

FAMILLE DE LOUIS, COMTE DE MAILLY
d'après un tableau de Vernansal, conservé au château de La Roche-Mailly

» et merveilles aux vieux Maillis, qui vouloient du présent, et
» sentoient en gens d'esprit que, le mariage fait, on les laisseroit
» là, comme il arriva. Mais quand on a écouté sur un mariage de
» cette autorité, il ne se trouve plus de porte de derrière, et il
» leur fallut sauter le bâton d'assez mauvaise grâce. La nouvelle
» comtesse de Mailly avoit apporté tout le gauche de sa province,
» dont, faute d'esprit, elle ne sut se défaire, et enta dessus toute
» la gloire de la toute puissante faveur de Mme de Maintenon :
» bonne femme et sûre amie d'ailleurs, quand elle l'étoit, noble et
» magnifique, mais glorieuse à l'excès et désagréable avec le gros
» du monde, avec peu de conduite et fort particulière. Les Maillis
» trouvèrent cette place avec raison bien mauvaise, mais il la
» fallut avaler. »

Le comte de Mailly mourut à Paris le 6 avril 1699 n'étant âgé
que de 37 ans, sans avoir eu le temps d'arriver aux dignités auxquelles il semblait appelé.

§ II

Anne-Marie-Françoise de Sainte-Hermine, dame d'atours de la
duchesse de Bourgogne, puis de la reine[1], mourut le 6 novembre
1734, à l'abbaye de Poissy, âgée de 67 ans[2], après être restée
veuve avec huit enfants :

1° *Louis-Alexandre, comte de Mailly*, qui fera l'objet du chapitre suivant.

2° *Louis de Mailly*, comte de Rubempré. (Voir 3° partie de ce
livre VIII).

3° *François de Mailly*, chevalier de Malte[3].

4° *Françoise de Mailly* « qui épousa par contrat du 12 juin

1. *Preuves*, n° DXLIV.
2. *Mém. de Saint-Simon*, de M. de Boislisle, t. I, p. 87, note 3.
3. P. Anselme, t. VIII, p. 640.

» 1700, Louis Phelypeaux, marquis de La Vrillière et de Châ-
» teauneuf-sur-Loire, comte de Saint-Florentin, baron d'Ervy-le-
» Chastel, etc., secrétaire d'état, commandeur et secrétaire des
» ordres du roi le 28 août 1700. Il était fils de Balthasar Phely-
» peaux, qui avait les mêmes charges, et de Marie-Marguerite de
» Fourcy. Du mariage de Françoise de Mailly avec Louis Phely-
» peaux, marquis de La Vrillière, est né Louis Phelypeaux, comte
» de Saint-Florentin, marquis de La Vrillière et de Chasteauneuf-
» sur-Loire, baron d'Ervy-le-Chastel, etc., secrétaire d'état des
» commandemens pourvu de ces charges en survivance de son
» père le 17 février 1723 ; il a épousé par contrat du 15 may 1724,
» Amélie-Ernestine de Platen, née comtesse de l'Empire, fille
» d'Ernest-Auguste, comte du Saint-Empire, de Platen et de Hal-
» lemunde, grand-chambellan et ministre d'état du roi d'Angle-
» terre dans ses états d'Hanovre, grand-maître héréditaire des
» postes des états de Brunswick-Lunebourg, et de Sophie-Caro-
» line-Ere-Antoinette d'Offilenson. Françoise de Mailly, marquise
» de La Vrillière, s'est remariée le 14 juin 1731 à Paul-Jules de
» La Porte-Mazarini, duc de La Meilleraye, de Rethel-Mazarin,
» pair de France, mort le 17 septembre de la même année ; a
» succédé à sa mère le 19 août précédent, dans la charge de dame
» d'atours de la reine et en a prêté serment le même jour[1]. »

5° *Louise de Mailly*, qui prit en mariage « par contrat du 10
» janvier 1707, Jacques-Antoine de Beaufrémont, marquis de
» Listenois et de Clairvaux, vicomte de Marigny, baron de Mont-
» saujeon, de Châteauneuf, d'Une, de Trunes, etc., maréchal de
» camp des armées du roi, chevalier de l'ordre de la Toison
» d'or[2]. »

6° *Françoise de Mailly*, qui « fut mariée par contrat du 9
» juillet 1709, à Scipion-Sidoine-Apollinaire-Armand, vicomte de
» Polignac, marquis de Chalençon, comte de Randon, etc., lieute-

1. P. Anselme, t. VIII, p. 640.
2. P. Anselme, t. VIII, p. 640.

» nant-général des armées du roi et de la province de Languedoc,
» frère de Melchior, cardinal de Polignac, archevêque d'Auch,
» commandeur de l'ordre du Saint-Esprit[1]. »

Un beau tableau, peint par Vernansal, conservé au château de
La Roche-Mailly, représente la famille du comte de Mailly après
la mort de ce dernier. On y remarque dans un cadre le portrait de
Louis de Mailly ; puis au-dessous, Anne-Marie-Françoise de
Sainte-Hermine entourée de ses enfants. (Voir planche XVI[2]).

1. P. Anselme, t. VIII, p. 640.
2. La lettre A indique le portrait du comte de Mailly, la lettre B Anne-
Marie-Françoise de Sainte-Hermine, et les numéros 1 à 6, leurs enfants dans
l'ordre de leurs notices.

CHAPITRE II

Louis-Alexandre, comte de Mailly, chevalier, seigneur de
Rieux, Rubempré, etc., naquit en 1694 et fut ondoyé à Versailles
le 19 août « avec permission de monseigneur l'archevêque de
» Paris, » par le curé de Versailles, « supérieur de la maison de
» la congrégation de la Mission[1]. » Il devint « capitaine-lieute-
» nant des gensd'armes écossois du roy, commandant la gendar-
» merie de France, » par la cession que lui fit de cette charge,
Louis III de Mailly, marquis de Nesle, pour la somme de 150.000
livres[2].

Le comte de Mailly épousa, par contrat du 30 mai 1726, *Louise-
Julie de Mailly*, fille de Louis III de Mailly, marquis de Nesle,
et d'Armande-Félice de La Porte-Mazarin[3], morte en 1751[4]. Il
décéda lui-même sans postérité, avant sa femme, le 30 juillet 1748.

1. Arch. nat., M 461, dossier *Mailly*.
2. Anne-Marie-Françoise de Sainte-Hermine, paya au marquis de Nesle
une partie de cette somme le 26 juillet 1714. Arch. de La Roche-Mailly.
Pièce papier.
3. *Preuves*, n° DXLV.
4. Voir p. 445.

Son acte de décès était ainsi libellé dans les *Registres de la paroisse de Saint-Sulpice*. « Le trente un juillet 1748, a été fait
» le convoi et enterrement de très haut et très puissant seigneur,
» monseigneur Louis, comte de Mailly, chevalier, seigneur de
» Brussel (ou Brutelle), Menneville, La Motte et autres lieux,
» chevalier de l'ordre royal et militaire de Saint-Louis, ancien
» capitaine lieutenant des gendarmes écossais, commandant la
» gendarmerie de France, mort hier, en son hostel, rue des Bro-
» deurs, âgé d'environ cinquante quatre ans, et y ont assisté, haut
» et puissant seigneur Louis de Mailly, comte de Rubempré,
» lieutenant-général des armées du roi, premier et grand écuyer
» de madame la Dauphine, seigneur des Bordes-au-Vicomte et
» autres lieux ; haut et puissant seigneur Louis-Alexandre de
» Mailly, chevalier non profès de Saint-Jean de Jérusalem ; haut
» et puissant seigneur Louis, marquis de Mailly, chef du nom et
» armes de la maison, brigadier des armées du roi, colonel du
» régiment d'infanterie de son nom ; haut et puissant seigneur
» Louis-Alexandre de Mailly, seigneur de Frenoy et autres lieux[1],
» qui ont signé[2]. »

1. Ce doit être Alexandre-Louis de Mailly, fils de Louis-Alexandre.
2. Extrait des *Registres des actes de décès de Saint-Sulpice,* aux arch. de La Roche-Mailly.

LIVRE HUITIÈME

TROISIÈME PARTIE

MAILLY-RUBEMPRÉ

CHAPITRE Iᵉʳ

Louis de Mailly, comte de Rubempré, marquis de Nesle, prince d'Orange, et Anne-Françoise-Elisabeth Arbaleste de Melun

1696-1767-1775

§ I

Louis de Mailly, comte de Rubempré, marquis de Nesle et prince d'Orange après Louis III de Mailly-Nesle mort sans enfants mâles, était le second fils de Louis, comte de Mailly, seigneur de Rubempré, et d'Anne-Marie-Françoise de Sainte-Hermine[1]. Il naquit à Versailles et fut baptisé à Notre-Dame le 10

---

1. Voir p. 461.

décembre 1696[1], devint capitaine-lieutenant des gens d'armes écossais[2], premier écuyer de madame la Dauphine en 1744, lieutenant-général des armées du roi en 1748 et chevalier de ses ordres en 1749[3]. Le 29 novembre 1751, Louis de Mailly « commandeur et commissaire des ordres de Saint-Michel et du » Saint-Esprit, » présida le chapitre de l'ordre de Saint-Michel tenu aux Cordeliers. On lit dans un discours prononcé à cette occasion les lignes suivantes :

« Messieurs.... Nous avons le bonheur de posséder aujourd'hui » M. le comte de Mailly, lieutenant-général des armées du roy, » premier écuyer de madame la Dauphine, comme il l'étoit de la » précedente....

» Le grand nom de Mailly est du nombre de ceux dont l'origine » est presque la même que celle de la monarchie, et qui remonte » jusqu'à plus de sept cens ans. La maison de Mailly rassemble » une foule de grands chambellans, d'amiraux, de possesseurs » des plus hautes dignités, de héros dans les premières croisades » de Saint-Louis ; de personnages célèbres sous Charles le Sage. » Elle a fourni *des dépositaires de l'autorité royale dans la* » *maladie de Charles VI*, des témoins nécessaires aux mariages » des filles de France, et dont les sceaux et les signatures sont » conservés dans des contrats si augustes. Elle en nomme qui, » sous Charles VII, furent chargés de la réception de nos reines » et qui sous François Ier eurent l'honneur de son alliance, che-» valiers des ordres de nos premiers rois et de tous leurs succes-» seurs....

» La gendarmerie écossoise composée de la fleur de la no-» blesse, et dont le commandement a été si long-temps hérédi-» taire à la maison de Mailly, vit avec joie à sa tête celui qui » nous préside. Depuis 1713, époque de ses premières armes, il » a passé par tous les degrés militaires et s'est distingué dans

1. Arch. de La Roche-Mailly.
2. Arch. de La Roche-Mailly.
3. Potier de Courcy, p. 884.

» les occasions les plus éclatantes, dans les sièges de Fribourg et
» de Landeau, sous l'autre règne ; sous celui-ci, dans l'affaire
» d'Estinguen, à la prise de Philisbourg, de Visembourg, de Fri-
» bourg, de Tournai et dans l'immortelle journée de Fontenoy.

» La paix qui force au repos la vertu militaire, la dédommage
» à la cour, par la dignité et les agréments d'une place de con-
» fiance, par les relations journalières qu'elle donne à M. le comte
» de Mailly avec une princesse qui fait nos délices et notre espé-
» rance, et de qui nous attendons encore de nouveaux apuis de la
» monarchie....¹. »

Le comte de Rubempré contracta mariage le 29 octobre 1731,
avec « damoiselle *Anne-Françoise-Elizabeth Arbaleste de Melun,*
» fille de haut et puissant seigneur messire Louis-François Arba-
» leste, vicomte de Melun, seigneur de La Borde-au-Vicomte, et
» autres lieux, et de haute et puissante dame Marie-Anne Moufle. »
Cette union dut être réhabilitée le 29 juillet 1733 dans l'église de
Saint-Eustache à Paris².

« Très haut et très puissant seigneur monseigneur Louis,
» comte de Mailly, marquis de Nesle et de Mailly en Boulonnais,
» comte de Bohain, vicomte de Monchy-la-Gache, baron de Beau-
» lieu, Athie, Freniche, Engoudsent, seigneur de Maurup, Par-
» gny et autres lieux, chevalier des ordres du roy, lieutenant
» général de ses armées, gouverneur des ville et chasteau de
» Dieppe et Arq, premier et grand écuyer de feue madame la
» Dauphine, » mourut le 7 septembre 1767, à l'âge de 70 ans,
dans son hôtel de la rue du Bac, et fut transporté le 9 du même
mois à Nesle en Picardie³.

Anne-Françoise-Elisabeth Arbaleste de Melun mourut à Paris
le 19 janvier 1775, à l'âge de 68 ans. Elle avait eu de son mariage
les quatre enfants suivants :

---

1. *Preuves,* nº DLII.
2. Arch. de La Roche-Mailly.
3. Extrait des *Registres de Saint-Sulpice.* Arch. de La Roche-Mailly.

§ II

1° *Louis-Joseph-Augustin de Mailly-Rubempré,* dont je parlerai au chapitre suivant.

2° *Marie-Anne-Louise-Adélaïde de Mailly,* née à La Bordeau-Vicomte le 17 septembre 1732, mariée par contrat du 29 mars 1750, à Charles-Georges-René du Cambout, marquis de Coislin, fils mineur de défunt Pierre-Armand, marquis du Cambout, et de Renée-Angélique de Talhouët de Queravion[1]. Elle mourut le 13 février 1817.

3° *Françoise-Parfaite-Thaïs de Mailly,* née le 5 janvier 1737, mariée le 29 octobre 1753, à Marie-Eléonore-Alexandre de Saint-Mauris, prince de Montbarrey, lieutenant-général, ministre de la guerre, fils de Claude-François-Eléonore de Saint-Mauris, comte de Montbarrey, lieutenant-général, et de Marie-Thérèse-Léonore du Maine du Bourg. Elle mourut à Dôle le 22 avril 1819.

4° *Angélique-Adélaïde-Sophie de Mailly,* née le 15 juillet 1739[2] et mariée le 5 avril 1758 à Claude-Antoine de Bésiade, marquis, puis duc d'Avaray en 1817, lieutenant général, pair de France en 1815, et chevalier des ordres du roi, fils de Charles-Théophile de Bésiade, marquis d'Avaray, et de Marguerite-Elisabeth Mégret d'Etigny. Elle mourut le 25 juillet 1823[3].

1. *Preuves,* n° DLI.
2. Arch. de La Roche-Mailly.
3. Ce paragraphe est tiré de Potier de Courcy, p. 884.

CHAPITRE II

§ I

Louis-Joseph-Augustin de Mailly-Rubempré, marquis de Nesle et prince souverain d'Orange, naquit en novembre 1744. En 1767, il était « colonel du corps des grenadiers de France, » premier et grand écuyer de madame la Dauphine[1], » et maréchal de camp en 1781. Il épousa, le 4 avril 1765, *Adélaïde-Julie d'Hautefort*, fille d'Emmanuel-Dieudonné, marquis d'Hautefort, et de Françoise-Claire d'Harcourt, sa seconde femme. Adélaïde-Julie mourut à l'âge de 40 ans le 4 mai 1783.

En 1788, lors du mariage de sa fille Adélaïde-Julie de Mailly avec le duc d'Arenberg, le marquis de Nesle est qualifié de « très haut et très puissant seigneur monseigneur Louis-Joseph- » Augustin, comte de Mailly, marquis de Nesle, chef du nom et » des armes de la maison de Mailly, *prince souverain d'O-* » *range*[2]. »

1. Arch. de La Roche-Mailly.
2. Arch. de La Roche-Mailly. Extrait des *Reg. de mariages de St-Sulpice*.

Louis-Joseph-Augustin de Mailly émigra le 28 avril 1792 ; ses
biens furent séquestrés et vendus en partie. Par l'effet de la mort
civile de celui-ci, la substitution de Nesle s'ouvrit aussitôt. Le
marquis de Nesle n'ayant pas d'enfants mâles, son plus proche parent de nom et d'armes, *Joseph-Augustin de Mailly, marquis
d'Haucourt, maréchal de France*, qui avait été appelé à la substitution[1] et qui n'avait pas émigré, devint seul capable de recueillir légalement la succession de Nesle et d'Orange.

Le marquis de Nesle rentra en France en 1801 et mourut à
Paris, à l'âge de 69 ans, le 4 avril 1810, place de la Concorde,
dans un hôtel appartenant à madame de Coislin[2]. De plusieurs
enfants qu'il avait eus : *Pierre-Louis-Sophie*, né le 7 mars 1768,
mort le 4 décembre 1770 ; *Adélaïde-Hortense-Gabrielle*, née le 11
janvier 1769 ; *Caroline-Louise-Julie*, née le 24 février 1775[3], il ne
laissait qu'une fille, *Anne-Adélaïde-Julie de Mailly*.

§ II

Anne-Adélaïde-Julie de Mailly, dame d'Ivry-sur-Seine, naquit
en 1766 et épousa le 30 juin 1788, dans la chapelle de l'hôtel
d'Harcourt, « très haut et très puissant Louis-Marie, duc d'Aren-

---

1. 1738. 15 avril. « Par devant les conseillers du roi,... fut présent sieur
Guillaume-Louis Moullon,... tuteur à la substitution faite par défunts messire
Louis, marquis de Mailly de Nesle, et dame Jeanne de Monchy, son épouse,
des biens désignés en l'acte de la dite substitution, » lequel se démet de la
qualité de tuteur à la dite substitution, « de l'avis des seigneurs parens appelés à la dite substitution. » Suivent les noms de ces parents, parmi lesquels
se trouve « messire *Joseph-Augustin de Mailly, marquis de Haucourt*, capitaine-lieutenant des gens d'armes du Berry, demeurant rue de Tournon,
paroisse Saint-Sulpice. » *Extrait des minutes du greffe civil du Châtelet de
Paris*. Arch. de La Roche-Mailly. Cop. authentique de 1832.

2. Etat civil de Paris.

3. *Etat civil de Paris. Saint-Sulpice*. On trouve dans le même *Etat civil*,
paroisse de *Saint-Jacques du Haut-Pas*, Jeanne-Sophie de Mailly, née le 23
décembre 1791, fille naturelle de Louis, marquis de Nesle, et d'Anne-Sophie-
Constance du Poirrier.

» berg[1], chevalier de l'ordre de Saint-Hubert, colonel en second
» du régiment de La Marck, au service du roy, âgé de 31 ans,
» fils de défunt très haut et très puissant prince Charles-Marie-
» Raymond, par la grâce de Dieu, duc souverain d'Arenberg,
» prince du Saint-Empire Romain,... et de très haute et très puis-
» sante princesse Louise-Margueritte, comtesse de La Marck[2]. »

La fille du marquis de Nesle mourut à l'âge de 24 ans, le 24 décembre 1789[3]. Elle laissait une fille unique *Amélie-Louise-Julie*, *duchesse d'Arenberg*, qui épousa le 26 mai 1807 le prince *Pie-Auguste-Henri de Bavière*, d'où vint le duc *Maximilien de Bavière*, né le 4 décembre 1808. *Maximilien de Bavière*, marié le 9 septembre 1823, à Louise-Wilhelmine, princesse royale de Bavière, eut comme quatrième fille *Elisabeth-Amélie*, née le 24 décembre 1838 et mariée le 24 avril 1854, à l'empereur *François-Joseph d'Autriche*, actuellement régnant.

---

1. Louis-Marie-Eugène de Ligne, prince d'Arenberg. Potier de Courcy, p. 885.
2. *Preuves*, n° DLXVIII.
3. Potier de Courcy, p. 885.

LIVRE IX

MAILLY-HAUCOURT & DU QUESNOY

LIVRE NEUVIÈME

PREMIÈRE PARTIE

MAILLY - HAUCOURT

CHAPITRE Ier

ADRIEN DE MAILLY ET FRANÇOISE DE BAILLEUL
1491-1552 ENVIRON

§ I

Les Mailly-Haucourt se rattachent à la branche aînée de la maison de Mailly par *Adrien de Mailly*, second fils de Jean III et d'Isabeau d'Ailly. L'*Extrait de la Généalogie de la Maison de Mailly suivi de l'histoire de la branche des comtes de Mailly, marquis d'Haucourt, et de celle des marquis du Quesnoy*, publié par le P. Simplicien[1], ne laisse aucun doute à cet égard. Je reproduis ici le certificat donné par Clairambault en 1756.

---

1. Paris, 1757. Dans cet ouvrage, les *Preuves* qui forment la moitié du volume, sont publiées avec une pagination spéciale.

« Nous, généalogiste des ordres du roy, après la communica-
» tion qui nous a été faite de tous les titres originaux de la bran-
» che des comtes de Mailly, marquis d'Haucourt, et de celle des
» marquis du Quesnoy qui en sont issus, nous y avons trouvé une
» filiation si suivie et si authentique depuis Jean de Mailly et
» Isabeau d'Ailly, père et mère d'*Adrien de Mailly*, auteur de
» cette première branche, jusqu'à Louis-Marie de Mailly, fils de
» Joseph-Augustin, comte de Mailly ; qu'il n'est pas possible de
» rien ajouter à l'autenticité de la filiation de ces deux branches.
» En conséquence de quoy nous avons dressé l'histoire particu-
» lière de ces deux branches[1]. — A Paris, le 6 décembre 1756.
» (Signé) Clairambault[2]. »

Adrien de Mailly, auteur de la branche d'Haucourt, était donc
second fils de Jean III de Mailly et d'Isabeau d'Ailly[3]. Dès 1491
on le rencontre qualifié « enffant d'onneur » de Charles VIII et il
reçoit en cette qualité la somme de 25 livres tournois[4]. Il fut seigneur et baron de Ravensbergh, de Bours, de Frettemeule et de
Drancourt, et assista « à l'assemblée des gens des trois Estatz
» du pays et duché de Normandye, tenue à Rouen le VIe jour de
» novembre 1513[5]. »

Le seigneur de Ravensberg épousa, par contrat passé au château
de Mailly le 19 octobre 1503, demoiselle *Françoise de Bailleul*[6],
qui descendait, selon le P. Simplicien, de Jean de Bailleul, roi
d'Ecosse[7]. Elle était fille de *Jacques de Bailleul*, chevalier,

---

1. Le P. Simplicien dressa l'*Histoire de la branche des Mailly-Haucourt
et du Quesnoy* « sur les titres originaux sous les yeux de M. de Clairambault, généalogiste des ordres du roy. » — Je me suis presque toujours con-
tenté, dans ce IXe livre, d'analyser le travail du P. Simplicien fait sur *Preuves*. Il faudra donc y recourir pour certains détails secondaires et pour les
blasons des familles alliées. Cependant, on ne doit pas oublier de contrôler le
texte de la *Généalogie* avec les *Preuves* publiées à la fin du volume.

2. Arch. de La Roche-Mailly.

3. Voir p. 171.

4. Arch. nat., KK 76, fol. 167.

5. *Preuves*, n° CCCCLI.

6. *Généalogie de la Maison*, p. 74, et p. 5 des *Preuves* de cette *Généalogie*.

7. *Généalogie de la Maison*, p. 75.

seigneur de Saint-Léger, et de *Jeanne, dame d'Haucourt*
et du Quesnoy-en-Vimeu[1]. Elle apporta en dot à son mari les
« terres d'Haucourt, de Saint-Michel d'Hallescourt, de Ville-
» Dieu, de Saint-Léger, de Bailleul, de Grigneufville, du Ques-
» noy-en-Vimeu, de Saint-Germain-en-Lausne, de Fresques, Pom-
» mereux, Campeaux, Belleville et Orival, à quoi fut ajouté la
» succession de son ayeul maternel Lancelot d'Haucourt, gou-
» verneur d'Abbeville, que sa mère lui remit dans la suite par
» une donation du 24 février 1519 (v. s.). Cet acte fut autorisé
» par François Iᵉʳ et dans la lettre patente expédiée à ce sujet, le
» roi appelle Adrien de Mailly, *son cher et amé cousin*[2]. »

§ II

Adrien de Mailly, qui vivait encore en 1552[3], eut huit enfants
de Françoise de Bailleul.

1º *Antoine de Mailly*, « tué au combat de la Bicocque en 1552,
» laissant à son père la gloire qu'il y avait acquise pour consola-
» tion. »

2º *Charles de Mailly*, chevalier de l'ordre du roi, mort sans
alliance à Paris le 5 août 1549. Il fut transporté à Haucourt pour
y être inhumé[4].

3º *Edme de Mailly*, qui viendra au chapitre suivant.

4º *Jean de Mailly*, seigneur de Belleville, marié à *Antoinette*
ou *Anne de Baudreuil*, fille de Pierre I de Baudreuil, écuyer,
seigneur de la Motte en Bourbonnais et de Louchy, et d'Adrienne
d'Abancourt[5], d'où naquit *Anne de Mailly*, dame de Belleville,

---

1. Arch. de La Roche-Mailly.
2. *Généalogie de la Maison,* p. 76, et p. 7 des *Preuves* de cette *Généalog.*
3. *Ibid.,* p. 78.
4. *Ibid.,* p. 78.
5. Communication de M. Gaston Dubois, élève de l'école des Chartes.

mariée par contrat du 17 mai 1579 à Robert deRoncherolles, chevalier de l'ordre du roi[1].

En 1566-1569 Jean de Mailly, seigneur de Belleville, était « enseigne de la compaignye de trente et plus tard de cinquante » lances des ordonnances du roy, soubz la charge et conduicte de » monsieur de Mailly, cappitaine[2]. » Il devint ensuite (1570-1571) chevalier de l'ordre du roi et lieutenant de la compagnie du même René de Mailly[3]. Plusieurs des actes du seigneur de Belle-

84. — Sceau de Jean de Mailly, seigneur de Belleville, enseigne de la compagnie de René I de Mailly, 2 juin 1567. *Preuves*, n° CCCCLXXXVIII.

ville sont scellés. M. de Farcy, le dessinateur du sceau n° 84, a cru voir sur les sceaux un *lion en abîme au milieu des trois maillets*[4]. Par ailleurs, dom Etienne Henriot a lu en 1781 sur une quittance du 30 octobre 1571 : *trois maillets posés deux en chef et un en pointe et une espèce de renommée en abyme qui se soutient d'un pied sur le maillet posé en pointe*[5].

Jean de Mailly, gardien des enfants mineurs de son frère Edme de Mailly le 22 août 1579, mourut « au lieu de Campeaux en la » jurisdiction de » la « prévosté de Beauvoisis, » laissant pour héritier Robert de Roncherolles, chevalier[6].

1. *Généalogie de la Maison*, p. 78, et P. Anselme, t. VIII, p. 641.
2. Bibl. nat., *Tit. scell. de Clair.*, t. 175. pp. 5937, n° 71 ; 5939, n° 72. *Coll. Clair.*, 1197, fol. 137. Voir aussi p. 188 de ce vol.
3. *Preuves*, n° CCCCXCIX.
4. Ce *lion* très fruste m'avait échappé à première vue ; voir *Preuves*, n° CCCCLXXXVIII.
5. *Preuves*, n° CCCCXCIX. J'ai lu de la même manière le sceau de la quittance du 10 mai 1569. *Preuves*, n° CCCCXCVI.
6. Arch. de la Somme, B 16 ; reg., fol. 23 et 24.

5° *Denis de Mailly,* chevalier de Malte, tué au siège de Rouen en 1562.

6° *Antoinette de Mailly,* femme de Robert du Bosc, seigneur du Mesnil et de Brauville[1]. Elle mourut le 9 octobre 1563 et fut enterrée dans l'église du Mesnil[2].

7° *Barbe de Mailly,* dame de Grigneusville, mariée 1° à Antoine de La Radde, seigneur de Tully, 2° le 1er février 1551 à Simon L'Anglois, seigneur de Monsures[3].

---

1. *Généalogie de la Maison,* p. 78. — 1557, 18 février. « Robert du Bosc, sieur du Mesnil-Esnard,... tuteur naturel et légitime de Jehan du Bosc, son fllz mineur d'ans.... *Anthoinette de Mailly,* damoiselle, femme séparée quant aux biens dudit Robert du Bosc... » Arch. de La Roche-Mailly. Cop. pap.

2. P. Anselme, t. VIII, p. 641.

3. P. Anselme, t. VIII, p. 641.

CHAPITRE II

Edme ou Aimé de Mailly, Marie de Boulain et
Gabrielle d'Ongnies
1536-1562

§ I

Edme ou *Aimé de Mailly*, « seigneur d'Haucourt, de Saint-
» Michel d'Hallescourt, de Ville-Dieu et de Saint-Léger[1], » de-
vint le principal héritier des terres de sa maison par la mort de
ses deux aînés, Antoine et Charles de Mailly. Il trouva les biens
d'Adrien, son père, dans le plus grand désordre, tant par les dettes
qu'il avait contractées que par celles dont il avait été caution pour
Antoine, son frère. Il fut capitaine de 1.000 hommes de pied de la
Légion de Picardie sous François Ier et Henri II, gouverneur de
Neufchâtel et d'Yvoy et l'un des otages de la capitulation de
Thionville en 1558. « Il ne lui restoit plus à désirer que de ter-
» miner sa carrière comme la plupart de ses ancêtres ; aussi
» après en avoir couru les hazards dans toutes les guerres de

---

1. *Généalogie de la Maison*, p. 81. Le n° CCCCLXXV de nos *Preuves*, du
16 juillet 1553, le qualifie « seigneur de Haucourt, Grigneuzville, Saint-Germain, Fesques, Orival et des Couldraulx, héritier de feu noble et puissant
seigneur *Charles de Mailly*, en son vivant seigneur et propriétaire des dites
terres et seigneuries. »

» son temps, il fut tué au siège de Romans en 1562. On voit ses
» armes dans l'église d'Haucourt, entourées du collier de l'ordre ;
» mais on ne trouve aucun titre qui confirme un pareil honneur. »

Edme de Mailly avait épousé en premières noces, le 12 avril
1536, *Marie de Boulain*, « dame de Boubers et de Cocquis en
» Vimeux, » et en secondes, le 16 juillet 1559, *Gabrielle d'Ongnies*, « dame du Quesnoy sur la Deulle et du Pan en Boulon-
» nois[1], » fille de Baudouin d'Ongnies, seigneur du Quesnoy, et
de Marguerite de Murenet[2], *alias* Marguerite Mettenye.

§ II

De son premier mariage Edme de Mailly eut :

1° *François de Mailly*, dont je parlerai dans la troisième partie
de ce IXe livre.

2° *Jeanne de Mailly*, « mariée à Jean de Braile, seigneur de
» Bienay. »

3° *Claude de Mailly*, qui, après la mort de son père et de sa
mère, fut sous la tutelle de son oncle Jean de Mailly, seigneur de
Belleville, et qui fut mariée le 24 avril 1570, à « Antoine de Bel-
» leval, seigneur de Longuemorte. »

4° *Antoinette de Mailly*, qui mourut à Haucourt où elle était
retirée[3].

Le second mariage d'Edme de Mailly lui donna :

1° *François de Mailly*, mort sans postérité.

2° *Louis de Mailly*, seigneur du Quesnoy, qui forma la branche
de ce nom à laquelle je consacre la deuxième partie de ce IXe
livre.

---

1. *Généalogie de la Maison*, pp. 81-86, et 57 des *Preuves* de cette *Généal.*
2. P. Anselme, t. VIII, p. 642.
3. *Généalogie de la Maison*, p. 84.

LIVRE NEUVIÈME

DEUXIÈME PARTIE

MAILLY DU QUESNOY

CHAPITRE Iᵉʳ

Louis de Mailly et Anne de Melun — Philippe de Mailly,
marquis du Quesnoy, et Alberte de Gand
1584-1661 environ

§ I

Louis de Mailly, deuxième fils d'Edme de Mailly et de Gabrielle
d'Ongnies, sa seconde femme, « ayant hérité de sa mère de la
» terre du Quesnoy-sur-la-Deulle, près de Lille, y alla établir sa
» maison. » Il se distingua « aux sièges de Maestrick, de Tour-
» nay et de plusieurs autres places de Flandre. Il avait été capi-
» taine d'une compagnie dans le régiment du prince de Parme,
» lorsqu'il fut créé chevalier, par lettres patentes du roi d'Espa-
» gne, du 15 mai 1596. »

Le seigneur du Quesnoy épousa, « par contrat du 22 décembre

» 1584, *Anne de Melun*, fille de Pierre de Melun, seigneur de
» Cottenes, et de Philippe de Bailleul-au-Mont, dite de Chables[1]. »
Il mourut le 25 mars 1624[2], après avoir eu :

1° *Adrien de Mailly*, mort le 1ᵉʳ septembre 1603 à Anvers,
étant page de l'archiduc Albert d'Autriche, et enterré dans
l'église de Notre-Dame, sous cette épitaphe : « *Cy gist monsieur*
» *Adrien de Mailly, fils aisné de noble et puissant seigneur*
» *messire Louis de Mailly, chevalier, seigneur de Quesnoy-*
» *sur-la-Deule, vicomte d'Eps, seigneur de Blangis et du Pan,*
» *lequel âgé de 18 ans, étant au service de l'archiduc, son*
» *prince souverain, trespassa en cette ville (d'Anvers), le 1ᵉʳ*
» *septembre 1603[3]. »

2° *Philippe de Mailly* qui suit.

§ II

« *Philippe de Mailly*, seigneur du Quesnoy et de Blangy, vi-
» comte d'Eps, destiné à perpétuer sa branche, épousa le 14 octo-
» bre 1619, *Alberte de Gand*, fille de Jacques-Philippe de Gand,
» dit Vilain, comte d'Izenghien, et d'Isabeau de Berghes[4]. » Alberte de Gand mourut le 4 juillet 1637[5].

Le 12 mars 1622 eurent lieu à Bruxelles les obsèques d'Albert VII, archiduc d'Autriche. Philippe de Mailly y porta la bannière de Hollande[6]. Une distinction importante devait être accordée au seigneur du Quesnoy. Le 25 avril 1661, le roi d'Espagne,

---

1. *Généalogie de la Maison*, p. 127.
2. P. Anselme, t. VIII, p. 643.
3. *Le grand théâtre sacré de Brabant*, t. II, première partie, p. 46.
4. *Généalogie de la Maison*, p. 129.
5. P. Anselme, t. VIII, p. 643.
6. Voir dans « *Rogus funebris Alberto VII, archiduci Austriæ, duci Bur-
gundiæ, Brabantiæ, etc., in æde D. Gudulæ Bruxelis, XII Marty MDCXXII
erectus*, » la planche XXXVII, où Philippe de Mailly est représenté la bannière de Hollande à la main.

considérant que son « très cher et féal messire Philippe de Mailly »
était « issu en ligne directe de la très ancienne et noble famille de
» Mailly, » érigea sa terre du Quesnoy en marquisat[1].

Du mariage de Philippe de Mailly et d'Alberte de Gand vinrent
quatre enfants :

1° *Guillaume de Mailly* qui suit :

2° *Marie-Anne-Jacqueline de Mailly,* née le 25 avril 1630,
morte sans alliance.

3° *Marie-Maximilienne-Isabelle de Mailly,* née le 31 juillet
1633, morte sans avoir été mariée le 16 juillet 1656.

4° *Marie-Françoise de Mailly*[2].

---

1. *Généalogie de la Maison,* pp. 130-132. — Arch. du Nord, B 1677.
2. *Généalogie de la Maison,* p. 130. — P. Anselme, t. VIII, p. 643.

CHAPITRE II

Guillaume de Mailly, marquis du Quesnoy, Isabelle-Marguerite-Caroline de Croy et Marguerite-Isabelle de Longueval.

1661 — XVIIIe siècle

« *Guillaume de Mailly*, marquis du Quesnoy, comte d'Eps,
» seigneur de Blangy, de Buire-aux-Bois, etc., se voyant prévenu
» des faveurs de la fortune, ne songea qu'à consolider ses riantes
» espérances, par un établissement capable de les avancer. » Il
épousa en premières noces le 6 février 1661, « *Isabelle-Caroline-*
» *Marguerite de Croy,* fille de Philippe-Emmanuel-Antoine-Am-
» broise de Croy, comte de Solre, chevalier de la Toison d'Or, et
» d'Isabelle-Claire de Gand. » Elle mourut le 18 novembre 1662.
Guillaume de Mailly prit alors en secondes noces, le 4 juillet 1688,
« *Marguerite-Isabelle de Longueval,* fille de Charles-Albert de
» Longueval, comte de Buquoy, de Rotemberg et de Grutzen,
» seigneur d'Achiet-le-Petit, chevalier de la Toison d'Or, grand-
» veneur et louvetier d'Artois, grand-bailli gouverneur et capi-
» taine-général de la comté de Hainault, général de la cavalerie
» du roi d'Espagne, et de Marie de Croy[1]. »

1. *Généalogie de la Maison*, pp. 133-136. — P. Anselme, t. VIII, p. 644.

En 1690, Guillaume de Mailly rendit aveu pour la seigneurie de Buire-aux-Bois[1].

Le marquis du Quesnoy eut une fille de son premier mariage : « *Isabelle-Philippe-Thérèse de Mailly,* laquelle épousa Louis- » Armand, comte de Millendonck, baron de Peches, seigneur de » Cherfontaine, de Bernissart, de Surice, de Romedaine, etc. De » ce mariage est née Marie-Marguerite-Louise de Millendonck, » mariée le 15 juillet 1716, à Alexandre-Emmanuel prince de Croy, » comte de Solre[2]. »

Sa seconde union lui donna d'après le P. Anselme[3].

1° *Emmanuel de Mailly,* mort jeune à Paris.

2° *Ferdinand-François-Blaise de Mailly,* décédé sans alliance.

3° *Isabelle-Marguerite de Mailly,* qui épousa le 3 mai 1689, « Antoine de La Haye, comte d'Hezecques, baron d'Ecquedec, » seigneur de Radinghem, de Relingues, de Stiembergue, de » Pavie, mort à Radinghem le 24 février 1719. »

4°, 5°, 6°, 7°, *Marie-Françoise ; Catherine-Thérèse ; Louise-Ursule* et *Marie-Joséphine de Mailly.*

La Généalogie de la Maison[4] fait naître du deuxième mariage de Guillaume de Mailly avec Marguerite-Isabelle de Longueval, les enfants suivants :

« *Emmanuel* ; *Ferdinand,* morts jeunes ; *Isabelle* ; *Margue-* » *rite* ; *Louise de Mailly,* dite mademoiselle du Quesnoy, morte » en 1751, et mademoiselle de Buire, aussi distinguée par les » vertus de son sexe que par l'éclat de sa naissance. »

La bibliothèque de Lille possède de belles *Heures latines* du XV⁰ siècle enluminées. En regard de la première page on y lit : « *Ex dono nobilissimarum et illustrissimarum domicellarum* » *de Mailly, marchionissarum du Quesnoy, 1721.* » L'annotateur du *Catalogue des manuscrits de la* dite *Bibliothèque de*

1. Arch. nat., Q 920 ¹.
2. P. Anselme, t. VIII, p. 644.
3. T. VIII, p. 644.
4. P. 136.

Lille[1], M. Le Glay, prétend dans une note que les demoiselles de Mailly, marquises du Quesnoy, étaient filles de Ferdinand-François-Blaise de Mailly, indiqué plus haut comme étant mort sans alliance[2].

1. Imprimé en 1848, p. 4.
2. Un Charles-Balthazar de Mailly, fils illégitime de Balthazar-Alexandre de Mailly et de Marie-Anne-Charlotte de Saint-Hilaire fut baptisé, à Saint-Etienne de Lille, le 14 juillet 1745. Extrait des Reg. paroissiaux aux Arch. de La Roche-Mailly.

LIVRE NEUVIÈME

TROISIÈME PARTIE

MAILLY-HAUCOURT

(Suite)

CHAPITRE III

FRANÇOIS I DE MAILLY ET MARIE D'HALLENCOURT — FRANÇOIS II
DE MAILLY ET MARIE TURPIN D'ASSIGNY
1563-1626

§ I

François I de Mailly, « seigneur d'Haucourt, de Saint-Michel
» d'Hallescourt, de Ville-Dieu, de Saint-Léger, » fils aîné d'Edme
de Mailly et de Marie de Boulain[1], était, le 25 juillet 1563, « guy-
» don de la compaignye de quarante lances fournies des ordon-
» nances du roy, soubz la charge et conduicte de mons^r le comte
» Ringrave[2]. » En 1564, on le trouve qualifié enseigne de la

---

1. Voir, livre IXe, 1re partie, p. 482.
2. Bibl. nat., *Tit. scell. de Clair.*, t. 175, p. 5935, n° 69.

même compagnie et les quittances qu'il donne à cette époque[1] portent un cachet chargé de *trois maillets* (figure 85).

Le seigneur d'Haucourt se signala dans les guerres de son temps, « au combat de Dormans contre le duc de Guise en 1575, » et à la prise d'Issoire par le duc de Nevers en 1577. Ce fut à la » suite de ces deux actions qu'il fut honoré du collier de l'ordre. » Il fut emporté d'un coup de canon au siège de La Fère en » 1580[2]. »

85. — Sceau de François I de Mailly, seigneur d'Haucourt, 20 février 1564. Bibl. nat., *Titres scellés de Clairambault.* t. 175, p. 5937, n° 70.

« L'on voit par les lettres de garde-noble données à la veuve » de François de Mailly par Marie de Bourbon, duchesse de Lon- » gueville, et celle du prince Henri de Lorraine, datées des 3 et » 11 septembre 1580, à quel degré d'estime et de réputation le » seigneur d'Haucourt se trouvait alors. Henri de Lorraine mar- » que à sa veuve à quel point il est touché de la perte qu'elle » vient de faire et qu'il la partage par l'amitié qui régnait entre » lui et son mari. Il l'exhorte à élever ses enfants dans l'affection » que leur père avait pour le roi, en lui offrant d'en prendre soin » un jour[3]. »

François I de Mailly avait épousé, par contrat du 6 août 1573,

1. Bibl. nat., *Tit. scell. de Clair.*, t. 175, p. 5935, n° 69 ; 5937, n° 70. — *Coll. Clair.*, 1197, fol. 133 verso.

2. *Généalogie de la Maison*, p. 91. — On trouve dans une lettre de Henri de Navarre à Henri III, datée de Nérac, le 24 janvier 1580, que le « seigneur de Haucourt » lui avait été dépêché par le prince de Condé. *Lettres missives de Henri IV*, t. VIII, p. 157.

3. *Généalogie de la Maison*, p. 91.

Marie d'Hallencourt, fille aînée de Jean d'Hallencourt, seigneur de Dromesnil, et de Jeanne de Canteville[1]. Marie d'Hallencourt vivait encore en 1598 ; elle avait donné à son mari :

1° *François II de Mailly*, qui suivra.

2° *Henri de Mailly*, mort à Cambrai sans avoir été marié, en 1595.

3° *Renée de Mailly*, « mariée : 1° au seigneur de Frameselles » dans le Boulonnais, et 2° à Louis de Piennes, seigneur de Rous- » seloy. »

4° *Suzanne de Mailly*, qui épousa Philippe de Piennes[2], morte avant le 8 septembre 1631, époque à laquelle son fils Antoine de Piennes transigea avec Philippe de Mailly, seigneur d'Haucourt[3].

5° *Madeleine de Mailly*, religieuse à l'Hôtel-Dieu de Pontoise[4].

6° *Marie de Mailly*, religieuse à Abbeville[5].

§ II

François II de Mailly, « seigneur d'Haucourt, de Saint-Michel » d'Hallescourt, de Ville-Dieu et de Saint-Léger, » chevalier de .l'ordre, fut capitaine d'une compagnie de cinquante hommes d'armes des ordonnances du roi et se fit remarquer « au siège d'A- » miens en 1597, où il donna autant de preuves de courage que » d'habileté[6]. » Il mourut à Paris le 30 mars 1621, après avoir épousé par contrat du 22 janvier 1607, « damoiselle *Marie Turpin*,

1. *Généalogie de la Maison,* p. 88. — Arch. nat., M 461, dossier *Mailly*.
2. Le P. Anselme, t. viii, p. 642, affirme par erreur que Suzanne de Mailly ne fut pas mariée.
3. *Généalogie de la Maison*, p. 91 et p. 103 des *Preuves* de cette *Généalogie*.
4. *Preuves*, n° DXIX.
5. *Généalogie de la Maison*, p. 90, et P. Anselme, t. viii, p. 642.
6. La *Généalogie de la Maison*, p. 95, dit faussement 1631.

» fille de deffunt messire Guillaume Turpin, vivant chevalier,
» seigneur d'Assigny[1], et de damoiselle Françoise Pellevé, »
nièce de Nicolas Pellevé, cardinal et archevêque de Sens[2]. Marie
Turpin était morte en 1626 ; elle avait eu :

1° *Philippe de Mailly*, qui suit.

2° *Antoine de Mailly*, écuyer, né le 4 novembre 1615, mort
chevalier de Malte[3].

3° *Nicolas de Mailly*, âgé de six ans en 1623, écuyer, seigneur
de Saint-Léger, qui fut mortellement blessé au siège de Dixmude.
Le 5 novembre 1647, le dit « Nicolas de Mailly, escuyer, sieur de
» Saint-Léger, lieutenant de cavallerie du régiment de son Emi-
» nence (Mazarin), estant à Callais, dans l'hostellerie où pend
» pour enseigne *le Bras d'Or*,... estant au lict blessé et mallade, »
fit son testament et nomma pour exécuteur de ses dernières volontés son frère François de Mailly, écuyer, « sieur du Couldray,
» demeurant à Saint-Léger[4]. »

4° *François de Mailly*, né en 1621. Celui-ci étant chevalier,
seigneur de Saint-Léger et autres lieux, demeurant à Saint-
Léger, abandonna le 28 avril 1698, à son neveu Antoine de Mailly
tous ses droits en la succession « de deffunct messire Nicolas de
» Menuau, vivant chevalier, seigneur du Pontet, son cousin ger-
» main et son plus proche parent[5]. » Il compléta ce don le 29
décembre 1700, en reconnaissant le même Antoine de Mailly pour
son principal héritier[6].

---

1. Le P. Anselme, t. VIII, p. 642, se trompe en rangeant *Marie Turpin*
dans la famille des Turpin de Crissé. — On conserve au château de La
Roche-Mailly un beau portrait sur toile de Guillaume Turpin d'Assigny, chevalier de l'ordre du roi.

2. Arch. de La Roche-Mailly et *Généalogie de la Maison*, p. 97.

3. *Généalogie de la Maison*, p. 98. Un portrait d'*Antoine de Mailly*, conservé à La Roche-Mailly, le dit chevalier de Saint-Jean de Jérusalem et mort
en 1634, ce qui est une erreur.

4. Arch. de La Roche-Mailly. Cop. pap.

5. Arch. de La Roche-Mailly. Orig. parch.

6. Arch. de La Roche-Mailly. Pièce pap. — La *Généalogie de la Maison*
est dans l'erreur en affirmant que François de Mailly mourut « avant de porter les armes. »

5° *Roberde de Mailly*, âgée de dix ans en 1623[1].

6° *Jourdaine de Mailly*, née en 1619. mariée en 1660 à Louis de Saint-Ouen, seigneur de Folleny, au comté d'Eu[2], et morte en 1686, sans enfants[3].

6° *Marie de Mailly*[4], religieuse à Sainte-Marie-Madeleine de Bival, morte avant le 2 décembre 1645[5].

---

1. Arch. de La Roche-Mailly. Cette *Roberde* est omise par la *Généalogie de la Maison* et par le P. Anselme.

2. Arch. de La Roche-Mailly et *Généalogie de la Maison*, p. 98.

3. P. Anselme, t. VIII, p. 642.

4. 1633, 1er septembre. « Damoiselle *Marie de Mailly*, fille de feu messire François de Mailly, vivant chevallier, seigneur de Haulcourt, Assigny et autres lieux,... de long temps portée d'ung sainct désir de quitter le monde pour se retirer dans une maison de religion reformée et speciallement dans celle de Saincte-Marie-Magdalene de Bival, ordre de Sisteaux,... soubz la saincte obedience et direction de noble, venerable et religieuse dame Louise Martin, abbesse dudit lieu,.... lequel désir eust esté... combattu et traversé par une crainte de ne pouvoir accomoder la foiblesse et debilité de son naturel au joucg de la dicte relligion et estroicte observance des règles du dict ordre, si par ung effaict plustot de grâce que de justice la rigueur ne luy en estoit relaschée, et pour ce.., elle eust requis... messire *Philippes de Mailly*, chevallier, seigneur de Haulcourt, Assigny et autres lieux, *son frère aisné*, de supplier les dites dames abbesse et relligieuses de Bival la vouloir recepvoir en ladite maison ; » ce qui est accepté. Elle y sera reçue « pour y vivre et mourir soubz les veux de closture, chasteté et obedience, à condition d'icelle *nourrir de viande convenable à la portée de sa complection*,... veztementz selon sa dite profession, luy fournir pour sa *demeure une chambre à feu* avec une fille *pour la servir*, aussy nourrie et entretenue, le tout aux despens dudit couvent. » Le sr de Haucourt devra payer 5000 livres de dot. Arch. de La Roche-Mailly. Orig. parch. — Marie de Mailly est omise par la *Généalogie de la Maison* et par le P. Anselme.

5. Arch. de La Roche-Mailly. Quittance originale de Louise Martin, abbesse de Bival, du 2 décembre 1645.

CHAPITRE IV

Philippe de Mailly et Guillaine du Biez — Antoine de
Mailly, marquis d'Haucourt, Marie Petit, Marthe Beuzelin et Françoise de Cannesson
1610-1713

§ I

Philippe de Mailly, fils aîné de François II et de Marie Turpin
d'Assigny, naquit en 1610 et fut baptisé le 4 juillet de la même
année[1]. Comme ses ancêtres, il suivit la carrière des armes. « Il
» devint capitaine d'une compagnie de cent chevaux légers et de
» cinq cens gens de pied qu'il mena au siège de Nancy en 1635.
» Le cardinal de La Valette, qui commandait le siège, lui écrivit à
» ce sujet deux lettres pour l'engager à venir dans son armée
» par préférence à celle du maréchal de La Force, où il semblait
» vouloir se destiner ; mais sur les seuls motifs que le cardinal
» lui fit envisager de plaire au roi en le venant joindre, il s'y ren-
» dit avec son corps, et y fut reçu avec la satisfaction dûe à son
» rang, à son état et à l'objet qui l'y conduisait. Après avoir es-
» suyé la bataille d'Avein et le feu de la sanglante journée de la

---

1. Extrait des registres parroissiaux d'Haucourt.

» Marfée, il mourut au retour de la campagne à Nancy le 5 octo-
» bre 1635. C'est de là que, selon le procès-verbal de transport,
» daté du dit jour, son corps fut porté en convoi, sous la conduite
» d'un de ses chapelains, jusqu'à sa terre d'Haucourt, pour y être
» inhumé[1]. »

Le seigneur d'Haucourt, mort à 25 ans, avait épousé par contrat du 8 janvier 1631, damoiselle *Guillaine du Biez*, fille de messire Antoine du Biez, chevalier de l'ordre du roi, et de Claude de
Boivin, dame de Savigny, son épouse. Philippe de Mailly, qualifié dans cet acte de « seigneur de Haulcourt, Saint-Michel d'Hal-
» lescourt, Ville-Dieu, en partie de la Montagne, Assigny, Con-
» flans, Biville, Brouville, Saint-Léger, le Coudray, Escaque-
» londe, » était assisté par son cousin paternel « messire Nicolas
» de Mailly[2], conseiller du roy en ses conseils d'estat et privé,
» capitaine de cinquante hommes de ses ordonnances[3]. »

Guillaine du Biez qui vivait encore en 1655 avait eu de son mariage avec Philippe de Mailly :

1° *Antoine de Mailly*, qui continua la postérité.

2° *Reine-Elizabeth de Mailly*, morte sans enfants du mariage
qu'elle contracta le 27 novembre 1660, avec « Isaac de Norman-
» ville, chevalier, seigneur du Bouscaulle, » fils d'Abraham de
Normanville, vivant chevalier de l'ordre du roi, et de Julienne
d'Angennes[4].

3° *Anne de Mailly*, mariée en 1664, avec « Louis de Martain-
» ville, maréchal de camp, chevalier de l'ordre du roi, gentil-
» homme ordinaire de sa chambre, marquis d'Estouteville[5]. »

---

1. *Généalogie de la Maison*, pp. 104, 105.

2. Nicolas de Mailly, seigneur de Fieffes, de Bonneville, etc., était de la
branche des Mailly-L'Epine.

3. *Généalogie de la Maison*, p. 102, et *Preuves de Philippe de Mailly*,
pp. 97 et suiv.

4. *Preuves de la Généalogie de la Maison*, p. 110.

5. *Généalogie de la Maison*, p. 106. — Il existe au château de La Roche-
Mailly un beau portrait sur toile d'Anne de Mailly, femme du marquis d'Estouteville.

Anne était morte en 1700 laissant au moins une fille, Antoinette de Martainville[1].

Le 15 avril 1654 Guillaine du Biez, tutrice de ses deux filles, avait réuni leurs parents pour assigner à chacune d'elles, leur mariage advenant, la somme de 25.000 livres « sans y comprendre » les biens scittuez en France[2]. »

§ II

Antoine de Mailly, fils de Philippe de Mailly et de Guillaine du Biez, fut « marquis d'Haucourt, de Saint-Michel d'Hallescourt, » de Ville-Dieu, de Saint-Léger, d'Assigny, de Guillencourt, de » Brunville, de Biville, et baron de Saint-Amant[3]. »

Au rapport de la *Généalogie de la Maison*[4], « l'état de fortune » où se trouva Antoine ne put lui permettre que de paraître au » service et ce fut avec un sort bien différent de son père ; car » Philippe en était sorti comme ses ayeux, étant mort à la fleur » de son âge, et son fils le quitta, parce que le désordre où ses » biens se trouvèrent, ne lui permettait pas de servir dans le rang » que sa naissance semblait lui avoir destiné. Il épousa successi- » vement quatre femmes dont la perte ne fit qu'augmenter la ruine » entière de sa fortune. »

Marie Petit, première femme d'Antoine de Mailly, par contrat du 12 mai 1653, était fille de messire de « Richard[5] Petit, sei- » gneur de La Selle, conseiller du roy en ses conseils et maître » d'hostel ordinaire et secrétaire de sa Majesté[6]. » Elle mourut

---

1. Arch. de La Roche-Mailly. Pièce papier.
2. Arch. de La Roche-Mailly. Pièce pap.
3. *Généalogie de la Maison*, p. 107.
4. P. 108.
5. Jean, selon le P. Anselme, t. viii, p. 642.
6. Arch. de La Roche-Mailly. Orig. parch.

sans enfants en 1656 et Antoine de Mailly dut rendre la dot de sa
femme qui s'élevait à environ 75.000 livres[1].

Marthe de Beuzelin, seconde femme d'Antoine, par contrat du
12 février 1657, était issue de Jean de Beuzelin, seigneur de
Boismelet et de « dame Antoinette Dyel des Hameaux[2]. » Elle
donna à son mari :

1° *Jean-Baptiste de Mailly,* « élevé page de la reine et capi-
» taine d'une compagnie de chevaux-légers, tué à Mayence, en
» 1690[3]. »

2° *Claude-François de Mailly,* « chevalier, lieutenant de vais-
» seau, » héritier de son frère, et dit, dans un document du 20
février 1698, « demeurant ordinairement sur les ports de mer[4]. »
Claude-François mourut le 30 juin 1704, après s'être trouvé à
différentes expéditions, particulièrement à la journée de la Hogue
où il commandait une frégate[5].

3° *Marie-Elizabeth de Mailly,* mariée en premières noces, par
contrat passé à Abbeville le 21 février 1705, à messire André-
Joseph de Mercastel, chevalier, seigneur du dit lieu[6], et en secondes noces, par contrat aussi passé à Abbeville dans l'hôtel du
seigneur d'Haucourt, le 24 mai 1706, à Jean-Baptiste de Hangest,
chevalier, officier au régiment du roi infanterie, fils aîné de feu
Gaston-Jean-Baptiste de Hangest, chevalier, et de dame Angélique du Mesnil[7].

4° *Marthe de Mailly,* « religieuse de Fontevrault au Claire-
» Ruissel en Normandie » jusqu'en 1734[8].

---

1. Arch. de La Roche-Mailly. Cah. pap.
2. Ibid. Pièce parch.
3. *Gén. de la Maison,* p. 109.
4. Arch. de La Roche-Mailly. Pièce pap.
5. *Gén. de la Maison,* p. 109. Il existe au château de La Roche-Mailly un
médiocre portrait de Claude-François de Mailly.
6. Arch. de La Roche-Mailly. Pièce pap.
7. *Preuves de la Généalogie de la Maison,* p. 125. — Il existe un portrait
de Marie de Mailly au château de La Roche-Mailly.
8. *Généalogie de la Maison,* p. 109.

5º *Marie-Angélique-Renée de Mailly,* religieuse au même monastère[1].

Françoise de Cannesson fut la troisième femme d'Antoine de Mailly, par contrat du 6 février 1673. Dans cet acte Antoine de Mailly est qualifié de « chevalier, *marquis de Haucourt,* » et Françoise de Cannesson est dite « illustre damoiselle, fille unique » et présomptive héritière de messire Antoine de Cannesson, che- » valier, seigneur de Bellifontaine, Canny, Estalleminy, etc., et » de feue dame Gabrielle de Mercastel[2]. » De ce troisième mariage naquirent :

1º *Joseph de Mailly,* seigneur marquis d'Haucourt, qui suit au chapitre V.

2º *Jérôme de Mailly,* entré d'abord dans la cléricature. Avant qu'il fut initié aux ordres, le clergé de Provence le députa à l'assemblée générale qui se tenait tous les cinq ans à Paris. Malgré la possession d'une abbaye à Arles, qui lui avait été donnée par le cardinal François de Mailly, il quitta l'habit ecclésiastique[3], et on le rencontre en août 1712 sous la dénomination de « messire » Louis-Jérôme, chevalier de Mailly, demeurant à Haucourt en » Normandie, majeur, estant de présent à Abbeville, disant qu'il » est le frère et apparent héritier de dame Marie-Elisabeth de » Mailly, à son deceds, veuve de messire Jean-Baptiste de Han- » gest, capitaine au régiment du roy....[4]. » Jérôme de Mailly, « chevalier, seigneur de Saint-Léger et du Mesnil-Alart, » épousa *Marie de Milly*[5] dont il n'eut qu'une seule fille, *Louise de Mailly,* morte, selon la *Généalogie de la Maison*[6], en 1728. Il fit son testament le 30 octobre 1752 ou 1753, par lequel il demande à être

---

1. Arch. de La Roche-Mailly. Cop. pap.

2. Arch. de La Roche-Mailly, et *Preuves de la Gén. de la Maison,* p. 118.

3. *Gén. de la Maison,* p. 110.

4. Arch. de La Roche-Mailly. Pièce pap.

5. Il existe un assez bon portrait de *Marie de Milly* au château de La Roche-Mailly. La légende de ce tableau, qui la fait mourir en 1728, l'indique par erreur comme femme d'un François de Mailly.

6. P. 112.

inhumé dans l'église de Saint-Léger, sa paroisse, dans le caveau
de sa chapelle Saint-Jérôme, à côté de sa femme et de sa fille.
Après avoir fait de nombreux legs religieux, à ses domestiques
et aux pauvres, il écrit ces paroles : « Je suis sorti de la maison
» paternelle avec mon espée et mon fusil pour tous meubles et
» mes chemises pour tous linges ; ainsi je ne tiens les meubles et
» effets mobiliers que je possède que de la bonté de Dieu et de
» mes épargnes, et il est juste que je rende à Dieu, dans la per-
» sonne de ses membres, ce qu'il m'a prêté. » Cependant, par un

86. — Sceau de Marie-Anne de Mailly, abbesse du Paraclet d'Amiens, 1ᵉʳ juillet 1745.
Demay, *Sceaux de Picardie*, n° 1440.

codicile du 1ᵉʳ octobre 1754, il donna ses terres de Saint-Léger, du
Mesnil-Alart, etc., à son neveu « haut et puissant seigneur mes-
» sire Joseph-Augustin, comte de Mailly,... chevalier, seigneur
» d'Assigny et lieutenant-général des armées du roy[1]. » Les dernières volontés de Jérôme de Mailly furent déposées entre les
mains du notaire de Foucarmont, le 26 février 1756, par le curé
de Saint-Léger, quelques jours après sa mort.

3° *Catherine de Mailly*, citée comme fille d'Antoine et de Françoise de Cannesson dans un document du 29 septembre 1700[2].

4° *Marie-Anne de Mailly*, religieuse ainsi que ses autres
sœurs, se trouvait le 29 novembre 1702, au « couvent de N. D.
» de Claire-Ruissel, membre dépendant de l'abbaye royale de Fon-
» tevrault[3]. » Une Marie-Anne de Mailly était abbesse du Para-

1. Arch. de La Roche-Mailly. Cop. pap.
2. *Preuves*, n° DXLI.
3. Arch. de La Roche-Mailly. Pièce pap.

clet d'Amiens en 1745, et avait sur son sceau un *écu en losange, portant trois maillets avec couronne et crosse* (figure 86).

Après la mort de Françoise de Canesson[1], arrivée en 1694[2], Antoine de Mailly convola en quatrièmes noces, par contrat du 24 mai 1706, avec :

Angélique du Mesnil d'Applaincourt, veuve 1° de Pierre Vaillant, seigneur de Villert, 2° de Gaston-Jean-Baptiste de Hangest, dont il a été parlé plus haut, et qui ne lui donna pas d'enfants.

Le marquis d'Haucourt mourut en 1713, « laissant plus de dé- » sordre dans ses biens qu'il n'en avait trouvé lui-même et obligé » à la fin de ses jours d'abandonner à ses enfants, suivant l'acte » qu'il leur en passa le 21 juin 1703, les restes des débris » de sa fortune[3].

---

1. Portrait de Françoise de Cannesson au château de La Roche-Mailly.
2. *Généalogie de la Maison,* p. 112.
3. *Généalogie de la Maison,* p. 112.

CHAPITRE V

JOSEPH DE MAILLY, MARQUIS D'HAUCOURT, ET LOUISE-MADELEINE-
JOSÈPHE-MARIE DE LA RIVIÈRE
1671-1755

§ I

Joseph de Mailly, fils d'Antoine et de sa troisième femme
Françoise de Cannesson, naquit en 1671. « Devenu le successeur
» de son père par la mort de ses frères aînés, il recueillit succes-
» sivement les terres d'Haucourt, Saint-Michel d'Hallescourt,
» Ville-Dieu, Saint-Léger, Assigny, Biville, Guilmecourt et la
» baronnie de Saint-Amand. Il reçut sa première éducation parmi
» les pages de la petite écurie en 1694, d'où il plut au roi
» Louis XIV de le placer dans son régiment d'infanterie. Il y fit
» plusieurs campagnes, mais la décadence des biens de sa mai-
» son, perpetuée depuis la mort de Philippe son grand père, l'obli-
» gea de se retirer, ne pouvant se soutenir même dans un rang
» subalterne et bien éloigné du rang qu'avaient occupé ses an-
» cêtres[1]. »

1. *Généalogie de la Maison*, pp. 113, 114.

Pour relever sa fortune, il épousa le 21 mai 1704, dans l'église de Trangé[1] au Maine, « damoiselle *Louise-Magdelaine-Josèphe-* » *Marie de La Rivière,* » fille de François de La Rivière, chevalier, conseiller du roi au parlement de Metz, seigneur de La Roche-de-Vaux, en Requeil, et du Bouchet-aux-Corneilles, et de Louise-Madeleine de Lomblon des Essarts. Dans cet acte de mariage la nouvelle épousée est qualifiée de « dame de Corbion[2]. »

§ II

La famille de La Rivière qui portait pour armes : *d'azur à cinq hures de saumon d'argent posées en sautoir* 2, 1, 2[3], semble originaire du Maine et ne descendait pas, comme on l'a prétendu, de la maison de La Rivière, originaire de Bretagne[4].

Les actes authentiques nous permettent d'établir ainsi quelques degrés des La Rivière.

François de La Rivière, écuyer, seigneur de La Groirie, à Trangé[5], conseiller du roi, trésorier-général de la cavalerie légère, trésorier-général de l'extraordinaire des guerres, naquit au Mans et épousa par contrat du 26 juillet 1620, *Marie du Mon-*

---

1. Trangé près du Mans (Sarthe).

2. Paroisse de Villaines-sous-Lucé (Sarthe). D'après M. Alouis, *Lucé et ses environs aux XVIIe et XVIIIe siècles* (p. 103), la seigneurie de Corbion avait été vendue le 10 novembre 1655, par le comte de Pontavice à Denis Le Vayer, seigneur de La Chevalerie, mari d'Elizabeth de La Rivière, tante de Louise-Madeleine-Josèphe de La Rivière, femme du marquis d'Haucourt.

3. Potier de Courcy, p. 885. — Cauvin dit dans son *Armorial : d'azur à cinq têtes de poissons d'argent posées en sautoir.* La pierre tombale de Michel-Léonor de La Rivière (23 décembre 1719) dans l'église de Requeil, porte un écusson chargé de cinq têtes ressemblant à des têtes de loups ou de chiens plutôt qu'à des têtes de poissons.

4. *Généalogie de la Maison,* p. 115. — S. de La Bouillerie, *Le château de la Groirie* dans *Revue hist. du Maine,* t. XXII, p. 255.

5. On trouve les de La Rivière, tenant des enfants sur les fonts baptismaux à Trangé, depuis les premières années du XVIIe siècle. *Registres de Trangé.*

ceau, fille de Jean du Monceau, seigneur de Villiers, conseiller du roi, auditeur en sa chambre des comptes, et de Marie de Bourlon[1]. Dans son testament du 15 août 1665, il demanda à être enterré, au cas où il décéderait à Paris, dans l'église Saint-Etienne du Mont auprès de sa femme et de ses enfants, ou, s'il mourait au Mans, lieu de sa naissance, dans l'église de Saint-Benoît, lieu de sépulture de ses parents. Par ce même testament, il légua 3.000 livres à l'hôpital du Mans et 50 livres de rente à la fabrique de Trangé pour la fondation d'une première messe le dimanche et les jours de fête[2]. François de La Rivière, qui était mort le 6 août 1671, laissa au moins quatre enfants : 1° *François de La Rivière*, chevalier, baptisé le 17 septembre 1623, conseiller du roi en son parlement de Metz en mars 1648[3], et marié avec Louise-Madeleine de Lomblon des Essarts. Celui-ci acquit le 15 décembre 1668, pour la somme de 60.000 livres, les terres de *La Roche-de-Vaux*[4] et du Bouchet-aux-Corneilles de « haulte et puissante » dame madame Marguerite de La Chevrière[5], veuve de Jean-» Baptiste-Louis de Beaumanoir, vivant chevalier, seigneur baron » de Lavardin et d'Antoigné, conseiller du roy[6]. » Il mourut à la Roche-de-Vaux le 4 mai 1683 et le 31 mai suivant on fit l'inventaire de ses meubles dans sa maison de Paris, située dans la rue Perdue, paroisse Saint-Etienne-du-Mont[7] ; 2° *Léonor de La*

1. Bibl. nat., *Pièces orig.*, t. 1988, *du Monceau* 45647, cote 110 ; t. 2495, *La Rivière*, 56090.

2. Arch. de La Roche-Mailly. Cop. pap.

3. Bibl. nat., *Pièces orig.*, t. 2495, *La Rivière*, 56090, cote 209.

4. Actuellement *La Roche-Mailly*, commune de Requeil (Sarthe).

5. La famille de La Chevrière possédait la terre de La Roche-de-Vaux depuis le XIIIe siècle. En 1293, « Hamery de La Chevrière » s'avoue homme lige de Béatrix, comtesse de Dreux et dame de Château-du-Loir, pour son « hebergement de La Roche-de-Vaus et de ses chouses qu'il a en la chastellerie d'Oesé. » Bibl. nat., f. lat., 9067. *Reg. de Château-du-Loir*, fol. 378. — La terre du Bouchet-aux-Corneilles entra dans la famille de La Chevrière par l'acquisition qu'en fit en 1486, Jacques de La Chevrière, mari d'Aliette du Bouchet, des frères et des sœurs de sa femme. Arch. de La Roche-Mailly.

6. Arch. de La Roche-Mailly.

7. Ibid. Orig. cah. pap.

Rivière, écuyer, seigneur de La Groirie[1], de Marcé et autres lieux, enterré dans la chapelle de la Vierge dans l'église de Trangé, le 10 février 1689[2] ; 3° *Elisabeth de La Rivière*, mariée en premières noces à messire Denis Le Vayer, chevalier, seigneur de La Chevalerie, et en secondes noces, en 1684, à messire Anne-François de Couterne, chevalier, seigneur d'Etival. Elisabeth était morte en 1719[3] ; 4° *Henriette de La Rivière*, religieuse à Longpré[4].

François de La Rivière, mari de Louise-Madeleine de Lomblon des Essarts, eut, entre autres enfants : 1° *Michel-Léonor de La Rivière*, chevalier, seigneur de La Roche-de-Vaux, Requeil, le Bouchet-aux-Corneilles, et, après la mort de son oncle Léonor, de La Groirie et de Marcé, baptisé à Requeil le 12 octobre 1681[5]. Après la mort d'Anne-François de Couterne en 1707, Michel-Léonor devint propriétaire, ainsi que sa sœur, de la terre du Bois-de-Maquillé, à Flacé[6]. Michel de La Rivière, capitaine au régiment du roi et chevalier de Saint-Louis, mourut en 1719 et fut enterré dans l'église de Requeil où l'on voit encore sa dalle funéraire ; 2° *Louise-Madeleine-Josèphe-Marie de La Rivière*, dame de Corbion, mariée, ainsi que je l'ai dit plus haut, à Joseph de Mailly, marquis d'Haucourt[7].

Par le décès de Michel-Léonor de La Rivière, les terres de la famille passèrent entre les mains de Louise-Madeleine-Josèphe-Marie, de telle sorte que Joseph de Mailly se trouva possesseur de La Roche-de-Vaux et du Bouchet-aux-Corneilles. Quant à La Groirie, elle fut vendue à « Paul-François de Samson de Marti-

---

1. Léonor de La Rivière acquit la Groirie de son père, par contrat du 31 mai 1651, et, comme il était alors à Bourges, en fit prendre possession le 23 juillet de la dite année. Arch. du château de La Groirie. Pièce parch.

2. Reg. de Trangé.

3. Arch. de La Roche-Mailly.

4. Ibid.

5. Reg. de Requeil.

6. Arch. de La Roche-Mailly.

7. La *Revue historique du Maine* a inséré dans son tome XXII, p. 255, une notice sur la famille de La Rivière. On y remarque de nombreuses erreurs.

» gny, chevalier, seigneur de Lorchères, lieutenant-général en la
» sénechaussée du Maine[1]. »

La châtellenie de La Roche-de-Vaux, actuellement La Roche-
Mailly, consistait, aux XVIIe et XVIIIe siècles, « en plusieurs
» bastiments logeables, une fuye, courts, jardins, vergers, allées,
» avenues, bois de haulte fustaye, taillis, buissons, garennes,
» terres labourables et non labourables, estangs, landes, prez,
» pastures, vignes, droict de fondateur de l'église de la parroisse
» de Requeil et autres droicts honnorificques en la dite église, en
» laquelle il y a littre au dedans et au dehors, pour y tenir les
» armes des seigneurs de la dite terre, posteaux dans les carre-
» fours et lieux les plus éminents de la dite parroisse de Requeil,
» droict de banc et de sépulture dans le chœur, proche le chan-
» ceau, et autres prérogatives[2]. »

§ III

Joseph de Mailly mourut le 7 décembre 1755 à l'âge de 84 ans
et reçut la sépulture le lendemain 8, dans le cimetière de Requeil.
Il avait eu quatre enfants de Louise-Madeleine-Josèphe-Marie de
La Rivière, morte en juin 1740, à l'âge de 68 ans[3].

1° *Joseph-Augustin, comte de Mailly, marquis d'Haucourt,*
qui suit.

2° *Michel-Eléonore-Joseph de Mailly.*

3° *Jérôme-François-Joseph de Mailly.*

4° *Marie-Josèphe de Mailly.*

Ces quatre enfants donnés par le P. Anselme[4] sont ainsi dési-

---

1. Arch. de La Roche-Mailly.
2. Arch. de La Roche-Mailly. Orig. parch.
3. Reg. par. de Requeil, d'après l'*Inventaire sommaire des Arch. de la
Sarthe*, t. I, 2e partie, p. 445.
4. T. VIII, p. 643.

gnés dans la *Généalogie de la Maison*[1] : 1° *Joseph-Augustin* ; 2°
François, mort en 1730 dans l'état ecclésiastique ; 3° *Marie-Joséphine* ; 4° *Jérôme-François*, chevalier de Malte, « mort à Vienne
» en Autriche, après avoir fini sa dernière caravane dans l'armée
» du Grand-Duc, contre les Turcs en Hongrie, où il se signala à
» la bataille d'Arsova. » Par ailleurs les *Preuves* de la même
Généalogie de la Maison[2] donnent comme enfants à Joseph de
Mailly : *Joseph-Marie-Eléonor de Mailly* « chevalier de justice
» dans l'ordre de Malthe, » et *Jérôme-François-Joseph de
Mailly*, né le 26 septembre 1712, présenté pour être reçu « che-
» valier de justice de l'ordre de Saint-Jehan de Jérusalem. »

1. P. 116.
2. P. 133.

CHAPITRE VI

Joseph-Augustin, comte de Mailly, marquis d'Haucourt,
maréchal de France, Constance Colbert de Torcy,
Marie-Michelle de Séricourt et Blanche-Charlotte-
Marie-Félicité de Narbonne-Pelet
1708-1794-1840

§ I

Joseph-Augustin de Mailly, fils de Joseph de Mailly, marquis d'Haucourt, et de Louise-Madeleine-Josèphe-Marie de La Rivière, naquit au château de Corbion, dans la paroisse de Villaines-sous-Lucé[1] le 2 mai 1708, et fut ondoyé le même jour dans la chapelle du dit Corbion[2]. Il fut « comte de Mailly, marquis d'Haucourt, » de Saint-Michel d'Hallescourt et de Ville-Dieu, seigneur de » Saint-Léger, d'Assigny[3], baron de Saint-Amand, châtelain de » La Roche-de-Vaux, Douvres, La Faigne, Pontvallain, etc.[4]. »

Entré au service en qualité de mousquetaire en 1726, il remplit les fonctions d'enseigne au régiment de Mailly, fut nommé suc-

1. Département de la Sarthe.
2. *Preuves*, n° DXLII.
3. *Généalogie de la Maison*, p. 117.
4. Arch. de La Roche-Mailly.

cessivement guidon de la compagnie des gens d'armes de la reine, sous-lieutenant des chevaux-légers de Berry, capitaine lieutenant de la compagnie des gens d'armes de Berry et capitaine lieutenant de celle des gens d'armes écossais. La guerre s'étant déclarée en 1733, il servit au siège de Kehl, se trouva en 1734 à l'attaque des lignes de Stolhossen, ainsi qu'au siège de Philisbourg et à l'affaire de Clausen en 1735.

Pendant cette dernière campagne, Joseph-Augustin, comte de Mailly, rencontra son cousin, Louis de Mailly, comte de Rubempré, qui commandait la belle compagnie des gens d'armes écossais. Les deux parents se prirent de querelle et furent sur le point de terminer leur dispute l'épée à la main. Des amis communs s'interposèrent et l'affaire finit par une lettre du comte de Rubempré au père du comte de Mailly, lettre datée du camp de Bade, le 18 juillet 1735. Cette lettre était ainsi conçue :

« Monsieur. J'ai eu l'honneur de voir hier au soir M. le comte
» de Mailly, votre fils, avec lequel j'ai eu une grande conversa-
» tion au sujet du refroidissement qui parraissait entre nous, le-
» quel je n'ai jamais attribué qu'à une déference qu'il avait pour
» madame de Mazarin ; mais comme il me parait, selon ce qu'il
» m'a dit, que ce n'est nullement cette raison, je suis bien aise
» d'avoir l'honneur de vous écrire, et vous assurer, monsieur, que
» c'est à tort que vous et lui m'ayez soupçonné d'aucun discours ;
» vous ne me connaissez point, et vous ne rendez pas de justice à
» un de vos parents qui vous est le plus réellement attaché, et
» qui se fera toujours un honneur de vous en donner des marques,
» lorsqu'il sera assez heureux d'en trouver l'occasion. Effacez
» donc, je vous prie, les mauvaises idées que vous auriez pu
» prendre sur mon compte ; je me flatte que monsieur votre fils
» les a toutes bannies ; il m'a promis de me rendre son amitié,
» non seulement comme on doit la rendre à un parent aussi pro-
» che, mais même encore comme à un ami sur lequel il peut
» compter....[1]. » Plus tard, le comte de Rubempré se démit de

1. *Recueil de différentes pièces concernant l'histoire généalogique de la*

sa charge de capitaine-lieutenant de la compagnie des gens d'armes écossais et la vendit pour 200.000 livres à Joseph-Augustin de Mailly. L'union régnait donc alors entre les deux cousins. Elle fut encore cimentée en 1745, époque de la naissance de Louis-Marie, fils de Joseph-Augustin. L'enfant fut tenu sur les fonts sacrés par Louis, marquis de Mailly, colonel du régiment de Périgord, et par Anne-Françoise-Elisabeth Arbaleste de Melun, femme de Louis de Mailly, comte de Rubempré[2].

Dans ce même temps, le comte de Mailly présenta au baptême, avec une des filles du marquis de Nesle, Louis-Joseph-Augustin de Mailly-Rubempré, fils du comte de Rubempré.

Après cette digression, je reviens à la carrière militaire de Joseph-Augustin de Mailly.

Au mois de février 1740, il fut décoré de la croix de saint Louis et en 1741 il passa à l'armée qui était sous les ordres du maréchal de Maillebois en Wesphalie, d'où il marcha avec elle sur les frontières de la Bohême et de la Bavière. S'étant distingué dans différentes occasions, il rentra en France avec la gendarmerie et fut fait brigadier par brevet du 20 février 1743. On le vit donner des preuves de l'intrépidité la plus rare le jour de l'attaque des lignes de Weissembourg. Un régiment de cavalerie et un autre de dragons viennent d'être mis en déroute par un corps de cavalerie ennemie ; il fond sur cette troupe à la tête de 150 gens d'armes et la repousse jusque dans ses lignes. Une troupe d'infanterie marche au secours de ce corps ; elle est culbutée à son tour. Il charge de nouveau la cavalerie qui s'était ralliée, la met en fuite pour la seconde fois, fait éprouver le même sort à l'infanterie et reprend 40 officiers qui avaient été faits prisonniers ; 94 gens d'armes perdirent la vie dans ces différentes charges, et le comte de Mailly y eut un cheval blessé sous lui. L'honneur qu'il s'était

---

branche des comtes de Mailly, marquis d'Haucourt et des marquis du Quesnoy en Flandres, qui en sont issus. Imprimé en 1757 ; in-4⁰ de 68 pages.

2. V. de Beauvillé, *Recueil de documents inédits concernant la Picardie,* t IV, p. XXIX.

acquis lui mérita les éloges du roi, auquel il fut présenté et qui lui accorda une pension de 3.000 livres.

Créé maréchal de camp, Joseph-Augustin se trouva au siège de Fribourg, à la bataille de Fontenoy, 11 mai 1745, passa en Italie en 1746, où il commanda un corps de réserve qui, après l'affaire d'Astie, contint les ennemis sur le Tanozo. La colonne droite de l'armée fut sous ses ordres à la bataille de Plaisance. Lors de la retraite de l'armée, il déploya tous les talents qu'on pouvait attendre du général le plus expérimenté et le plus brave. Il se distingua au passage du Pô et une partie des arrières-gardes de l'armée lui fut confiée depuis Gênes jusqu'en Provence. Il contribua à la défense de cette province ainsi qu'à la reprise des îles de Sainte-Marguerite. Les troupes du roi de Sardaigne éprouvèrent sa valeur au passage du Var. Il servit à l'affaire de l'Assiette, à la tête de la colonne gauche de l'armée ; le corps qui était sous ses ordres y perdit 1.875 hommes et il reçut lui-même un coup de feu à la cheville du pied.

Des preuves aussi multipliées de talent et de courage lui valurent le gouvernement d'Abbeville le 1ᵉʳ septembre 1747. Ayant le commandement de l'arrière-garde de l'armée, il marcha avec les grenadiers vers Briançon, contint les ennemis, se porta dans le comté de Nice et se trouva au combat de La Roya.

Pour reconnaître de tels services, le roi l'éleva, le 10 mai 1748, au grade de lieutenant-général de ses armées, le nomma, le 21 mars 1749, inspecteur général de sa cavalerie et disposa en sa faveur au mois d'août suivant de la lieutenance générale et du commandement en chef du Roussillon.

La guerre s'étant déclarée de nouveau, il fut employé en 1757 à l'armée qui était sous les ordres du maréchal d'Estrées et se trouva à la bataille d'Hastembeck. A la bataille de Rosbach, il se signala par sa valeur à la tête de deux brigades et fut fait prisonnier après avoir été blessé d'un coup de sabre à la tête et renversé à terre sans connaissance. Mis en liberté provisoire, il correspondit avec Frédéric, roi de Prusse, et avec son frère le prince

JOSEPH AUGUSTIN COMTE DE MAILLY MARQUIS D'HAUCOURT
MARÉCHAL DE FRANCE. CHEVALIER DU SAINT-ESPRIT Gᴰᴱ CROIX DE L'ORDRE DE MALTE
Gouverneur du Roussillon. Mort sur l'échafaud révolutionnaire en 1794.

Henri, qui lui témoignèrent une estime particulière[1]. Echangé en 1759, il continua à servir en Allemagne pendant les campagnes de 1760, 1761 et 1762, à la tête de plusieurs détachements qui furent souvent cités pour leur belle conduite et leurs succès dans des combats particuliers.

Au retour de la paix, il repassa en Roussillon. L'enseignement public, l'éducation des enfants destinés à la carrière militaire, le commerce, le rétablissement de Port-Vendres, les routes, la défense des côtes, toutes les parties de l'administration furent tour à tour l'objet de ses soins vigilants[2].

En 1771, le roi l'établit directeur général des camps et armées pour les parties des Pyrennées, des côtes de la Méditerranée et des frontières des Alpes. Le 2 février 1776, il fut nommé chevalier des ordres du roi et reçu le 26 mai suivant. Une dernière distinction devait couronner sa carrière si bien remplie. Par lettres datées de Versailles le 14 juin 1783, Louis XVI l'éleva à la dignité de maréchal de France[3] (Voir planche XVII).

« Pendant l'année 1790, le roi appela le maréchal de Mailly au » commandement de l'une des quatre armées décrétées par l'As- » semblée nationale et à celui des 14⁰ et 15⁰ divisions militaires. » Aussitôt qu'il eut connaissance du départ du roi et de sa fa- » mille, il donna sa démission le 22 juin 1791, ne voulant ni re- » connaître les décrets de l'assemblée, ni moins encore concourir » aux mesures prises contre les augustes et malheureux voya- » geurs.

» Soixante-six années passées dans les fatigues des camps et » les vicissitudes militaires, loin du faste de la cour, n'avaient » pas glacé le courage de ce vieux général, digne rejeton d'une » famille qui comptait tant de chevaliers recommandables par leur

---

1. *Preuves*, nᵒˢ DLIII-DLX.

2. En 1758, Joseph-Augustin de Mailly avait été nommé chanoine de l'église cathédrale d'Elne transférée à Perpignan. Cette dignité était héréditaire. Arch. de La Roche-Mailly. Orig. parch.

3. *Preuves*, nᵒ DLXVII.

» fidélité et leur dévouement à leurs princes. On le vit, à 84 ans,
» voler au secours de son roi attaqué, le 10 août 1792, aux Tuile-
» ries par une armée de rebelles, et, se prosternant un genou en
» terre, demander à Louis XVI, en lui présentant son épée, la
» permission de combattre et de mourir à ses côtés. Le roi lui
» donna le commandement des troupes qui se trouvaient au châ-
» teau, et ce fut lui qui dirigea la courageuse mais inutile dé-
» fense qu'y firent une poignée de gentilshommes et les gardes
» suisses. Un révolutionnaire inconnu, frappé d'admiration pour
» la valeur de ce vieillard, le ramena jusqu'à son hôtel et l'arra-
» cha ainsi à une mort certaine[1]. »

Le maréchal de Mailly alla avec toute sa famille se réfugier à
Moreuil en Picardie. Il y fut arrêté le 26 septembre 1793, conduit dans les prisons d'Arras et décapité le 23 avril 1794.

« Le tribunal révolutionnaire, dit E. Lecesne[2], qui venait de
» juger à mort un cordonnier d'Arras nommé Dhenin, pour avoir
» fourni 30 paires de souliers mal confectionnés et cherché ainsi
» *à entraver la marche des troupes*, vit bientôt comparaître de-
» vant lui un maréchal de France. Le comte de Mailly avait été
» arrêté à Moreuil près d'Amiens et incarcéré à la citadelle de
» Doullens. L'agent national du district de Doullens l'envoya à
» Arras ; il fut écroué le 28 ventôse aux Baudets. Darthé, l'ayant
» interrogé en qualité de commissaire de Joseph Le Bon, le ren-
» voya à l'accusateur public. On n'avait rien à lui reprocher que
» d'avoir écrit à son fils dans les termes suivants : « L'honneur

---

1. Courcelles, *Etat actuel de la pairie de France*, p. 255. — Le comte
d'Hérisson (*Autour d'une Révolution*, 1888, p. 224 et suivantes), a publié une
« *Relation de M. Durler, capitaine au régiment des Gardes suisses, et commandant environ 500 hommes, qui se sont défendus sur l'escalier de la chapelle et dans l'intérieur du château le 10 août 1792.* » Le maréchal de Mailly
y apparaît comme ayant le commandement du château des Tuileries de la
part du roi. A un certain moment « MM. le maréchal de Mailly et Zimmer-
man, maréchal de camp, sans quitter un instant la fenêtre de l'appartement
où donnait toute l'artillerie et mousqueterie de Santerre, firent riposter à
coups de fusil par les soldats suisses qui se trouvaient avec eux, et l'affaire
devint générale. »
2. *Arras sous la Révolution*, t. II, p. 201.

» de notre nom et particulièrement de notre branche eût été porté
» au plus haut dégré, sans les circonstances ; mais si ces circons-
» tances ne sont pas remplies, elles ne sont pas anéanties, et un
» jour heureux les ramenera, non sur ma tête, mais sur la vôtre. »
» Le substitut Potier fit ressortir dans ces paroles un crime con-
» tre la sûreté intérieure de l'état, et le comte de Mailly fut con-
» damné à mort. »

Joseph-Augustin de Mailly monta sur l'échafaud avec le sang
froid qu'il avait déployé sur les champs de bataille ; il s'écria
d'une voix forte : *Je meurs fidèle à mon roi, comme l'ont toujours été mes ancêtres ! Vive le Roi !*[1]. Le lendemain 24 avril, on
dressa son acte de décès[2].

§ II

Le maréchal de Mailly se maria trois fois.

Il épousa en premières noces, le 20 avril 1732, avec l'agrément
de leurs Majestés le roi et la reine, « haute et puissante damoi-
» selle *Constance Colbert de Torcy*, fille mineure de haut et
» puissant seigneur Jean-Baptiste Colbert, marquis de Torcy,
» Croissy, Sablé, Bois-Dauphin, la Barre et autres lieux, ministre
» d'Etat, commandeur des ordres du roi, et de haute et puissante
» dame Catherine-Félicité Arnaud de Pomponne. » Ce mariage
fut fait en présence des princes et des princesses du sang, des
princes et princesses de Conty, cousins et cousines du comte de
Mailly, du cardinal de Fleury, ministre d'état, de Jérôme-François-
Joseph de Mailly, chevalier non profès de l'ordre de Saint-Jean
de Jérusalem, son frère, de Marie-Madeleine-Josèphe de Mailly,

1. *Dictionnaire historique des Généraux français*, t. VII, p. 306 à 309.
2. *Preuves,* n° DLXIX.

sa sœur, de Charlotte de Mailly-Nesle, princesse de Nassau, sa cousine, de Louis-Alexandre de Mailly, chevalier, seigneur de Fresnoy, La Neuville, son cousin, et d'une foule d'autres seigneurs parents ou amis des conjoints[1].

Constance Colbert mourut le 13 décembre 1734. Elle avait eu trois enfants : 1° *Catherine-Félicité-Josèphe-Constance de Mailly*, née le 2 septembre 1733, morte le 18 avril 1734 ; 2° *Joséphine de Mailly*, née le 12 septembre 1734 et morte le 16 des mêmes mois et an ; 3° *Anne-Marie-Constance de Mailly*, sœur jumelle de Joséphine, mariée le 10 janvier 1747, avec René de Voyer de Paulmy, marquis d'Argenson, lieutenant général des armées du roi[2].

Le comte de Mailly prit en secondes noces, le 28 février 1737[3], *Marie-Michelle de Séricourt*, née au château de Raineval le 18 juin 1713, du mariage de Charles-Timoléon de Séricourt, marquis d'Esclainvilliers, seigneur de Folleville, et de Marie-Michelle de Court[4]. Elle apporta à son mari les terres de Folleville et de Raineval dont je parlerai au paragraphe III de ce chapitre. De ce second lit naquirent d'après la *Généalogie de la Maison*[5] : 1° *Joséphine de Mailly*, morte en bas-âge ; 2° *Joseph de Mailly*, mort en 1746 ; 3° *Louis-Marie de Mailly* qui fera l'objet du chapitre VII ; 4° *Une seconde fille* décédée en 1749.

Après la mort de sa deuxième femme, arrivée à Mailly-Raineval le 28 septembre 1778, Joseph-Augustin convola en troisièmes noces, par contrat du 6 avril 1780, avec damoiselle *Blanche-Charlotte-Marie-Félicité de Narbonne-Pelet* (Planche XVIII), née

---

1. *Preuves de la Généalogie de la Maison*, pp. 139-142.

2. *Généalogie de la Maison*, p. 118. Courcelles (*Pairs de France*, p. 256) place ce mariage au 10 janvier 1744, et Potier de Courcy (p. 450), au 19 avril 1745.

3. Épitaphe de Marie-Michelle de Séricourt, trouvée à Sourdon près de Folleville et replacée dans l'église de Folleville en 1849. (Communication de M. le comte de Galametz).

4. V. de Beauvillé, *Documents inédits concernant la Picardie*, t. IV, pp. XXV et 634.

5. Page 120.

Héliog. Dujardin

BLANCHE DE NARBONNE-PELET

ÉPOUSE DE M. LE MARÉCHAL DE MAILLY

à Montpellier en 1761, fille mineure de François-Raymond-Joseph de Narbonne-Pelet, vicomte de Narbonne, lieutenant-général des armées du roi, et de Lucrèce-Pauline-Marie-Anne de Ricard[1]. On

87. — Armes du maréchal et de la maréchale de Mailly. — A dextre *Mailly* ; à senestre *Narbonne-Pelet : de gueules, qui est Narbonne, avec un écusson en abîme d'argent au chef de sable, qui est Melgueil* (Potier de Courcy, p. 209).

a conservé ces quelques vers composés par Blanche de Narbonne-Pelet après la mort du maréchal :

> O vous qui de ces temps d'horreur
> Ou régnaient la mort et le crime

1. *Preuves*, n° DLXIII et DLXIV. — Voir : *L'Expression du sentiment ; couplets à l'occasion du mariage de M. le comte de Mailly d'Haucourt avec mademoiselle de Narbonne Pelet, suivis de Notes historiques et mythologiques*, par M. l'abbé Delouette, instituteur de M. le comte de Narbonne-Pelet. A Nismes, chez Castor Belle, imprimeur du roi, près le Palais, MDCCLXXX; in-12 de 39 pages. — En 1786, M. l'abbé Jaubert, professeur de philosophie en l'Université de Perpignan, publia : *Mailly, bienfaiteur du Roussillon, ode, dédiée à madame la maréchale de Mailly, née Narbonne-Pelet*. — Il y eut de grandes fêtes à Abbeville à l'occasion du troisième mariage du comte de Mailly, fêtes auxquelles prirent part le marquis et la marquise de Mailly ainsi qu'une foule d'autres invités. Arch. de La Roche-Mailly.

Fûtes aussi de leurs fureurs
Une déplorable victime,
O le plus digne des époux,
Par votre mort infortunée
A la tristesse abandonnée
Je suis plus à plaindre que vous[1].

La maréchale de Mailly mourut à l'âge de 79 ans, le 15 janvier 1840, en son domicile, rue de l'Université[2]. Elle laissait un fils : *Adrien-Augustin-Amalric de Mailly*, dont il sera question au chapitre VIII.

§ III

J'ai dit plus haut que les terres de Folleville et de Raineval entrèrent dans la famille de Mailly par le mariage de Joseph-Augustin de Mailly avec Marie-Michelle de Séricourt.

Le château de Folleville remontait au XV⁰ siècle (Voir pl. XIX). Monstrelet en fait mention à la date de 1439 et 1440. François I⁰ʳ y séjourna ; les protestants y tinrent plus tard des conciliabules, et le beau-père de Joseph-Augustin de Mailly y mourut le 28 février 1751.

Assuré de la fortune de sa seconde femme, le comte de Mailly-Haucourt songea à rehausser l'éclat de sa terre par un titre honorifique. Au mois de janvier 1744 il obtint des lettres patentes qui érigeaient la châtellenie de Raineval en comté sous le nom de Mailly[3]. Joseph-Augustin fit alors exécuter de nombreuses améliorations sur ses domaines et il en augmenta considérablement le

1. Arch. de La Roche-Mailly.
2. Arch. de La Roche-Mailly.
3. *Preuves*, n° DXLIX.

Héliog. Dujardin

CHÂTEAU DE FOLLEVILLE

FAÇADE SUD

CHÂTEAU DE MAILLY-RAINEVAL

FAÇADE SUD-EST

revenu[1]. « Le château de Mailly (Raineval), dit le chroniqueur
» Scellier[2], est situé dans un fond entouré de bois qui contien-
» nent deux mille arpens. Il a été mis dans un goût nouveau,
» enté sur l'ancien, qui fait connaître par ses vieilles et fortes
» murailles, avec de larges fossés antiques, que c'était autrefois
» un fort assez considérable. Monsieur le comte de Mailly-d'Hau-
» court a fait percer dans le bois plusieurs allées qui aboutissent
» à la grille de la cour, vis-à-vis le château, qui en rendent la
» veue très agréable ; il y a aussi fait planter quantité de pom-
» miers dans l'étendue de ce comté qui en embellissent parfaite-
» ment les approches. »

Ces embellissements, ou plutôt ces modifications de l'ancienne
demeure féodale des Raineval et des d'Ailly, que tous les archéo-
logues doivent déplorer, furent commencées en 1777. Le maréchal
de Mailly fit alors détruire le château de Folleville pour élever la
façade nord-est du château de Mailly-Raineval (Planche XX). Le
duc de Mailly, fils de Joseph-Augustin, étant entré en possession
de Folleville et de Mailly en 1781, se trouva dans la nécessité de
continuer les travaux commencés par son père. A la Révolution
ces biens passèrent en différentes mains[3].

---

1. V. de Beauvillé, *Recueil de documents inédits concernant la Picardie*,
t. IV, p. XXVII.

2. *Election de Montdidier*, t. II, 1759.

3. Pour plus de détails, voir : V. de Beauvillé, *Documents inédits concernant la Picardie*, t. IV, pp. XXVII et 619.

CHAPITRE VII

Louis-Marie, duc de Mailly, et Marie-Jeanne de
Talleyrand-Périgord
1744-1792

Louis-Marie de Mailly, le seul survivant des quatre enfants
de Joseph-Augustin et de Marie-Michelle de Séricourt, naquit à
Mailly-Raineval le 23 novembre 1744 ; il y fut ondoyé le 29 et les
autres cérémonies du baptême se firent le 5 octobre 1745, dans
l'église de Sauviller. Son parrain par procuration fut Louis, marquis de Mailly, colonel du régiment de Périgord, et sa marraine,
Anne Arbaleste de Melun, épouse de Louis de Mailly, comte de
Rubempré, maréchal de camp. Le 27 avril 1745, il fut reçu chevalier de Malte de minorité.

Le 3 avril 1747, le roi étant à Versailles et désirant reconnaître les bons services du comte de Mailly-Haucourt, « capitaine-
» lieutenant de la compagnie d'hommes d'armes de ses ordonnan-
» ces, sous le titre des Ecossois, » accorda à son fils, Louis-
Marie, la charge de capitaine-lieutenant de la dite compagnie lorsqu'il aurait atteint l'âge de dix-huit ans[1].

Louis-Marie n'avait que dix-sept ans et deux mois lorsque son
père le maria, le 25 janvier[2] 1762, à *Marie-Jeanne de Talley-*

1. Arch. de La Roche-Mailly. Orig. parch.
2. Contrat des 17 et 18 janvier. Arch. de La Roche-Mailly.

rand-Périgord (Voir planche XXI), née à Versailles le 4 août 1747, fille de Gabriel-Marie de Talleyrand-Périgord, gouverneur de Berry, et de Marie-Françoise-Marguerite de Talleyrand-Périgord, princesse de Châlais.

A l'occasion de cette union, Louis-Marie fut pourvu de la survivance du gouvernement d'Abbeville[1]. Le 3 janvier 1770, la survivance de la lieutenance générale du Roussillon lui fut assurée[2]; le même jour il fut inscrit pour une gratification annuelle de 7.000 livres, transformée plus tard en une pension, en considération, dit le brevet, de ses services rendus comme capitaine-lieutenant de la compagnie des gens d'armes écossais dont il s'était démis. Il fut ensuite nommé maître de camp commandant le régiment Royale-Pologne-Cavalerie, et enfin promu au grade de maréchal de camp, le 5 décembre 1781[3].

Dès le 2 février 1777, Louis-Marie de Mailly, chevalier de Saint-Louis, obtint, « sa vie durant, » le brevet de duc et les honneurs du Louvre[4]. Le roi avait promis au maréchal de Mailly de rendre ce titre héréditaire dans sa famille. Malheureusement la Révolution empêcha l'accomplissement de cette promesse. En 1779, Louis-Marie fut décoré ainsi que sa femme de la *Grande Croix de dévotion de la religion de Malte*[5].

Au mois d'octobre 1775, Marie-Jeanne de Talleyrand-Périgord avait été nommée dame d'atours de la reine. Elle renonça bientôt à cette dignité et se retira avec 9.000 livres de pension.

Le duc de Mailly demeurait tantôt à Mailly, tantôt à Paris, rue de l'Université. Il faisait de fréquents voyages pour rétablir sa santé toujours chancelante. Il était instruit, aimait les livres et faisait partie, à titre honoraire, de l'académie d'Amiens. Ayant quitté

---

1. Arch. de La Roche-Mailly. Orig. parch.
2. Arch. de La Roche-Mailly. Orig. parch.
3. Ces détails sont extraits de V. de Beauvillé, *Documents inédits concernant la Picardie*, t. IV, p. XXIX.
4. *Preuves*, n° DLXII.
5. Arch. de La Roche-Mailly.

définitivement Paris le 20 octobre 1792, il arriva le lendemain à Amiens, où il logea, rue de l'Evêché. Il y mourut le 6 décembre 1792, âgé de quarante-huit ans, muni des sacrements de l'Eglise. Son corps fut transporté à Folleville et enterré auprès de celui de sa mère[1]. Sa femme, qui était décédée avant lui, lui avait donné deux enfants : 1° *Marie-Joséphine de Mailly*, née le 15 novembre et morte le 18 du même mois 1769 ; 2° *Gabriel-Marie de Mailly*, né le 22 février 1772 et mort le 23 février 1774[2].

1. Arch. de La Roche-Mailly et V. de Beauvillé, *Documents inédits concernant la Picardie*, t. IV, pp. XXXI et suiv.
2. Arch. de La Roche-Mailly. Extraits des *Registres de Saint-Sulpice*.

CHAPITRE VIII

Adrien-Joseph-Augustin-Amalric, comte de Mailly, marquis
d'Haucourt et de Nesle, prince d'Orange, et Henriette-
Eugénie de Lonlay de Villepail
1792-1878

§ I

Adrien-Joseph-Augustin-Amalric de Mailly[1], fils unique du
maréchal et de Blanche-Charlotte-Marie-Félicité de Narbonne-
Pelet, naquit à Paris le 19 février 1792, « à dix heures et demie
» du soir, chez ses parents, rue de l'Université, n° 279, section
» de la Fontaine de Grenelle, paroisse Saint-Thomas d'Aquin. »
Il fut ondoyé à domicile par François-Pierre de Bernis, archevêque
de Damas, coadjuteur d'Alby, et reçut les cérémonies du baptême
le 8 décembre de la même année dans l'église paroissiale de
Mailly. Selon une coutume suivie dans nombre de grandes familles, il fut tenu sur les fonts sacrés par un parrain et une marraine
choisis dans le peuple, Louis Vasset, « manouvrier du dit Mailly, »
âgé de vingt ans, et Marie-Madeleine-Scolastique Caron « cou-
» seuse de bas, » également de Mailly, âgée de vingt-deux ans[2].

---

1. Le comte de Mailly avait le titre de prince de l'Isle-sous-Montréal. Ce
titre est actuellement porté par le comte de Mailly-Châlon, son petit-fils.
2. Registres paroissiaux de Mailly-Raineval.

En 1809, le comte de Mailly fut placé par ordre de l'Empereur à l'école militaire de Saint-Cyr. Nommé sous-lieutenant au 2⁰ régiment de carabiniers, il fit la campagne de Russie à la suite du général Durosnel, aide de camp de Napoléon Iᵉʳ, et se signala lors de l'incendie de Moscou. Il fut blessé le 18 octobre 1814, d'une balle dans l'épaule sur la route de Kalouga. L'empereur averti de ce fait donna l'ordre de placer le comte de Mailly dans une des voitures de sa suite[1].

88. — Armes du comte de Mailly, pair de France.

Après l'abdication de Fontainebleau, Adrien de Mailly servit les Bourbons avec empressement ; il devint successivement pair de France en 1815, aide de camp des ducs de Berry et de Bordeaux, lieutenant-colonel et officier de la légion d'honneur. (Pl. XXII).

1. Le comte de Mailly a écrit : *Mon journal pendant la campagne de Russie*, Paris, imprimerie de J.-B. Gros, 18, rue du Foin-Saint-Jacques, 1841 ; in-8⁰ de 160 pages. Il y dit à la page 66, que « chaque soldat français portait à la poignée de son sabre un couvert de vermeil, ou tout au moins d'argent ; la plupart d'entre eux avaient à leurs ceintures ou des ciboires ou des calices dont ils se servaient avec une familiarité très malséante ; d'autres avaient dans leurs sacs de petites statues de saints moscovites en or et en argent.... » — Adrien de Mailly est encore l'auteur d'un *Cartulaire de Château l'Hermitage*. de la *Légende du Bouchet-aux-Corneilles*, écrite à la requête de mademoiselle *Ardema* par *Turki* (Le Mans, Lanier, 1852) et d'*Une noble femme en 1794* (Le Mans, Lanier, 1853).

MARIE DE TALLEYRAND PÉRIGORD
ÉPOUSE DE M. LE DUC DE MAILLY.
FILS AINÉ DU MARÉCHAL
DAME D'ATOURS DE LA REINE MARIE-ANTOINETTE

Héliog Dujardin

ADRIEN JOSEPH COMTE DE MAILLY M.ᵈˢ DE NESLE
PRINCE D'ORANGE _ FILS CADET DU MARÉCHAL
AIDE DE CAMP DE M.ᴳᵉˢ LES DUCS DE BERRY·
ET DE BORDEAUX _ PAIR DE FRANCE _

Héliog Dujardin

CHÂTEAU DE LA ROCHE-MAILLY
(Commune de Requeil-Sarthe)

Je l'ai dit plus haut (p. 472), le maréchal de Mailly était devenu seul capable de recueillir la substitution de Nesle. Le comte de Mailly n'oubliait pas les droits qui lui avaient été légués par son père sur ce marquisat, substitué de mâle en mâle à perpétuité, et sur la principauté d'Orange qui devait lui appartenir comme représentant de Marie de Baux et des Châlon. Il revendiqua avec raison le titre de prince d'Orange, racheta le château de Nesle de la duchesse Pie de Bavière et essaya d'entrer en possession des bois du marquisat qui n'avaient pas été vendus nationalement[1].

La révolution de 1830 entrava ces démarches et le comte de Mailly, refusant de reconnaître le nouveau gouvernement, rentra dans la vie privée. Il habita alors continuellement le château de La Roche-de-Vaux qu'il fit reconstruire sur de vastes proportions et auquel il donna le nom de La Roche-Mailly (V. planche XXIII).

Adrien de Mailly mourut dans son château de La Roche-Mailly[2] le 1ᵉʳ juillet 1878. Il avait épousé le 10 septembre 1816, au château de Montdragon[3], *Eugénie-Henriette de Lonlay de Villepail*, fille d'Alexandre-François de Lonlay, marquis de Villepail, et d'Anne-Marie de Trie[4].

§ II

Les enfants d'Adrien de Mailly, comte de Mailly, marquis

---

1. *Mémoire pour M. le comte de Mailly contre S. A. le duc Maximilien de Bavière*, in-4⁰ de 39 pages, de l'imprimerie de Pillet aîné, rue des Grands-Augustins, n⁰ 7. — *Observations pour M. le comte de Mailly contre S. A. S. le duc de Bavière*, in-4⁰ de 36 pages. Amiens, imp. de R. Machart, imp. de la cour royale, du tribunal civil et de la mairie, place Périgord, n⁰ I. — Le marquisat de Nesle rapportait au moment de la Révolution trois cents mille livres de rente. L'hôtel de Nesle, située en face du Pont-Royal, en faisait partie.

2. A sa mort la terre de La Roche-Mailly rapportait environ 100.000 livres de rente et avait une étendue de 3.000 hectares.

3. Montdragon, commune de la Bosse, près de La Ferté-Bernard (Sarthe).

4. La famille de Lonlay portait : *d'argent à une fleur de lys de gueules, accompagnée de trois porcs-épics de sable.*

d'Haucourt et de Nesle, prince d'Orange, et d'Eugénie-Henriette de Lonlay de Villepail, furent :

1° *Ferry-Paul-Alexandre de Mailly-Nesle*, qui suit.

2° *Anselme-Antoine-René de Mailly, comte de Châlon*, né à Paris, le 21 mars 1827. Ce second fils d'Adrien rappelait par son courage les vertus de ses ancêtres. Lorsqu'en 1870, la France fut envahie par l'ennemi, il n'hésita pas à se dévouer pour elle. Agé de plus de 40 ans et père de quatre enfants, il fit la campagne à la tête d'un bataillon de mobiles pendant que les discoureurs évitaient soigneusement le contact des Allemands. Il mourut à Châteaudun, le 12 décembre 1870, des blessures reçues au combat de Varize. Il avait eu de son mariage avec Valérie-Renée de Maupeou[1] qu'il avait épousée le 4 mai 1852 :

I. *Humbert de Mailly, comte de Châlon*, prince de l'Isle-sous-Montréal, né en octobre 1853, marié le 2 septembre 1886, à Marie-Jeanne-Augustine-Renée de Morell d'Aubigny, d'où : *Anselme de Mailly*, né à Paris en 1888 et *Elisabeth de Mailly*, née à Paris en avril 1892.

II. *Jeanne de Mailly*, née en 1856, mariée le 8 juin 1874 à Conrad, comte de Maleissye.

III. *Jacqueline de Mailly*, née en 1859, mariée le 4 juin 1883 à Marie-Charles-Stanislas, comte de Gontaut-Biron.

IV. *Amycie de Mailly*, née en 1865, mariée le 4 mars 1888 à Jacques-Elie, comte de Gontaut-Biron.

3° *Aliénore-Marie-Raymonde de Mailly*, née le 4 août 1825, mariée au château de Montdragon, le 27 avril 1848, à Jacques-Marie-René de Chastenet, comte de Puységur, fils d'Anne-Jacques-Ladislas de Chastenet, comte de Puységur, et de Pauline de Charitte. Elle est décédée à Nice, le 28 février 1851.

4° *Adrienne-Stanislas-Léontine de Mailly*, née à Paris le 7 février 1829, mariée à Paris, le 31 mai 1855, à Marie-Louis-Henri

1. Née à Paris, le 30 mars 1829, elle était fille de Stanislas-René, comte de Maupeou, et de Clémence-Adélaïde d'Honnezel. Elle mourut le 31 juillet 1887.

de Bourbon, comte de Lignières, fils d'Eugène de Bourbon-Lignières, vicomte de Busset, et d'Ida-Albertine-Charlotte de Calonne-Courtebonne, sa première femme.

5° *Henriette-Victorine-Amanda-Marie de Mailly*, née à Paris le 17 mars 1832, mariée à Paris le 22 mars 1860, à Louis-Charles-Rodolphe, prince de Lucinge-Faucigny, fils de Ferdinand-Victor-Amédée, prince de Lucinge-Faucigny, ancien aide de camp du duc de Bordeaux, et de Charlotte-Marie-Augustine, comtesse d'Issoudun.

6° *Arnoldine-Marie-Pauline de Mailly*, née au château de Montdragon, le 19 août 1834, chanoinesse du chapitre impérial de Sainte-Marie de Brünn, en Autriche.

CHAPITRE IX

Ferry-Paul-Alexandre, marquis de Mailly-Nesle et Barbe-
Joséphine Odoard du Hazé — Arnould-Adrien-Joseph,
comte de Mailly, marquis d'Haucourt et de Nesle,
prince d'Orange, et Suzanne-Hectore-Marie-Alexandrine
de Cholier de Cibeins

XIXe siècle

§ I

Ferry-Paul-Alexandre, marquis de Mailly-Nesle, fils aîné d'A-
drien-Joseph-Augustin-Amalric et d'Eugénie-Henriette de Lonlay de
Villepail, naquit à Paris le 5 décembre 1821, fut conseiller général de la Sarthe et mourut avant son père au château de Montdragon, le 11 décembre 1872. Il avait épousé à Paris, le 24 novembre 1851, *Barbe-Joséphine Odoard du Hazé*, fille d'Adolphe,
comte Odoard du Hazé[1] et de Marie-de-Paule de Marbeuf, qui lui
donna :

1° *Arnould-Adrien-Joseph de Mailly* qui suit au paragraphe II.

2° *Robert-Antoine de Mailly*, né le 16 avril 1856.

---

1. La famille Odoard porte : *de gueules à trois molettes d'or ; au chef de
même, chargé d'un lion léopardé de sable.*

3° *Henriette-Adolphine de Mailly*, née le 26 septembre 1854, mariée le 9 juillet 1874 à Aimery-Marie-François, comte de La Rochefoucauld.

89. — Le château de La Roche-Mailly vu de la route de Pontvallain.

4° *Blanche de Mailly*, née le 17 février 1861, mariée le 10 mai 1880, à Raoul, comte de Kersaint.

§ II

Arnould-Adrien-Joseph de Mailly, comte de Mailly, marquis d'Haucourt et de Nesle, prince d'Orange, fils aîné de Ferry-Paul-

34

Alexandre et de Barbe-Joséphine Odoard du Hazé, naquit le 26 novembre 1853. Officier de cavalerie démissionnaire, il a épousé le 4 octobre 1882, *Suzanne-Hectore-Marie-Alexandrine de Cholier de Cibeins*, née le 1er octobre 1862, de Laurent-Gabriel de Cholier, comte de Cibeins, et de Berthe de Moyria-Châtillon. De ce mariage sont issus les enfants suivants :

1° *Augustin-Christian-Robert-Ferry de Mailly,* né au château de La Roche-Mailly, le 13 juillet 1884.

2° *Christian-Henri-Adrien de Mailly*, né au château de La Roche-Mailly, le 16 novembre 1885, mort le 6 février 1886.

3° *Louis-Gabriel-Raoul de Mailly*, né à Paris le 19 août 1892.

4° *Madeleine-Léonore-Joséphine-Berthe de Mailly*, née au château de La Roche-Mailly le 13 juillet 1883.

APPENDICE

APPENDICE

SEIGNEURS DE SAINT-ELOY ET D'ARSY,
BATARDS DE MAILLY

XVIᵉ ET XVIIᵉ SIÈCLES

Voici le tableau des seigneurs de Saint-Eloy et d'Arsy, bâtards[1] de Mailly, dont on ignore l'origine précise, tel que l'a donné le P. Anselme[2].

1. Je rencontre le 9 juin 1450, *Jean, bâtard de Mailly*, et l'évêque de Noyon, en procès avec « messire Jehan de Sainte-Maure, chevalier, seigneur de Néelle. » Arch. nat., Xˡᵃ 8304, fol. 430. Ce bâtard semble être de la branche Mailly-L'Orsignol ainsi que « *Jehan, bastard de Mailly*, appellant de Pierre de Pommereux, prévost de Chauny, ressortissant à Noyon, le 7 janvier 1487 (v. s.). » Arch. nat., Xˡᵃ 4829, fol. 64. — 1499, 6 juillet. Testament de Marguerite de Fileschamps, femme de Laurent de Béthencourt, demeurant en la ville de Biach. Elle demande la sépulture dans le chœur de l'église de Biach auprès de Charles d'Ailly, son fils. Elle laisse sa robe fourrée de gris à Hélène d'Ailly, sa fille, mariée à *Jean, bâtard de Mailly*. Bibl. nat., *Pièces orig.*, t. 17, *Ailly* 426, cote 187.

2. T. VIII, p. 662. Voir aussi à la Biblioth. nat., *Nouveau d'Hozier*, 4955, fol. 90-93. — Ces bâtards de Mailly portaient *d'or à 3 maillets de sinople à la bande de gueules*. Arch. nat., MM 697 ; *Nobiliaire de Picardie*, fol. 32.

§ I

Guillaume, bâtard de Mailly, écuyer, seigneur de Bertrancourt, mari de *Catherine de Biach*, rend aveu le 17 juillet 1508,
pour deux fiefs situés à Bertrancourt. Guillaume et Catherine eu-
r'ent : 1° *Ferry de Mailly*, écuyer, seigneur de Bertrancourt[1],
nommé dans le contrat de mariage de son frère Philippe du 9
décembre 1529 ; 2° *Philippe de Mailly* qui suit.

§ II

Philippe de Mailly, écuyer, seigneur de Saint-Eloy, fut envoyé
avec 300 hommes de pied à Landrecies, par lettres de François Ier
du 10 février 1543. Dans ce document il est qualifié de *capitaine
de Mailly*. Il épousa deux femmes :

1° *Quentine de La Chaussée*, fille de Jean de La Chaussée,
écuyer (par contrat du 9 décembre 1529), d'où : 1° *Jacques de
Mailly* ; 2° *Jeanne de Mailly*, mariée en secondes noces, par contrat du 22 septembre 1558, à Antoine de Fay, écuyer, assistée
d'Edme de Mailly, seigneur d'Haucourt, son cousin[2].

2° *Jeanne de Cocqueville* (contrat du 17 octobre 1541), fille de
Thomas de Cocqueville, écuyer, et de Marie Bigant, remariée
après 1557 à Robert d'Estrées, écuyer, seigneur de Quevauvillers.

---

1. Ferry de Mailly, seigneur de Bertrancourt, épousa *Jeanne Le Borgne* et
fut reçu bourgeois d'Arras, gratis, le 17 mai 1526, en faveur de Simon Le
Borgne, seigneur du Bus, son beau-père. Il eut *Jacques, François, Barbe* et
Marguerite de Mailly. *Barbe de Mailly* épousa Pierre du Mont-Saint-Elloy,
seigneur de Wendin, d'une très ancienne famille d'Artois. (Communication
de M. le comte de Galametz et Arch. de La Roche-Mailly).

2. D'après Bibl. nat., *Nouveau d'Hozier*, 4955, fol. 90, Philippe de Mailly
eut de Quentine de La Chaussée : 1° *Jacques*, 2° *François*, abbé de Saint-
Jean l'Evangeliste de Foucarmont ; 3° *Antoine*, 4° *Jeanne*, 5° *Marie*, 6° *Françoise*.

Jeanne de Cocqueville donna à Philippe de Mailly : 1° *François de Mailly*, vivant en 1557 ; 2° *Antoine de Mailly*, vivant en 1557 ; 3° *Florimond de Mailly*[1], qui suit au paragraphe III ; 4° *Marie de Mailly*, vivant en 1558 ; 5° *Françoise de Mailly*, vivant également en 1558.

§ III

« *Florimond I de Mailly*, écuyer, seigneur de Briauté et d'Omâtre en Vimeu, déclara par acte du 4 novembre 1591 qu'il n'avait jamais été rebelle au roi, quoiqu'il se fût retiré chez le commandeur de Saint-Mauvis, son oncle, et offrit de servir avec la noblesse. Il présenta le 25 octobre 1599, avec Claude Roussel, écuyer, seigneur de Wailly, requête aux commissaires sur la réformation des abus commis au fait des tailles, par laquelle ils demandèrent acte de ce qu'ils avaient exhibé leurs lettres de noblesse, ce qui leur fut accordé. Il est nommé avec sa mère dans des lettres de relief d'appel du 5 septembre 1607, obtenues par Charles de La Rue, seigneur de Quevauvilliers, et adressées au bailly d'Amiens. Il fit partage avec sa femme, le 2 mai 1631, Yves de Mailly, écuyer, seigneur d'Omâtre, leur fils aîné, Louis de Mailly, seigneur de La Vieville, François de Mailly, écuyer, seigneur d'Arsy, et Marguerite de Mailly, leurs enfants, absents, acceptant par Philippe de Mailly, chanoine de Gerberoy, leur frère ; ce partage fut ratifié par Samuel-François de Mailly, écuyer, seigneur d'Arsy, aussi leur fils. Il épousa, par contrat du

---

1. Ces trois enfants sont les seuls du deuxième lit de Philippe de Mailly, selon Bibl. nat., *Nouveau d'Hozier*, 4955, fol. 90. — 1557. Arrière-ban du bailliage d'Amiens. « Prévôté de Vuimeu : De damoiselle *Jehanne de Cocqueville*, vefve de feu *Philippes de Mailly*, en son vivant escuier, demeurant à Omatre, tant en son nom que comme tutrice de *François*, *Anthoine* et *Florimond de Mailly*, ses enffans mineurs, pour ung fief nommé La Beaulté, scituez près Omatre, tenu de la seigneurie de Cayeu ; plus ung aultre fief scéant à Delleauville, tenu de l'abbaye de Saint-Vallery... » V. de Beauvillé, *Recueil de documents inédits concernant la Picardie*, t. III, p. 438.

23 avril 1581 *Antoinette de La Rue*, fille de François de La Rue, écuyer, seigneur de Bernapré, et de Jeanne de Drancourt. A ce mariage assistèrent Charles de Sarcus, écuyer, seigneur de Fresville et de Moimont, et François de Sarcus, demeurant à Fricans, ses frères utérins. »

Florimond de Mailly eut d'Antoinette de La Rue : 1° *Yves de Mailly*, écuyer, seigneur d'Omâtre ; 2° *Samuel-François de Mailly*, seigneur d'Arsy, qui suit au paragraphe IV ; 3° *Philippe de Mailly*, chanoine de Gerberoy ; 4° *Louis de Mailly*, écuyer, seigneur de La Vieville ; 5° *François de Mailly*, écuyer, seigneur d'Arsy ; 6° *Marguerite de Mailly*[1].

§ IV

Samuel-François de Mailly, écuyer, seigneur d'Arsy, lieutenant au régiment de Picardie, ratifia le 2 mai 1631 un partage fait le même jour par son père et sa mère à lui et à ses frères et sœur. Il était mort avant le 27 mars 1659, après avoir épousé par contrat du 6 octobre 1625, *Jeanne de Collas*, fille de Jean de Collas, écuyer, seigneur de Beaulieu, et de Semieral de Semieraldy. Celleci était veuve en 1659, lors du contrat de mariage de son fils qui suit.

---

1. La *Généalogie* de la Bibl. nat., *Nouveau d'Hozier*, 4955, fol. 90, donne cette descendance à Florimond I de Mailly : 1° *Gédéon* ; 2° *Charles* ; 3° *Samuel* ; 4° *François* ; 5° *Marguerite*. *Gédéon*, écuyer, seigneur de Briauté, épousa, par contrat du 3 juillet 1620, *Nicolle de Marquette*, fille de Pierre de Marquette, écuyer, seigneur de Toully en partie, et d'Antoinette d'Escanneville. De *Gédéon* et de *Nicolle* vinrent : 1° *Philippe de Mailly*, écuyer, seigneur de Briauté, lieutenant au régiment de Saint-Vallier, mariée par contrat du 10 décembre 1663, à *Jeanne de Maubeuge*, fille de Jacques de Maubeuge ; 2° *Antoinette de Mailly* ; 3° *Marguerite de Mailly* ; 4° *Marie de Mailly*. — Voir encore : *Procès-verbal de la recherche de la noblesse de Champagne*, fait par monsieur de Caumartin, pp. 93 et 94.

§ V

Florimond II de Mailly, fils de Samuel-François et de Jeanne de Collas, était écuyer, seigneur d'Arsy, et fut baptisé dans l'église de Saint-Jean de Gerberoy, au diocèse de Beauvais, le 15 juillet 1628. Il était âgé de 77 ans et demeurait à Vaudin-lès-Peuplingues, au gouvernement de Calais, lorsqu'il fut maintenu dans sa noblesse par jugement de M. Bignon, intendant de Picardie, le 10 mai 1706. Il épousa par contrat du 27 mars 1659, *Madeleine de Caboche*, fille de Jean de Caboche, écuyer, seigneur de la Creuse, et de Marguerite du Flos, dont il eut : 1° *César de Mailly*, né le 4 septembre 1668, et 2° *Barbe de Mailly* qui vivait en 1699, ainsi que son frère[1].

1. P. Anselme, t. VIII, p. 663.

TABLE DES MATIÈRES

TABLE DES PLANCHES

ET DES VIGNETTES

LAVAL

Imprimerie L. Moreau

—

1893